察雅年鉴
2021

察雅县地方志办公室　编

方志出版社
Publishing House of Local Records

图书在版编目（CIP）数据

察雅年鉴. 2021 / 察雅县地方志办公室编. —北京：方志出版社，2022.11

ISBN 978-7-5144-5467-3

Ⅰ. ①察… Ⅱ. ①察… Ⅲ. ①察雅县－2021－年鉴 Ⅳ. ①Z527.54

中国国家版本馆 CIP 数据核字(2023)第 136333 号

责任编辑：王海荣
责任校对：刘玉霞
责任印制：梅中英
出 版 者：方志出版社
地　　址：北京市朝阳区潘家园东里 9 号（国家方志馆 4 层）
邮　　编：100021
网　　址：http://www.zgfzcb.cn
发　　行：方志出版社图书营销中心（010-67110500）
印　　刷：北京中科印刷有限公司
开　　本：889 毫米×1194 毫米　1/16
印　　张：18
字　　数：510 千字
版　　次：2022 年 11 月第 1 版
印　　次：2022 年 11 月第 1 次印刷
定　　价：228.00 元

《察雅年鉴（2021）》编纂委员会

《察雅年鉴（2021）》编辑部

编辑说明

一、《察雅年鉴（2021）》以马克思列宁主义、毛泽东思想、邓小平理论、“三个代表”重要思想、科学发展观、习近平新时代中国特色主义思想为指导，坚持辩证唯物主义和历史唯物主义的立场、观点和方法。本卷年鉴力求真实、全面、系统地裁录2020年察雅县政治、经济、文化、社会等方面的基本情况，为各级领导了解察雅县情，实施科学决策提供依据；为各行业、各部门、各单位查询资料，为国内外各界人士认识、研究察雅提供可靠的信息，是察雅精神文明建设和宣传工作的窗口。

二、《察雅年鉴（2021）》旨在体现察雅县委、县政府及各部门认真贯彻落实以习近平同志为核心的党中央关于“治国必治边、治边先稳藏”重要战略思想和“努力实现西藏持续稳定、长期稳定、全面稳定”重要指示精神，按照“四个全面”战略布局，以促进民族团结、维护社会稳定为首要政治任务，以经济社会腾飞、建设幸福察雅为第一工作目标，持之以恒保稳定、持之以恒促发展、持之以恒惠民生、持之以恒强基础，实现察雅社会局势持续和谐稳定、经济健康发展、社会全面进步、群众真心拥护的良好局面。

三、《察雅年鉴（2021）》采用分类编辑法，由类目、分目、条目组成。条目是基本单位。全书设特载、大事记、县情概要、中国共产党察雅县委员会、察雅县人民代表大会、察雅县人民政府、中国人民政治协商会议察雅县委员会、纪检监察、人民团体、法治　军事、经济综合管理、财政　税务、城建　环保、交通　通信、农业　农村、工业、商务　旅游、教育、文化、卫生　气象、社会生活、乡（镇）、附录。

四、《察雅年鉴（2021）》中，凡直书月、日，未写年份，即指2020年时间。数据增减未说明与某一年份相比，即为记载2020年与2019年比较。

五、《察雅年鉴（2021）》所提供的内容和数据，均由察雅县各相关部门，乡（镇）人民政府及驻察雅部队提供，经提供单位领导审核。所用综合性资料、数据，一律截至2020年年底。因统计口径原因，部门和乡镇稿件中数据不尽一致，采用时请予注意。

六、《察雅年鉴（2021）》数字用法、标点符号用法分别采用国家标准《出版物上数字用法》（GB/T 15835—2011）、《标点符号用法》（GB/T 15834—2011），计量单位采用国家技术监督局1993年12月发布的《量和单位》系列国家标准。

领导关怀

2020 年 2 月 10 日，县委副书记、县长其珠多吉（前左二）深入乡镇防疫监测点、派出所、卫生院、易地搬迁点及部分村（社区）检查疫情防控措施落实情况，并慰问在疫情防控一线的执勤人员和医务工作者

2020 年 2 月 11 日，市政协副主席、县委书记任厚明深入乡镇就疫情防控、改善民生等工作进行督导调研，并看望慰问了坚守在疫情防控一线的基层干部群众

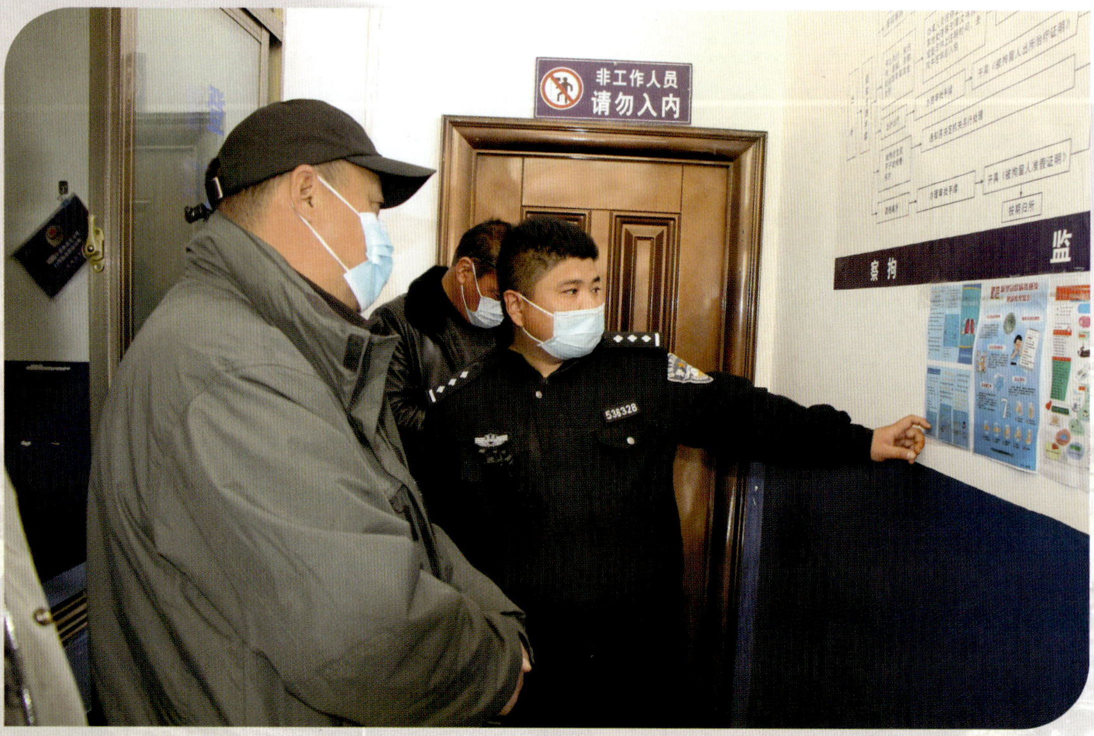

2020 年 2 月 13 日，自治区公安厅监管总队副队长才旺一行到察雅县看守所考察工作

2020 年 3 月 26 日，市政协副主席、县委书记任厚明，县委副书记、县长其珠多吉，县委常委、常务副县长田翠平等为察雅县赴江达县开展脱贫攻坚交叉排查的人员送行

2020 年 4 月 6 日，自治区党委政法委巡视员、扫黑办副主任王建雷一行到察雅县调研指导平安建设和扫黑除恶专项斗争工作

2020 年 5 月 13 日，自治区高级人民法院副院长、自治区扫黑办副主任米玛次仁一行督导调研察雅县扫黑除恶专项斗争工作

2020 年 6 月 5 日，县委副书记、县长其珠多吉调研检查市政基础建设推进情况

2020 年 6 月 16 日，团中央书记处书记李柯勇，团自治区委副书记顾淑华一行 4 人在察雅县就产业扶贫、青年创业等工作开展调研

2020 年 7 月 6 日，自治区政协文化文史和学习委员会副主任、自治区人民政府参事、昌都市政协副主席图嘎在察雅县公安局检查指导工作

2020 年 10 月 19 日，团自治区委副书记张梅一行到察雅县吉塘小学、第一小学检查少先队工作

重要活动

2020 年 4 月 30 日，在县科培中心报告厅举办以“赓续爱国精神 筑就时代梦想 奋进复兴征程”为主题的“庆五一”“迎五四”活动

察雅县第二小学（2020 年 5 月 16 日）

2020 年 8 月 20 日，中国宋庆龄基金会联合青岛市妇女儿童医院医疗团队到察雅县开展“一笑慈善基金西藏察雅站公益行”活动

2020年10月7日，在喜迎昌都解放70周年之际，为深入开展消费扶贫，巩固脱贫攻坚成果，察雅县在吉塘特色小城镇风情街举办物资交流大会，全县13个乡（镇）及部分民营企业参加展销交流会

2020年10月11日，在茶马广场举行的察雅县特色农产品专场推介会上，察雅水果（苹果、梨）、察雅藏香、黑青稞糌粑、巴日蜂蜜、吉塘藏靴、麦堆银器、红拉山藏鸡蛋、苹果醋、牦牛肉酱、唐卡等产品深受消费者青睐，取得了良好的销售成绩

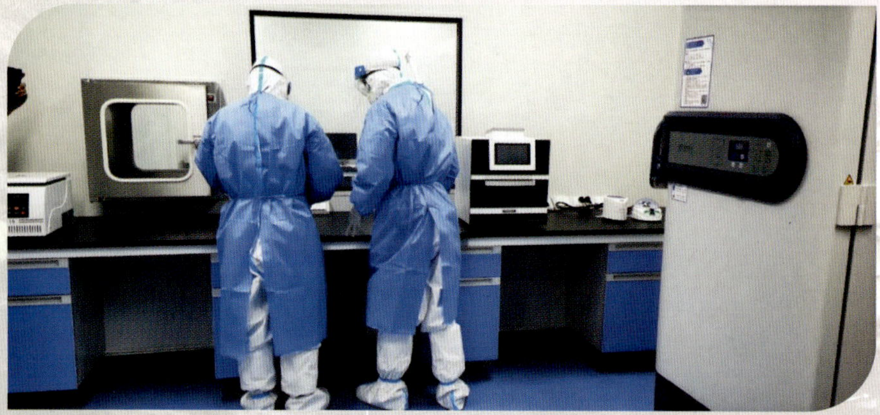

2020年10月16日，察雅县人民医院核酸检测实验室建设全面完成

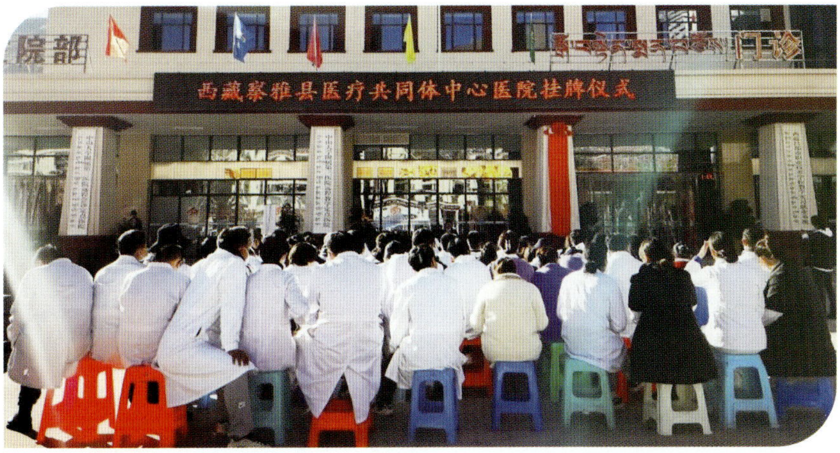

2020 年 11 月 18 日，西藏察雅县医疗共同体中心医院挂牌仪式举行

2020 年 12 月 28 日，“教工之家”设施设备捐赠仪式及项目验收在县教育局教工之家举行，县委副书记、常务副县长、重庆市第九批援藏干部人才察雅工作队队长覃波出席捐赠仪式，县教育局全体干部参加捐赠活动

2020 年 12 月 30 日下午，自治区政府副主席、昌都市委书记普布顿珠到市二届人大一次会议察雅县代表团，与察雅县代表们一起审议政府工作报告

自然文化

吉塘特色小城镇

唐琼孜易地搬迁点

察雅全景

牦牛育肥项目

经济林种植基地

察雅县苹果

目 录

察雅县人民代表大会

察雅县人民政府

中国人民政治协商会议察雅县委员会

纪检监察

人民团体

法治　军事

经济综合管理

财政　税务

城建 环保

交通 通信

农业 农村

工　业

商务　旅游

教　育

文　化

卫生　气象

社会生活

乡（镇）

附 录

特 载

在中国共产党察雅县第九届委员会第六次全体会议上的工作报告

（摘要）

察雅县委书记 其珠多吉

（2021 年 5 月 31 日）

各位委员、同志们：

在“十三五”胜利收官、全面建成小康社会取得决定性胜利，开启全面建设社会主义现代化察雅新征程的历史时刻。今天，我们召开县委九届六次全会暨经济工作会议。会议的主要任务是：坚持以习近平新时代中国特色社会主义思想为指导，深入学习贯彻党的十九届五中全会、中央第七次西藏工作座谈会和中央、区、市经济工作会议精神，总结成绩，分析形势，研究部署全县 2021 年经济工作，动员全县各级党政组织和广大党员干部提振精神、再接再厉，以更加昂扬的斗志推动“十四五”开好局起好步。

下面，我讲几点意见。

一、提高思想认识，学深会议精神，抓好贯彻落实

在脱贫攻坚决胜阶段、全面建成小康社会胜利在望、实现中华民族伟大复兴的关键时期，以习近平同志为核心的党中央先后召开了中央第七次西藏工作座谈会、党的十九届五中全会、中央经济工作、农村工作会议，对国之大者作出了战略部署，为我们开新篇、谋新局提供了根本遵循。在中央“七次会”（指中央第七次西藏工作座谈会）上，习近平总书记用“十个必须”对新时代党的治藏方略进行了深刻阐述。“十个必须”不仅是对各个时期党治藏稳藏兴藏成功经验的全面总结，也是对党治藏方略的延续和发展，更是对西藏发展定位的坚持和完善，体现了党中央对西藏工作规律性认识的升华，体现了党中央对西藏工作的极端重视，饱含了党中央对西藏干部群众的特殊关怀。在十九届五中全会上，习近平总书记深刻阐明了制定“十四五”规划建议的主要考虑、突出特点和重要内容，围绕贯彻落实五中全会精神科学回答了一系列方向性、根本性、战略性重大问题，创造性地提出了许多新思

想、新观点、新论断、新要求，清晰展望了到2035年基本实现社会主义现代化的远景目标，为我国今后五年乃至更长时期经济社会发展提供了行动指南。在中央经济工作会上，习近平总书记系统总结了2020年经济工作，深刻分析了国内外经济形势，提出了2021年经济工作总体要求、主要目标、政策取向和重点任务，明确要求构建新发展格局2021年要迈好第一步，见到新气象。总书记的讲话既指方向又明路径，既提要求又教方法，为我们做好经济工作提供了科学指南。在中央农村工作会上，习近平总书记从全面建设社会主义现代化国家的全局出发，深刻阐释了全面推进乡村振兴、加快农业农村现代化的重大意义、指导思想、总体要求，科学回答了在新发展阶段做好“三农”工作的一系列重大理论和实践问题。对我们进一步统一思想、凝聚力量，做好新时代“三农”工作，具有十分重要的指导意义。以吴英杰书记为班长的区党委，先后召开区党委九届八次全会、九次全会暨经济工作会议，从西藏实际出发，对当前和今后一段时期全区长治久安和高质量发展作出了全面部署。集中反映了以吴英杰书记为班长的区党委对贯彻落实党中央重大决策，推动西藏长治久安和高质量发展的系统思考和谋篇布局。充分展示了区党委心系全区人民、推动西藏建设的真挚感情和使命担当。以普布顿珠同志任书记的第二届昌都市委，站在新的起点，从“社会大局持续稳定向好、中华民族共同体意识持续铸牢、意识形态领域工作成绩斐然、社会事业全面发展进步、经济持续健康快速发展、生态安全屏障持续筑牢、社会主义政治建设成效明显、党的建设得到全面加强”8个方面对过去六年的工作进行了全面总结，综合分析了昌都加快推进长治久安和高质量发展的“五大优势和有利条件”，深刻阐述了昌都面临的“八个变与不变”新特征、新形势，明确了今后五年工作的总体要求、目标任务和重点工作，为我们理顺了工作思路，坚定了发展信心，擘画了崭新蓝图。在市委二届二次全会暨市委经济工作会议上，普布顿珠书记再次深刻阐述了当前全市经济发展、对外开放、产业质量、公共服务等六个方面面临的困难和挑战；分析了全市具备的发展政策、地理区位、自然资源、产业潜力等六大机遇和潜力；结合实际提出了2021年工作总体要求，明确了经济社会发展预期目标，通过“六大发展战略”为全市经济工作提供了根本遵循。

学习贯彻好党的十九届五中全会、中央第七次西藏工作座谈会及中央、区、市经济工作会议精神，事关党和国家工作全局，事关区党委、市委部署要求落地生根，事关新时代察雅长治久安和高质量发展。全县各级各部门特别是四大班子成员要切实增强“四个意识”、坚定“四个自信”、做到“两个维护”，把理论学习摆在重要位置，把中央和区党委、市委的部署要求结合起来，一以贯之，原原本本学、深入系统学、联系实际学，更加自觉地用习近平新时代中国特色社会主义思想武装头脑、指导实践，科学把握我们党所处的历史新方位和面临的新形势、新任务，围绕“四件大事”、实现“四个确保”狠下功夫，为推动新时代察雅长治久安和高质量发展、全面开启建设团结富裕文明和谐美丽的社会主义现代化察雅新征程，聚焦思想、贡献力量。

二、准确把握形势，认清问题短板，坚定信心决心

2020年，在以习近平同志为核心的党中央的坚强领导下，在区市党委、政府的亲切关怀下，在重庆、中铝等援藏省市、企业的大力支持下，县委始终坚持新发展理念，树立以人民为中心的发展思想，以正确处理好“十三对关系”为工作方法，围绕“狠抓河谷经济，破解瓶颈制约，加大对外开放，统筹城乡发展”县域发展思路和“六县六化”强县目标，团结带领全县上下锐意进取、攻坚克难，经济水平稳步提升，各项事业取得了显著成效。

党的建设全面加强。县委始终坚持把党的建设摆在首要位置，落实新时代党的建设总要求，践行新时代党的组织路线，以党的政治建设为统领，加强干部队伍建设，推动全面从严治党，主动纠治“四风”，为基层减负，基层党组织战斗堡垒作用更加明显。一是加强组织领导，压实党建责任。及时调整充实县委党建工作领导小组，完善县委班子成员和乡镇正职每人联系 1 个基层党支部工作制度，完成 4 个软弱涣散村党组织整顿工作和 42 个“中不溜”村提升工作。深入开展党委（党组）书记抓基层党建工作述职评议考核工作，全县各党组织书记抓党建第一责任人责任进一步压实。二是规范组织设置，强化党建引领。认真落实党的农村基层组织工作举措，持续开展“百村整治、千村提升”，完成 5 个易地搬迁安置点党组织建设，3 个机关党支部市级党建示范点打造，村（居）村规民约更加完善，寺管会党组织设置进一步优化，所有村级组织活动场所完成新建、改扩建，村级活动场所工作、生活条件显著改善。三是注重德才实绩，选好用好干部。始终坚持好干部标准，突出政治标准，坚持基层导向，注重一线锻炼，严格落实“凡提四必”和“双签字”制度，把公道正派贯穿干部选任全过程。2020 年，先后对 124 名干部进行了首次职级晋升，调整干部 216 名，干部选任公信度、满意度越来越高。四是严格执纪监督，全面从严治党。始终坚持全面从严治党，持之以恒抓好中央八项规定精神落实。2020 年，先后开展以案说纪、以案明纪警示教育活动 60 余场次，受理各类问题线索 13 件，办结问题线索 22 件，综合运用“四种形态”，处置党员干部 35 人次。紧扣政治巡察“三个聚焦”任务，完成两轮 31 个党组织巡察，巡察利剑作用发挥明显。

经济水平稳步提升。截至 2020 年底，全县生产总值完成 16.05 亿元，同比增长 7.8%，三产比重 15∶50∶35。农村居民人均可支配收入达到 12734 元，同比增长 13.2%（现价）。城镇居民人均可支配收入达到 34736 元，同比增长 10.2%。社会消费品零售总额达到 4.38 亿元。一般公共预算收入完成 6492 万元，同比增长 5%。固定资产投资达到 9.52 亿元。2020 年财政总财力达到 19.39 亿元。一是经济基础越来越好。全县全年粮食产量达到 2322.9 万斤，蔬菜产量达到 2803 万斤，肉奶产量突破 2 万吨，种植经济林木达到 1.19 万亩，3579 名群众依托经济林吃上生态饭。“察雅苹果”“察雅黑青稞”已获批地理标志。发展活力更加充沛。全年落地招商引资项目 13 个，到位投资 2.05 亿元。援藏工作有序推进，争取实施援藏项目 6 个，总投资 3040 万元。商事制度改革更加深入，简政放权稳步推进，“互联网 + 政务服务”更加高效，发展环境进一步优化。二是基建短板不断夯实。2020 年，投资 3740 余万元，大力实施农村饮水巩固提升工程。投资 15.3 亿元，新续建交通建设项目 157 个，“城乡客运一体化”建设不断推进，全面打破了交通瓶颈。投资 8100 余万元，实施巴日 35 千伏输变电工程、吉塘 110 千伏变电站 35 千伏送出工程、10 千伏及以下中低压配电工程，电网实现全覆盖，持续打造“宽带西藏”“智慧察雅”，大力实施农村光纤入户工程，乡镇网络信息基础更加扎实。三是民生保障更加有力。严格落实 15 年免费教育和“三包政策”，小学、初中入学率常年保持在 99% 以上。县医共体改革顺利完成，“两降两升”指标大幅提升，医疗保障水平逐步提高。乡镇基础公共文化设施和政务服务设施实现全覆盖，香堆藏戏、格萨尔铠甲颂等传统技艺得到有效保护。严格落实农牧民“十大增收措施”，通过基建项目吸纳当地农牧民就业 1.7 万人次，全年实现转移就业 1.08 万人，依靠就业增收 7300 余万元。落实社会保障资金 3700 余万元，保障各类困难、弱势群体 1.8 万余人。农牧民群众获得感和幸福感愈发强烈。四是脱贫成果持续巩固。县委始终把脱贫攻坚作为第一民生工程，聚焦“两不愁三保障”和“四个不摘”工作要求，逐级压实脱贫攻坚责任。脱贫攻坚工作开展以来，全县累计投入扶贫资金33.44亿元，全县村居全部退出，2万余名建档立卡贫困人口全部脱贫，整县顺利脱贫摘帽，消除了绝对贫困，农牧民群众生活质量明显提高，乡村基础设施条件显著改善，群众内生动力逐步增强，农牧区面貌发生根本转变。同时，研究制定了巩固提升脱贫攻坚成果严防返贫风险实施方案、防范返贫分级预警机制等工作办法，主动做好防止返贫工作。

社会大局持续稳定。县委始终坚持把维护稳定作为第一任务，深入贯彻落实习近平总书记“治国必治边、治边先稳藏”战略思想，严格执行“防范于未然为原则”做工作，以防止出大事打基础做准备，以敢于担当落实责任为标准看干部”要求，逐级压实维稳责任，牢牢掌握反分裂斗争主动权，社会大局持续全面稳定。一是依法管理宗教事务。县委切实加强党对宗教工作的领导，严格落实“1拖N”寺庙片区管理办法，施行“一二三四”工作法，不断加强涉宗领域特别是社会上从事宗教活动流动人员管理。依托“遵行四条标准、争做先进僧尼”教育活动，表彰先进僧尼1655人次。二是全面落实维稳举措。坚持树牢底线思维和风险防范意识，先后调解矛盾纠纷和不稳定因素12件，开展综合执法检查279次，排查化解安全隐患266个。坚持维稳力量专群结合，平安察雅、法治察雅建设和扫黑除恶专项斗争有序推进，社会治理体系不断完善，治理能力明显提升。三是细致开展疫情防控。新冠疫情发生以来，县委始终高度重视，按照习近平总书记“把人民群众生命安全和身体健康安全放在第一位”的重要指示精神和区党委、市委疫情防控工作要求，全面落实“外防输入、内防反弹”的总体防控策略，认真落实“四方责任”，做到“三防”“四早”“九严格”相关措施，不断加强组织领导、工作指导、防控处置、后勤保障，用实际行动践行了生命至上、人民至上的承诺。四是持续巩固民族团结。县委全面贯彻习近平总书记“加强民族团结，建设美丽西藏”的重要指示精神，践行社会主义核心价值观，不断完善民族团结进步教育常态化机制，依托德育课、主题班会和民族团结主题街、主题墙以及民族传统节日等载体，把民族团结教育纳入学生教育、群众教育、干部教育全过程，平等、团结、互助、和谐的社会主义民族关系日益巩固。

生态屏障持续巩固。县委始终深入贯彻习近平生态文明思想，践行“绿水青山就是金山银山、冰天雪地也是金山银山”的生态发展理念，坚持生态保护第一，全面落实环境保护“一票否决”制，办理建设项目环境影响登记备案113个、排污许可86个，完成72家企业固定污染源的排污许可证核发，否决高污染项目2个。投资5837万元新建县城垃圾无害化处理、污水处理厂项目，引进全区首台磁脉冲矿化生活垃圾处理器，垃圾处置和污水排放更加科学。加大行政执法力度，检查企业240余家。建立危险废物企业排查清单，对19家企业进行了专项检查。强化水质空气监测，各类水体水质达标率达到100%，全县平均优良天数达到100%。推行“河（湖）长制”，有效加强了河湖管理。大力实施生态安全屏障巩固和造林绿化工程，在有条件的地方消除“无树村”“无树户”，完成县城道路绿化提质改造，种植各类观赏苗木2.49万株、播撒花草种子300余斤。实施退耕还林工程1.38万亩，落实退耕补助1600余万元。全县森林覆盖率和林木绿化率分别达到39.87%和40.18%，56个行政村居获得自治区级生态村居命名，今天的察雅山更青、水更绿、天更蓝。

回顾一年的工作，我们深切感受到成绩的取得来之不易，是以习近平同志为核心的党中央对西藏工作正确领导的结果；是习近平新时代中国特色社会主义思想和习近平总书记西藏工作重要论述科学指引的结果；是区、市党委、政府科学谋划的结果，是援藏省市、企业无私支援的结果，是各级各部门团结协作的结果，是全县各族干部群众艰苦奋斗的结果。在此，我代表县委，向所有为察雅改革、发展、稳定作出贡献的各级各部门、社会各界表示衷心的感谢并致以崇高的敬意！

在肯定成绩的同时，我们也要清醒地看到，在推动高质量发展进程中还面临一些困难和短板。在经济发展方面，现代产业体系还未形成，产业布局比较分散，缺乏龙头企业带动，品牌建设和市场运作还需加强，后续发展乏力，带动群众持续稳定增收的渠道还不够宽。在乡村振兴方面，基础设施建设水平还需持续提升，城乡公共服务水平仍有不小差距，乡镇污染防治有待加强，群众思想观念还未彻底转变，群众性文化活动还不够丰富，精神文明建设还需进一步加强，村级组织作用发挥还有差距，脱贫攻坚成果巩固提升任务艰巨，与乡村振兴衔接上还需要进一步下功夫。在社会稳定方面，应对“后达赖”向“达赖后”转变的复杂斗争形势依然严峻，个别边界纠纷、资源纠纷犹存，干部对全县维稳形势缺乏理性认识，存在盲目乐观心理，风险防范、底线思维还需进一步加强。同时，应对自然灾害、地理灾害、安全事故的能力还需要进一步提升。在干部队伍建设方面，近年来，察雅干部综合素质有了不小提升，精神面貌也有很大的转变，但面对“进入新发展阶段、贯彻新发展理念、构建新发展格局”提出的新的更高的要求，干部懂经济、善管理、抓产业的能力还需要进一步提升。敢于担当、主动作为的意识还不够强烈，群众身边的微腐败问题仍时有发生，惩治腐败力度还需持续加大，作风建设特别是政治教育、意识形态工作还需要进一步深化。

对此，我们必须要做到心中有数，胸怀“两个大局”，以功成不必在我的境界和功成必定有我的担当，敢拼、敢闯、敢干，全力以赴办好自己的事。

三、明确目标任务，理顺工作思路，推动县域发展

综合分析形势，经过深思熟虑和反复论证，结合市委总盘子要求，县委决定，2021 年全县生产总值增长 9.5% 左右，社会固定资产投资增长 12%，一般公共预算收入稳定增长，城乡居民人均可支配收入增长 10% 和 13.6%，社会消费品零售总额增长 12%，城镇登记失业率控制在 3% 以内。

2020 年是我们党成立 100 周年和西藏和平解放 70 周年，也是实施“十四五”规划的开局之年，做好经济工作意义重大。全县各级各部门要坚持以习近平新时代中国特色社会主义思想为指导，全面贯彻党的十九大和十九届二中、三中、四中、五中全会及中央经济工作会议、中央第七次西藏工作座谈会精神，全面贯彻习近平总书记关于西藏工作的重要论述和新时代党的治藏方略，从讲政治的高度做好各项工作，坚持稳中求进总基调，把“三个赋予、一个有利于”要求贯穿始终，立足新发展阶段、贯彻新发展理念、构建新发展格局，聚焦不平衡不充分的问题，坚持系统观念，以正确处理好“十三对关系”为工作方法，围绕市委“六大发展战略”，立足“六县六化”强县目标，以推动高质量发展为主题，以深化供给侧结构性改革为主线，全力抓好稳定、发展、生态、强边四件大事，确保国家安全和长治久安，确保人民生活水平不断提高，确保生态环境良好，确保边防巩固和边境安全，以优异成绩为建党 100 周年和西藏和平解放 70 周年献礼。

（一）着力确保察雅长治久安。我们必须清醒地认识到维护稳定仍然是现阶段西藏工作第一位的任务，要坚持把维护稳定作为硬任务和第一责任，维护好察雅和谐稳定的社会局面。

一要依法管理宗教事务。习近平总书记指出，“藏传佛教是佛教中国化的产物，不断提高藏传佛教中国化水平是引导藏传佛教与社会主义社会相适应的重要任务”。要全面贯彻党的宗教工作基本方针，认真执行党的宗教政策和利寺惠僧政策，依法管理宗教事务，发挥片区寺管会示范带动作用，用好“智慧寺庙”管理服务系统，牢牢掌握寺庙管理领导权、主动权。要持续加大“导”的力度。不断

加强新旧西藏对比教育，旗帜鲜明开展反分裂斗争，持续开展好“遵行四条标准”教育实践活动，加大政治培训、法治教育、国情教育。要克服盲目乐观思想，树立底线思维、增强忧患意识，主动完善专项工作方案，制定应急预案，逐项查漏补缺。要认真开展调研工作，加强信息分析研判。

二要落实维护稳定举措。要坚持“稳”字当头，主动担起维稳责任，落实维稳举措。要正确把握区内外、国内外形势，落实统一指挥、联防联动的维稳机制。要坚持“外防输入、内强管理”，做好常态化疫情防控工作，保持指挥机制不变、防疫力量不减，加大医疗和民生物资的调配和保障工作，依法打击利用疫情扰乱社会秩序的行为，细致做好应急处突准备。要按照“减存量、遏增量”要求，不断加强矛盾纠纷化解和安全隐患排查工作，做到责任逐一明确、台账动态更新、隐患定期摸排、纠纷随时化解、问题跟踪督办，推动各项工作由被动应急向主动治理转变。要完善和落实安全生产责任制，压实党政同责、一岗双责、失职追责，加大专项整治攻坚力度，努力形成安全生产齐抓共管氛围。要深入开展平安察雅、法治察雅建设，坚持维稳力量专群结合，常规工作和扫黑除恶、扫黄打非、缉枪治爆等专项行动相结合，发挥警务站、派出所、网格化、“双联户”、民生信息员、驻村驻寺、以服代勤等队伍作用，用好“雪亮工程”成果，守好边界卡点，做好社会面防控，维护公共领域安全，深化市域现代化治理工作，不断完善社会治理体系，持续推进政法队伍教育整顿，提升治理能力，确保察雅社会大局从持续稳定到长治久安转变。

三要加强意识形态工作。要牢牢掌握意识形态工作领导权，既管好肚子更管好脑子，在意识形态领域厘清重大政策理论界限，使各族群众在理想信念、价值理念、道德观念上紧紧团结在一起。要坚持不懈用习近平新时代中国特色社会主义思想和习近平总书记关于西藏工作的重要论述武装党员、教育人民，持续开展好“四讲四爱”群众教育实践活动，结合党的十八大以来在党中央坚强领导下西藏各项事业发生的巨大变化，用客观事实、鲜活案例大力宣传习近平总书记对西藏人民的关心关怀，让习近平总书记的核心地位深深扎根在各族干部群众的心中。要坚持全民行动、干部带头，从家庭做起、从娃娃抓起，把社会主义核心价值观融入社会发展各方面，转化为群众的情感认同和行为习惯，旗帜鲜明消除十四世达赖利用宗教所产生的负面影响，引导信教群众理性对待宗教、过好今生幸福生活。

四要筑牢民族团结关系。要坚持“两个结合”（坚持统一和自治相结合、坚持民族因素和区域因素相结合）基本原则，以铸牢中华民族共同体意识为主线，推进各民族共同团结奋斗、共同繁荣发展。要依法治理民族事务，全面贯彻宪法和民族区域自治法，实施好自治区民族团结进步模范区创建条例，利用重要纪念日、民族传统节日等开展好群众性活动，促进民族团结进步创建人文化、实体化、大众化。要开展西藏地方和祖国关系史专题教育活动，讲清楚西藏自古以来就是伟大祖国不可分割的一部分和团结稳定是福、分裂动乱是祸的道理，讲清楚中华文化始终是西藏各民族的情感纽带、心灵归属，切实增强各族群众的中华民族共同体意识。要重视加强学校思想政治教育，把爱国主义精神贯穿各级各类学校教育全过程，让爱我中华的种子埋入每个青少年的心灵深处。要促进各民族交往交流交融，坚持开放包容理念，依托援藏交流，加强与全国其他地方经济、文化、人员的你来我往，为各民族共居、共学、共事、共乐创造条件。要积极挖掘、整理、宣传自古以来各民族交往交流交融的历史事实，引导各族群众看到民族的走向和未来，深刻认识到中华民族是你中有我、我中有你、谁也离不开谁的命运共同体。

五要加大兴边固边力度。要树立大局和整体意识，始终坚持屯兵与安民并举、固边和兴边并重工作思路，按照稳字当头、外事无小事、军地协商一致、睦邻友好的重要原则，紧扣加快边疆发展、确保边疆巩固边境安全这条主线，严格落实“党委把方向、政府总协调、军队当骨干、警方抓治理、民众为基础”的治边工作机制。继续推进基础设施建设，加强水电路讯等基础设施的建设与运行维护，不断改善边界群众生产生活条件。要开展兴边富民行动，带动偏远村居建设，因地制宜发展特色产业，让群众留得下、有收入、能致富，争做神圣国土守护者、幸福家园建设者。要加强军地协作，着力深化军民融合发展，大力推进人武部规范达标建设，广泛开展双拥共建、国防教育、政治辅导、党建指导、守边固土技能培训等工作，积极引导干部群众树牢“大边防”意识，切实形成兴边固边合力，不断夯实兴边固边基础。

（二）着力推动经济高质量发展。我们必须清醒地认识到发展是长治久安的物质基础，所有发展都要赋予民族团结进步的意义，都要赋予维护统一、反对分裂的意义，都要赋予改善民生、凝聚人心的意义，都要有利于提升各族群众的获得感、幸福感、安全感。要立足“六县六化”强县目标，不断推动产业富县，产业特色化；城镇兴县，新型城镇化；团结稳县，社会和谐化；生态立县，生态文明化；民生和县，全面小康化；依法治县，治理现代化。要主动作为，和卡若、类乌齐一并构建区域协同、产城一体、产业集聚、联动共赢的市域核心发展联动圈层，融入昌都极核，稳步推动察雅发展向高质量迈进。

一要构建县域发展格局。要贯彻新发展理念，聚焦发展不平衡不充分问题，以优化发展格局为切入点，以要素和设施建设为支撑，以制度机制为保障，着力构建“一核两特十点多美”发展新格局。“一核”即以烟多镇为核心，坚持城市功能区建设优先，强化基础设施互联互通，进一步增强县城公共服务保障能力，加强园区建设，巩固提升现有产业园区功能，完善基础设施配套建设，围绕园区主导产业，加快品牌孵化，大力创建地理标志产品，在提升县城中心城区整体形象的同时，全面提升发展品质。“两特”即以吉塘、香堆两个特色小镇为支撑，大力发展以吉塘特镇为代表的民俗、生态、温泉、观光、康养等服务产业，并主动承接经开区产业项目，实现一体化发展；全力推动以香堆镇为代表的悠久藏戏、摩崖石刻、本土文化等为主的乡村旅游产业，并发挥香堆连接扩达、宗沙、阿孜、巴日、荣周的区域中心优势，提升服务农村、带动周边的区域功能，谋划商贸物流集散中心建设，打造区域发展新平台。“十点”即以王卡、荣周等10个乡为重点，打造一批集特色农牧林业、服务业、民俗文化、高原旅游等特色于一体的个性乡镇。“多美”即通过“七边四美四化”“三整治三提升”等举措，深入推进美丽乡村建设和农村人居环境综合整治提升，打造一批“一村一景、一村一品”的美丽村（居）。

二要全力保障改善民生。要把增进各族群众福祉作为兴藏的基本出发点和落脚点，让各族群众更好共享改革发展成果，不断满足人民日益增长的美好生活需要。要抓好就业工作。就业是最大的民生。要持续抓好稳就业工作，坚持项目建设、产业发展、经济发展的就业导向，在扩大就业容量，提升就业质量上下功夫。要做好农牧民转移就业工作，提高组织化程度，围绕产业发展、市场需求，有针对性地加大技能培训力度，转变农牧民群众就业观念，提升技能水平。要着力做好察雅籍高校毕业生就业创业工作，确保“十四五”期间察雅籍高校毕业生就业率保持在95%以上。要加强治欠保支工作，切实保障农民工合法权益。要坚持教育优先。要贯彻好县办初中、乡办小学、联村办幼儿园的工作思路，统筹学校布局，优化教育资源配置，不断缩小义务教育城乡差距。要依托“培养什么人、怎样培养人、为谁培养人”专题教育，不断加强教师队伍建设，重视教师培训培养，完善轮岗交流机制，均衡配置教师资源，加强师德师风评价，严格教师管理，促进教师能力素质全面提升。要办好思想政治理论课，把爱国主义精神培养融入日常，围绕社会主义核心价值观引导学生扣好人生第一粒扣子。不断巩固教育均衡化和教育“五个100%”成果。要提高医疗水平。要加强乡村医疗人才队伍建设，发挥医疗人才组团式援藏优势，做好传帮带工作，加大全科医生和乡土医疗卫生人才培养力度。要发挥好医共体改革作用，建立完善县乡对口帮扶、巡回指导、远程医疗机制，缩小城乡差距，提升县乡医疗卫生服务质量和水平。要完善突发公共卫生事件监测预警处置机制，增强指挥协调、医疗救治、物资保障和应对突发公共卫生事件能力。要建好保障体系。要健全以旧城改造、公租房、商品房、干部职工周转房等互为补充的城乡住房保障机制，落实好基本养老、基本医疗、最低生活保障政策，发挥好临时救助、困难残疾人救助作用，健全老年人、残疾人关爱服务设施，完善帮扶残疾人、孤儿等社会福利机制，保障妇女儿童合法权益，努力构建覆盖城乡的民生保障体系。要发挥援藏优势。要继续做好人才援藏、教育援藏、卫生援藏工作，完善“组团”援藏工作对接协调机制，多样化组织村（社区）“两委”班子成员、教育卫生专业人员、党政干部赴内地培训学习，开阔眼界、增强本领。要用好援藏资金，确保80%以上援藏资金用于保障和改善民生并适当向乡镇倾斜，助力察雅经济高质量发展。

三要推进基础设施建设。要围绕市委“突出重点、内外贯通、科学建设、适度超前、保障有力”基础设施建设原则，加快巴日主道通畅建设，继续争取察拉到左贡美玉交通项目落地，稳步推进“四好农村路”建设，不断提高农村公路养护能力，全面构建县、乡镇、村居全覆盖的交通运输网络。要继续推进农牧区水电路讯网、科教文卫保等基础设施建设，切实缩小城乡教育、医疗、文化、就业、生活差距。要提前谋划好支持川藏铁路建设的配合工作，布局好本地建材生产项目，做好沿线群众教育引导。要加大项目谋划和争取力度。坚持站位要高、规划要远、项目要实、定位要准，抓好“十四五”规划编制工作，完善察雅县“十四五”规划纲要。各行业部门、项目部门特别是分管县级干部要主动作为，在选项时反复思考、多方调研，在立项时主动沟通、认真衔接，争取把群众期盼强烈、察雅发展需要的项目立项一批、实施一批、建成一批，为“十四五”规划开好局打好基础。

四要加强生态文明建设。要牢固树立绿水青山、冰天雪地就是金山银山的理念，把生态文明建设摆在更加突出的位置，守护好察雅的一山一水、一草一木。要严守生态安全底线。强化国土空间规划和用途管控，落实生态保护、基本农田、城镇开发等空间管控边界，减少生产生活对自然空间的占用。要坚持长远考虑，严格落实生态文明建设责任制，加强环保执法检查，做到“三高”企业和项目零审批、零引进，严防经济发展以破坏环境为代价。要坚持生态保护同民生改善相结合，完善落实生态补偿机制，持续推进重点生态工程建设，让群众在生态保护与建设中获得实实在在的利益。要开展国土绿化行动。要坚持积极保护、有所作为，巩固消除“无树户”“无树村”成果，以城镇周边、乡村“四旁”、干道沿线等为重点，大力开展全民植树种草绿化国土行动。要持续改善环境质量。加强城乡生活环境治理，深入开展污染防治行动，加强白色污染治理，严格排污许可。要依托河长制、林长制加强水源地保护、河湖管理、森林管护，共建良好生态、共享美好生活。

（三）着力做好“三农”工作。习近平总书记指出：“全党务必充分认识新发展阶段做好‘三农’工作的重要性和紧迫性，坚持把解决好‘三农’问题作为全党工作重中之重。”全县各级各部门要深刻领会，全面做好脱贫攻坚成效巩固工作，推动乡村振兴，促进农牧业优质高效、农牧区宜居宜业、农牧民富裕富足。

一要巩固脱贫攻坚成果。党中央决定，脱贫攻坚目标任务完成后，对摆脱贫困的县，从脱贫之日起设立5年过渡期。过渡期内将保持主要帮扶政策总体稳定。并对现有帮扶政策逐项分类优化调整，合理把握调整节奏、力度、时限，逐步实现由集中资源支持脱贫攻坚向全面推进乡村振兴平稳过渡。所以，5年的过渡期，就需要我们把巩固拓展脱贫攻坚成果工作做细做实。要找准政策衔接突破口。继续借鉴脱贫攻坚成功经验，按照既定工作机制，强化“五级书记”抓乡村振兴的制度保障，以“摘帽不摘政策、摘帽不摘责任、摘帽不摘监管、摘帽不摘帮扶”制度要求，加强制度和政策供给，增强政策举措的针对性、科学性、有效性。寻找到脱贫攻坚政策与乡村振兴政策对农牧民群众扶持的支撑点、对农牧业发展的交叉点、对农牧区治理的结合点，科学制定完善“十四五”乡村振兴规划。要找准动态监测结合点。进一步加强动态监测，持续跟踪收入和“两不愁三保障”情况，及时做好返贫人口和新发生贫困人口的帮扶工作，动态清零因病因灾致贫群众。继续开展结对帮扶工作，结合“县（处）级干部包乡、乡（科）级干部包村、一般干部包户”、党员联系和服务群众等制度，动态调整帮扶名单，实现“一对一”帮扶全覆盖，通过扶志扶智等方式，转变困难群众思想观念，提升帮扶实效。要找准易地搬迁承载点。在各安置点现有“十项提升工程”基础上，结合“十四五”规划编制，全面梳理、查漏补缺，对照发展需要、人民期盼，实现各安置点基础设施提质扩容，加强管护工作，强化危房动态监测和危房改造清零，持续提升教育、医疗保障水平，壮大安置点配套产业建设，拓展就业渠道。要严格落实“三个长期不变政策”，着力推进拆旧复垦工作，切实保护好迁出地生态环境。要找准组织建设着力点。要建强安置点基层党组织，持续抓好搬迁群众教育管理服务工作，结合中央第七次西藏工作座谈会、十九届五中全会等重要会议精神和区党委、市委新战略、新部署的宣讲，继续做深“志智双扶”工作，教育引导群众解放思想、转变观念，持续增强内生动力。

二要全面推进乡村振兴。习近平总书记指出：“我们现在的使命就是全面推进乡村振兴，这是‘三农’工作重心的历史性转移。”

要聚焦产业兴旺，在农牧业从“优”到“旺”上下功夫，走好察雅县产业振兴之路。要加大产业规划力度，持续调整优化产业结构，正确处理“大中小产业”之间的关系，积极构建一带（河谷经济带）、两圈（高原牛羊养殖圈、饲草料种植圈）、三地（青稞良种基地、高效蔬果木基地、水光风互补清洁能源基地）、四线（察妥、察芒、察贡、邦昌）、五个一万［万亩青稞良种基地、万亩饲草料基地、万亩经济林基地、万头（只）牛羊基地、万吨花岗岩基地］、六个千万（吉塘镇藏东农牧业现代示范区、察雅县扶贫开发产业园、阿孜乡阿旺绵羊养殖基地、宗沙乡牦牛育肥项目、烟多镇帮嘎村杂交构树种植基地、烟多镇如给村高效温室蔬菜基地项目）、七个多项［将产业园、民族手工业、服务业、乡（村）旅游、庭院经济、果品加工等其他特色纳入规划开展］产业布局，为乡村振兴提供强大支撑。要发挥靠近昌都的区位优势，依托川藏铁路、机场快速通道等重大项目建设，利用好国道、省道、高速及察芒公路等交通优势，加强与周边地区的互联互通，积极建设区域性综合交通枢纽，加快建设仓储中心和物流园区，着力打造立体交通枢纽中心和藏东商贸集散中心。要深入挖掘康巴文化和生态旅游资源，依托仁达摩崖石刻、吉塘温泉等，加快文化旅游品牌建设，高质量推动文旅深度融合发展，努力把察雅打造成为集自然景观、人文景观、民俗风情于一体的具有康巴文化特色的康巴文化圈知名旅游节点目的地和温泉度假康养基地。要依托澜沧江、麦曲河、金河流域河谷地带优势，按照“扩大规模、提质增效、打造品牌、拓展市场”发展要求，做大经济林果产业，做强牦牛、绵羊等特色畜牧业，做深糌粑、苹果醋等特色农产品加工业，并积极推动县级产业园融入经开区、卡若区、主城区一体发展，着力打造绿色产业供应基地。在严守生态保护底线前提下，依托澜沧江水能资源开发，加快班达电站建设推进力度，统筹光伏、风电等新能源开发，加大基础配套力度，努力打造水光风互补清洁能源接续基地。坚持生态立县，大力推进山水林田湖草沙生态保护和综合治理，加大生态村居创建和农村人居环境整治，倡导绿色低碳健康生产生活方式，推动产业生态化、生态产业化，努力打造澜沧江上游的生态屏障和高品质生活宜居地。源源不断地将生态优势、文化优势、产业优势、交通优势、政策优势转化为经济优势，形成县域经济高质量发展的重要支撑。

要聚焦生态宜居，持续在环境由“适”到“佳”上下功夫，走好察雅绿色发展之路。要尊重自然、顺应自然、保护自然，推动乡村生态环境优势转化为经济优势。积极推广藏式民宿、林卡，积极发展休闲农业、乡村旅游业等新产业，实现生态美、产业兴、群众富的有机统一。要加大农村人居环境整治，充分考虑乡村发展现状和实际需要，遵循城乡发展建设规律，先规划后建设，在保护传统村落和保留乡村特色风貌的前提下，注重资金效益，有重点地加强基础设施建设，把有限的资源向重点乡村倾斜。并有序推动县域教育、医疗等优势资源向乡镇延伸，切实提升乡镇公共服务水平，切实缩小城乡教育、医疗、文化、就业、生活差距。让群众既能改善居住环境，又能共享优质的公共服务。

要聚焦乡风文明，持续加强社会正能量引导，走出察雅县文化兴盛之路。习近平总书记指出，“实施乡村振兴战略不能光看农民口袋里票子有多少，更要看农民精神风貌怎么样”。所以既要管好“肚子”更要管好“脑子”，坚持物质文明和精神文明一起抓。要以社会主义核心价值观为中心，依托“四讲四爱”群众教育实践活动载体，深入开展宣传教育活动，强化群众的思想引领。要加强文化配套设施建设，提升乡村公共文化服务水平，大力开展文化下乡活动，丰富群众文化生活。要深入挖掘乡村优秀传统文化和民族风俗，并通过村规民约的形式固定下来，传承下去。要发挥党员干部特别是领导干部的示范带动作用，要求群众做到的，党员干部先做到；要求群众遵守的，党员干部先遵守。要激发群众文明乡风建设主体意识，让群众成为文明乡风的树立者、维护者和受益者，形成自我约束、自我提高、自我监督、自我更正的良好氛围。

要聚焦治理有效，持续在基层“他治”向“自治”转变上下功夫，走出一条察雅乡村善治之路。要在加强村党组织领导的村民自治基础上，不断完善自治、法治、德治“三治结合”的乡村治理机制，不断提升乡村治理水平和治理能力，让农牧区既充满活力又和谐稳定。要加强基层组织建设，选优配强村（社区）党支部第一书记和驻村工作队员，发挥基层党组织管理、服务、教育职能，提升村居党组织的凝聚力，增强党组织引领作用。要加强法治建设，围绕民法典，充分发挥县乡司法部门在法治乡村建设中的关键作用，积极组织普法活动，提高群众法治素养、培养群众法治意识，引导群众学法、懂法、遵法、守法，通过法治教育持续淡化宗教的消极影响。要加强村民自治，发挥村“两委”班子、网格员、“双联户”作用，激发群众主人翁意识，引导群众参与乡村治理。要加强平安乡村建设，抓好农村警务工作，推动社会治安防控力量下沉，推进扫黑除恶专项斗争常态化，加大对农村黑恶势力、宗族势力、非法宗教活动、邪教活动的打击力度，坚决防止利用宗教干预群众正常生活和社会秩序，不断提升群众的安全感。

要聚焦生活富裕，持续在群众从“有”到“富”转变上下功夫，走出一条察雅共同富裕之路。

要正确处理好城镇就业和就近就便、不离乡不离土、能干会干的关系，围绕产业发展、市场需求，有针对性地加大技能培训力度，并持续抓好稳就业工作，坚持项目带动、创业创新的就业导向，不断在扩大就业容量，提升就业质量上下功夫，引导农牧民有序参与工程项目、产业项目，促进农牧民群众充分就业。要依托产业项目和各类合作组织，积极推行“公司＋基地＋农牧户”“基地＋专合组织＋市场”模式，不断提升组织化水平，完善利益联结，依托“土地流转＋优先就业”“入股＋分红”等多种利益联结方式，让“资源变资产、资金变股金、农民变股东”，切实增强群众参与产业的积极主动性，通过稳定的收入满足群众日益增长的美好生活需要。要落实好强农惠农富农政策，推动政策精准覆盖和便利兑现。要加强对农牧民增收工作的组织领导和工作指导，形成各司其职、各负其责的工作合力。

三要压实“三农”工作责任。习近平总书记强调，“从中华民族伟大复兴战略全局看，民族要复兴，乡村必振兴。从世界百年未有之大变局看，稳住农业基本盘、守好‘三农’基础是应变局、开新局的‘压舱石’”。要稳定粮食生产。县乡党委、政府要扛起粮食安全的政治责任，实行党政同责，要严防死守耕地红线，落实最严格的耕地保护制度，要像保护大熊猫那样保护耕地。要持续保障粮食安全和重要农产品有效供给，不断完善农业、牧业基础设施，加大科技投入，推广优质品种和标准化生产，推动高标准农田、温室大棚、育肥基地、饲草料基地建设，保持粮食播种面积和产量基本稳定。要解决实际困难。坚持困难麻烦由政府解决、把方便实惠送给群众，把更多的资金向基层倾斜、向农牧区倾斜，尽力而为、量力而行、节约优先，着力解决群众最急、最忧、最盼的困难，切实把好事办好、让群众说好，不断增强各族群众的获得感幸福感安全感。要加强全面领导。全县各党委（党组）要扛起“三农”工作政治责任，落实农业农村优先发展的方针。乡镇党委书记要把主要精力放在“三农”工作上，当好乡村振兴“一线指挥”。县委农村工作领导小组要发挥好牵头抓总、统筹协调作用，完善议事协调、督查考核等机制，领导小组办公室要加强督促指导。要突出抓基层、强基础、固基本的工作导向，推动各类资源向基层下沉，为基层干事创业创造更好条件。要建设一支政治过硬、本领过硬、作风过硬的乡村振兴干部队伍，结合驻村工作选派一批优秀干部到乡村振兴一线岗位，把乡村振兴作为培养锻炼干部的广阔舞台。

四、加强党的领导，强化组织保障，凝聚强大合力

习近平总书记指出，“党的领导是做好党和国家各项工作的根本保证，是我国政治稳定、经济发展、民族团结、社会稳定的根本点”。中央经济工作会议上明确指出，适应新发展阶段、贯彻新发展理念、构建新发展格局，必须加强党的全面领导。加强党的全面领导既是我们应对风险挑战的底气，也是我们凝心聚力的法宝，更是我们做好经济、农村工作的根本保障。

（一）提高政治站位，增强政治能力。要加强党的领导，认真贯彻党把方向、谋大局、定政策、促改革要求，增强“四个意识”、坚定“四个自信”、做到“两个维护”。要以党的政治建设为统领，坚持用习近平新时代中国特色社会主义思想武装党员、干部头脑，把坚决维护党中央权威和集中统一领导作为党的政治建设首要任务，严守政治纪律和政治规矩，不断提高政治判断力、政治领悟力、政治执行力。要加强党建带团建、带群建工作，推动党团群建设融合发展新格局。县级干部带头开展好党史学习教育、“三更”专题教育，以更高的政治标准、更严的党性要求、更强的组织纪律性做到“两个维护”。

（二）建强干部队伍，夯实基层基础。要全面加强基层组织建设，不断夯实党在察雅的执政根基。要加强干部人才队伍建设，坚持好干部标准和民族地区干部“三个特别”要求，加强对干部特别是优秀年轻干部的培养，打造一支对党忠诚、反分裂斗争立场坚定、作风正派、熟悉民族宗教政策、善于驾驭复杂局面的高素质干部队伍。切实提高各级党组织和党员、干部应对重大斗争、防范重大风险的能力，把各级党组织和广大党员、干部培养成为带领各族群众应对风浪考验、战胜困难挑战、全心全意为人民服务的坚强政治力量。

（三）深化监督执纪，从严管党治党。要落实党委主体责任和纪委监督责任，坚决落实好区党委“三个牢固树立”要求，一刻不停推进党风廉政建设和反腐败斗争，不断增强党员干部特别是领导干部自我净化、自我完善、自我革新、自我提高能力。锲而不舍落实中央八项规定及其实施细则精神，驰而不息整治“四风”，持续纠治形式主义、官僚主义，切实为基层减负。要持之以恒地发扬“老西藏精神”、“两路”精神，做到缺氧不缺精神、艰苦不怕吃苦、海拔高境界更高。县级领导干部要带头坚决反对特权思想和行为，管好家属子女，严格家风家教。要加强政治监督，深化运用“四种形态”，强化对权力运行的制约和监督，对贪污腐败、违规违纪、侵害漠视群众利益等行为坚持无禁区、全覆盖、零容忍，一体推进不敢腐、不能腐、不想腐，进一步营造风清气正的良好政治生态。

同志们，做好2020年各项工作任务重、责任大、意义非凡。让我们更加紧密地团结在以习近平同志为核心的党中央周围，在自治区、市党委、政府的正确领导下，增强“四个意识”、坚定“四个自信”、做到“两个维护”，围绕目标任务，团结协作、艰苦奋斗，以优异的成绩向建党100周年和西藏和平解放70周年献礼。

察雅县人民代表大会常务委员会工作报告

——在察雅县第十三届人民代表大会第一次会议上

察雅县人大常委会副主任 巴 桑

（2021 年 6 月 28 日）

各位代表：

我受察雅县十二届人大常委会委托，向大会报告工作，请予审议，并请列席会议的同志提出意见。

过去五年的主要工作

过去的五年，在县委的坚强领导下，县十二届人大常委会坚持以习近平新时代中国特色社会主义思想为指导，认真学习贯彻党的十九大，十九届二中、三中、四中、五中全会和中央第六次、第七次西藏工作座谈会精神，深入贯彻落实习近平总书记关于西藏工作的重要论述和新时代党的治藏方略，贯彻落实自治区党委第九次党代会及历次全会精神，紧紧围绕县委贯彻落实党中央、区党委、市委重大决策的部署要求，坚持党的领导、人民当家做主、依法治国有机统一，充分发挥人民代表大会制度的特点和优势积极探索建立依法、正确、有效履职的制度体系和工作机制，着力推动人大工作走向成熟规范，认真履行宪法法律赋予的各项职责，为保障和促进全县改革发展稳定各项工作作出了积极贡献。

过去五年，我们坚持守正创新、深耕细作，积极转变履职形式和工作模式，依法召开常委会会议 28 次、主任会议 33 次，检查 30 件法律法规实施情况，听取审议专项工作报告 30 个，开展专题调研 34 项，督办意见、建议 332 件，开展视察执法检查 48 次，作出决议决定 67 项，依法任免国家机关工作人员 127 人次。

一、坚持党对人大工作的全面领导，在加强常委会思想政治建设上形成了新的认识实践

常委会牢牢把握人大的政治属性和政治定位，坚持把政治标准和政治建设放在第一位，始终在政治建设上走在前、做表率，不断强化政治机关意识，坚定走好第一方阵。

（一）不断健全党对人大工作领导的制度机制。县委高度重视人大工作，始终把人大工作纳入党委工作总体布局、摆上重要议事日程，与经济社会发展各项工作一起谋划、一起部署、一起推进，全力支持人大及其常委会依法履职，加强对人大工作的领导，定期听取人大工作汇报，及时研究解决人大工作中的重大问题，安排常委会领导列席或参加县委重要会议和全县全局性会议，支持县人大建立“一室三委”，关心人大干部队伍建设，改善人大办公条件，为全县各级人大特别是县人大常委会依法履职提供了坚强的政治保障。常委会坚持每年围绕县委重大决策部署制订监督计划，自觉将县委决策部署转化为推进人大工作的思路措施，落实到人大各部门、体现到人大工作中。定期协调召开与“一府一委两院”联席会议，及时向其通报人大主要工

作推进情况和重点工作安排。

（二）着力提升常委会党组的政治定力和政治能力。始终把学习贯彻落实习近平新时代中国特色社会主义思想作为重要政治任务和做好人大一切工作的总纲，以开展“三严三实”专题教育“两学一做”学习教育、“不忘初心、牢记使命”主题教育为契机利用理论中心组集中学、常委会专题学、机关每周例会学和个人自学，组织常委会组成人员和人大机关各层级党员干部，原原本本学习习近平总书记关于坚持和完善人民代表大会制度的重要思想、习近平总书记关于西藏工作的重要论述和新时代党的治藏方略等，不断加深对习近平新时代中国特色社会主义思想的科学体系、丰富内涵、精神实质、实践要求的理解把握，推动党的理论创新成果源源不断转化为实践伟力。常委会党组注重先学一步、学深一层、多悟一分，对《习近平谈治国理政》（第一卷、第二卷、第三卷）和党的十九大及历次全会、中央第七次西藏工作座谈会、廉洁自律准则等党内重要著作、重要讲话、重要会议、重要文件、重要法规，及时分专题跟进学习，深学细悟、学深悟透、融会贯通，真正学出了信仰信念、忠诚担当、使命情怀、斗争精神、本领方法。五年来，常委会共举行党组理论中心组学习会60余次。

（三）充分发挥常委会党组把方向、管大局、保落实的重要作用。始终把坚决做到“两个维护”作为最高政治准则和根本政治规矩，时时处处事事同以习近平同志为核心的党中央保持高度一致，坚决做到总书记和党中央提倡的坚决响应，总书记和党中央决定的坚决执行，总书记和党中央禁止的坚决不做。严格执行重大事项请示报告制度，重大问题、重要事项、重要情况都及时向县委请示报告，做到一切重要工作、重要事项都在县委的领导下进行，保证各项工作都毫不动摇地体现党的全面领导。五年来，常委会党组向县委请示报告工作40余次，县委主要领导先后对人大工作作出重要批示20余次。严格按照法定权限和程序议事决策，凡“三重一大”事项一律提交常委会党组会议研究决定。

（四）坚决保证党委重大决策部署在人大落地落实。研究制定县人大常委会讨论决定重大事项规定，推动出台县政府重大决策出台前向县人大常委会报告工作制度，先后就全县经济社会发展的重要问题和重大事项作出决议决定38项。依法作出《关于开展第七个五年法制宣传教育的决议》《关于批准〈西藏自治区昌都市察雅县生态文明建设规划〉的决定》《察雅县人大常委会关于〈县财政局动用稳定调节基金〉的决定》，有力促进了生态环境改善和“七五”普法深入开展，促进了察雅县经济平稳发展，及时安排必要的支出，保持收支平衡。坚持党管干部和人大依法任免干部的有机统一，依法按程序任免干部127人次。落实宪法宣誓实施办法，指导并推动宪法宣誓制度在全县施行。对所有新任命人员集中颁发任命书，全覆盖听取主要被任命人员的述职报告，并对述职情况评议打分、将评议意见反馈给组织部门和其本人，强化被任命人员的法律意识、责任意识，保证组织意图顺利实现。

二、坚持聚焦聚力全县中心工作和重点任务，在服务全县工作大局上体现了政治担当

常委会围绕中心，服务大局，依法履职，扎实工作，充分发挥职能作用，进一步增强责任感和使命感，以担当之责、严实之态、精准之策和有效之举助力打好三大攻坚战。

（一）坚决科学有效如期打赢脱贫攻坚战。人大常委会领导多次身体力行深入扩达、宗沙、香堆、察拉、荣周、王卡等乡镇脱贫任务重、难度大的地方指导脱贫，按照县委的部署要求积极做好脱贫攻坚督促检查和调研工作，为实现基本消除绝对贫困倾注了心血。广大代表充分发挥模范带头作用，带头用勤劳双手创造幸福生活，带头淡化宗教消极影响，带头形成健康文明的生活方式，带领群众探索脱贫路子和致富门路，为激发贫困群众的内生动力、改变贫困落后面貌作出了积极贡献。560

余名基层代表积极协助党委政府做好群众工作，踊跃参与矛盾纠纷排查化解、维稳巡逻巡防、网格化管理、先进“双联户”创建和监督惠民资金发放等各项工作。县、乡两级人大共开展20余次代表视察活动，在县乡村治理上发挥重要作用，组织开展“聚力脱贫攻坚、人大代表在行动”活动，广泛动员各级代表参与精准扶贫。牵头开展县人大对口帮扶协调推进会，组织协调6家成员单位对王卡乡片区进行分片包干帮扶，建立了责任明确、措施有力、协调高效的帮扶机制。严格落实“54321”干部结对帮扶措施，常委会领导以身作则、率先垂范，多次到扩达、宗沙、香堆、察拉、荣周、王卡等乡镇扶贫联系点、联系户指导解决困难问题，并对39户人大结对帮扶户给予帮扶资金、生活用品等。精准扶贫工作调研30余次，为结对帮扶户解决产业项目、做实事50余件。

（二）坚决下定决心打好污染防治攻坚战。小康全面不全面，生态环境质量是关键。察雅县人大常委会连续三年听取和审议县政府年度环境状况和环境保护目标完成情况报告，审议和批准《西藏自治区昌都市察雅县生态文明建设规划》，助力打好蓝天、碧水、净土三大保卫战。开展水污染防治法、可再生能源法、草原法及自治区实施办法执法检查和“禁白限塑”活动，聚焦流域自然灾害频发、城乡环保基础设施建设滞后、“河长制”落实不够有力等突出问题，提出意见建议，推动生态环境保护工作良好发展。组织“中华环保世纪行——西藏行”活动，根据实际开展水法、水土保持法、国土保护法、土地管理法、草原法执法检查，推动生态环保法律法规的落实。

（三）坚决打好防范化解重大风险攻坚战。积极参与、全力应对统筹推进疫情防控和经济社会发展大战大考，对《全国人大常委会关于全面禁止非法野生动物交易、革除滥食野生动物陋习、切实保障人民群众生命安全的决定》及自治区实施意见和野生动物保护法、动物防疫法、传染病防治法等进行执法检查，推动积极防范化解卫生健康领域重大安全风险。围绕就业、保市场主体，开展民营经济发展调研，促进复工复产。高度关注生产安全、交通安全、消防安全、网络信息安全、食品药品安全，开展道路交通安全法、消防法、食品安全法、药品管理法和手机与互联网实名制登记调研，集中视察食品安全和一批重点民生项目建设情况，促进有关方面及时消除各类安全隐患。

三、坚持多种方式并举并进实施监督，在推进察雅长治久安和高质量发展上展现了更大作为

常委会准确把握监督的重点、节奏和方法，坚持问题导向、目标导向、结果导向相统一，上下联动、协同配合，对涵盖经济社会发展领域的多部法律法规进行了有效监督。

（一）加强经济运行监督，推动经济持续健康发展。坚持依法按程序听取计划、预算、决算等法定必听报告，突出加强预决算审查监督，积极推进审查监督重点向支出预算和政策拓展，开展“十三五”规划实施情况中期评估调研、“十三五”规划实施和重大项目建设完成情况调研。结合经济下行压力持续加大实际，开展经济运行、非公经济发展、减税降费政策落实、青稞生产安全、消除无树村无树户、农村集体土地确权登记等专题调研，推动主要经济指标稳定保持在合理区间、更好实现经济持续健康发展。听取“十四五”规划编制情况报告，提出增强规划编制的前瞻性、科学性、整体性。建立县政府向县人大常委会报告国有资产管理情况制度，听取审议察雅县2019年、2020年国有资产管理情况综合报告、县政府县属企业国有资产管理情况专题报告，开展国有资产管理情况调研；听取审议县政府2020年行政事业性国有资产管理情况报告并进行调研，提出防止国有资产流失、加强国有资产管理等相关建议。

（二）加强民生领域监督，推动提升人民群众的获得感幸福感。坚持把群众呼声作为第一信号、把群众需求作为第一选择，顺应人民群众日益增长的美好生活需要，着力推动解决人民群众“急难愁盼”的问题。着眼完善公共文化服务体系，开展公共文化服务保障法、非物质文化遗产保护法执法检查，推动增强公共文化服务的可行性、加大非物质文化遗产保护力度。致力于办好人民满意的教育，开展教师法及自治区实施办法、职业教育法、体育法执法检查，组织义务教育均衡发展调研，提出强化教师待遇保障、完善教师职称评聘制度、合理配置师资力量，优化农牧区教学点布局。关注医疗保障事业发展，对城乡居民基本医疗保险制度完善、农牧区医疗保险基金管理、基层医疗卫生队伍建设情况进行调研，听取“十三五”时期全县基本医疗保险基金管理情况报告，推动构建全覆盖、保基本、多层次的医疗保障体系。聚焦人民群众的操心事烦心事揪心事，开展城镇低收入群体生活状况调研，提出了完善城镇低收入群体帮扶解困机制、实施城镇低收入群体帮扶行动等建议；开展农牧区“厕所革命”、主城区公厕规划建设运行管理调研，指出了居民如厕难、难如厕等问题；开展藏医药传承保护调研，督促有关方面加大了藏医药研发和人才培养力度适时对档案法及自治区实施办法、自治区学习使用发展藏语文规定、邮政法及自治区邮政条例等进行检查，促进了相关工作逐步迈上法治化轨道。

（三）加强司法工作监督，推动更好维护社会公平正义。听取“两院”司法体制改革情况报告和监委组建运行情况报告，要求“两院”加快构建权责明晰、监管有力、运转有序的司法权运行机制，督促监委依法履行监督、调查、处置职责。听取“两院”多元化纠纷解决机制改革和预防职务犯罪工作报告，开展法院刑事审判工作和检察机关民事诉讼与执行活动法律监督工作调研，提出了加快专业刑事审判队伍建设、完善刑事审判工作考核机制等建议。听取法院破解“执行难”情况报告和检察院公益诉讼工作情况报告，针对案件执行不见人不见财、公益诉讼机制不健全等各类问题提出建议。对全县公安机关执法规范化建设情况进行调研，及时指出执法主体资格不合法、信息化手段应用不充分等问题。深入“两院”检查规范司法行为情况，深入公安机关开展治安管理处罚法执法检查，使执法不规范、阻碍执法等现象得到了一定程度的缓解。

（四）加强社会治理监督，推动提升社会治理能力和治理水平。聚焦社会治理监督持续发力，凝聚人心、汇聚力量，助力打造共建共治共享的社会治理格局。积极推动民族宗教政策法规落地落实，对民族交往交流交融、依法管理宗教事务等进行调研，督促有关方面更好铸牢中华民族共同体意识、深化落实“1拖N”依法管理宗教事务机制。开展预防未成年人犯罪法及自治区实施办法执法检查，要求加强青少年法制宣传教育、增强青少年法治意识。常委会领导在重要时段和敏感节点，以身作则深入联系乡（镇）开展维稳督导，圆满完成了各次维稳督导任务。

（五）加强《西藏自治区民族团结进步模范区创建条例》的学习贯彻。按照《西藏自治区民族团结进步模范区创建条例》和《察雅县创建民族团结进步示范县总体实施方案（试行）》要求，通过开展主题鲜明、形式多样、内容丰富、喜闻乐见的民族团结进步创建活动，使民族团结进步教育思想深入人心，进一步推动经济发展、社会和谐、民生改善、民族团结、宗教和睦、文化繁荣、生态良好、边防巩固、党建加强的良好局面，着力构建中华民族共同精神家园，着力提高依法管理民族事务的能力，使各族群众对创建活动满意度和参与率不断上升。

四、坚持全方位全过程发挥代表主体作用，不断加强和改进代表工作

常委会紧紧依靠代表开展工作，千方百计为代表履职创造条件、搭建平台，不断强化代表的主体

地位和主体作用。

（一）强化代表意见建议办理实效。紧盯代表意见建议征集、审查、交办、督办等各个环节精准发力，着力推动解决代表建议办理重答复轻落实、重结果轻过程的现象，县十二届人大常委会收集到的332件代表建议100%得到了办理答复。察雅代表团近五年在市人代会上提交的41件代表建议大部分得到了办理落实，一大批代表建议直接推动了突出民生问题的解决和重大项目的立项。坚持听取县政府代表意见建议办理情况报告，适时召开督办会跟踪督办代表建议。督促承办单位通过召开座谈会、电话联系、上门走访等方式强化代表参与，实现了代表建议办理件件有着落、事事有回音。及时梳理代表大会发言建议和常委会审议意见反馈县政府，供县政府研究参考。

（二）建强代表活动阵地。按照“八有”标准，在全县建成“人大代表之家”和“人大代表小组”53个，实现了对县、乡两级人大和村居的全覆盖。创建过程中，先后召开现场推进会，总结交流创建工作经验，并对各个代表之家和代表小组进行了验收授牌，广大农牧区代表依托代表之家和代表小组，集中收听收看新中国成立70周年大庆、昌都解放70周年大庆和全国全区“两会”直播盛况，定期接待选民和群众来访，监督强农惠民资金发放，调处化解矛盾纠纷，使代表之家和代表小组“家”的作用不断凸显。在脱贫攻坚主战场、维护稳定最前沿、生产发展第一线和疫情防控的关键时刻，农牧民代表们起而行之、勇挑重担、率先垂范，充分发挥威望优势和引领作用，涌现出了一批先进典型和感人事迹。

（三）拓展代表履职渠道。扩大代表对常委会工作的参与，先后组织22批387名代表视察察雅县的重点易地扶贫搬迁点和民生项目推进等；累计安排125人次的基层代表列席常委会会议；安排452人次的代表参加执法检查和调研活动；协调100余人次的代表旁听司法案件庭审、列席有关座谈会，促进代表知情知政。每年召开纪念“西藏百万农奴解放纪念日”座谈会，教育引导各族各界代表铭记历史珍惜现在、饮水思源，更加坚定感党恩、听党话、跟党走。

（四）激发代表履职活力。加大“走出去”力度，安排30人次的代表到山南、迪庆、拉萨、重庆等地考察学习，学习人大信息化建设模式，学习完善人大监督方式的先进经验，提升人大监督实效。接待了山南、那曲等20余批次的人大考察团的经验交流工作，引导代表积极学习借鉴区内外人大代表履职的先进经验和经济社会发展的成功实践，促进代表开阔眼界、增长见识、更新观念。完善“双联系”制度，推动解决联系服务“最后一公里”问题。建立健全代表履职激励和约束机制，“一人一档”完善代表履职档案，制定优秀代表建议评选办法和代表向选民述职制度，健全代表建议办理程序，落实基层代表误工补贴，让代表履职更有保障、更有动力。开展代表法及自治区实施办法执法检查，促进各方面为代表执行职务创造条件、提供服务。

五、坚持打牢依法履职基础，在加强常委会制度化、规范化建设上推出了务实举措

常委会围绕建机制、夯基础、强队伍、促提升，持续加强人大“两个机关”建设，不断提升自身建设的制度化、规范化、程序化水平。

（一）着力夯实依法履职基础。常委会从建章立制抓起，建立组成人员守则、会议程序、议事规则和审议意见督办、规范性文件备案审查、代表视察调研、联系“一府一委两院”等一整套工作制度，构筑了依法履职的四梁八柱制度框架。坚持民主集中制原则，充分发扬民主依照法定程序，通过会议形式，集体行使职权，集体决定问题，不断完善常委会议事决策程序、提高议事决策效率。

（二）着力提高依法履职效能。加强县乡两级人大检查调研、视察的整体联动，形成协同协作的整体效应。注重调动专委会工作的积极性、主动

性、创造性，发挥专委会在日常监督中的主体作用，强化人大工作的整体效果。始终把开好常委会例会作为履职的关键和监督的中心环节，坚持围绕开好常委会例会部署阶段性任务、搞好会前检查调研，不断提高常委会审议质量对年度既定任务实行清单式管理、项目化推进，实现了定一件干一件、成一件。以2020年“县乡人大工作提升年”为契机，集中推进县乡人大规范化建设。

（三）着力改进人大机关作风。坚持学用结合，积极引导人大机关干部持续加强对宪法、组织法、监督法和廉洁自律准则、纪律处分条例等党内法规和国家法律的学习，不断锤炼机关干部想干事、能干事、干成事的过硬本领。大兴调查研究之风，常委会领导经常带着问题、感情和责任，深入基层、倾听民声、了解民情、反映民意，经常性开展蹲点调研和解剖麻雀式调研，形成一批务实管用的调研报告。压实管党治党责任，严肃党内政治生活，高质量开好民主生活会，加强领导干部家风家教建设，严格落实谈心谈话、双重组织生活、“三会一课”、民主评议党员、主题党日活动等制度，在人大机关形成了良好的党内政治文化氛围。

在总结成绩的同时，必须清醒认识到，常委会工作与时代发展的要求、人民群众的期待、宪法法律赋予的职责还存在一些差距和不足：监督方式方法还不够丰富，监督实效还需要进一步增强；服务代表依法履职的能力水平还需要进一步提高；工作体制机制还有待完善，机关工作效能还需要进一步提升等。下一步，常委会将虚心听取代表和各方面意见建议，不断加强和改进各项工作。

2021年的工作安排

2021年，是中国共产党成立100周年，是西藏和平解放70周年，是实施“十四五”规划和2035年远景目标的开局之年，做好今年的各项工作意义重大、至关重要。察雅县人大常委会工作总体思路是：在县委的坚强领导下，坚持以习近平新时代中国特色社会主义思想为指导，深入学习贯彻落实习近平法治思想、习近平总书记关于坚持和完善人民代表大会制度的重要思想和关于西藏工作的重要论述，全面贯彻落实党的十九大和十九届二中、三中、四中、五中全会及中央全面依法治国工作会议、中央第七次西藏工作座谈会精神，增强“四个意识”、坚定“四个自信”、做到“两个维护”，全面贯彻落实新时代党的治藏方略。坚持党的领导、人民当家做主、依法治国有机统一，坚持以人民为中心，把铸牢中华民族共同体意识作为战略性任务，贯彻落实区党委九届八次全会、九次全会暨区党委经济工作会议和人大工作会议安排部署，坚持稳中求进的工作总基调，紧紧围绕稳定、发展、生态、强边“四件大事”，以实现“四个确保”为目标，立足新发展阶段、贯彻新发展理念、构建新发展格局，巩固疫情防控和经济社会发展成果，依法履行职责，进一步提升监督、代表等工作水平，为察雅县“十四五”开好局起好步提供有力法治保障。

一、突出政治引领，对标对表新时代党的治藏方略

深入系统学习习近平新时代中国特色社会主义思想、党的十九届五中全会、中央全面依法治国工作会议和中央第七次西藏工作座谈会精神，全面准确把握我区“五期叠加”的阶段性新特征、高质量发展“三个赋予一个有利于”的新使命、构建新发展格局的新定位，深入贯彻落实新时代党的治藏方略，正确处理好“十三对关系”，全面贯彻落实区党委关于人大工作“六个坚持不动摇”要求，在反分裂斗争中出实招、在铸牢中华民族共同体意识上求实效、在推进高质量发展上谋实事、在生态文明建设上下功夫、在富民强边上想办法、在改善民生凝聚人心上用真情，创造性地开展工作，全力推动新时代人大工作迈上新台阶。

二、突出监督支持并举，扣紧扣实“十四五”开好局起好步

围绕中心、突出重点、讲求实效，坚持正确监督、有效监督，坚持监督与支持并举，综合运用多种方式，加大监督力度。改进完善专题询问等工作，继续运用好转办审议意见、开展跟踪监督、组织满意度测评等方式方法，不断增强监督实效。突出铸牢中华民族共同体意识，检查自治区民族团结进步模范区创建条例贯彻实施情况。开展旅游法及条例、森林法及实施办法、矿产资源管理条例等执法检查，跟踪督办对工会法及实施办法执法检查报告、民营经济发展专项报告等审议意见的落实情况。听取审议法治政府建设、环境保护、国有资产管理、审计查出问题整改落实情况等专项工作报告，进一步加强计划、预算决算审查监督。听取审议社会救助工作、“七五”普法和扫黑除恶等专项报告。开展退役军人事务工作、易地扶贫搬迁、草原畜牧业等专题调研。积极配合市人大常委会做好相关执法检查和专题调研。

三、突出代表主体地位，用心用情服务代表、服务群众

坚持人民至上、以人民为中心，加强代表思想政治建设。认真实施代表法，健全加强和改进代表工作的具体措施，一手抓履职平台的搭建，一手抓代表履职能力的提升，推进代表履职服务平台和履职档案规范化建设。密切常委会组成人员同代表、代表同人民群众的联系，坚持与列席常委会会议的代表座谈机制，认真听取各方面意见建议，做到民有所呼、我有所应。加强和改进代表意见建议办理，强化跟踪督办，提升办理成效。紧紧依靠代表做好人大工作，扩大代表对人大常委会和专门委员会工作的参与，统筹开展好代表集中视察、专题调研和接待选民等活动。继续加大代表培训力度，分批组织县级人大代表赴内地学习考察。组织好各级人大代表广泛宣传党的路线方针政策和决策部署。继续完善“人大代表之家”规范化建设和工作的指导意见，进一步发挥其作用。召开人大代表履职座谈会，总结交流履职经验。健全代表履职经费保障机制。做好“请进来”“走出去”工作，发挥好人大代表在对外宣传中的特殊作用。

四、突出忠诚干净担当，从严从实全面加强自身建设

增强贯彻执行习近平总书记重要指示和党中央决策部署的能力，不断增强对“两个维护”的政治认同、思想认同、情感认同。坚持把学习运用习近平总书记关于坚持和完善人民代表大会制度的重要思想作为人大工作的首要任务和看家本领，不断提高政治判断力、政治领悟力、政治执行力。严格请示报告制度，自觉坚持党对人大及其常委会依法履职全过程的领导，始终在党的领导下有力有序有效推进人大工作。按照县委统一部署，加强对县乡人大换届选举工作的指导。贯彻落实全面从严治党要求，坚持以党的政治建设为统领，认真组织开展“政治标准要更高、党性要求要更严、组织纪律性要更强”专题教育。加强人大干部队伍建设，增强人大工作和干部队伍活力。完善人大议事程序和工作机制，健全完善与“一府一委两院”的沟通机制。贯彻党的群众路线，深入改进作风，以抓铁有痕的韧劲，切实防范和坚决克服形式主义、官僚主义。自觉接受市人大常委会的指导，加强和基层人大的工作联动与配合，形成人大工作合力。进一步加强规范化建设，不断提高常委会会议、主任会议、专门委员会会议的质量。

各位代表！

新征程已经开启，新使命催人奋进。让我们更加紧密地团结在以习近平同志为核心的党中央周围，在区党委、市委、县委的坚强领导下，履职尽责、勇于创新、担当作为，把宪法法律赋予的职责履行好，把党和人民交给的任务完成好，以优异成绩向建党 100 周年和西藏和平解放 70 周年献礼！

察雅县人民政府工作报告

——在察雅县第十三届人民代表大会第一次会议上

（摘要）

察雅县委副书记、代理县长　李成光

（2021年6月28日）

各位代表：

现在，我代表县人民政府，向大会报告工作，请予审议，并请县政协委员和其他列席人员提出意见。

一、回眸“十三五”，我们以脱贫攻坚为统揽，众志成城、砥砺奋进，全面小康取得决定性成就

2020年是“十三五”收官之年，也是极不平凡、极其不易的一年。面对发展形势的深刻复杂变化，特别是新冠肺炎疫情的严重冲击等多重压力叠加，我们奋力夺取疫情防控和经济社会发展双胜利，为“十三五”画上了圆满句号。

2020年，面对突如其来的新冠肺炎疫情，我们勤调度、严管控，众志成城全力抗击疫情。抗击疫情期间，累计收到捐款267万余元。及时出台《察雅县减租免租倡议书》等政策举措，为在察商户减免房租，兑现运输补贴，同时建立复工复产调度和帮扶机制，企业和商贸等行业全面及时复产。经济社会迅速走上正常有序轨道。

2020年，面对经济下行压力持续加大的严峻形势，我们兴产业、强实体，在推动高质量发展上稳中求进。全县地区生产总值达到16.05亿元，同比增长7.8%；社会固定资产投资9.99亿元；社会消费品零售总额完成4.38亿元；一般公共预算收入达到6492万元，同比增长5%；农村居民人均可支配收入达到12734元，同比增长13.2%；城镇居民人均可支配收入达到34736元，同比增长10.2%；城镇登记失业率控制在3%以内。全县经济社会发展总体呈现出“经济稳定增长、投资稳步增长、居民收入持续增长”的特点。

2020年，面对全面建成小康社会目标任务，我们补短板、强弱项，在打赢打好“三大攻坚战”中奋勇攻坚。一是众志成城打好脱贫攻坚收官之战。累计投入扶贫资金33.44亿元，4131户21012名建档立卡贫困户脱贫，143个贫困村居退出，贫困群众人均可支配收入突破1万元，全县脱贫摘帽，彻底消除绝对贫困。二是全面打好蓝天、碧水、净土保卫战。投资4600万元建设垃圾填埋场、农村垃圾池，城乡人居环境卫生整治效果显著。强化烟尘整治，全县空气质量优良天数达到100%。对全县13个集中式饮用水水源地进行水质监测，各项指标均达到国家饮用水指标。主动申报自治区级生态乡（镇）4个，生态村（居）53个。三是开源节流防范化解债务风险。主动对全县债务风险进行测算、监测、定期通报，政府债务率严格控制在绿色安全区域，债务化解工作排名全市前列。

2020年，面对发展道路上的爬坡过坎，我们蓄能量、优环境，在深化改革开放的探索中勇于担当。“放管服”改革成效明显，县级政务服务中心集中办理行政审批和公共服务事项52项，下放至乡

（镇）行政权力和公共服务事项44项，“互联网+政务服务”县、乡、村三级平台基本建成；电子商务进农村示范项目投入使用，行政事业机构改革、公务用车制度改革全面完成，行政执法、医药卫生、项目审批、文化、司法、教育等综合改革不断深化。农村集体产权制度改革、农村宅基地改革与管理工作有序推进。全年签约重大招商项目13个，到位投资2.04亿元，完成市下达任务的102.38%。各类市场主体2141户，注册资本达25.45亿元。

2020年，面对群众日益增长的美好生活需求，我们办实事、强保障，在发展成果普惠共享的实践中倾心为民。教育发展更均衡，全县义务教育阶段共有在校学生7719人。全县疑似失学儿童劝返复学完成率达到100%。目前，全县共有各类学校53所，办学条件持续改善，义务教育阶段适龄学生、适龄儿童都能接受良好的基础教育。卫生健康更进步，察雅县医疗共同体中心医院改革顺利完成。县藏医院、疾控中心建成投入使用。全县13个乡（镇）卫生院规范化建设和标准化达标。143个行政村（居）基本医疗保障全覆盖。妇幼“两降两升”指标明显提升，全县孕产妇住院分娩率提高到98.72%，同比增长10.72%；新生儿死亡率降低到5.33‰，同比下降5.95‰。文化事业更繁荣，基础公共文化设施进一步完善，“五下乡”活动持续开展。组建了138支2330人的行政村文艺演出队，落实文艺演出队人员补助等693.08万元；非物质文化遗产传承工作成效明显，勉唐画派绘画技艺、吉塘藏靴制作等技艺被列入区、市级非物质文化遗产项目名录，仁达拉康纳入全国重点文物保护单位。社会保障更得力，实现农牧民富余劳动力转移就业10852人次，就业增收达7300万元，人均增收达6727元。全县农村低保对象7806人，落实保障资金1727.84万元；兑现229名城镇低保资金162.43万元；兑现3697名残疾人“两项补贴”资金583.8万元，累计向3415名高龄失能老人、分散特困人员、困难群众临时救助等兑现资金1039.56万元；累计向3612名城乡低保户、困难残疾人、困难环卫工人、未就业大学生等困难群众救助209.5万元。社会养老、社会救助、残疾人保障、关爱留守儿童等得到加强。

2020年，面对日益复杂的安全稳定形势，我们强机制、善把控，社会大局持续稳定向好。社会面防控、矛盾隐患排查调处持续加强，对各类风险隐患做到了情况清、底数明。持之以恒抓好抓实“双联户”服务管理工作，强化“雪亮工程”专项工作，实现了治安防控立体化目标。坚持依法管理，不断维护寺庙宗教领域和谐稳定，持续深入开展涉宗领域爱国主义教育、感党恩教育，持续淡化宗教消极影响。不断巩固扫黑除恶专项斗争成果，突出行业领域重点，就“黑车”、“砂霸”、“路霸”、私搭乱建、娱乐场所监管不力等9个行业乱象问题进行了专项治理。突发事件预防预警和应急处置体系得到健全。高质量完成第三次全国农业普查、第四次全国经济普查、第七次全国人口普查，史志、档案、老干、气象、工商联、邮政、保险等各项事业都有新的发展。工会、共青团、妇联等群团组织作用进一步发挥。

各位代表，过去的一年是“十三五”收官之年，回顾“十三五”波澜壮阔的五年，我们坚持发展第一要务、创新第一动力，加快质量变革、效率变革、动力变革，经济实力大幅提升。

五年来，民生保障更加有力，实施民生和县，向全面小康化靠拢。经济实现高质量发展，全县地区生产总值从8.9亿元增加至16.05亿元，年均增速7.8%；人均GDP从13571元增加至24177元；农村居民人均可支配收入由7308元增长至12734元；城镇居民人均可支配收入由18415元增长至34736元；城镇登记失业率由2.5%下降至2%；招商引资持续推进，招商引资54个项目，到位资金14.75亿元，带动3120名群众增收致富。先后荣获全市招商引资第一名、第二名和先进单位荣誉。决战决胜脱贫攻坚，聚焦“两不愁三保障”目标，实施“五个一批”举措，告别了绝对贫困。先后投入基础设施建设资金12.6亿元，对365个农村安全饮水点进行改建升级，群众饮水安全全部达标。主电网覆盖13个乡（镇），覆盖率100%。全县公路通车总里程由1613公里增加至1948.52公里，乡（镇）、行政村（居）道路通达率达100%。就业创业连年攀升，实现农牧民富余劳动力转移就业7.6万余人次，就业增收2.29亿元，连续5年实现就业规模和就业创收年增速20%。社会保障全面提升，累计落实46879人次农村低保对象保障资金9294.26万元，落实10916人次困难“残疾人两项补贴”资金2189.13万元，落实困难群众临时救助3200人次、资金达750万元；向分散特困人员落实生活补贴资金1196.7万元；集中供养特困人员实现“老有所养、老有所医、老有所乐”，五保意愿集中供养率达100%。“健康察雅”深入实施，包虫病救治成功率达98.3%。家庭医生签约服务率达100%；累计投入1.8亿元，完成县人民医院、藏医院、疾控中心新建及13个乡（镇）卫生院新建或改扩建工程，完成143个村（居）卫生室功能提升；2019年县人民医院顺利通过“二级乙等”综合医院评审工作。城乡居民基本养老保险参保人数达到1.91万人次，城镇居民基本医疗保险参保人数达5.72万人。公共文化逐步完善，顺利完成察雅县一、二届澜沧江文化艺术节，进一步提升了察雅的文化软实力；《察雅年鉴》（2017年、2018年、2019年）、《精准扶贫在察雅》、《美丽察雅》、《新时代察雅县脱贫攻坚实践》《察雅县志》已经出版；2015年以来，为农牧民群众累计发放“户户通”设备共14409套，配齐配全143个行政村（居）基础文化设施，配备率从45%提升至100%。

五年来，产业发展势头良好，实施产业富县，产业特色化更加明显。投入资金5.8亿元，实施扶贫产业项目95个，覆盖建档立卡贫困户6133人，通过土地流转、务工等发放资金3240万元。着力发展河谷产业，投资7500万元，实施了烟多镇如给村、达巴村、吉塘镇亚许村等蔬菜基地项目，新建大棚287座，年产蔬菜1000余吨；在荣周乡、香堆镇建成黑青稞种植基地1200亩、青稞良种基地7000亩，单产高出全县平均值30%。着力构筑经济林产业，重点构筑迪嘎纳、德日纳及澜沧江沿线3个片区为主的万亩经济林产业，面积1.19万亩，累计投资1.1亿元；投资1.48亿元建设扶贫苗圃3309亩。引进全区首个“杂交构树繁育基地”，在吉塘、卡贡、烟多等澜沧江流域乡（镇）实施杂交构树产业，实现年育苗百万株。着力培育畜牧产业，在阿孜乡及县城建立了600头以上规模的阿旺绵羊育肥基地，成立了扩达、宗沙农牧民畜牧养殖及加工生产合作社，1.2万只规模的红拉山鸡养殖等项目为群众增收拓宽了途径。

五年来，持续改善生态环境，实施生态立县，生态文明化成效明显。先后投入2.15亿元，完成了垃圾填埋场、吉塘镇和县城污水处理厂建设。累计投入资金3.22亿元，实施生态补偿，引导21202名劳动力参与生态保护和建设。累计投入2300万元，配齐了县城、乡（镇）和部分村（居）环卫设施；消除无树户、无树村完成率达100%；全县活立木总蓄积量达744.75万立方米，全县森林覆盖率增加至40%，林木绿化率增加到40.9%；国土绿化面积由2.37万亩增加到4.55万亩，增长率为91%。积极推进饮用水水源地保护、河湖清“四乱”等系列专项行动。全县水域“全面挂长”。深入开展生态环境保护综合执法专项行动，全面完成各级各类环境巡察督察反馈问题整改。

五年来，教育事业加快发展，实施教育强县，教育素质化纵深推进。持续加大对教育的投入，入学率持续提升，幼儿园毛入学率从64.97%提升至75.02%，年均增速为3.35%。小学入学率从92.33%提升至99.85%，年均增速为1.5%。初中入学率从59.43%提升至99.23%，年均增速为7.96%。义务教育阶段“三残”适龄儿童义务教育入学率100%。义务教育巩固率达96.24%，于2018年顺利通过国家和自治区义务教育均衡验收。累计投入教育基础设施建设资金 3.88 亿元，新建、改扩建 20 所学校，完善 12 所乡（镇）中心小学附属配套，建成 280 套教师周转房，实施高海拔取暖工程，为 18 所学校补充完善信息化教学设备，学校教学硬件设施进一步提升。县第二小学、县幼儿园第二分园、香堆镇幼儿园顺利开学。累计投入学生“三包”经费 1.38 亿元，投入营养改善计划资金 2642.24 万元。2016—2021 年累计兑现区、市、县困难大学生资助资金 1811 万元，受益大学生 2501 人次。2016 年以来累计兑现“中铝・格桑花”基金 109.71 万元，受益 602 人次；加大教师培训力度，教师队伍“软实力”不断加强，教育素质化纵深推进。

五年来，项目建设顺利推进，实施城镇兴县，新型城镇化格局形成。扎实推进交通建设。道路交通建设累计投入 18.22 亿元，公路总里程由 1613 公里增加至 1948.52 公里，年均增加 65.82 公里，实现全部通畅。13 个乡（镇）中 12 个实现通畅，1 个通畅在建，建成后通畅率 100%；143 个行政村（居）通达率 100%，通畅率 79.7%；512 个自然村通达率为 87%。实施察芒、年察、察贡等国道、省道新建升级，打通察雅县“六大通道”，破解了发展瓶颈。香堆镇、宗沙乡、肯通乡、荣周乡、扩达乡等乡（镇）客运班线已全部开通。扎实推进水利建设。先后投入 4.13 亿元，实施 43 项水利工程建设。投资 3780 万余元，完成县城（二期）饮水改造工程。投入 1.48 亿元，实施 448 个农村安全饮水巩固提升项目建设；投入 9142.8 万元，完成 10 个防洪工程；投资 8970.34 万元，建成瓦西、邓学、荣周等灌区。投资 6300 万元，完成水利重点县建设工程；投资 2106.84 万元，完成水生态治理工程 2 项。扎实推进电力配套建设。投入 3.03 亿元累计新建 2 座 110 千伏变电站、6 座 35 千伏变电站；投入 1.71 亿元，在巴日等 12 个乡（镇）完成农网改造升级工作；投入 1107.34 万元，完成麦曲河电站技改维修工作；投入 1.74 亿元，实施“三区三州”和“十三五”深度贫困区增补项目，主电网覆盖率达 100%，供电可靠率达 90% 以上。扎实推进网络通讯建设。先后投入 8000 万元，实施 60 个网络通讯建设项目，网络基站由 280 座增加至 351 座，网络覆盖率由 85% 提升至 99%，目前实现 4G 网络全覆盖，20 座 5G 网络基站建成投用。投入 600 万元，建成 13 个乡（镇）邮政服务所、143 个村（居）邮政服务站，实现邮政服务 100% 覆盖。

五年来，社会持续稳定向好，实施团结稳县举措，社会和谐化更加可靠。扫黑除恶成效明显。深入有效发动群众，强化宣传营造氛围，加大了行业和重点部位治理，与运输市场整顿、工程项目建设、矛盾隐患化解、基层组织建设、法治宣传教育相结合，形成综合治理监管合力。结合区情县情，同反分裂斗争紧密结合起来，清网净网固网专项行动有序推进，工作成效明显。宗教治理更加有效。依法加强宗教事务管理，在“导”字上下功夫。引导宗教界人士牢固树立“四个意识”，增进“五个认同”，积极参与“遵行四条标准、争做先进僧尼”教育实践活动。在“管”字上下功夫。严格宗教活动审批，对 78 座寺庙建筑信息进行全面登记。在“淡”字上下功夫。民族团结更加巩固。以创建民族团结示范县、“双拥”模范县和“四讲四爱”群众教育活动为载体，深入开展团结稳定是福、分裂动乱是祸的宣传教育，引导干部群众深入揭批十四世达赖和达赖集团反动本质，不断增强了反分裂斗争的自觉性和坚定性。全县各族群众“三个离不开”“五个认同”更加牢固。安全生产更加向好。坚决防范化解各类重大安全风险，加强对重点行业、重点领域和自然灾害的安全风险分析研判，深入推进安全生产专项整治三年行动，坚决做好应急响应准备，完善应急预案，安全生产工作持续向好。

各位代表，五年发展，成之唯艰，五年耕耘，收获满满。“十三五”取得的成绩来之不易，这是以习近平同志为核心的党中央坚强领导的结果，是习近平新时代中国特色社会主义思想科学指引的结果，是市委、市政府和县委总揽全局、正确领导的结果，是县人大、县政协监督支持的结果，是对口援藏省市、企业无私援助的结果，是历届老领导、老同志关心帮助的结果，更是广大干部群众、社会各界共同努力奋斗的结果。在此，我谨代表县人民政府，向奋战在各行各业的建设者、劳动者，向人大代表、政协委员、驻察部队官兵和离退休老同志，向所有关心支持察雅建设发展的各界朋友，致以衷心的感谢和崇高的敬意！

各位代表，回首“十三五”奋斗历程，我们更加深切感受到：党有核心才能万众一心。有习近平同志作为党中央的核心、全党的核心，一切行动听党中央指挥、向习近平总书记看齐，工作就有底气，发展就有希望，事业就能顺利。我们更加深切体会到：胸怀大局才能开创新局。对国之大者心中有数，主动服务国家战略，“跳出察雅看察雅”，找准察雅发展的契合点，才能以一域之光为全局添彩。我们更加深切认识到：始终把人民利益放在最高位置，充分发动群众、紧紧依靠群众，就能汇聚攻坚克难、加快发展的磅礴力量。我们更加深切领悟到：风正劲足才能信心十足。风清气正的政治生态是改革发展稳定目标顺利实现的重要保障，必须把良好的政治生态转化为良好的发展状态和精神状态。

我们也清醒地看到，察雅的发展质量和效益还不够高：一是县域发展依赖投资较大，县域经济实力有待进一步增强；二是城乡区域发展不平衡，城镇化进程相对缓慢，农牧民人口比重大，城镇化率低于全市平均水平；三是察雅县扶贫攻坚工作虽已取得阶段性成果，但是县域基础设施和产业扶贫还存在短板弱项，脱贫成果的巩固拓展任务极其繁重；四是政府治理效能还需提升，有的干部思想不够解放，主动担当作为不够。对此，我们一定高度重视，采取有效措施，认真加以解决。

二、展望“十四五”，我们站在新的历史起点，精心谋划，超前布局，开启社会主义现代化建设新征程

“十四五”时期，是开启全面建设社会主义现代化国家新征程的第一个五年，也是察雅推动高质量发展的关键五年。站在新的历史起点，立足新发展阶段。今后五年，政府工作的总体思路是：高举中国特色社会主义伟大旗帜，深入贯彻党的十九大和十九届二中、三中、四中、五中全会精神，坚持以马列主义、毛泽东思想、邓小平理论、“三个代表”重要思想、科学发展观、习近平新时代中国特色社会主义思想为指导，深入贯彻落实中央第七次西藏工作座谈会精神及习近平总书记关于西藏工作的重要论述和新时代党的治藏方略，深刻把握在严峻挑战下做好经济工作“五个根本”的规律性认识，增强“四个意识”、坚定“四个自信”、做到“两个维护”，胸怀“两个大局”，统筹推进“五位一体”总体布局，协同推进“四个全面”战略布局，坚持稳中求进工作总基调，立足新发展阶段，贯彻新发展理念，融入新发展格局，以推动高质量发展为主题，以深化供给侧结构性改革为主线，以改革创新为根本动力，以满足人民日益增长的美好生活需要为根本目的，统筹发展和安全，坚持把维护祖国统一，加强民族团结作为工作的着眼点和着力点，坚持把改善民生、凝聚人心作为经济社会发展的出发点和落脚点，正确处理好“十三对关系”，围绕市委“六大发展战略”，立足“六县六化”强县目标，全力抓好稳定、发展、生态、强边四件大事，奋力开创察雅长治久安和高质量发展新局面。

“十四五”期间我们经济社会发展的目标是：到2025年，经济综合实力稳步增强，生态优势产业发展壮大，城乡一体化建设成效显现，社会治理水平有效提升，公共服务水平显著提升，居民生活品质极大改善，社会大局持续稳定，党建基础牢固，努力把察雅建设成为昌都市高质量发展先行区、藏东经济强县、知名旅游目的地、高原绿色产业供应基地、澜沧江上游的生态屏障和宜居地。

“十四五”期间我们要完成的经济发展指标是：到2025年，县域生产总值达到26.24亿元左右，年均增长10%以上；一般公共预算收入稳定增长；社会消费品零售总额达到6.45亿元，年均增长8.5%以上；城乡居民人均可支配收入分别达到57537元、21332元，年均分别增长10.5%、10.8%。

围绕上述思路和目标，我们将着重完成“八项重点任务”：

（一）优化城乡空间布局，促进城乡一体化发展。按照城乡统筹、生态优先、功能互补、突出特色、聚焦发展、科学规划的原则，构建“一核两特十点多美”空间发展新格局，有效促进城乡一体化发展。加速城市提档升级，加快察雅县城烟多小镇风貌塑造，完善城市公共服务功能配套。打造麦曲河道滨江景观，完善察雅县扶贫开发产业园、麦曲综合产业城、公租房、廉租房等城市基础公共设施建设，提升城区市政道路等级。加强环卫、市政、治安等城市综合管理，完善县城商贸物流、新型金融、医疗卫生、文化教育等城市功能配套，提升城市品质。增强特色小镇集聚辐射效应。以高原特色产业为核心，立足产业基础和市场需求，发挥特色小镇产业带动、商贸物流和人口聚集等重要功能，加强吉塘、香堆特色小镇的基础设施配套功能，使特色小镇成为城市发展副中心，打造布局有序、内外联动、功能互补的高原精品特色城镇体系。

（二）培育高原特色产业，促进产业高质量发展。立足察雅县资源优势，一是做强河谷经济，深度对接昌都市“五大养殖基地”“七大种植基地”产业布局，“十四五”时期，努力完成89个河谷经济特色产业村。切实推动农特产业提质增效，整合资金，培育壮大新型农牧业经营主体，着力延伸特色产业效益链，增强农牧产业规模化。二是做优资源经济，大力发展林果经济，“十四五”期间，投资9900万元推进察雅县澜沧江流域沿岸经济林产业建设项目提质增效；进一步提升矿产资源开发及利用水平，逐步培育矿产资源开发产业；加强水风能资源经济开发互补。三是做大加工业经济，大力打造藏药产业。以康巴文化为核心，建设一批重点民族手工业基地，切实发挥高原特色农牧业优势，做好农副产品加工业的发展。四是做精旅游经济，按照“立足康巴文化，引领昌都门户”的空间发展思路，深入推进察雅形成“一心、双核、两轴一环、三区协调发展”的全域旅游总体空间格局。五是做靓新兴经济，“十四五”期间，大力引进和培育新兴经济创新主体，利用大数据、物联网等新技术，促进服务业、农牧业高质量发展。优化升级传统服务业，加强乡（镇）农贸市场建设，加快推进空港经济发展，加强察雅县仓储物流中心建设，推进农产品深加工，推动农牧产业智能化应用，加快打造“互联网+”电商服务平台。

（三）做好脱贫巩固与乡村振兴有效衔接，促进城乡融合发展。“十四五”期间我们将坚持农业农村优先发展，持续巩固提升脱贫攻坚成果，大力实施乡村振兴战略。一是加强返贫预警动态监测，建立健全防止返贫长效机制及动态监测预警机制，严防返贫风险。深入开展消费扶贫，加大易地扶贫搬迁后续扶持力度，持续巩固提升脱贫成效。二是围绕乡村振兴“产业兴旺、生态宜居、乡风文明、治理有效、生活富裕”总要求，有序推动乡村产业、人才、文化、生态和组织振兴。加快补齐农牧区基础设施短板。统筹推进城乡公共服务体系建设。扎实开展农村人居环境整治。三是推进城乡深度融合发展。突出农牧区优先发展，把公共资源配置和公共基础设施建设的重点放在乡村农牧区，推进城乡基础设施共建共享、互联互通，推动乡村基础设施建设提档升级。统筹城乡发展空间，科学推进城乡统一规划、有序推动镇村联动发展、严格执行土地用途管制。

（四）坚持保护恢复并重，建设高原流域生态文明示范区。一是加强生态系统保护与修复，优化国土开发格局，建立察雅国土空间规划体系并监督实施；创建自治区级生态村、生态乡（镇）、生态县。推进污染综合防治，强化环境综合整治。二是着力提升生态环境治理能力，抓好以城镇为主的大气污染防治工作。继续建设重点城镇生活污水处理设施并稳定运行。深入开展全县饮用水水源地环境综合整治，推进行政村水源地保护工作，加强集中式饮用水水源地监测与监管。三是推动绿色经济高质量发展，全面推进“绿色行动”。推动产业生态化，形成“四大发展模式”。

（五）持续保障和改善民生，提升群众获得感幸福感安全感。一是全面提高办学率和教育均衡化率，努力促进教育公平。进一步加大经费投入，到2025年，义务教育阶段学校标准化率达100%，农村学前双语毛入园率达到85%，高中阶段毛入学率达到92%。努力实现义务教育高质量发展，促进优质均衡，进一步提升校长管理治校能力，提升教育教学质量。加强师资队伍建设。二是加快发展医疗卫生事业，加快完善县、乡、村三级卫生医疗服务体系。做好疫情防控常态化管理和新冠疫苗接种工作；进一步扎实推进健康扶贫，防止群众因大病、慢性病致贫返贫。完善城乡医疗卫生基础设施建设、提升医疗卫生服务水平、传承发展藏医药事业、加强医疗专业技术人员队伍建设。三是大力推进就业创业，鼓励高校毕业生、退役军人、农牧民等群体自主就业或创业。大力宣传和落实就业创业优惠政策，引导群众转变就业观念，促进多种形式主动就业和自主创业。四是繁荣发展文化事业。完善公共文化服务，加强基层公共文化设施建设，加大非遗保护项目、传承人和文物保护单位申报、保护及挖掘工作。五是统筹优化社会保障，完善社会保险体系，继续实施全民参保计划。进一步扩大社保覆盖面。健全社会救助体系，统筹推进城乡医疗救助、教育、住房等专项救助制度，做好社会救助兜底保障。加快发展社会福利事业。全面加强民政能力建设，补齐民政公共服务设施建设短板。

（六）加强基础设施建设，增强发展保障能力。一是完善综合交通运输体系。加快推进路网改造工程，全力推进“四好农村路”建设，提高农牧区道路通达深度和通畅水平。全面实施自然村通达工程，创建国家级乡村通路示范县。实现乡（镇）通畅率和行政村通达率均达到100%，自然村通达率达到90%以上。加强公路养护管理机制。加快推进交通枢纽站建设，进一步提高通客车率，力争实现乡（镇）客运全覆盖。二是加强水利基础设施建设。深入实施农牧区饮水安全巩固提升工程，提高农牧区安全饮水质量和效率，加强城乡饮用水水源地保护，提升水质保障。到2025年，农村集中供水率和自来水普及率均达93%以上。继续推进水利基础设施的建设，加强防洪减灾工程建设，继续加强对重点区域水土流失的综合治理和生态环境保护。“十四五”期间，拟投入5亿元用于建设防洪、减灾工程。三是加快构建现代能源体系。有序推进察雅县城地下电缆设施设备及其配套设施建设，全面提升县城容貌，提高供电保障能力。加强农牧区电网升级改造，紧密衔接川藏铁路等重大基础设施建设，及时完成配套电力设施和供电工程建设，提高支撑保障能力。加大城市配电网改造力度，整治频繁停电。加强县域电网与主电网联系，补齐农村电网短板。四是加强现代化信息基础设施建设。“十四五”期间，计划投资3800万元，完成15座网络基站4G改造升级，到2025年，基本实现全部行政村通宽带，全部自然村移动通信网络全覆盖。加强新型基础设施建设，“十四五”期间，投资800万元，在烟多镇实施农牧业大数据库建设项目，用于耕地、草场、粮食生产功能区、禁养区等数据化管理。

（七）强化开放合作，促进察雅经济社会发展。一是融入内外开放新格局。多渠道、全方位开展招商引资工作，力争招商引资获得新突破。发挥区位优势，大力开发农牧业对外合作支撑项目和旅游资源开发项目。发挥资源优势，大力开发温泉资源项目，完善吉塘温泉旅游关联设施基础。推动矿产资源开发项目，建成一批高品质、环保型的资源开发项目。充分利用高原特色藏药材资源，积极对接各类科研机构，研究、生产具有高原特色的生物科技产品。二是健全对口帮扶机制，继续推进对口支援教育、卫生等项目。三是完善合作开放平台，推进电子商务平台、招商引资平台建设。同时，围绕农业产业建设、农产品深加工、文化旅游产业开发、城乡基础设施建设、生态环境保护，加强交流合作。

（八）加强体制机制创新，破解发展障碍。一是深入推进重点领域改革，深化“放管服”、行政审批制度改革。深入推进农村“三变”改革，持续释放“三农”发展活力。落实“营改增”等结构性减税政策。二是推进社会治理体系建设。加强基层党组织建设，到2025年，先进村党组织达80%以上，乡（镇）领导班子综合素质大幅提升，村（居）党组织领导核心作用全面增强。推进乡村法治建设，加强基层执法队伍建设，建立村级公共法律服务平台，降低法律援助门槛，扩大法律援助覆盖面。提升乡村德治水平，大力弘扬社会主义核心价值观，大力培塑道德文化、邻里文化，引导农牧民自觉履行法定义务、社会责任、家庭责任。加强民族团结工作，到2025年，80%的乡（镇）、村（居）建成县级民族团结进步示范乡（镇）、村（居），30%的乡（镇）、村（居）和4个内设单位建成市级民族团结进步示范乡（镇）、村（居）和民族团结进步示范单位。加强宗教事务管理，积极引导藏传佛教与社会主义社会相适应，全面落实利寺惠僧政策，实现僧尼基本医疗保险和养老保险参保率100%，持证贫困僧尼纳入最低生活保障，持证僧尼每年享受一次免费健康体检，让寺庙僧尼共享改革发展成果。强化应急管理体制建设，推进应急管理信息化建设，健全应急物资保障体系，完善各类应急预案，做好应急抢险物资储备，加强应急救援队伍建设，不断提高防灾减灾能力。加强食品药品质量安全监管，健全完善质量安全检测体系，全力保障人民群众生命健康安全。三是筑牢国家生态安全屏障，按照习近平总书记“绿水青山就是金山银山”的要求，严格落实环境保护“党政同责、一岗双责”，严守生态保护红线，大力实施退耕还林、退牧还草工程和提质增绿行动，保护好察雅的山山水水、生灵草木。严格落实河（湖）、林（草）长制，大力推进国土绿化行动。

三、着眼2021年，我们紧盯瞄准目标立足当下，苦干实干、上下一心，实现“十四五”开好局起好步

各位代表，2021年是建党100周年，是实施“十四五”规划的首战之年。我们将着眼五年、立足当前，砥砺奋进，为全面推进社会主义现代化建设开好局、起好步。全年主要预期目标是：地区生产总值增长9.5%，固定资产投资增长12%，社会消费品零售总额增长12%，地方一般公共预算稳定增长，城镇居民人均可支配收入增长10%，农村居民人均可支配收入增长13.6%，城镇登记失业率控制在3%以内。

围绕上述目标和任务，我们将务实抓好“六项工作”：

（一）聚焦重点项目和产业发展，确保经济取得开门红。一是加快建设一批重点项目。2021年全县新续建基本项目共18项，总投资3.52亿元。加快推进察雅县老旧小区改造、扶贫产业园（二期）、高标准农田、农村饮水安全巩固提升等重点项目建设。加强项目建设管理，处理好进度与质量的关系，在确保质量和安全的前提下抢时间、赶进度，加强项目实施过程中各环节监管，保证项目质量安全和效益。二是招商引进一批重大产业项目。强化抓招商引资，聚焦重点产业开展精准对接、有效洽谈，力争招商引资资金达到3亿元以上。三是谋划储备一批重大前期项目。精准对接自治区、昌都市项目投向，加强业务对接、完善梳理“十四五”项目库，加快业务跑办，力争更多项目进入国家、自

治区、市项目库，项目包装储备达到新水平。四是抓紧落实本年度产业项目。投资2000万元，在阿孜、香堆等乡（镇），配套建设年饲养800只以上的“三联舍”阿旺绵羊养殖小区3个；投资1500万元，在条件成熟的村委会建设温室大棚148座；投资800万元建设巴日乡拉美荞麦种植基地。同时，结合全县村情和群众技能、产业发展意愿，支持、鼓励、引导群众大力发展富民产业，进一步增强和创新收益模式，提高群众的参与度和受益度，实现农牧民增收致富。

（二）聚焦优化发展空间布局，推动城乡协调发展。完成国土空间总体规划和县城总体规划及控制性详细规划编制。加强市政管理，维护好县城地下综合管廊、给排水等设施。抓好城区绿化、城区供水管网改造升级工程。继续推进县城松德卡片区、江林卡片区棚户区改造，完善市政设施配套及公共设施配套项目建设。整治占道经营、乱停乱放、违章建筑等影响县容县貌问题。着力改善城乡基础条件。完善路网，投资1.93亿元，新建33条总长158公里的农村公路和11座桥梁，建设道路安全防护设施92公里。优化调整交通规划，不断提升交通服务水平。全力配合川藏铁路（察雅段）建设；织密水网，新建荣周、扩达、卡贡、察拉、王卡、肯通6个乡（镇）人饮工程，完善饮水工程管护机制，不断提高农村饮水安全保障能力。新建阿孜、吉塘、香堆等乡（镇）防洪设施8个，持续加强对重点区域水土流失的综合治理和生态环境保护；提质通讯网，大力实施“宽带乡村”和农村通信基础设施完善工程。提升电网，新建肯通乡、察拉乡2座35千伏变电站，完成20余个无电自然村通电工程，持续提升县电力保障能力。

（三）聚焦县域特色发展，加快打造乡村振兴新样板。一是完善脱贫长效机制。以建立健全“九大长效机制”，持续巩固“七项重点工作”，持续提升“七项具体措施”为抓手，进一步改善贫困地区和特殊贫困群体生产生活条件，持续巩固拓展脱贫攻坚成果。二是加快现代农业发展。投资4680万元新建1.3万亩高标准农田。持续推进牦牛、黄牛、绵羊等畜种改良工作，强化牲畜育肥，加大出栏力度；紧盯绿色产业基地定位，继续推进经济林产业建设。加大对村办实体经济和农牧民专业合作经济组织的扶持力度，积极推进到户蔬菜种植、牲畜养殖等项目。三是推进城乡协调发展。加快编制村庄规划，分类推进村庄建设，争取列入国家乡村振兴重点帮扶县。加快推进香堆、荣周、王卡特色小城镇建设。加强吉塘特色小城镇建后运营工作，树立经营城镇理念，继续抓好县城和重点乡（镇）的规划、建设和管理。依托察雅县城烟多镇的低海拔富氧优势和城市综合配套基础，打造独具特色的高原“富氧休闲小镇”。深入开展农村环境整治，加大村组垃圾收集处理力度，持续推进“厕所革命”，完成户厕改造2500户。

（四）聚焦保障和改善民生，促进人民生活品质再提升。坚持尽力而为、量力而行，实施好一批重点民生工程。实现更加充分更高质量就业，确保城镇登记失业率控制在3%以内。着力稳就业促创业，实现城镇新增就业500人以上目标。依法保护劳动者合法权益，加强对拖欠农民工工资的源头预防和动态监管。优先发展教育事业，持续推进阿孜乡、香堆镇中心小学改扩建项目。提升扩达乡第一及第二小学、王卡乡中心小学、香堆镇坤达、阿孜乡扎拉村教学点基础设施等项目。投资1.4亿元启动香堆镇第二小学、县第二初级中学建设。大力发展职业技术教育，努力探索出一条县域职业教育特色发展之路。实施文旅融合提升工程，加快推进仁达摩崖石刻、向康大殿等旅游景点建设。健全多层次社会保障体系。持续深化医共体建设，着力提升县人民医院综合服务能力；进一步完善藏医院功能，争创“一级民族医院”；进一步强化乡（镇）卫生院规范化建设；加强疾病防控工作，建设疾控中心实验室项目。加大社会保障兜底力度，强化农村低保动态管理。抓实帮扶工作，保障困难残疾人基本生活。加强社会事务管理，促进福利事业快速发展，抓好特困人员集中供养中心管理工作。继续做好孤儿、困境儿童、留守儿童工作。充分发挥临时救助制度托底功能，全面推进临时救助工作，提高兜底保障能力和救助时效。严格落实好民政各类政策要求，将社会救助资金及时兑现到困难群众手中，确保社会保障工作落实到位。

（五）聚焦绿色发展，推进生态文明建设。实行“河（湖）长”依法治河新模式，常态化开展河湖“清四乱”和河长“清河”行动，加大河道排污打击力度，加快第二污水处理厂建设，加强乡（镇）、村（居）垃圾收集、清运建设，强化工地建筑废料、生活垃圾监管治理。加强危险废物规范化管理，深入开展固体废物非法转移倾倒处置专项整治。严格管控各类矿产资源开发，严厉打击毁林种植和野生动物捕猎交易违法行为。投资4500万元实施2021年退化草原生态修复项目，实施草原生态修复治理6万亩、退化草原人工种草（补植）等项目；投资1000万元，完成肯通、宗沙、吉塘等乡（镇）2021年退牧还草休牧围栏20万亩的目标；投资650万元，实施察雅县森林火灾高风险区综合治理工程。竭力开展环境保护工作，对违规占用林地、破坏森林生态环境行为严厉打击，全面完成中央、自治区环保各类巡视巡察督察反馈问题整改。

（六）聚焦统筹发展和安全，建设更高水平的平安察雅。把安全发展贯穿全县发展各领域和全过程。扎实开展安全生产专项整治三年行动，强化食品药品安全监管，保障群众饮食用药安全。不断完善突发事件预警信息发布系统，健全应急管理体系。完善社会治理体系。以打造新时代文明实践中心建设示范县为载体，着力提升全县整体文明程度。推进“市域社会治理现代化试点”创建，抓好县、乡、村三级社会治理创新。全面推进新时代县域警务工作，提升社会治安立体化、智能化防控水平。有效预防和化解各类风险。积极预防、稳妥化解处置涉众型非法经营活动，强化财政金融风险防控，依法严厉打击非法集资等金融违法行为。完善公共安全保障机制。全面深化平安察雅建设，建立健全“扫黑除恶”专项斗争长效机制。

各位代表，新形势、新任务对政府工作提出了新要求。我们要始终站位“两个大局”、心怀“国之大者”，牢记初心使命、接续拼搏奋斗。坚持实干勤政，开展学习型政府建设，学习新知识，掌握新要求，提高专业化水平，努力成为构建新发展格局的行家里手。全面增强干事创业“八种本领”，提高解决实际问题“七种能力”。开展“六大活动”，把调查研究作为政府决策的前置条件，凡事先调研、后决策。坚持“深实严细久”工作标准，真抓实干把上级决策部署贯穿到政府工作各个方面。坚持为民担政，把更多财力投入群众最需要的地方。推进政府机关作风转变，坚持问政于民、问需于民、问计于民，倾听群众呼声、关心群众疾苦。深入基层、深入群众调查研究，在一线了解实情、解决问题、推动工作，使政府工作更贴实际、更合民意。坚持依法行政，提高运用法治思维、法治方式处理实际问题的能力。严格依法行使权力，坚决执行县委决策部署，自觉接受人大、政协以及社会各界的监督，认真办好人大代表建议、政协提案。推进政府信息公开，做好政策解释工作。坚持依法科学民主决策，全面落实行政决策程序规定。同时，锻造高效服务。推行“三不许三必须”工作法，不许说不知道、必须我知道，不许说不归我管、必须首办负责，不许说这不行、必须讲怎么行。坚持廉洁从政，把纪律和规矩挺在前面，深入推进党风廉政建设，压实“一岗双责”，运用好“四种形态”。树牢过紧日子的思想，强化预算刚性约束，持续缩减“三公”经费，严格财政资金绩效管理。加强关键岗位风险防控，严管国有资产和公共资源，抓好财政出借资金专项清查整改。始终保持惩治腐败高压态势，以清正廉洁形象取信于民。

各位代表，“十三五”圆满收官，“十四五”顺利开启。征途漫漫，唯有奋斗。让我们更加紧密地团结在以习近平同志为核心的党中央周围，在自治区党委、政府，市委、市政府和县委的坚强领导下，努力奋斗、同心奋斗、不懈奋斗，奋力推动察雅长治久安和高质量发展再上新台阶，以优异成绩庆祝中国共产党成立100周年和西藏和平解放70周年！

政协第七届察雅县委员会常务委员会工作报告

——在政协第八届察雅县委员会第一次会议上

察雅县委常委、统战部部长，县政协党组副书记　四郎江村

（2021 年 6 月 27 日）

各位委员、同志们：

我受政协第七届察雅县委员会常务委员会委托，向大会作报告，请予审议，并请列席人员提出意见建议。

过去五年的工作回顾

政协察雅县委员会第七届会议以来，在县委的正确领导和市政协的有力指导下，政协第七届察雅县委员会常务委员会始终坚持党的领导，更加坚定地团结引领全县政协组织、各参加单位和广大政协委员，坚持以习近平新时代中国特色社会主义思想为指导，深入学习贯彻习近平总书记关于加强和改进人民政协工作的重要思想以及关于西藏工作重要论述和新时代党的治藏方略，坚持团结和民主两大主题，紧紧围绕察雅县中心工作任务，认真履行政治协商、民主监督、参政议政、凝聚共识职能，积极发挥专门协商机构作用和协商民主重要渠道作用，把党中央重大决策、区党委重要部署和市委、县委工作要求贯彻落实到政协工作的各方面和全过程，推动察雅各项事业取得全方位进步、历史性成就，团结民主的独特价值和优势特点得到充分彰显，人民政协事业在察雅创新实践中得到了新发展、实现了新突破、开创了新局面。

一、五年来，县政协工作开展情况

（一）夯实基础，突出主体，大力加强自身建设

常委会始终坚持把加强自身建设作为政协履行职责、提高效能的重要工作来抓，不断探索强基固本的有效途径，着力提升政协工作水平。

七届一次会议以来，常委会把坚持和发展中国特色社会主义作为巩固思想政治基础的主轴，把学习贯彻党的基本理论、基本路线、基本方略和党中央、区党委、市委、县委部署要求作为夯实共同思想政治基础的核心内容和重要任务，把学习领会习近平新时代中国特色社会主义思想、习近平总书记关于加强和改进人民政协工作的重要思想作为做好新时代人民政协工作的根本思想保证，以开展“两学一做”学习教育、“不忘初心 、牢记使命”主题教育及“政治标准要更高，党性要求要更严，组织纪律性要更强”专题教育为抓手，以主席会议、常委会会议、党组理论学习、中心组学习会议为平台，深入学习贯彻党的十九大和十九届二中、三中、四中、五中全会以及中央第六次、第七次西藏工作座谈会、三级政协工作会议精神，贯彻落实党中央重大决策、区党委重要部署和市委工作要求，并适时做出决议；进一步完善长效机制，建立健全理论学习中心组学习制度，出台学习实施办法、制订年度学习计划，

有效发挥了政协党组理论学习中心组的“龙头作用”。七届政协一次会议以来共开展各类学习会议105次、党课讲座28场次，在全县政协系统兴起了学习热潮，形成了一级带一级、一级学一级、层层重学习的良好氛围和格局。县政协党组和主席班子成员带头宣讲、主动在委员培训中带领委员学习贯彻党中央决策部署和县委重要工作要求及《中共中央关于新时代加强和改进人民政协工作的意见》《中共西藏自治区委员会关于新时代加强和改进西藏政协工作的实施意见》《关于加强昌都市人民政协协商民主建设的实施意见》精神等，深切感悟思想之源、感怀为民初心、汲取思想营养和精神动力，力求学得更深、悟得更透、落得更实。

（二）围绕中心，服务大局，广泛开展政治协商

七届一次会议以来，常委会聚焦县委决策部署，紧扣五大发展理念，集众智、议大事、抓重点、出实力，为攻坚克难补短板，开拓创新求突破、坚定信心奔小康献计出力。

充分发挥平台渠道作用，提案办理质量大力提升。七届一次会议以来，累计收到提案219件，其中建议类106件、意见77件，提案22件，作废13件，重复1件，经审查立案205件，并全部得到了相关部门的办理和答复，办复率达到100%；坚持提案办理工作制度创新和落实，建立沟通、奖惩、联动工作机制，七届一次会议以来对4个提案办理先进单位、3个优秀提案进行了表彰，有效提升了承办单位办理提案的责任心和政协委员撰写提案的积极性。注重与县委、县政府两办以及各承办单位相互沟通、相互配合，共同推进提案办理工作，办理质量得到进一步提高，产生了较好的经济和社会效益。

（三）凝聚共识，筑牢根基，把握正确履职方向

按照“懂政协、会协商、善议政”和“守纪律、讲规矩、重品行”的要求，切实加强委员教育管理，不断提升“四种能力”。在上级党组织的关怀下，一是分别选派了两名政协主要领导参加自治区党校培训和市委党校专题学习；组派政协副主席到昌都市红色教育基地参观学习；委派了政协办公室2名工作人员赴拉萨进行了短期的业务知识培训；二是深入基层，有序开展调研工作。政协先后组织三级政协委员90余人次围绕基层维护稳定工作开展情况、藏传佛教与社会建设相适应情况、产业扶贫工作开展情况、扶贫搬迁现状及存在的问题、老干部文化生活现状及存在的问题到各乡镇考察调研，撰写调研报告7篇；组织县政协七届委员代表60人次，到昌都市卡若区、芒康县、左贡县重点考察学习扶贫产业发挥效益情况。三是积极协助自治区政协、阿里地区噶尔县政协、林芝市朗县政协、林芝市墨脱县政协、昌都市政协在察雅县开展的调研工作，得到了相关部门、领导的肯定。四是在强化宣传教育及信息报送方面，县政协把宣传工作列为常委会的一项重要工作来抓，指定分管办公室的副主席主抓宣传工作，注重宣传栏制作和信息撰写报送。五年来，制作宣传栏20个，撰写报送简报和信息320期，选送民生信息430条，政协“双联户”工作得到有效开展，并获得了察雅县“双联户工作先进集体”的称号，充分体现了察雅县政协履职能力和委员们高尚纯洁的思想觉悟。

（四）凝心聚力，主动担当，促进社会稳定和谐

维护祖国统一、社会局势稳定，促进民族团结是政协委员和政协工作人员责无旁贷的神圣职责。一是抓好监督指导工作。政协党组成员深入各乡镇蹲点督导检查工作累计160余天，走访村居56个，检查指导寺庙管委会30个，组织召开农牧民座谈会6次，开展以“发挥政协优势，助力脱贫攻坚”为主题的主题党课7次。二是抓好日常管理，加强维稳值班工作。深刻认识到稳定工作的极端重要性，严格按照县国安办的安排部署，认真落实值班制度。

（五）深入宣传，加强引导，大力做好疫情防控

2020年以来，政协党组全体成员积极投向疫情防控工作。一是积极参与值班备勤，确保政协系统

工作顺利推进；二是加强卫生知识宣传教育力度，利用政协委员分布广的特点，利用微信、发放宣传册，开展宣传工作；三是积极为疫情重灾区进行捐款捐物，疫情发生以来，全体政协委员精心组织捐款50余万元；四是做好常态化疫情防控工作，根据防疫总体要求，严格落实各项防控措施，加强对三级政协委员宣传教育管理，为疫情防控工作发挥了积极作用。

（六）突出特色，追根溯源，广泛收集文史资料

根据县政协实际，在没有正式专委会及编制情况下，政协党组为扎实开展好文史资料收集整理工作，经政协党组的多方努力，抽调3名责任心强、精通藏文汉文的工作人员成立了文史办公室，对察雅县域内的名胜古迹、特色乡村、红色文化、名人事迹、宗教传承等内容进行了收集整理，主要开展的工作为：一是收集了大量的原始资料，编著《察雅县文史资料》第一至五册，字数达80万余字，进一步收集整理编撰了《民间艺术类卓舞》书籍一本，字数达7万余字。二是新发现了4批文化遗迹，10件红色革命事迹，发掘了公元12世纪后弘期时代的佛教壁画，并存储1处。三是察雅县文史办工作人员代表察雅县参加昌都市人民政府举办的首届昌都锅庄艺术高峰论坛的演讲，反响较好。

（七）深化改革，完善机制，协商民主得到创新

深入学习贯彻中央和区党委、昌都市委关于加强人民政协协商民主建设的意见精神以及习近平总书记在庆祝全国政协成立70周年大会上的讲话精神。根据察雅县实际，建立政协委员联络员制度。确定乡镇政协委员专职联络员13人，明确工作职责，定期联系偏远乡村政协委员督导履职开展情况，加强对乡镇委员的日常管理和监督，按月汇报工作开展情况，有力推动了委员履职，为及时准确向上级反映民生信息、民主监督政府各项工作起到较大作用。为进一步完善政协工作机制，一是在县委、县政府及相关部门的关心与支持下，确定以每个乡（镇）10000元的标准，采购办公用品；二是从财政预算中追加乡（镇）政协联络办公室日常经费，满足各乡（镇）政协联络办公室日常工作所需经费，为察雅县政协工作的开展提供了有力保障。

二、今后五年工作建议

2021年，是中国共产党成立100周年、西藏和平解放70周年，是“十四五”规划的开局之年，是开启全面建设社会主义现代化新征程的起步之年。做好2021年政协工作，要以习近平新时代中国特色社会主义思想为指导，在中共察雅县委的坚强领导下，深入学习贯彻中共十九大和十九届二中、三中、四中、五中全会精神和习近平总书记关于新时代加强和改进人民政协工作的重要思想，关于西藏工作重要论述和新时代党的治藏方略，中央第七次西藏工作座谈会精神，贯彻中央、区党委、市委、县委政协工作会议精神，增强“四个意识”、坚定“四个自信”、做到“两个维护”，深刻把握新发展阶段、新发展理念、新发展格局的内涵和要求，更好地发挥协商民主重要渠道作用、更好地发挥专门协商机构作用、更好地促进政协工作提质增效，提升政协工作制度化、规范化、程序化水平。

（一）更加注重学习、以学促干，切实增强履职能力

把学习贯彻习近平新时代中国特色社会主义思想和中共十九大精神作为重大政治任务，继续坚持逢会必学，引导委员重视学习、自觉学习。进一步提高政治站位，树牢“四个意识”，坚定“四个自信”，坚决做到“两个维护”。认真学习贯彻中共中央办公厅《关于加强新时代人民政协党的建设工作的若干意见》精神，围绕深入学习贯彻习近平总书记关于加强和改进人民政协工作的重要思想，继承和发扬人民政协自我学习、自我教育、自我提高的优良传统，把学习摆在政协工作的重要位置。提高学习实效，要坚持理论联系实际，把学习和调查研

究，建言献策融为一体，努力把学习成果转化为推进县政协各项工作的不竭动力，转化为完善制度机制的科学思路，转化为提高履职能力的有效举措，积极探索政治协商的新路子、民主监督的新渠道、参政议政的新方法，自觉按照县委、县政府的决策部署谋划工作，自觉围绕县委、县政府的中心工作建言献策。

（二）畅通协商渠道，推进协商民主，进一步增强议政实效

引导委员牢固树立以人民为中心的发展思想，立足社会主要矛盾和西藏特殊矛盾，聚焦“四件大事”“四个确保”，紧盯“三个赋予，一个有利于”，围绕“十四五”规划落实、脱贫攻坚成果巩固、健全公共服务体系、实施乡村振兴战略、特色优势产业发展等深入调研协商，展现政协新作为。围绕县委、县政府为民办实事项目，开展协商式民主监督，坚持把调查研究、协商议政作为进行自我教育、自我提高的重要实践途径，使委员在履职过程中，深刻领悟习近平新时代中国特色社会主义思想的新境界，深刻感受中国特色社会主义制度的优越性和改革开放的新成就，进一步增进对党委政府决策部署的理解和认同。加强提案、调研、协商、视察、文史资料等常规性工作，从制度设计上进一步规范，从提质增效上进一步突破，从成果转化上进一步发力，充分发挥人民政协“重要阵地”“重要平台”“重要渠道”作用。探索政协协商同社会治理相结合的新形式，拓展协商民主参与面，扩大界别群众工作覆盖面，更好发挥专门协商机构在社会治理中的重要组成部分作用，为推动察雅县治理体系和治理能力现代化做出贡献。

（三）强化民主监督，创新活动载体，进一步加大监督力度

把推动县委重要决策部署的贯彻落实和人民群众关心的民生问题作为民主监督的重点，聚焦脱贫攻坚，社会保障，民生工程建设等重点工作，开展监督性视察。认真做好八届一次会议提案审查立案、分解交办等工作，对涉及全县发展和群众切身利益的重点提案通过党政领导阅批，主席、副主席督办落实。加强提案办理协商与专题协商、对口协商互动，以充分的协商提高提案办理质量。对正在解决或列入计划解决的提案进行跟踪督办，督促各承办单位将提案办理与本部门工作同部署、同落实。对重点提案办理落实情况开展民主评议。组织引导委员倾听群众呼声、聚焦社会关切，及时反映社情民意，充分发挥社情民意信息在汇集舆情中的重要作用。

（四）注重团结合作，加强联谊交流，进一步促进社会和谐

始终坚持大团结联合，巩固和发展最广泛的爱国统一战线，充分发扬民主，广泛增进团结，为建设幸福美好新察雅凝聚强大合力。政协各类会议、调研视察、协商座谈活动邀请工商联、社会团体和无党派人士参加，沟通思想，交流情况，广泛听取意见建议，形成合作共事的良好格局。组织引导各族各界委员广泛深入宣传党的民族宗教政策，特别是宗教界委员要深入学习贯彻党的宗教政策，多做协调关系、增进了解、加深理解、消除误解、取得谅解的工作，把信教群众团结在党和政府周围，支持参与宗教领域突出问题整改工作，为维护社会和谐稳定贡献力量。

（五）加强自身建设，改进工作作风，助推工作提质增效

按照“懂政协、会协商、善议政、守纪律、讲规矩、重品行”的要求，加强常委会自身建设，进一步健全和完善常委会工作机制，提高新形势下政协常委会领导政协工作的能力和水平。加强委员管理，密切与委员的联系，经常走访沟通，积极为委员创造条件。教育引导各族各界委员进一步强化委员意识，不断增强履职本领，努力提高政治把握能力、调查研究能力、服务群众能力、合作共事能力。强化机关工作力度，以增强服务能力和统筹协调能力为重点，进一步强化效能意识，加强干部管

理，改进机关作风，为政协有效履职提供有力保障。加强机关党风廉政建设，严格落实中央八项规定及其实施细则，全面落实党风廉政建设主体责任。重视宣传工作，加大政协履职成果宣传力度，提升人民政协社会形象。

各位委员！县政协工作五年来所取得的成绩。是中共察雅县委正确领导的结果，是县人大常委会、县政府大力支持的结果，是县直各部门、各乡镇党委、政府和社会各界积极配合的结果，是政协各参加单位、广大委员和机关全体同志扎实履职、团结奋斗的结果，在此，我代表政协常委会表示衷心的感谢！在肯定成绩的同时，我们也非常清醒地认识到工作中还存在不少问题和不足，主要是，部分提案质量不高、有的课题调研深度不够、委员履职参与度不够均衡、人民政协协商民主的机制不健全、履职成果转化落实不够到位等。所有这些问题，需要引起高度重视并努力加以改进。真诚希望各位委员和列席同志提出宝贵意见，以利于各项工作做得更好！

各位委员、同志们！新时代人民政协使命光荣、责任重大。让我们紧密团结在以习近平同志为核心的中共中央周围，以习近平新时代中国特色社会主义思想为指导，在察雅县委的坚强领导下，同心同德，埋头苦干，扎实工作，为建设美好察雅做出新的贡献，以优异成绩庆祝中国共产党成立 100 周年和西藏和平解放 70 周年！

大事记

2020年察雅大事记

1月

1日 察雅县举行“庆元旦 升国旗”活动。县委、县人大、县政府、县政协部分县级领导，援藏代表，离退休老干部代表、僧尼代表，驻察雅部队、武警官兵、消防官兵及干部群众共计400余人参加活动。昌都市政协副主席、察雅县委书记任厚明出席活动并讲话，县委常委、宣传部部长晏启文主持活动。

3日 察雅县消防救援大队举行挂牌仪式。县委常委、副县长任建利出席仪式，县消防救援大队全体指战员参加仪式。

10日 县委副书记、县长其珠多吉，县委常委、县人大常委会主任陈友华看望慰问察雅自发搬迁至拉萨的困难群众，关心困难群众，扎牢民生保障“安全网”，把党和政府的关怀和温暖及时送到困难群众的心坎上。

13日 察雅县在2019年度全区生态环境保护县（区）考核中总成绩位列全区第三，被评定为“优秀”等级。

15—16日 察雅县开展2020年春节、藏历新年期间“我们的中国梦”文化进万家文艺巡演活动暨2020年“五下乡”宣传服务活动。县委宣传部联合县文化局、县委统战部、县司法局、县农业农村局、县人民医院等单位先后前往察拉乡、卡贡乡、荣周乡、唐琼孜易地搬迁点开展此次新春走基层活动。此次活动共计开展4场文艺演出，发放《党的十九届四中全会学习资料》《普法知识手册》《科技特派员手册》等宣传资料500余份、日常医疗卫生用品2箱，受益群众达1000余人。

15日 察雅县组织召开全县维稳工作会议，对近期维稳工作进行强调部署。县委副书记、县长其珠多吉，县委副书记、组织部部长张原松，县委常委、纪委书记、监委主任杨成超，副县长廖小彬，县政协副主席梅勇，县政协副主席人选、县委组织部常务副部长马德光出席会议，县委副书记、政法委书记、县公安局党委书记、局长、督察长巴桑扎西主持会议，各单位主要负责人参加会议，各乡镇全体干部职工在分会场参加会议。

同日 昌都市应急管理局党组成员、副局长许兰军带队深入察雅县调研2020年“两节”“两会”期间安全生产工作。

17日 察雅县召开全县“不忘初心、牢记使命”主题教育总结大会，总结回顾察雅县主题教育成效、做法和经验，对深化巩固主题教育成果作出部署。部分县级领导，县直（中直、自治区直）各单位主要负责人及县委主题教育各巡回指导组成员参加会议。县委副书记、组织部部长张原松主持会议。会议以电视电话形式召开，各乡（镇）设分会场。

18 日 县委副书记、县长其珠多吉代表察雅县委、县人大、县政府、县政协到昌都市福利院一院、二院看望慰问察雅籍孤儿，在新春佳节来临之际向辛勤付出的儿童福利院老师、职工和孩子们送去新春祝福。县委副书记、组织部部长张原松，副县长廖小彬，昌都市福利院一院、二院负责人，县政府办、县民政局相关人员随行参加慰问。

19 日 为进一步做好春节、藏历新年期间安全生产工作，营造幸福、平安、和谐的节日氛围，县应急管理局、县商务局、县消防救援大队、县市场监管局、县公安局等单位联合组成春节、藏历新年期间安全生产检查小组，在县城内开展市场安全生产大检查行动。

同日 为进一步丰富群众精神文化生活，不断满足广大群众追求美好生活的愿望，高质量推动村居文化发展和繁荣，市委宣传部第八批驻雪东村工作队联合县委宣传部、县委统战部、县文化局、县人民医院、县农业农村局、县司法局等单位开展察雅县烟多镇雪东村首届村级文化艺术节。市委宣传部副部长李郁钾，县委副书记、县长其珠多吉，县委副书记、组织部部长张原松以及市强基办、县强基办、烟多镇负责人参加活动。

20 日 察雅县召开第八批干部驻村工作总结表彰暨第九批驻村工作动员大会。县委副书记、组织部部长张原松，县人大常委会副主任人选、察拉乡党委书记拉巴桑珠，县政府副县长廖小彬出席会议，县政协副主席人选、县委组织部常务副部长马德光主持会议。各乡镇主要负责人，县直各单位负责人，县级优秀驻村工作队及工作队队员、优秀组织单位代表，第八批、第九批驻村干部代表以及县强基办工作人员参加会议，各乡（镇）设分会场。

同日 县委副书记、县长其珠多吉就物价稳控、市场供应情况前往市场调研检查，县委常委、纪委书记、监委主任杨成超，县政协副主席梅勇以及相关单位负责人参加调研。其珠多吉强调：要制定节日期间市场临时补贴政策，做好节日期间市场监督管理工作，确保节日期间物价稳定和日常物资供应；要严格监督好市场价格，禁止出现哄抬物价的情况出现；要做好市场卫生环境整治工作，保障节日期间察雅县环境卫生干净整洁。

21 日 察雅县组织召开退休干部喜迎春节、藏历新年座谈会，部分县级领导和 70 余名退休老干部出席座谈会。县委副书记、县长其珠多吉为退休老干部敬献哈达，并送上新春的祝福。

22 日 察雅县召开专题会议，安排部署新冠肺炎疫情防控防治预防工作，县委副书记、县长其珠多吉出席会议，对疫情防控工作做出详细安排部署。会议进一步明确各相关部门职责，对新冠肺炎疫情监测、预防、治疗、信息发布、群众宣教等各个环节工作提出相关要求。

23 日 察雅县开展 2020 年“我们的中国梦——文化进万家”暨庆春节迎新年文艺演出活动。县委副书记、组织部部长张原松，县委常委、纪委书记、监委主任杨成超，县政府副县长廖小彬，县政协副主席、县委组织部常务副部长马德光出席活动。此次活动由县直各单位、退休老干部、烟多镇及县民间艺术团共同演出，演出节目 13 个，到场观众 3500 余人，演出活动取得圆满成功。

27 日 为进一步贯彻落实习近平总书记关于新冠肺炎疫情防控的重要指示精神，落实自治区、市关于疫情防控工作的安排部署，县委副书记、县长其珠多吉主持召开察雅县新冠肺炎疫情防控领导小组视频会议，部分县级领导及相关部门主要负责人参加会议，各乡镇设分会场。

29 日 县委副书记、县长、察雅县新冠肺炎疫情防控工作领导小组组长其珠多吉深入吉塘镇警务站（发热检测点）、温泉酒店（临时留观隔离点）、竹卡大桥执勤点（发热检测点）调研检查察雅县疫情防控工作，看望慰问奋战在疫情防控一线的工作人员。

30日 市政协副主席、县委书记任厚明主持召开察雅县新冠肺炎疫情防控领导小组专题会议，在家县级领导和县直（中直、自治区直）各单位主要负责人参加会议。任厚明要求，要进一步完善联防联控工作措施，进一步明确和细化各单位职责，对全县疫情防控进行全面的督导检查；要对菜价、生活用品等进行抽查，为全县在家干部、群众提供后勤保障；要高度重视疫情防控工作，将疫情防控措施落实到位，尤其是一线医护人员、检查站、卡点等工作人员要严格做好自身的防护，各单位要积极为工作人员提供必要的防护措施；要对外来人员进行严格管控，落实联防联控措施。

2月

1日 为严格落实自治区、昌都市疫情防控工作视频会议精神及安排部署，察雅县委、县政府召开察雅县疫情防控工作会议。市政协副主席、县委书记任厚明对当前全县疫情防控工作做安排部署。

同日 县委副书记、县长、县新冠肺炎疫情防控领导小组组长其珠多吉，县委副书记、组织部部长张原松一行先后深入农贸市场、蔬菜供应店、药店等实地查看疫情防控工作和市场物资供应情况。

4日 昌都市政协副主席、县委书记任厚明组织部分县级干部、县直单位负责人召开会议，对疫情防控、脱贫攻坚、经济民生等近期重点工作进行安排部署。

4—5日 按照县委副书记、县长其珠多吉对察雅县疫情防控工作的要求，县政府副县长廖小彬带队，联合县公安局、县卫健委、县市场监督管理局、县城市综合管理与执法局、县旅游发展局、县文化执法大队等单位对43家文化娱乐场所、宾馆、招待所进行突击检查。

7日 市政协副主席、县委书记任厚明深入唐琼孜易地搬迁点、竹卡检查站、粮食局物资储备仓库、烟多居委会、县人民医院和菜市场等地就疫情防控和维护稳定工作开展督导调研，任厚明对奋战在新冠肺炎疫情联防联控工作一线人员取得的成绩给予高度肯定和赞扬，并看望慰问坚守一线的公安干警、卫生防疫等工作人员。

13日 县委副书记、县长、县新冠肺炎疫情防控领导小组组长其珠多吉深入阿孜乡、香堆镇、荣周乡就新冠肺炎疫情防控、脱贫攻坚、民生事业进行调研，同时对当前各项工作进行督导检查。

13—14日 市政协副主席、县委书记任厚明深入巴日乡、肯通乡和王卡乡就疫情防控、脱贫攻坚和乡村振兴等重点工作开展督导调研，并看望慰问了基层干部群众。

14—15日 自治区联合调研组白玛央金一行赴察雅县开展调研工作，对各乡镇、村居的科技特派员、基层卫生人员、乡村幼教、乡村振兴专干岗位设置、人员配置、队伍结构、管理模式、作用发挥、待遇保障、实际需求和未就业高校毕业生情况及存在问题等进行全面调查了解。

20日 中共察雅县委召开九届六十五次常委会暨2020年理论学习中心组第一次集中学习会，市政协副主席、县委书记任厚明主持会议并讲话，部分县级领导和县直（中直、自治区直）各单位主要负责人参加会议。

3月

1日 县委副书记、县长其珠多吉主持召开察雅县重点工作部署会议，部分县级领导出席会议，县委办、县政府办、县发改委、县财政局、县教育局、县民政局、县林草局等县直单位负责人参加会议。其珠多吉对当前疫情防控、脱贫攻坚、农牧业生产、重点项目建设、私搭乱建等重点工作进行安排部署，并要求全县各级各部门要立足部门职能、职责，切实提高思想认识，按照会议要求抓好落实，做好近期各项工作。

2日 为积极响应党中央对广大党员的号召，

察雅县四大班子县级领导带头为支持新冠肺炎疫情防控工作捐款。捐款人数共计55人，捐款金额39000元。

5日 察雅县召开固定源排污许可清理整顿和2020年排污许可证登记工作会议。会上传达学习了《昌都市固定污染源排污许可清理整顿和2020年排污许可证登记工作实施方案》，讲解了固定污染源排污企业的网上操作步骤，强调了此项工作的重要性。同时，在新冠肺炎疫情防控期间，对排污企业在网上申报过程中出现的问题进行解答和指导。此次，共清理整顿涉及全县排污单位90家。

9日 县委副书记、县长其珠多吉前往县藏医院、县疾控中心，就机构建设、设备采购、科室划分及下一步工作进行调研指导。其珠多吉查看了设计布局，询问了科室设置、流程规划、设备配置等情况，并对下一步工作进行了详细安排。

10日 察雅县召开2020年春季学期校长工作会议。县政府副县长廖小彬出席会议并讲话，总结了全县2019年教育工作，就做好学校党建、项目管理、经费管理、校园安全卫生、延期开学线上学期辅导等工作进行安排部署。

11日 为认真做好春耕备耕工作，为全年农牧业生产开好头、起好步，县委常委、县政府副县长任建利带领县农业农村局局长朱雪琼及县农业技术推广站技术人员前往县物资储备库查看化肥、种子、农药等物资调运储备情况。

13日 昌都市交通运输局成立联合督导检查工作组，以昌都市交通运输局党委委员、调研员青扎为组长，市质检站站长索朗元旦、运输科负责人杨龙飞为副组长的工作组围绕县交通运输局关于疫情防控、新续建项目开复工、成立养护公司、落实农村客运班线等工作开展情况进行全方位督导检查。

14日 察雅县通过“以服代勤”的方式，动员54家县直（中直、自治区直）单位、13个乡（镇）、138个村（居）及个体商户等6402人在全县范围内深入开展“爱国卫生运动，环境卫生综合整治”活动。进一步改善了全县环境面貌，提高了城市文明程度，提升了整体形象，切实营造了整洁、卫生、文明、祥和的良好氛围。

15日 县委副书记、县长其珠多吉组织召开项目建设推进会，对项目建设工作进行再安排再部署。县委常委、常务副县长田翠平、韩宝云，副县长古金容出席会议。

17日 市委副书记廖传锦一行到察雅检查指导疫情防控、脱贫攻坚等工作开展情况。廖传锦与察雅县委、县政府相关部门主要负责人召开座谈会，听取了察雅县维护稳定、脱贫攻坚、疫情防控、复工复产、援藏工作等方面的工作汇报，对察雅县各项工作取得的成绩表示肯定，并对下一步工作提出具体要求。

同日 县委副书记、组织部部长张原松组织发改、交通、住建、水利等15家复工复产责任单位召开全县疫情防控暨复工复产工作推进会，梳理近期疫情防控工作及企业复工复产新问题、新难题、新情况，对下一步工作进行再安排、再部署。

18日 察雅县采取人员分散植树形式开展义务植树活动。此次活动，组织城区各系统、县直各单位干部职工、群众、驻察雅部队、武警、消防官兵600余人，在城郊河滩地开展2020年全民义务植树活动，共种植各类苗木3300余株，树种有耐寒耐旱的高规格当地柳树、榆树和红叶李等。

21日 察雅县政府副县长古金容主持召开察雅县开复工项目生态环境工作安排部署会，市生态环境局察雅县分局局长王金辉，施工方及监管企业负责人共计30余人参加会议。

同日 察雅县王卡乡则曲村油菜籽加工扶贫产业项目举行2019年度分红仪式，县委常委、副县长任建利出席仪式，王卡乡党委副书记、乡长骆鹏宇，则曲村驻村工作队及45名社员代表参加分红仪式。发放资金43820元，受益群众45户，户均增收973元。

24日 中共察雅县委九届五次全会召开。市政协副主席、县委书记任厚明代表县委常委会作工作报告，县委副书记、县长其珠多吉主持会议。全体县委常委、委员、候补委员，不是县委常委、委员、候补委员的县人大常委会、县政府、县政协领导班子成员，老干部代表和基层党代表，县纪委委员，各乡镇党委书记、乡镇长，县直（中直、自治区直）各部门负责人参加会议。全会以电视电话会议形式召开至乡镇一级。

25日 察雅县委经济、农村暨脱贫攻坚工作会议召开。市政协副主席、县委书记任厚明出席会议并讲话，县委副书记、县长其珠多吉主持会议。会议对2019年全县党的建设、经济发展、社会综治、农牧民增收、脱贫攻坚先进集体和个人进行了表彰，总结了2019年经济、农村和脱贫攻坚工作，分析形势，安排部署2020年各项工作。

26日 昌都市脱贫攻坚县级交叉普查汇报会在察雅县召开。市政府副市长、市脱贫攻坚指挥部副总指挥长刘文德，市交通运输局党委副书记、局长泽旺四郎，市农业农村局副局长、市脱贫攻坚指挥部产业组副组长王蓉，市纪委监委第五审查调查室巴桑拉姆，类乌齐县副县长唐强，类乌齐县扶贫开发办公室副主任加永丁达及类乌齐县13名普查组指导员参加会议。

27日 察雅县荣获全市农牧民增收先进县（区）称号。察雅县2019年度农村人均可支配收入达到11241元，同比增长13.6%；完成培训指标850人；重大工程使用当地农牧民达到30%等考核材料均达到上级部门要求。

同日 察雅县获评昌都市2019年度安全生产和消防工作先进县（区）。

30日 昌都市副市长刘文德一行深入察雅县巴日乡、阿孜乡就脱贫攻坚、复工复产、民生改善等情况进行实地调研，了解基层存在的困难。

31日 中国人民政治协商会议第七届察雅县委员会第五次会议开幕，会议由达瓦扎巴主持，审议通过《政协第七届察雅县委员会提案审查委员会关于政协七届五次会议提案审查情况报告》；审议通过《政协第七届察雅县委员会第五次会议政治决议》、《政协常务委员会工作报告决议》和《政协提案工作情况报告决议》。

同日 市政协副主席、县委书记任厚明前往县纪委监委和巡察机构各科室开展调研，并看望纪检监察和巡察干部，与工作人员交流，询问纪委监委、巡察机构的机构设置、科室职能和人员配备情况。

4月

1日 察雅县第十二届人民代表大会第六次会议隆重开幕，会议应到代表125名，因事因病请假13人，实到代表112名，出席人数符合法定人数。察雅县人大常委会副主任赵玉林主持开幕会，第一次全体会议执行主席任厚明、其珠多吉、覃波、张原松、巴桑扎西、陈友华、巴桑，县政协主席平措在主席台前排就座。会议听取了县人民政府县长其珠多吉所作的政府工作报告，对察雅县2019年国民经济和社会发展计划执行情况及2020年国民经济和社会发展计划报告、察雅县2019年财政预算执行情况和2020年财政预算报告、察雅县十二届人民代表大会第六次会议代表意见办理情况的报告进行了书面审议。

同日 县委副书记、县长其珠多吉主持召开稳就业促增收专题会，就做好察雅县农牧民转移就业、高校毕业生就业创业等工作进行安排部署。县委副书记、常务副县长覃波，县委副书记、组织部部长张原松，县政府办、县人社局等相关单位负责人参加会议。

4日 为做好疫情防控期间林业产业扶贫项目复工复产，保障贫困群众切身利益，昌都市林业有限责任公司在卡贡乡卡贡村举行林木种苗基地建设项目2019—2021年度土地流转费发放仪式。此次共发放土地流转费217.68万元，涉及流转土地

1088.42亩，每亩土地每年流转费为1000元，涉及农户107户，户均增收1万余元。

7日 察雅县召开2020年全县基层党建工作会议，市政协副主席、县委书记任厚明出席会议，县委副书记、县长其珠多吉主持会议。会议以视频形式传至各乡镇，参加主会场的有部分县级领导、各乡镇副书记、县直单位负责人、组织部全体干部；参加分会场的有各乡镇全体干部，寺管会、派出所、学校党组织书记、选派第一书记、驻村工作队队长。会上，县委副书记、组织部部长张原松传达了2020年昌都市组织部长会议精神；任厚明代表县委讲话，对新形势下加强和改进基层党建工作的重要意义进行了阐述，并对2020年基层党建工作提出了具体要求。

同日 中共察雅县第九届纪律检查委员会第五次全会召开，会议由县委常委、纪委书记、监委主任杨成超主持，市政协副主席、县委书记任厚明作题为《坚持“五个从严”，落实“两个责任”，坚定不移推进党风廉政建设和反腐败斗争再上新台阶》的讲话，县委副书记、县长其珠多吉对政府廉政工作做出安排。县委常委、纪委书记、监委主任杨成超代表县纪委常委会向大会作《察雅县九届纪委五次全委会议工作报告》。

8日 察雅县召开九届县委第七轮巡察工作动员部署会。会上，县委常委、纪委书记、监委主任、县委巡察工作领导小组组长杨成超作了动员讲话，县委副书记、组织部部长、县委巡察工作领导小组副组长张原松宣布了巡察组组长、副组长授权任职及任务分工。经县委批准，九届县委第七轮巡察将对县委办、县人大办、县政协办、县政府办、县行政审批局、县应急管理局、县住建局、县医疗保障局、亚初日追管委会、夏持卡日追管委会、噶吉寺管委会、岗美日追管委会、嘎多寺管委会、旺布村、仁达村、香堆居委会、拉西村、达巴村18个党组织开展巡察。

同日 昌都市副市长刘文德深入察雅县就自然资源相关工作进行督导调研，并组织召开座谈会，就做好自然资源各项工作提出了具体要求，市、县相关单位负责人参与调研。

9日 为进一步规范察雅县中心城区群众建房审批程序工作，确保察雅县个人自建房合理规划建设，城乡规划工作领导小组召开县城中心城区群众申请建房审批事宜专题会议。会议由县委常委、常务副县长田翠平主持，县政府副县长次仁顿珠出席，城乡规划工作领导小组成员单位参加会议。

10日 县委副书记、常务副县长覃波主持召开察雅县农牧民富余劳动力转移就业增收和高校毕业生就业创业工作安排部署视频会，就业创业联席成员单位主要负责人参会。

12日 自治区农业农村厅副巡视员王冠杰一行到察雅县调研科技人员下基层和产业扶贫工作，市农业农村局副局长张科，察雅县委常委、副县长任建利及相关部门负责人陪同调研。

13日 察雅县烟多镇幸福重庆新村居委会、荣周乡青山中铝新村、香堆镇筑梦新村、王卡乡绿水新村等新建村（居）完成党组织选举工作。

14日 昌都市副市长刘文德对察雅县林业产业项目工作进行督导调研，县委副书记、县长其珠多吉，县政府办、县林业草原局等相关单位负责人参加调研。

同日 重庆市巴南区卫健委副主任张厚彬带领巴南区人民医院、重庆市第七人民医院、巴南区第二人民医院及巴南区中医院四家单位专家一行7人赴察雅县人民医院开展对口援藏工作。在察雅县人民医院会议室召开援藏工作座谈会，县政府副县长蔺锡峰，援藏医疗队，县人民医院领导班子及中层以上管理人员出席会议。县卫健委主任赵长超主持会议。

15日 县委副书记、县长其珠多吉深入王卡乡王吉村易地搬迁点、夺巴村黄牛改良基地、则曲村菜籽油加工厂、则曲村村委会等处督导调研脱贫攻坚巩固提升等重点工作，并前往吉孜村海拔4100

米水源点实地勘察，组织召开现场会就脱贫攻坚巩固提升等工作进行安排部署。

15—18日 自治区人大常委会副主任其美仁增一行到察雅县就脱贫攻坚工作、“三农”工作、人大工作和建设等情况进行调研。昌都市人大常委会党组书记、主任贡秋江村参与调研。昌都市政协副主席、察雅县委书记任厚明，县委副书记、县长其珠多吉，县委常委、县人大常委会主任陈友华参加调研。

17日 察雅县召开昌都市脱贫攻坚县级交叉普查第四组反馈排查意见会。市政府副市长、市脱贫攻坚指挥部副总指挥长刘文德出席会议。市交通运输局党委副书记、局长泽旺四郎，市农业农村局副局长、市脱贫攻坚指挥部产业组副组长王蓉，类乌齐县副县长唐强，市纪委监委第五审查调查室主任科员巴桑拉姆，类乌齐县扶贫开发办公室副主任加永丁达以及13名普查组指导员参加会议。市政协副主席、县委书记任厚明，县委常委、常务副县长田翠平，副县长蔺锡峰、廖小彬及县委办、县政府办、县脱贫攻坚指挥部各专项组负责人参加会议。会议由任厚明主持。会上，市交通运输局党委副书记、局长泽旺四郎反馈了排查意见。

19日 察雅县召开2020年宗教工作领导小组第一次会议。市政协副主席、县委书记、宗教工作领导小组组长任厚明出席会议并讲话，会议由县政协副主席达瓦扎巴主持，部分宗教工作领导小组副组长和各片区管委会县级领导出席会议，13个乡（镇）、22个片区管委会以及宗教工作领导小组成员单位负责人参加此次会议。

21日 察雅县召开中央巡视“回头看”和脱贫攻坚排查反馈问题整改工作动员部署会。市政协副主席、县委书记任厚明，县委副书记、组织部部长张原松，县委常委、常务副县长田翠平，县委常委、宣传部部长晏启文，县委常委、纪委书记、监委主任杨成超等县四大班子及县检察院部分县级领导出席会议，县委副书记、县长其珠多吉主持会议。

同日 察雅县召开产业扶贫工作安排部署会，县委常委、常务副县长田翠平，县委常委、副县长任建利，县人大常委会副主任、察拉乡党委书记拉巴桑珠等县级领导出席会议，县委办、县政府办、各乡（镇）、指挥部办公室、各专项小组主要负责人参加会议。

22日 县委副书记、县长其珠多吉组织召开察雅县人民政府第一季度经济运行分析会，县委副书记、常务副县长覃波，县委常委、常务副县长田翠平，县委常委、副县长任建利，县人大常委会副主任田杰，副县长蔺锡峰、次仁顿珠出席会议，县直各单位负责人参加会议。

26日 县委副书记、县长其珠多吉主持召开精准扶贫产业项目推进会，副县长次仁顿珠出席会议，县政府办、县财政局、县发改委、县住建局、县农业农村局等相关单位负责人参加会议。

27日 县委副书记、县长其珠多吉主持召开会议，对2020年民政工作进行全面安排部署，县委常委、常务副县长韩宝云出席会议，相关单位负责人参加会议。

28日 市政协副主席、县委书记任厚明深入宗沙乡、香堆镇、荣周乡就脱贫攻坚及寺庙管理等重点工作开展督导调研，并看望慰问基层干部群众。县住建局、县交通局主要负责人参与督导调研。

29日 市政协副主席、县委书记任厚明组织召开会议，传达学习市委国家安全委员会2020年第一次全体会议精神，对近期各项工作进行安排部署。县直各单位主要负责人参加会议。

同日 为进一步提高察雅县危险废物规范化管理水平，严厉打击非法排放、倾倒、处置危险废物等环境违法行为，昌都市生态环境局察雅县分局联合县市场监督管理局对危险废物产生企业进行专项检查。

30日 市政协副主席、县委书记任厚明主持召开各级各类巡视巡察整改专题部署会议，对自治区、市专项巡视整改工作会议精神进行传达学习，对巡视整改工作进行了专题安排部署。部分县级干部、县直（中直、自治区直）各单位负责人参加会议。

5月

6—7日 中山大学附属第三医院副院长陈燕铭带队一行10人赴察雅县开展对口援藏工作。7日上午，在县人民医院召开援藏工作座谈会，副县长蔺锡峰，援藏医疗队全体成员，县人民医院领导班子参加会议。会议由察雅县卫健委主任赵长超主持。会上，全体参会人员观看了察雅县宣传片，县人民医院院长顿珠作了工作汇报。

7日 察雅县人社局获评市级“2019年度人力资源统计工作先进集体”和“2019年度治欠保支工作先进集体”。

8日 县委副书记、县长其珠多吉组织有关部门召开察雅县各级各类巡视反馈问题及脱贫攻坚短板问题整改推进会，县委副书记、常务副县长覃波，县委常委、常务副县长田翠平，县委常委、副县长任建利出席会议。

同日 为充分发挥医疗人才“组团式”援藏的牵引作用，县卫健委组织县人民医院、援藏医疗队在烟多中路开展免费义诊活动。

12日 察雅县委班子召开脱贫攻坚专项巡视“回头看”反馈意见整改专题民主生活会。班子成员结合“不忘初心、牢记使命”主题教育检视问题，各类巡视发现的问题和专题调研发现的问题，联系自身思想和工作实际，对专项巡视“回头看”反馈问题进行再对照、再检视，对整改工作进行再部署、再推进。市政协副主席、县委书记任厚明主持会议并作总结讲话。市纪委第一监督检查室副主任扎西才平和市委组织部网宣信息科科长土登曲珍全程指导。部分县委常委班子成员和相关县直单位负责人以及农牧民“两代表一委员”列席会议。会上，通报了中央专项巡视“回头看”反馈意见的整改情况；覃波通报了民主生活会会前准备情况；任厚明代表县委班子作对照检查，并带头开展自我剖析，主动接受班子成员批评，主动认领意见建议。县委班子成员通过批评与自我批评，找准突出问题，剖析问题成因，有针对性地提出整改措施，明确了下一步努力方向。

同日 察雅县2020年第一期村（居）选派第一书记、乡村振兴专干业务培训班在科技培训中心报告厅开班。此次培训共3天，全县143个村（居）第一书记、乡村振兴专干共278人参加培训。

14日 察雅县市场监督管理局联合县城市管理局、县兽防站等相关部门开展农贸市场专项检查。此次检查重点针对县城农贸市场肉制品、水产品等经营户，加强对各类农贸市场经营户监管，确保市场有序规范化运行。

15日 昌都市委巡察整改督查四组对察雅县首轮村居巡察工作开展巡中督查，进一步压实巡察责任，推动县委第七轮巡察工作有序开展。

16日 察雅县第二小学开学典礼在学校运动场顺利举行。察雅县第二小学于2018年开工建设，2020年5月建成，总投资4600余万元，占地面积36755平方米，建设有教学楼1栋、学生宿舍楼1栋、多功能餐厅1栋。学校有教学班15个，在校学生728名。

18日 县委副书记、县长其珠多吉主持召开察雅县产业建设领导小组工作推进会议，就全县产业建设工作安排部署。县委常委、副县长任建利，产业建设领导小组成员单位负责人参加会议。

19日 市政协副主席、县委书记任厚明，县委副书记、县长其珠多吉前往县第二小学、唐琼孜易地扶贫搬迁点幼儿园和县中学检查指导工作。县政府副县长廖小彬及县教育局等相关单位陪同检查。在检查中，任厚明和其珠多吉一行先后查看了学校教室、食堂、宿舍情况和相关学习、生活设施的配套情况。听取学校教学情况，详细询问师资配备、课程设置、远程教育、学生学习等基本情况。

20 日 察雅县委副书记，政法委书记，县公安局党委书记、局长、督察长巴桑扎西主持召开全国“两会”期间全县安保部署会。

同日 察雅县双语幼儿园第二分园正式开园，总投资 861.99 万元，位于唐琼孜易地搬迁点，占地面积 2198 平方米，有教职工 18 名、幼儿 175 名。

23 日 市退役军人事务局党组副书记梁晨磊，市退役军人事务局党组成员、副局长王仁民一行赴察雅县就退役军人服务机构组建情况及“两会”期间退役军人群体思想状况开展调研指导工作。县委副书记、常务副县长覃波，县委常委张运权及县退役军人事务局局长梅世前参加调研。

25 日 受自治区自然资源厅委托，昌都市自然资源局党组成员、副调研员毛纯中一行对察雅县精准扶贫项目拟占用永久基本农田的必要性、合理性和补划方案的可行性组织开展实地踏勘。

26 日 县委副书记、组织部部长、县委巡察工作领导小组副组长张原松主持召开巡察工作领导小组会议，听取第七轮巡察组巡察工作阶段性情况汇报。领导小组成员杨琳、李程辉，第七轮各巡察组组长、副组长、组员、巡察办相关人员参加会议。会上，听取县委第七轮各巡察组的阶段性情况汇报，并充分肯定前期巡察成效。

27 日 察雅县委组织召开党风廉政专题学习会议，对 2020 年以来的自治区、市纪委下发的通报精神进行集中传达学习；观看反腐倡廉警示教育片；市政协副主席、察雅县委书记任厚明围绕“以习近平新时代中国特色社会主义思想为指导，一体推进不敢腐、不能腐、不想腐，巩固发展反腐败压倒性胜利”主题，给全县干部讲了一堂既有理论高度，又生动活泼引人入胜的反腐倡廉党课，带领全县干部理论再学习、思想再警醒、作风再转变。

28 日 市政协副主席、县委书记任厚明就邦昌公路沿线察雅段环境卫生整治工作进行专题调研，并对相关工作提出要求。县委常委、副县长任建利，县委办、县政府办、县发改委、县自然资源局、县住建局、县林业和草原局、县市场监督管理局、县生态环境局等相关单位主要负责人一同调研。

29 日 为提升察雅县幼儿园语言文字规范化水平，锻炼幼儿普通话功底，察雅县双语幼儿园在总园和分园开展双语故事比赛活动。

6 月

1 日 为深入贯彻落实习近平总书记关于少年儿童和少先队工作的重要指示精神，在第八次全国少代会即将召开之际，为激励少先队员沿着党、团、队传承红色基因链条，察雅县 19 所学校在六一统一开展了少先队入队仪式。县委副书记、组织部部长张原松出席会议，团县委、县教育局主要领导参加此次活动。

2 日 察雅县组织召开农牧民增收工作暨高校毕业生就业创业工作调度会。县委副书记、常务副县长覃波，县委常委、副县长任建利出席会议，县委副书记、组织部部长张原松主持会议。

同日 县安委会办公室组织召开 2020 年安全生产和应急管理工作推进会议，会议以电视电话会议形式召开至乡（镇）一级，县委常委、常务副县长、安委会常务副主任、安委办主任韩宝云出席会议，安委会各成员单位、各乡（镇）、重点企业等主要负责人参加会议，县政府办主任、县安委办副主任谢江川主持会议。

5 日 察雅县积极开展以“美丽中国 我是行动者”为主题的生态环境保护宣传活动，昌都市政协副主席、察雅县委书记任厚明，县委副书记、县长其珠多吉，副县长古金容等部分县级领导带头参加此次活动并进行环保志愿签名。

同日 县委副书记、县长其珠多吉调研检查市政基础建设推进情况。副县长次仁顿珠，县政府办、县发改委、县自然资源局、县住建局、县城管局等有关部门参与调研。其珠多吉一行认真察看市政工程进度，详细询问工程建设中遇到的困难和问题，现场办公研究解决办法，明确责任单位和解决时限。

6日 自治区自然资源厅地勘处副处长褚宏亮率专家组到察雅县进行汛期地质灾害防治工作巡检调研。工作组一行先后对察雅县夺恰玛泥石流、雪巴滑坡群、聂拉果滑坡群等隐患点进行实地调研，随后召开汛期巡检调研座谈会，县委常委、常务副县长韩宝云参加会议。

同日 市政协副主席、县委书记任厚明深入吉塘镇和烟多镇就水利扶贫、义务教育均衡发展及疫情防控等工作开展督导调研，并看望了基层干部群众。县委常委、副县长任建利一同调研。

7日 中央电视台科教频道播出《中国影像方志》第562集西藏察雅篇。

10日 县委副书记、县长其珠多吉深入吉塘镇、烟多镇、新卡乡就迎接昌都解放70周年大庆邦昌公路察雅段亮化、绿化、美化等工作开展督导检查，县委常委、常务副县长田翠平，县政府办、县委宣传部、县财政局、县发改委、县住建局、县生态环境局、县自然资源局、县人社局、吉塘镇、烟多镇、新卡乡主要负责人一同调研。

同日 县委副书记、县长其珠多吉深入荣周乡佐通村、阿孜乡扎拉牧场就人居环境整治、旅游观景台选址等事项进行调研。县委副书记、常务副县长覃波，县政府办、县发改委、县旅游局、县住建局等有关部门负责人一同调研。

10—11日 市政协副主席、县委书记任厚明深入扩达乡、宗沙乡和荣周乡就虫草采集管理、脱贫攻坚和基层党建等重点工作开展督导调研，并看望慰问基层干部群众。县林业和草原局、县扶贫办、县交通局、县民政局主要负责人一同调研。

12日 县民政局组织召开察雅县2020年社会救助工作联席会议。县社会救助联席会议全体成员参加会议，县委常委、常务副县长、联席会议召集人韩宝云出席会议并讲话。

13日 察雅县在县澜沧江广场集中开展系列非遗宣传展示活动。此次活动以“文物赋彩全面小康·非遗传承健康生活”为主题，通过非遗传承人现场展示、实物展览、多媒体演示等，展示察雅县独具特色的非物质文化遗产资源。活动共展示佛像、唐卡、木雕、藏香、藏饰等13种500余件“非遗”作品，发放“非遗”类宣传书籍手册3种170余份，邀请10名“非遗”传承人现场讲解“非遗”知识，邀请香堆少儿藏戏队现场演出藏戏，让干部群众感受“非遗”的独特魅力。

14日 昌都市政协副主席、发改委党组书记杨瑛深入察雅县唐琼孜易地搬迁点等处调研易地扶贫搬迁等工作开展情况。县委常委、常务副县长田翠平，县政协副主席、唐琼孜易地搬迁点管委会主任梅勇及相关单位负责人一同调研。

同日 县委巡察工作领导小组召开会议听取第七轮巡察工作汇报。县委副书记、组织部部长、县委巡察工作领导小组副组长张原松主持会议，县政协副主席、县委组织部常务副部长、县委巡察工作领导小组成员马德光，县纪委副书记、监委副主任、县委巡察工作领导小组成员杨琳，县委第七轮各巡察组组长、副组长、组员、巡察办相关人员参加会议。

15日 县委副书记、县长其珠多吉主持召开察雅县产业建设领导小组第四次会议，就全县产业建设工作进行安排部署。县委常委、常务副县长韩宝云，县委常委、副县长任建利，产业建设领导小组成员单位负责人参加会议。

16—17日 自治区退役军人事务厅党组副书记、副厅长蔡静率调研组到察雅县就退役军人事务机构编制、经费落实、服务保障、就业安置、优待抚恤、帮扶解困、双拥共建等23项事宜进行调研指导。市退役军人事务局党组书记刘大强，县委副书记、常务副县长覃波，县退役军人事务局局长梅世前参与调研。

19日 市委副书记、市长陈军一行深入察雅县阿孜乡和巴日乡调研指导脱贫攻坚、产业发展、乡村振兴、教育医疗、宗教管理、河（湖）长制等工作情况，看望慰问乡镇基层干部群众，并感谢他们为昌都市成功脱贫摘帽所作出的努力和付出的艰辛。

同日 县委巡察办督导组对九届县委第七轮巡察组工作开展巡中督查。督察工作紧密结合第二次巡察工作领导小组会议的部署要求，进行再督促、再核实，让巡察报告中的问题线索有理有据。

22日 察雅县脱贫攻坚指挥部召开关于迎接自治区脱贫攻坚普查摸底督导工作安排部署会。县扶贫办主任、县脱贫攻坚指挥部办公室常务副主任洛松次成主持会议，县统计局局长仁青卓嘎、各乡镇上挂扶贫专干、办公室全体成员参加会议。会上，就部分乡镇上报的建档立卡户摸底表存在的问题进行详细说明。

23日 县委副书记、县长其珠多吉主持召开察雅县扶贫项目财评工作推进会，就易地扶贫搬迁项目财评工作进行研究、安排部署。县委常委、常务副县长田翠平，副县长次仁顿珠出席会议，县政府办、县财政局、县发改委、县住建局、县扶贫办、县财评公司相关负责人参加会议。

同日 县卫健委组织召开2020年包虫病等寄生虫病防治规划终期评估协调工作会议。县公安局、县水利局、县农业农村局、县林草局、县人民医院、县疾控中心等包虫病防控成员单位参加会议。会上，传达学习了《昌都市包虫病等重点寄生虫病防治规划（2016—2020年）终期评估方案》及相关指示精神。

24日 县委副书记、县长其珠多吉主持召开政府常务会议，县委副书记、常务副县长覃波，县委常委、县人大常委会主任陈友华，县委常委、常务副县长田翠平、韩宝云，县委常委、副县长任建利，副县长次仁顿珠、廖小彬，县政协副主席、县委组织部常务副部长马德光出席会议，县直各单位、各乡镇负责人参加会议。会议研究审议了县发改委、县交通局、县自然资源局等单位涉及经济发展、资金、土地出让等多项议题，与会人员认真讨论，积极发言，并提出具有针对性的意见建议。就近期重点工作，其珠多吉从12个方面进行安排部署。

27日 察雅县自然资源局组织干部在中铝广场开展“节约集约用地、严守耕地红线”主题宣传活动，引导社会大众树立“节约集约用地”和“严守耕地红线”的理念。

29日 察雅县举行县供电有限公司国有产权整体无偿划转协议签订仪式，15时57分，国网察雅县供电公司正式揭牌，标志着昌都市首家县级电网企业正式完成上划国家电网。

同日 市质量和标准化工作考核组第四考核小组赴察雅县进行质量考核实地核查工作。考核组一行以“四不两直”方式，先后深入县政务服务中心、红拉山藏鸡养殖场、达巴村生态养殖场等实地进行质量考核工作。

30日 察雅县召开庆祝中国共产党成立99周年“两优一先”表彰暨基层党建工作推进会，会议以电视电话会议形式召开至各乡镇，县委副书记、县长其珠多吉出席会议并讲话，会议由县委副书记、组织部部长张原松主持。部分县级领导、各乡镇党委书记、县直（中直、自治区直）各单位党组织负责人、全体乡镇干部、选派第一书记、寺管会党组织负责人参会。

7月

1日 察雅县举行庆祝中国共产党成立99周年系列活动，县委常委、宣传部部长晏启文主持活动，县委副书记、县长其珠多吉出席活动并讲话，部分县级领导和县直（中直、自治区直）各单位干部职工、武警官兵、公安消防、“两新”组织党员代表以及僧尼代表共计500余人参加仪式。

2日 县住建局组织项目办、建管科、总工办工程师以及施工方代表先后到公租房项目、村级活动场所、市政道路、垃圾填埋场、棚户区（旧城）改造、深度贫困村基础设施提升项目等在建项目进行实地督导检查。主要检查施工现场的疫情防控、安全生产、项目工程质量、吸纳当地群众就业增收、实名制管理等工作。

5日　县委副书记、常务副县长覃波深入吉塘镇对就业创业、旅游项目建设等工作开展调研。县人社局、县旅游局、吉塘镇主要负责人一同调研。

6日　为进一步完善就业服务渠道，做好就业服务延伸工作，打通就业服务“最后一公里”，根据县委、县政府工作安排部署，察雅县在拉萨市和昌都市挂牌成立了“察雅县驻拉萨就业服务站”“察雅县驻昌都就业服务站”。

同日　自治区政协民族和宗教委员会副主任、市政协副主席、市维稳督导组第二组组长图嘎一行深入察雅县部分乡（镇）、寺庙等地督导调研维稳工作。

7日　市政协副主席、县委书记任厚明先后到泽西、伦珠、嘎玛曲扎、次仁欧珠、平措拉达、邓平6户结对帮扶户家中走访慰问，为他们送去慰问金和慰问品，并看望慰问基层干部职工。

8日　察雅县卫健委积极组织相关工作人员对全县基本公共卫生服务实施医疗机构开展全面的绩效考核。考核组分别前往13个乡（镇）卫生院和县人民医院、县疾控中心，通过听取汇报、查阅资料、实地核查等方式，从项目完成数量和项目质量两方面进行考核验收。

同日　县市场监督管理局开展学校食堂及校园周边食品安全专项检查。执法人员针对学生的消费特点和饮食习惯，对学校食堂和校园周边食品经营者开展专项检查，重点检查是否存在“三无”食品，检查食品的感官性状、标签标识、贮存条件等是否符合规定。

10日　察雅县藏医医院建成并举行开业揭牌仪式。察雅县藏医医院前身为察雅县人民医院藏医科，“十三五”期间先后投资3000余万元，于2019年开工，2020年竣工。建筑面积4120平方米，医院设有内科、外科（外治科）、检验科、功能科、制剂室、药浴科等7个临床医技科室。

12日　县委副书记、组织部部长张原松深入新卡乡调研指导基层组织建设、脱贫攻坚普查、干部队伍建设、寺庙管理等工作，新卡乡党委书记普布丁真一同调研。

13日　由市农业农村局副局长周京伟带队、市畜牧总站相关人员组成的督导组到察雅县督导检查黄牛改良工作。督导检查组通过查看资料、听取黄牛改良工作汇报等方式详细了解察雅县黄牛改良工作进展，并深入王卡乡、荣周黄牛改良中心进行实地查看，与乡镇主要负责人、农牧技术人员和黄牛改良配种员座谈交流并提出具体工作要求。

14日　市政协副主席、县委书记任厚明主持召开九届县委第九次巡察工作书记专题会，听取第七轮巡察情况汇报，安排部署下一步巡察工作任务。

15日　察雅县委召开2020年上半年党风廉政建设述责述廉工作汇报会。会议由市政协副主席、县委书记任厚明主持。部分县级领导、县级寺管会党组负责人、13个乡（镇）主要负责人参加会议，县直部门负责人列席会议。

同日　自治区总工会党组书记、常务副主席王纯丁与昌都市政协副主席、总工会主席张宏军带领工作组一行到察雅县总工会督战城市困难职工解困脱困工作。

16日　察雅县人民代表大会常务委员会召开第十九次会议。应出席常委会组成人员25名，因事因病请假4名，实际出席会议21名。副县长廖小彬，县纪委、县法院、县检察院、县发改委、县财政局、县农业农村局、县生态环境局、县扶贫办负责人及部分人大代表列席。会议由县委常委、县人大常委会党组书记、主任陈友华主持。

同日　察雅县交通运输综合行政执法大队举行揭牌仪式。县政府副县长格列江村、县交通局局长张勇及相关单位人员参加仪式。此次揭牌仪式宣告察雅县交通运输综合行政执法大队正式成立，新组建的交通运输综合行政执法大队整合了路政和运政相关职能职责，标志着察雅县交通运输综合行政执法体制改革工作迈出新的步伐，实现新的突破。

同日 巴日乡举行通电仪式，标志着从此巴日乡干部群众将用上充足的电力能源，从根本上改写了巴日缺电的历史。通电仪式由巴日乡党委书记洛珠主持，县政协副主席、县委组织部常务副部长马德光受市政协副主席、县委书记任厚明和县委副书记、县长其珠多吉的委托出席仪式并讲话，国家电网建设施工单位山西省阳泉市聚源电力实业有限公司施工负责人、察雅县供电公司负责人、巴日乡全体干部职工、农牧民群众和僧尼代表共计150余人参加了通电仪式。

17日 重庆市巴南区委常委、组织部部长夏杨松和巴南区人民政府副区长、区援藏领导小组副组长杨亚平率党政代表团一行到察雅考察交流对口援助工作，并召开援藏工作座谈会，进行深入交流。

18日 按照党中央、国务院、自治区党委、自治政府，昌都市委、市政府关于脱贫攻坚普查工作的决策部署，察雅县优中选优、强中选强102名精兵强将整装完毕，出发前往贡觉县开展交叉普查工作。

同日 由市应急管理局执法支队队长李富诚带队的昌都市第二轮安全生产督导检查组一行3人在察雅县督导检查昌都市70周年大庆前重点领域安全生产工作，县委常委、常务副县长韩宝云等一同检查。

19日 县政府召开脱贫攻坚普查工作对接会，欢迎芒康县普查组。会上，观看了察雅县脱贫攻坚宣传汇报片，县委副书记、县长其珠多吉汇报了察雅县脱贫攻坚工作，并代表察雅县脱贫攻坚普查领导小组表态。

同日 自治区审计厅审计组副组长卓嘎一行到县民政局对察雅县2018年至2020年困难群众救助补助资金、残疾人保障资金以及有关财政专项资金管理分配使用情况进行审计。

20日 在昌都解放70周年、中国人民解放军建军93周年来临之际，广州市政府参事室喻季欣到察雅县退役军人事务局开展调研指导工作。县委常委、常务副县长韩宝云，县退役军人事务局局长梅世前一同调研。

21日 重庆市团委副书记张珂一行到察雅县就产业扶贫、青年创业等工作开展情况调研。自治区团委副书记张梅，昌都市团委书记柳发明，察雅县委副书记、组织部部长张原松，副县长蔺锡峰等相关单位负责人参与此次调研。

22日 市政协副主席、县委书记任厚明深入香堆镇就脱贫攻坚普查和特色小城镇规划设计进行实地督导调研。

24日 以林芝市农业农村局副调研员旦增为组长的自治区农牧民补助奖励机制调研组赴察雅县对2019年年末牲畜清点工作进行地（市）间交叉督导调研。

26日 自治区农办主任、农业农村厅党组书记高巴松带领区农业农村厅政策与改革指导处处长益西顿珠、农村集体产权制度改革第三方公司工作人员到察雅县就脱贫攻坚产业扶贫、农村集体产权制度改革、农牧业生产等工作开展督导调研。

30日 自治区人社厅副厅长达娃次仁带队，赴察雅县对高校毕业生就业创业工作进行专项督导。

8月

1日 市政协副主席、县委书记任厚明走访慰问驻察雅部队。县委副书记、常务副县长覃波，县委常委、宣传部部长晏启文，县退役军人事务局局长梅世前一同慰问。

2日 《西藏日报》记者就察雅县脱贫攻坚相关问题对察雅县委副书记、县长其珠多吉进行专访。自脱贫攻坚工作开展以来，察雅县经济社会发生了巨大变化，经济总量不断增长，水电、医院、学校等公共基础设施不断完善、提高，孕妇和新生儿死亡率大幅下降，义务教育普遍推广，群众的幸福指数不断提升，生活发生了翻天覆地的变化。

3 日 自治区自然资源厅副厅长、二级巡视员李亚军一行深入察雅县督导调研增减挂钩和耕地保护工作。

3—4 日 中山大学附属第三医院国家医疗队赴察雅县开展巡回医疗工作。在察雅县人民医院召开座谈会，对察雅县卫生系统的基本情况进行了解，并围绕医院管理、等级创建、科室设置、医共体建设等进行指导。

6 日 自治区党委巡视组巡视察雅县工作动员会以视频会议形式召开。在动员会主会场上，自治区党委第五巡视组组长次登作了动员讲话，自治区党委巡视工作领导小组成员唐明英对做好巡视工作提出要求。

7 日 县畜牧站执法人员对农贸市场的牛肉销售摊点就卫生情况、购进登记情况、索证索票等方面进行检查，严防肉类食品安全事故发生，切实保障人民群众生命财产安全。

8 日 县安委会组织召开汛期自然灾害防治分析研判会议，县委常委、常务副县长韩宝云出席会议，县安委会成员单位负责人参加会议。

10 日 县委副书记、县长其珠多吉召开察雅县城乡建设用地增减挂钩工作专题会，听取了县自然资源局工作进展情况汇报，分析当前存在的问题，研究解决措施，对下一步工作进行安排部署。

11 日 市应急管理局四级调研员尼玛桑波带队的市安全风险隐患专项督导检查组一行到察雅县进行督导检查，重点围绕“防患排查是否落实到位、重点部位是否防范到位、应急物资是否储备到位”等内容，分别对县农业农村局、县水利局、县林草局、县自然资源局、卡贡乡、吉塘镇开展了全面深入的督导检查。

12 日 察雅县在澜沧江广场举办“战疫情稳就业、保民生促发展”专场招聘会。市政协副主席、县委书记任厚明，县委副书记、县长其珠多吉等县级领导前往招聘会现场指导工作。

13 日 县委副书记、县长其珠多吉深入松德卡棚户区改造项目、2019 年第一批公租房项目、如意路市政道路项目等民生项目建设现场，实地察看工程进度，了解推进中存在的问题和难点，现场办公拿出针对性强、操作性强的措施办法，进一步加快各项重点民生项目有序推进。

同日 市人大法制委主任委员格桑俊美率队深入察雅县就《西藏自治区民族团结进步模范区创建条例》普法宣传工作情况进行专题调研。

15 日 自治区水利厅党组成员、总工程师周建华带队的自治区人居环境整治调研组深入察雅县调研，昌都市农业农村局、市水利局主要负责人，县委常委、副县长任建利及相关单位主要负责人一同调研。

17 日 为提升昌都市各县级医院管理水平和综合服务能力，推动卫生事业的发展，切实为人民群众健康保驾护航，察雅县卫健委联合中山大学附属第三医院共同主办，察雅县人民医院承办，重庆市大足区援藏医疗队、巴南区援藏医疗队共同协办，察雅县成功举办“2020 西藏 · 察雅县级医院管理论坛”。

18 日 县委副书记、县长其珠多吉深入吉塘镇邦昌公路沿线（察雅段）风貌改造工程一线工地督导调研施工进度，对督导检查中发现的问题提出具体整改要求，明确责任单位、具体责任人，要求限时整改完毕。

19 日 察雅县召开清理整治违法违规用地及增减挂钩项目推进会。会议听取各乡（镇）对清理整治违法违规用地工作开展及增减挂钩拆旧复垦进展情况的汇报，县委副书记、县长其珠多吉对具体工作进行安排部署。

21 日 为全力做好当前疫情防控工作，加大文明城市和卫生城市创建力度，提高察雅县农贸市场长效管理水平，县政府副县长古金容带队开展农贸市场百日攻坚行动专项检查，重点对察雅县农贸市场以及蔬菜经销商户的环境卫生、亮照经营、食品安全、商品价格等方面进行督导检查。

21—24 日 九届察雅县委第八轮 4 个巡察组分别进驻县委宣传部党支部、县中学党支部、塘妥寺管会党支部等 13 家被巡察党组织并召开进驻动员会。

26 日 县委副书记、常务副县长覃波主持召开察雅县根治拖欠农民工工资工作集中整治专题会。会议听取了各行业各部门关于欠薪隐患排查工作开展情况的汇报，研究分析了各部门当前存在的问题和困难，覃波对具体工作进行安排部署。

同日 中国农科院作物所、国家大麦青稞产业技术体系研究员、首席科学家张京一行到察雅县香堆镇考察黑青稞产业。

27 日 察雅县武警中队为退役老兵举行欢送仪式。察雅县委副书记、常务副县长覃波，县委常委张运权，县退役军人事务局局长梅世前参加仪式。

28 日 县委副书记、县长其珠多吉主持召开信访联席会议，各成员单位负责人就各自部门信访工作进行汇报、分析、研判，其珠多吉强调做好信访工作事关察雅经济社会发展，事关社会和谐，事关民生福祉，要持续做好矛盾纠纷隐患排查和调处化解等各项工作。

29 日 根据自治区党委农办统一安排，由自治区住建厅党组成员、总工程师姜月霞带队的自治区合村并居调研组到察雅县开展合村并居、易地搬迁等调研工作，昌都市住建局主要负责人，察雅县委常委、副县长任建利及县相关单位负责人一同调研。

31 日 察雅县统计局获评“西藏自治区第四次全国经济普查先进集体”。为切实做好察雅县第四次全国经济普查的组织工作和实施工作，确保第四次全国经济普查工作顺利有序开展，察雅县成立了第四次全国经济普查领导小组，通过普查，进一步查实了全县各类单位的基本情况和主要产品、服务活动，全面准确反映供给侧结构性改革、新动能培育壮大、经济结构优化升级等方面的进展。

9月

1—3 日 重庆市地方志工作组一行到察雅县调研指导修志编鉴工作，召开座谈会，对县志鉴工作开展情况进行了交流，带来了全国其他地方修志编鉴的先进经验和做法，同时为察雅县志鉴工作解决了部分工作经费。

2 日 县委常委、纪委书记、监委主任杨成超深入县委巡察整改督察组实地检查指导工作，听取了督察组情况汇报，对督察工作进行安排部署。

4 日 市政协副主席、县委书记任厚明主持召开九届县委七十六次常委会会议，传达学习中央第七次西藏工作座谈会精神，对察雅县贯彻落实工作进行安排部署。

6 日 吉塘镇西西村洒列营地举行 2019 年度土地流转费和 2020 年度群众务工工资发放仪式。共为当地群众发放收益 132167 元，其中为土地流转的 6 户群众发放流转费 20900 元，户均增收 3400 余元；为洒列营地附属工程实施期间参与务工的 18 名群众发放务工费 111267 元，人均增收 6100 余元。

7 日 察雅县 2020 年度预定新兵役前训练动员大会在县人武部民兵之家召开。县人武部领导、县退役军人事务局局长梅世前出席会议，县人武部全体官兵、预定新兵参加会议。

9 日 县委副书记、常务副县长覃波主持召开察雅县农牧民转移就业增收工作调度会。察雅县 13 个乡（镇）、县直（中直、自治区直）相关单位负责人参加会议。会上，覃波传达学习了习近平总书记在中央第七次西藏工作座谈会上的重要讲话精神，听取了县人社局及相关单位关于农牧民转移就业工作进展情况，并对近期重点工作进行了再安排再部署。

10 日 县委副书记、县长其珠多吉，副县长廖小彬前往县中学、第一小学、第二小学、幼儿园、瓦西村双语幼儿园走访慰问教师和学生，向广大教育工作者致以节日的祝贺和诚挚的问候。

同日 县人民政府征兵办公室召开2020年度定兵会议，县委副书记、常务副县长覃波，县武装部政委出席会议，相关单位负责人参加会议。会上，传达学习了上级关于征兵工作的文件精神，县武装部政委汇报了2020年度征兵工作基本情况；县教育局、县卫健委、县公安局、县纪检组汇报预定兵工作学历审查、体格检查、政治考核、各项公示及廉洁征兵工作基本情况；县人武部副部长兼军事科科长报告了预定兵情况及分配去向计划。

11日 察雅县十二届人民代表大会常务委员会召开第二十一次会议。会上，县人大常委会副主任田杰传达学习了中央第七次西藏工作座谈会精神。会议听取察雅县人大财经监督工作综合调研报告、县总工会贯彻实施“一法一办法”情况报告，听取3个政府职能部门负责人任职以来履职情况的报告，常委会组成人员根据三个负责人的履职情况及存在的问题进行提问，并填写述职评议评分表。

14日 察雅县召开2020年西藏自治区初中学业水平考试安排部署会议。县委常委、常务副县长韩宝云出席会议，县相关单位负责人及县教育局全体干部参加会议。会上，宣读了《察雅县2020年初中学业水平考试工作实施方案》，县公安局等招生考试成员单位负责人逐一作表态发言，并签订了考试工作责任书，韩宝云对具体工作进行安排部署。

15日 察雅县组织乡镇人大主席团主席及人大机关工作人员共11人到重庆市巴南区考察人大工作及经济社会发展情况。考察组与巴南区人大常委会主任胡能兵、副主任何平及其他科室负责人参加座谈交流，胡能兵介绍了巴南区人大基本情况和换届以来常委会工作情况。陈友华表示非常珍惜在巴南区考察学习的机会，通过深入交流工作经验，对察雅县人大工作具有积极推动作用。

16日 县委副书记、组织部部长张原松深入肯通乡达如村、吉孜村，王卡乡夺巴村、绿水新村，烟多镇巴西村对基层党建暨强基惠民现场会筹备工作进行实地检查指导。

17日 2020年察雅县初中学业水平考试考务工作培训会在察雅县中学考点举行，县委常委、常务副县长韩宝云，2020年察雅县初中学业水平考试巡视组组长、昌都市初级中学书记布果出席会议，县相关单位负责人参加了培训会。

18日 为准确、客观把握广大人民群众对当前社会治安状况，以及对公共安全、社会治安秩序的真实感受，确保社会局势持续和谐稳定，察雅县开展2020年度平安建设感满意度调查工作。

21日 市政协副主席、县委书记任厚明前往浪拉山观景台、吉塘特镇展览馆、水系（商业街）、吉塘社区居委会、邦昌公路沿线（察雅段）等地，就庆祝昌都解放70周年大庆前期各项筹备工作及环境卫生综合整治进行调研，并提出相关整改要求，责令相关单位限期完成整改任务。

22—23日 由中国农科院信息所副研究员黄佳琦带队的“三区三州”深度贫困地区脱贫攻坚实施方案项目实施情况评估组到察雅县进行评估。昌都市副市长欧珠达瓦，察雅县委常委、常务副县长田翠平，察雅县委常委、副县长任建利，县相关单位负责人一同调研。

24日 察雅县组织召开察雅县总商会成立大会暨第一次会员代表大会。县委常委、统战部部长四郎江村，副县长古金容出席会议，县相关单位负责人，总商会全体会员参加会议。会议听取审议了《察雅县总商会筹备工作报告》《察雅县总商会会费收取标准及管理办法》《察雅县总商会第一次会员代表大会选举办法》，并选举产生了第一届领导班子成员。

25日 为进一步加强国庆和昌都解放70周年大庆活动期间察雅县食品安全、安全生产、消防安全和环境卫生等监督管理，副县长古金容带队开展了“迎国庆、迎大庆”综合大检查行动。

26日 县委常委、常务副县长韩宝云到昌都市第一、二儿童福利院看望慰问察雅籍孤儿，在中秋、国庆“双节”来临之际向辛勤付出的儿童福利院老师和职工致以节日的问候，为察雅籍孤儿送去慰问品，并勉励他们要自立、自强、自信，用积极乐观的态度面对生活。

28日 县委常委、常务副县长韩宝云深入烟多镇、荣周乡、香堆镇、宗沙乡对察雅县老年人日间照料中心、察雅县未成年人保护中心、香堆镇社会福利中心及萨嘎日追、觉克日追等5个民政重点在建项目建设情况进行实地督导检查。

29日 为庆祝昌都解放70周年，大力宣传察雅2020年来各方面取得的一系列成就，中央、自治区媒体采访团到察雅县开展“藏东70年巨变”主题采访活动，县委常委、宣传部部长任建利陪同采访活动。采访活动全景反映了察雅县近年来的经济、社会、文化、生态等各方面的发展，体现了全县农牧民群众对党的深深感激之情。

30日 察雅县举行烈士纪念日悼念革命烈士活动。部分领导干部同各界代表共300余人一同参加活动，奏唱国歌后为烈士默哀，礼兵向烈士敬献花篮，县委副书记、常务副县长覃波讲话。

10月

1日 为庆祝中华人民共和国成立71周年，为祖国母亲献上诚挚的祝福，察雅县举行国庆升国旗仪式，部分县级领导、县直（中直、自治区直）各单位干部职工、武警官兵、公安消防、学校师生、脱贫农牧民群众代表以及僧尼、企业代表等共计300余人参加仪式，市政协副主席、县委书记任厚明出席活动并讲话。

4日 察雅县交通运输局副局长普布次仁带队对察雅县总承包重点项目开展实体质量、进度检查及安全隐患排查治理行动。普布次仁深入总承包项目吉塘片区项目现场，对在建项目的备料情况，安全隐患治理情况，项目推进总体情况进行详细检查并作安排部署。

7日 在喜迎昌都解放70周年之际，为深入开展消费扶贫，巩固脱贫攻坚成果，察雅县物资交流大会在吉塘特色小城镇风情街举办，全县13个乡（镇）及部分民营企业参加展销交流会。交流会共计有酥油、藏香、苹果醋、牦牛肉酱、獐子菌等上百种特色产品参展，其中80%以上均为2016年精准扶贫精准脱贫发展的扶贫产业商品。此次物资交流大会吸引游客2.5万人次，带动扶贫产品销售，销售额达16万元，充分展现察雅县农牧民群众特别是贫困群众转变观念谋发展、勤劳致富奔小康的良好精神风貌。

8日 自治区党委书记吴英杰率自治区代表团参加昌都解放70周年大庆活动，首先到察雅县吉塘镇，了解吉塘特色小城镇建设和基层组织建设情况，并指出，要因地制宜研究村居规模，进一步降低行政运行成本，缩减行政开支，提高管理效能，有效提升服务农牧民群众水平。

9日 为期7天的昌都解放70周年大庆特色展品展销会在昌都市茶马广场和卡若区野堆村举行，展销会上，察雅县展示了绿色、生态、健康的特色产品，展品种类涉及特色农产品、深加工产品、绿色产品、手工加工类产品等。

同日 察雅县民政局举行全县分散特困供养人员生活物资集中发放仪式，县民政局全体职工、13个乡镇相关负责人、社会救助工作经办人员及部分分散特困供养人员参加发放仪式。

10日 自治区党委宣传部常务副部长王能生带队深入察雅县，就学习宣传贯彻落实中央第七次西藏工作座谈会精神、国家通用语言文字普及、“四讲四爱”群众教育实践活动开展情况、新时代文明实践工作三级体制建设以及宣传思想文化工作开展情况进行调研指导。

同日 九届自治区党委第五巡视组巡视察雅县的情况反馈会议结束后，市政协副主席、县委书记任厚明第一时间组织召开察雅县巡视整改工作安排部署会，对整改落实工作进行安排部署。

12日 自治区党委宣传部、自治区文化厅派慰问演出团到察雅县开展慰问演出活动。慰问团由自治区歌舞团、自治区话剧团等自治区级演出团体组成，两场演出分别在澜沧江广场和唐琼孜易地扶贫搬迁点进行，部分县级领导干部、农牧民群众、环卫工人及僧尼代表一同观看了演出。

15日 庆祝昌都解放70周年“蓝天圣洁”特色产品展销会圆满闭幕。展销会上察雅各参展企业销售业绩达19.7万元，共获5个奖项。其中，察雅县获优秀组织奖，央青唐卡艺术传承有限公司获最受欢迎产品奖，聚生源副食品加工厂有限责任公司（苹果醋系列）获最佳产品创新奖，麦堆手工艺传承合作有限公司获最佳产品销售奖，矿植物颜料有限公司获优秀参展企业奖。

16日 为认真贯彻落实中央关于常态化抓紧抓实抓细疫情防控工作的决策部署，按照自治区党委、自治区政府和市委、市政府对疫情防控工作的总体要求，察雅县全力推进核酸检测实验室建设工作。察雅县人民医院核酸检测实验室建设工作全面完成。

17日 察雅县召开中央第七次西藏工作座谈会精神宣讲报告会，集中学习了中央第七次西藏工作座谈会精神特别是习近平总书记在会上的重要讲话精神和自治区党委九届八次全会精神，宣讲报告会由市政协副主席、县委书记任厚明主讲。

同日 县扶贫办认真组织、精心谋划，开展了“扶贫日”宣传活动，全方面、多层次、多形式地宣传了各类扶贫政策，让群众充分认识了各项惠民政策。

18日 由自治区党委网信办副主任王慧带队的自治区宣讲团深入察雅县开展第七次西藏工作座谈会精神宣讲报告会，会上，王慧围绕宣讲提纲，从中央第七次西藏工作座谈会的重大意义、西藏工作取得的历史性成就、新时代党的治藏方略、新时代西藏工作的指导思想和目标任务等十一个方面作了系统阐释解读，为察雅干部职工进一步学习宣传好、贯彻落实好中央第七次西藏工作座谈会精神明确了方向。

19日 自治区人大常委会党组副书记、副主任许雪光深入察雅县开展中央第七次西藏工作座谈会精神专题宣讲辅导，许雪光站在政治和全局的高度，以“党的光辉照边疆 边疆人民心向党”为主题作宣讲报告，从用心领会西藏工作取得的全方位进步、历史成就等10个方面，结合自身学习体会作了主题鲜明、内涵丰富的宣讲辅导。

同日 自治区团委副书记张梅一行深入察雅县吉塘镇小学、县第一小学调研少先队学习贯彻落实第八次全国少代会精神和少先队工作情况，县委副书记、组织部部长张原松，团县委书记周艳一同调研。

20日 察雅县自然资源局举办如意路及宗沙乡加油站建设项目用地征地补偿费兑现仪式，向被征地群众讲解相关政策及征地补偿标准，并兑现补偿款606744.6元。

21日 广西壮族自治区扶贫搬迁专责小组副组长、自治区发展改革委一级巡视员严伯贵带队国家发展改革委（广西壮族自治区核查组）到察雅县开展“十三五”易地扶贫搬迁全面评估核查实地抽查工作。市委副书记、常务副市长魏东，市政府副市长欧珠达瓦，市发展改革委党组副书记、主任四郎旺堆，察雅县委副书记、县长其珠多吉，副县长次仁顿珠，市、县相关单位负责人参与评估抽查工作。

23日 山南市洛扎县人大常委会副主任、二级调研员刘安军率队到察雅县就人大业务工作、人大“一室三委”工作情况、城市规划和小城镇建设等工作进行考察交流，县委常委、县人大常委会党组书记、主任陈友华，县委常委、吉塘镇党委书记郑江涛一同考察。

同日 县委组织部邀请昌都市委党校高级讲师

白银川为县直部门、个别乡镇驻村工作队、驻寺在家干部与农牧民群众作专题宣讲，白银川以学习贯彻落实中央第七次西藏工作座谈会精神为主线，用通俗易懂的语言、鲜明生动的事例进行了宣讲。

24 日 自治区固体废物监督管理中心主任央金一行到察雅县督导检查危险废物管理工作。市生态环境局党组成员、二级调研员洛次，察雅县副县长古金容参与督导。工作组一行通过实地察看、听取汇报等方式对危险废物管理工作进行督导检查。

26 日 县安委办召开全县安全生产和消防安全第三季度总结暨第四季度安排部署工作电视电话会议。县委常委、常务副县长韩宝云出席会议并对相关工作进行安排部署。

同日 昌都市副市长刘文德到宗沙乡组织开展中央第七次西藏工作座谈会宣讲，宣讲从充分认识中央第七次西藏工作座谈会的重大意义，用心领会新时代党的治藏方略等方面，深入解析中央第七次西藏工作座谈会精神。

27 日 县委副书记、县长其珠多吉主持召开察雅县脱贫攻坚指挥部关于 2020 年成效考核专题安排部署会，会上传达学习了中央第七次西藏工作座谈会精神，并就年底迎接系列成效考核工作进行了安排部署。

29 日 察雅县召开 2020 年高标准农田建设项目开工动员部署会，会议由县农业农村局局长朱雪琼主持，县农业农村局相关负责人、项目设计方、施工方、监理方等 16 人参加会议，该项目建设高标准农田 2.3 万亩，总投资 6900 万元，作业区涉及察雅县 6 个乡镇 46 个村居。会上，各方就工程质量、进度、技术环节以及农牧民用工等方面进行讨论发言。

30 日 县委副书记、县长其珠多吉主持召开察雅县前三季度经济运行分析会议，通报前三季度察雅县经济运行情况，安排部署当前重点工作，县相关单位负责人参加会议。会上，其珠多吉分析总结了察雅县前三季度经济运行情况，肯定了当前取得的成绩，对当前经济社会发展存在的问题进行分析，并作具体安排部署。

31 日 为切实做好自治区党委第五巡视组巡视反馈产业扶贫项目建设运营问题的整改落实，县委常委、宣传部部长任建利主持召开产业扶贫项目建设运营问题专项整改安排部署会，县委常委、吉塘镇党委书记郑江涛出席会议，县委整改办、县相关单位负责人参加会议。会议分析研究了巡视反馈的 9 个方面的问题产生原因、项目现状、整改方向等，与会人员就制定切实可行的整改措施、整改时限、阶段成效等情况进行讨论，任建利作进一步的安排部署。

11 月

2 日 察雅县高标准农田建设项目自 2019 年 10 月开工建设，2020 年已全面竣工。由察雅县农业农村局牵头，县发改委、项目建设乡镇和村居“两委”、设计公司、监理公司和两个标段的施工方派出的代表共 15 人组成临时验收小组，前往香堆镇、荣周乡开展察雅县 2019 年高标准农田建设项目竣工验收工作。

3 日 为进一步统一思想、提高认识，加快察雅县巡视整改工作进度，县委副书记、县长、巡视整改工作领导小组常务副组长其珠多吉组织召开全县自治区党委第五巡视组巡视反馈意见整改工作领导小组第三次会议，对巡视整改工作进行安排部署。

4 日 自治区统计局副局长、自治区人普办常务副主任多吉站都一行深入察雅县人口普查办、吉塘镇西西村督导检查第七次全国人口普查工作开展情况。昌都市统计局局长格桑尼玛，察雅县委副书记、常务副县长覃波，县统计局局长仁青卓嘎参与检查。检查组一行通过查阅资料、听取汇报等方式详细了解了察雅县普查工作开展情况，并随同普查员一起深入普查对象户查看和了解了普查员入户登记情况、数据录入操作掌握情况、普查对象户知晓度等。

5日 为进一步改善农村人居环境、增进人民福祉、提高群众幸福指数，进一步加强卫生乡（镇）创建工作。昌都市创卫办组织相关人员到察雅县，就吉塘镇申报创建自治区级卫生镇，吉塘镇西西村、卡仁村申报创建自治区卫生村居工作进行指导。

6日 为深入推进自治区固体废物监督管理中心检查组反馈问题整改工作，副县长古金容实地前往县人民医院、废品回收站、综合产业城汽修行业对危废问题整改情况进行督导。

9日 县委副书记、县长其珠多吉深入卡贡乡宾果村、埃巴自然村、莫日村、金多村、拉加自然村，走村入户宣讲中央第七次西藏工作座谈会精神，检查督导各村（居）道路通畅情况。卡贡乡、县政府办、县交通局等负责人及相关村（居）负责人参与。

10日 察雅县委理论学习中心组召开2020年度第十三次集体学习会议，专题学习了党的十九届五中全会精神，会议由察雅县委副书记、县长其珠多吉主持，部分县级领导、县直（中直、自治区直）各单位主要负责人参加会议。县委常委、县人大常委会主任陈友华，县委常委、纪委书记、监委主任杨成超，县政协主席平措结合工作实际就学习党的十九届五中全会精神进行发言。

11日 为有效解决察雅县干部职工、外来务工人员、困难群众住房困难问题，合理保障住房需求，根据《察雅县保障性住房管理办法》，结合实际，制定了《察雅县2020年保障性住房分配工作实施方案》，经个人申请，县2020年保障性住房分配领导小组办公室审核，分配名单于2020年11月11—15日进行公示。

12日 自治区民政厅党组成员、副厅长丹巴带队的基层党建调研督查组一行深入察雅县吉塘镇达布村、吉塘镇居委会、县委组织部就基层党建工作开展调研。市委组织部副部长泽旺旦增，县委副书记、县长其珠多吉，县政协副主席、县委组织部常务副部长马德光等一同调研。

同日 察雅县人大常委会党组召开落实全面从严治党暨意识形态工作分析研判会，会议由县人大常委会主任陈友华主持，部分县人大常委会党组成员及“一室三委”全体干部参加会议。

同日 西藏民族大学教育学院教研室主任陈华，西藏民族大学教育学院教授、硕士研究生导师邱婧玲赴察雅县，对香堆镇第一小学和察雅县中学双语教学、教育信息化情况、教学管理、课程设置、课堂教学、考核评价、德育工作、教育科研，以及学生管理、校园文化、学校建设理念等进行调研考察。

13日 县委巡察工作领导小组召开会议听取第八轮巡察工作汇报。县委常委、县纪委书记、监委主任、县委巡察工作领导小组组长杨成超主持会议。县政协副主席、县委组织部常务副部长、县委巡察工作领导小组成员马德光，县纪委副书记、监委副主任、县委巡察工作领导小组成员杨琳，县委第八轮各巡察组、督查组、巡察办相关人员参加会议。会上，县委巡察工作领导小组分别听取第八轮4个巡察组常规巡察县委宣传部、县人民法院、县财政局等13个党组织的巡察情况汇报和督查情况汇报，对各组巡察、督查工作情况进行了认真研究分析、指导，提出了相应的修改意见，并指明了下一步工作重点和方向。

15日 自治区人社厅党组成员、副厅长琼达带队，到察雅县开展“两个机制”和寺庙僧尼参保调研工作，市人社局党组成员、副局长王学琼，市人社局社保中心主任扎西泽仁，县委副书记、常务副县长覃波一同调研。调研组先后前往烟多镇、吉塘镇、烟多寺进行实地走访调研。调研过程中，通过查看资料、对比数据、听取汇报等方式，深入了解察雅县僧尼保费代缴、缴费档次、丧葬费兑现等工作开展情况。

同日 自治区验收组对察雅县2020年草原生态保护补助奖励政策工作进行查验。自治区验收组通过“查、看、听、问”的方式认真查阅了县、乡（镇）、村三级草奖工作的各类基础资料、档案，包括各类文件、实施方案、登记卡、目标责任书、工作信息及总结、县级自验报告、市级验收结论等，察雅县成功通过终验。

17日 自治区党委办公厅（自治区档案局）档案业务处处长达瓦次仁一行到察雅县开展档案行政执法工作督导检查，县委常委、宣传部部长任建利参与督导。督导组先后深入察雅县档案馆办公室、借阅室、整理室、档案库进行实地检查，详细询问了解察雅县档案工作经费、人员配备、办公场所、档案保管利用等情况，并召开座谈会听取了察雅县档案管理情况。

18日 察雅县人民医院举行西藏察雅县医疗共同体中心医院挂牌仪式。县政府副县长蔺锡峰出席仪式，县委办、县政府办、县藏医院、13个乡镇卫生院等医共体建设成员单位以及察雅县人民医院全体职工参加仪式，察雅县卫生健康委员会主任赵长超主持仪式。察雅县医疗共同体中心医院的成立挂牌，是深化医改的重要步骤和制度创新，有利于医疗资源上下贯通，实现区域内医疗资源共享，提升医疗服务体系整体效能。有利于推进县域医疗卫生改革方面持续发力，以深化医改为抓手，以提升服务能力为重点，筑牢察雅人民群众健康堡垒。

同日 察雅县派出以副县长蔺锡峰为组长、县城市管理和综合执法局局长巴桑拉姆为副组长的学习考察工作组赴重庆市巴南区城市管理和综合执法局考察学习城市管理工作。

19日 县委副书记、县长其珠多吉深入荣周乡啊妈啦糌粑加工厂就巡视整改问题进行督导检查，督促落实。县委常委、宣传部部长任建利，荣周乡乡长赵宇参与检查。

21日 察雅县人民医院举行成立60周年庆典活动。察雅县人民医院始建于1960年，是目前县域内唯一一所集县级医疗卫生服务、妇幼保健、计划生育技术等多功能于一体的二级乙等综合医院。

23日 县委副书记、县长其珠多吉一行到巴日乡开展党的十九届五中全会和中央第七次西藏工作座谈会精神宣讲，并对乡小学，易地搬迁集中安置点、派出所、寺管会建设等进行调研，重庆市援助察雅工作队捐赠电器设备。

同日 昌都市察雅县巴日乡温雅村党支部、昌都市察雅县卡贡乡村帮村党支部被确定为全区百佳农牧区基层党组织拟表彰对象公示名单，并于2020年11月23日至11月27日进行公示。

23—30日 察雅县水利局负责人洛松达吉、副局长童家红带队到重庆市铜梁区交流学习。洛松达吉一行先后到东城街道、南城街道、高楼镇、少云镇、安居镇等地进行调研，学习铜梁区城区供水工程、乡镇供水工程、西郊绿道等项目建设、运行管理的先进经验和做法，双方就农村人居饮水工程建后管护、水费征收及如何在西藏地区开展城乡供水一体化建设等问题进行了深入探讨。

25日 市卫健委综合监督执法局局长昌生带领稽查组，对察雅县卫生监督执法工作进行专项稽查。稽查组采取听取汇报、查阅资料、现场督查、现场带教等形式，实地察看了县卫生监督科监督执法能力提升、综合监管措施落实情况。

26日 县委副书记、县长其珠多吉召开察雅县迎接2020年国家脱贫成效考核第三次安排部署会，对迎接国家脱贫攻坚成效考核工作进行安排部署。

27日 昌都市住建局副局长张昌雄带队的市2020年度安全生产和消防交叉考核工作组到察雅县开展安全生产工作考核，县委常委、常务副县长韩宝云，县应急管理局、县林草局、县消防大队负责人参与考核。

29日 由自治区检察院副检察长李高生带队的平安建设（综治工作）考评组到察雅县开展考评验收工作，市委常委、政法委书记、国安办主任张文生，市检察院党组书记、检察长贺建军，县委副书记、县长其珠多吉，县委副书记、政法委书记、县公安局党委书记、局长巴桑扎西，县政法委常务副书记红梅协同考评。

12月

1日 为深入贯彻落实习近平生态文明思想和中央第七次西藏工作座谈会精神，察雅县召开2020年度生态文明建设培训会。昌都市生态环境局监测站站长、高级工程师崔凤受邀授课。县直各单位、各乡镇共计280余人参会。会议由副县长古金容主持。会上，崔凤就“习近平生态文明思想”“固体废物相关知识”开展培训授课。以“迈向新时代的生态文明建设”为主题，从“生态文明是基于中国智慧的新文明之路、生态文明是一次全新的经济革命、生态文明建设是从自身做起的生活方式革命、党中央对西藏生态文明建设的要求”4个方面深入解读习近平生态文明思想，从自身岗位出发详细讲解危险废物规范化管理及监管部门管理职责。

3日 县农业农村局在烟多镇色嘎村开展以“宪法进村（居）”为主题的宣传活动，向群众宣传讲解宪法等相关法律知识，现场为群众答疑解惑。此次宣讲活动，受教育群众20人，发放各类科普宣传资料、帽子、茶杯等共计120余份。

7日 县安委会组织召开2020年度安全生产暨消防和森林草原防火会议。县委常委、常务副县长韩宝云出席会议并讲话。会上，县应急管理局、县消防救援大队、县林业和草原局分别通报了全县2020年度安全生产、消防和森林草原防火工作开展情况，并对下一步具体工作计划进行汇报。韩宝云对相关工作进行安排部署。

8日 察雅县特困人员集中供养服务中心开展“感党恩、听党话、跟党走”宣讲活动，全体老人和部分护理人员参加本次学习宣传活动。特困人员供养中心工作人员从惠在何处、惠从何来、学会感恩三个方面给老人详细讲解了在中国共产党的正确领导下，近70年西藏发生的翻天覆地的变化；讲述了西藏工作取得的全方位进步和历史性成就。

9日 昌都市林业有限责任公司在烟多镇瓦巴村发放2020—2022年苗圃基地土地流转费。此次发放土地流转费共计296852元，受益群众104户481人，户均增收2854元。

11日 为进一步推进巡视整改工作，督促各专项组、各责任部门压实责任、落实措施、加快进度、提高成效。市政协副主席、县委书记任厚明主持召开县委九届八十四次专题会，对察雅县巡视整改工作进行再安排再部署。察雅县部分四大班子县级干部、县直（中直、自治区直）相关单位负责人、县委巡视整改办全体成员参加会议。

同日 市政协副主席、县委书记任厚明主持召开九届县委巡察工作第十次书记专题会，听取第八轮巡察情况和第六轮巡察整改督查情况汇报，安排部署下一步巡察工作任务。

12日 察雅县组织召开2020年第四次社会救助工作联席会议。县委常委、常务副县长韩宝云出席会议，各成员单位参加会议。会上，县民政局局长李璞将此次临时救助资金发放标准提请会议研究；与会单位对扩达乡达加苦村村民旦热、肯通乡爱如村村民次成巴邓等13户遭遇重大变故的家庭实施救助事宜逐一研究讨论。经会议研究，各成员单位一致同意通过提请社会救助联席会议事项，并要求民政局按照相关规定及时实施救助，编实织密困难群众基本生活安全网，切实保障困难群众基本生活权益。

16日 察雅县组织召开全县政务微信公众号管理员集中提醒谈话会议，县委常委、宣传部部长任建利出席会议，县委宣传部、县委网信办有关负责人和全县27个政务微信公众号管理员参加会议。会上，通报了2020年以来全县各政务微信公众号落实上级指令、信息更新时间等运营、维护、管理情况；集体学习了《西藏自治区政务新媒体管理办法》和2020年以来上级下发的各类通报和加强政务微信公众号管理的文件精神。任建利对相关工作进行了安排部署。

18 日 察雅县召开村（社区）组织换届工作专题会议。市政协副主席、县委书记任厚明出席会议并作重要讲话。任厚明从提高政治站位、严格依法依规、严肃换届纪律等方面，对察雅县做好村（社区）组织换届工作提出了明确要求。

同日 察雅县组织召开村（社区）组织换届工作政策培训会。县村（社区）换届工作领导小组办公室副主任、县委组织部副部长范琳就村（社区）组织换届工作政策要求、法律法规、换届流程、重点流程、重点事项等方面进行讲解。

20 日 察雅县召开十二届人大常委会第二十三次会议。会议表决通过了察雅县十二届人大常委会第二十三次常委会会议议程（草案）、察雅县人大常委会党组关于召开察雅县第十二届人民代表大会第七次会议有关问题的请示、察雅县十二届人民代表大会第七次会议议程（草案）、察雅县第十二届人民代表大会主席团和秘书长名单（草案）；审议关于选举察雅县出席昌都市第二届人民代表大会建议名单草案；接受田杰辞去察雅县第十二届人民代表大会代表资格报告；通过关于《察雅县人民政府关于2020年环境状况和环境目标任务完成情况报告》的审议意见。

21—22 日 由昌都市电视台党组成员、副台长罗布占堆带队的昌都市委意识形态工作考核组深入察雅县开展2020年度意识形态工作责任制落实情况考核。县委副书记、常务副县长覃波，县委办、县委宣传部、县教育局等相关部门负责人参加考核检查。

22 日 察雅县安委会组织召开安全生产专项整治三年行动推进会，县委常委、常务副县长韩宝云出席会议并讲话。会上，县交通局、县教育局等牵头单位依次汇报安全生产专项整治三年行动工作开展情况；韩宝云代表县政府与乡（镇）、单位签订目标责任书；韩宝云通报了江苏响水“3·12”特大爆炸事故处理情况，对安全生产工作进行安排部署。

23 日 县委副书记、县长其珠多吉深入察雅县老年人日间照料中心调研前期准备工作情况。县委常委、常务副县长韩宝云，县政府办、县发改委等相关单位负责人一同调研。

同日 西藏自治区药品监督管理局藏药审评认证中心专家赴察雅县藏医院对藏医院制剂室进行现场检查验收。经专家组评定，察雅县藏医院制剂室符合《西藏自治区基层藏药制剂配制现场检查标准（试行）评定原则》，确定验收通过。察雅县藏医院制剂楼于2020年7月新修建，制剂楼建筑面积450平方米，共设配制区、仓储区、办公区等部分，建有散剂、丸剂2条藏药制剂生产线，有藏药制剂室技术人员18人。

28 日 察雅县召开2020年新冠疫苗接种工作专题会议。副县长蔺锡峰主持会议，疫情办及疫情防控领导小组各成员单位参加会议。会上，县卫健委主任赵长超传达《2020年昌都市重点人群新型冠状病毒疫苗接种实施方案》，蔺锡峰对新冠疫苗接种及疫情防控工作进行安排部署。

29 日 察雅县委召开2020年干部任前集体谈话暨廉政教育会议。县委副书记、组织部部长张原松，县政协副主席、县委组织部常务副部长马德光，县纪委副书记、监委副主任、四级调研员杨琳出席会议，涉及此次调整的干部和相关单位主要负责人参加了会议。

30 日 自治区政府副主席、昌都市委书记普布顿珠到市二届人大一次会议察雅县代表团，与代表们一起审议政府工作报告。普布顿珠与察雅基层代表亲切握手、悉心交流，仔细询问他们的工作生活情况。察雅县代表团讨论气氛活跃、发言热烈，普布顿珠同大家就相关问题进行深入讨论交流。

县情概要

察雅县概览

【概况】 察雅县位于西藏自治区昌都市东南部，地处横断山脉北段，介于北纬30°04′～30°59′、东经97°11′～98°29′。北连昌都市卡若区，东邻贡觉县，南与芒康县、左贡县接壤，西与八宿县毗邻，呈东西窄、南北长的菱形。察雅县山脉河流呈西北至东南走向，西北部（吉塘镇、卡贡乡）最高处海拔达5630米，巴日则松村一带（澜沧江出境处）现代河床水面海拔仅2870米。境内东中部为高原、丘状高原和山原地貌相依而成；西部是高山峡谷，沟壑纵横。澜沧江由西北而东南蜿蜒出境，麦曲作为澜沧江一级支流由东南向西北横穿县境腹部，滋润两岸田园。因纬度、地势差异等影响，境域依次出现高原温带半干旱气候、高原寒温带半湿润气候等气候类型，适于耐寒、耐旱、早熟作物生长，有利于发展林牧业。

察雅县城距昌都市90千米，辖13个乡镇，143个村（居），521个自然村，共13744户、65732人，其中农牧业人口61535人，人口出生率12.44‰，自然增长率9.85‰。地域面积8255.59平方千米，主要以农牧业为主，农业主要种植青稞、小麦、油菜、豌豆、马铃薯、大白菜、小白菜等，畜牧业主要养殖牦牛、黄牛、犏牛、绵羊、山羊、马、骡、猪、鸡等。耕地面积10064.22公顷，草场面积439064.6公顷，林地面积358657.33公顷，森林覆盖率39.87%。国家级野生保护动物有麝、白唇鹿、藏马鸡等，已探明矿产资源有铜、钼、铅、锌、银等。主要旅游景点有卓玛温泉、德玛雪山、仁达摩崖石刻等，特色产品有察雅干杏、察雅黑青稞、察雅苹果、阿孜绵羊等。2020年，完成生产总值16.06亿元，同比增长7.8%。其中，第一产业完成2.42亿元，同比增长6.6%；第二产业完成7.99亿元，同比增长17.2%；第三产业完成5.65亿元，同比增长1.0%。三次产业结构之比为15∶50∶35。社会消费品零售总额完成4.39亿元，全社会固定资产投资达9.99亿元，财政总财力达到19.39亿元。农村居民人均可支配收入达到12734元，同比增长13.2%；城镇居民人均可支配收入达到34736元，同比增长10.2%。城镇登记失业率不超过3%。截至2020年年底，参加城乡居民基本养老保险16682人，参加城乡居民基本医疗保险61679人，参加城乡失业保险1131人，参加城乡生育保险2434人，参加城乡工伤保险2434人，2020年享受城乡居民基本养老保险60岁以上待遇64981人次，支付1438.26万元。

【人口民族】 截至2020年年底，全县总人口65732人，其中农牧业人口61535人。除藏族外，还有汉族、回族、蒙古族等。

【民俗宗教】 察雅县烟多“热巴”有活化石之称，是久负盛名的“热巴”流派之一。烟多“热巴”的代表艺人桑登培曾为西藏歌舞团和昌都市歌舞团传授“热巴”技艺。察雅县又是昌都市盛行藏戏的四个县之一，其中流传在新康的藏戏最具地方特色。宗教艺术中，以玛贡寺的“第穆古羌”，萨迦派宗沙寺的“多吉普巴羌”等神舞最出名。其中位于荣周乡的学寺为玛仓噶举的祖寺，位于香堆的角克寺是西藏东部最大的尼姑寺。当地石刻艺术历史悠久，技艺很高。位于香堆的仁达摩崖造像，雕刻于唐贞元二十年（804），它融藏族、汉族石刻艺术于一体，有着很高的历史和艺术价值；郎荣石雕和宗萨迦“日朝”灵塔群的石雕也极具特色。

地理环境

【地质】 察雅县位于三江（金沙江、澜沧江、怒江）弧形构造中段，按构造分区属昌都准地名、昌都—芒康台陷，构造行迹总体是向北突出的弧形褶皱带。中部主要有他念他翁复背斜和芒康山复向斜纵贯察雅。东侧有甲丕拉—康沙背斜伸入。

1. 他念他翁复背斜主体沿澜沧江与北怒江之间分布，卷入地层有石炭系、二叠系、上三叠系和侏罗系，近核心部的东翼，有一条由西南向北东逆冲断裂，称北澜沧江断裂带，裸露处有岩浆岩。

2. 芒康山复向斜分布于他念他翁复背斜以东，槽部位于昌都、香堆一线，主要由侏罗系、白垩系组成。芒康山复向斜次级褶皱发育较多。由东至西有察雅背斜、龚卡—竹卡断层、阿孜向斜、香堆向斜、那松背斜、业瓦向斜、金达背斜等褶皱群。

3. 甲丕拉—康沙背斜。位于芒康山复向斜东侧，背斜主体分布在妥坝，其南段延伸至察雅东北，在王卡一带倾伏，由上古生代地层构成核心部，翼部露出上三叠统地层。

【地形】 察雅县地处横断山脉北段，属西藏东部干山河谷地区、三江流域高山深谷区、三江北部河谷亚区。山脉河流呈北西至南东走向。县内山脉属唐古拉山的东延部分，西有他念他翁山，东有宁静山，其间有澜沧江峡谷。地貌呈以下四个特征：

1. 总体地势高，地面切割深

察雅县地势西北部（吉塘镇、卡贡乡）高，最高处海拔5630米，最低处在巴日乡则松村（澜沧江出境处），现代河床水面海拔2870米。总体地势2900～4000米，西部他念他翁山海拔在5000米以上，如卡贡舍拉（5604米）、吉塘草坡西（5347.8米）、然堆（5386米）；东部宁静山海拔5000米以上的山头不多，仅见于北部的肯通、扩达、王卡等乡。

2. 层状地貌发育

从第三世纪开始，西藏高原进入大幅度、分阶段的强烈隆起、急速的抬升运动时期，影响着现代地貌发育。首先，高原上的古地形，尚未被后期的剥蚀力量破坏，保留至今。察雅境内明显可见两级古夷平面：第一级海拔5000～5200米，多为等高的山顶面及宽坦的山地垭口等形态，保留夷平面特征，与现在高原的高差为300～500米；第二级海拔4500～5000米，为分布较广的山原面，普遍经受后期的地形切割，内部又分布有海拔4000～4500米的宽谷，为发育不充分的盆地面。其次，河谷地带常见一至二级谷肩，海拔分别为3300～3400米、3600～3700米。局部宽谷河段如吉塘、烟多、荣周、香堆等地，发育有三至四级阶地。在烟多明显可见四级：一级阶地，高山近代河床水面12～15米；二级阶地，相对高差约30～35米，二者多成堆积阶地，因受近代洪积扇和坡积裙影响，致使阶面物质成分、粒度等变化较大。三至四级阶地，相对高差分别为40～50米、60～65米，为基座阶地，阶面主要为洪积物覆盖，其厚度1～5米，夹砾石较多，砾石组成与沟石岩相同，形状多呈半滚圆状。

3. 构造地貌明显

地貌是地质内营力和外营力综合作用的产物，察雅县地貌的形成亦是如此，如海拔在4300米（森林上限）以上的地带，寒冬风化占主导，地貌不易反映构造特征，多形成起伏平缓的宽谷，海拔在4300米以下地带，流水侵蚀作用较强，形成的地貌，反映构造特征突出，特别是芒康山复向斜内的次级褶皱，由抗蚀能力不均的紫色砂、页岩组成，经侵蚀后，构造地貌异常发育。香堆宽谷是香堆向斜所成的向斜谷；烟多坝子是察雅背斜侵蚀而成的背斜谷；芒康山复向斜内的次级褶皱，其翼部均呈单斜地貌。

4. 峡谷地貌典型

澜沧江源于北部高原面，自昌都进入县境后，除吉塘附近河谷较宽外，绝大部分河段呈典型的深切V形谷地，如卡贡以下河段，六水通过坚硬岩层（结晶灰岩和石英岩），形成陡峻的V形峡谷，谷坡上物质因物理风化及重力作用移动至坡麓形成大量泄流坡、倒石堆等堆积形态，对河床演变产生很大影响，如1976年8月中旬，在察雅大桥附近的澜沧江右岸，一次不大的泄流崩坍，将澜沧江河床推向左岸，使河道显著变窄，并在河中产生壅水。

【地貌】 察雅县地貌由东中部的高原和西部的高原、高山峡谷两大基本形态单元构成，同时高原又有丘状高原和山原地貌之别。按照地貌划区，境内可分为丘原区、山原区、高山深谷区。

（1）丘状高原分布在察雅东部，包括阿孜、宗沙、香堆、扩达等乡镇，占全县总面积的33.36%。丘状高原海拔多在4000米以上，原面辽阔，切割微弱，相对高差一般在100 ~ 150米，丘体浑圆，丘坡平缓，坡度均在25度以下，河谷宽浅，为浅丘宽谷地貌。由于地面平坦，麦曲的几条支流（坤达曲、昌曲、旺布曲）曲流十分发育，高原内部地势低洼处，常有沼泽化现象。因地势高亢、气候寒冷，无森林分布，植被主要为亚高山草甸和高山草甸。与其环境条件相应地广泛分布着亚高山灌丛草甸土、高山草甸土、高山灌丛草甸土。农业发展以畜牧业为主。

（2）山原区分布在察雅中部，丘状高原西北方向的麦曲流域，包括烟多、荣周、香堆、王卡、扩达等乡镇，占全县总面积的34.24%。为丘原向高山峡谷的过渡地带，海拔3000 ~ 4000米，相对高差500 ~ 1000米，河流下切程度，由南、东而北、西逐渐加深，使高原面被分割，呈岭平谷宽的地貌特征，即谷底仰望是山，山顶四顾如原。同时，谷坡上可见一至二级谷肩，谷底出现面积较小的三至四级河谷阶地和洪积扇。以发展农牧业为主，草地分布于山顶和谷坡，农耕地集中分布在海拔3700米以下的坡麓和谷底。

（3）高山深谷位于察雅县西部，包括吉塘、卡贡、新卡等乡镇，占全县总面积的32.41%。地势高低悬殊，相对高差在1500米以上，山岭海拔一般在4000米以上，其中半数以上山头海拔5000米以上，如卡贡舍拉（5640米）、吉塘草坡西（5347米）、然堆（5386米）等。峰峦叠嶂，坡表切割破碎，峡谷幽深，河流深切，流水湍急。岭谷间高深差达1500 ~ 2000米，复杂的地形引起地表水热状况再分配，导致气候千差万别，呈现“一山四季”“十里不同天”的明显垂直差异，同时也显现了植被分布的差异。

【气候】 察雅县地处中纬度，按纬度分属亚热带气候，但由于青藏高原的作用，打破了地球路面自然地域维向分异的一般规律，又由于县城内部地形、地势差异这一固有地理因素的影响，依次出现高原温带半干旱气候和高原寒温带半湿润气候等类型。

县境内地形复杂，地势高亢，气候以寒冷为基本特点，降水分布受地形的影响较大，干季雨季分明，多阵性降水，季节分布不均匀，降水量北多南少。夏季温和湿润，冬季气候干冷，气温日较差大，年较差小，年平均气温8.2℃，月平均气温16.7℃。最冷月平均气温仅2℃。日平均气温5℃以上持续期209.2天，0℃以上持续期278.8天。霜期最多293天，最少169天，平均233.9天。年平均无霜期130天。年平均降水量为472.4毫米，集中在5—9月。

察雅县境的农业气候是在其独特的自然地理环境下形成的。特点：日照充足，光合生产潜力大，有利于农作物高产稳产；热量水平不高，气温年较差小，日较差大，作物生长期长，热量资源有效性高，适应多种作物生长；雨热同期，作物水热资源利用率高，但地域分布不均衡；农业气候类型复杂多样，小气候资源丰富，适宜农林及多种经营；季风气候不稳定，水热资源年际变化大。光、热、水等是县境主要的农业气候特征值。

境内降水，在时间上分布不均匀，干季、雨季差异明显。冬春至初夏这段时间，降水稀少，10月至翌年5月，降水量不到全年降水15%，而6—9月降水量明显增加，占全年降水量的85%以上，雨季开始时，气温回升，即温度最高之时，降水量也最大。

【水文】 察雅县水资源，主要由地下水、冰雪融水和雨水构成。全县流域均属于澜沧江水系，麦曲河和金河分别为澜沧江左岸的一级支流。麦曲河由史曲、勇曲和麦曲汇合而成，由东南向西北横穿县境腹部，在县城以西12千米处大拐弯向东南注入澜沧江，全长138千米。金河在县境内仅30千米，在卡贡乡汇入澜沧江，澜沧江由西北向南纵穿全县，全长114千米。全县水系呈扇形枝状分布。

全县河流径流量中，澜沧江年总径流量为11.35亿立方米，金河年总径流量为23.69亿立方米，其他溪流为13.75亿立方米。

【土壤】 察雅县河谷地带为暖温带半湿润气候，形成明显的基带土壤——褐土。随着海拔升高和植被变化，形成明显的垂直带谱，即褐土—灰褐土—亚高山草甸土—高山草甸土—高山寒漠土，另在阴坡下部形成棕壤和暗棕壤。

土地主要有耕地、园地（果园）、林地（有林地、灌木林地）、牧草地、交通用地、水域、未利用土地等类型。

【自然资源】 动物资源。察雅县家养动物主要有牦牛、黄牛、马、绵羊、山羊、猪、狗、鸡、鸭等。主要野生动物有豹、猴、熊、鹿、小熊猫、岩羊、兔、松鼠、野鸡、野鸭及蛙、蛇、鱼类等。

植物资源。海拔3900米以下是干旱河谷灌丛带；海拔3900～4400米是森林带，在森林地带阳坡多为大果园柏和草地，阴坡一般为川西云杉林；林线以上一般坡苑，地势稍凹，水湿条件较好，主要为大面积高草、苔草及杂草，次为灌丛，灌丛高约50厘米，多由雪层杜鹃、金露梅、窄叶鲜卑花、柳等组成；海拔4900～5100米地带，由于海拔高，生长环境严酷，植物种类稀少，并形成垫状，根系发达，多以营养繁殖为主的特殊植被，主要有垫状点地梅、绢毛菊、凤毛菊及苔藓、地衣等。

水能资源及矿产资源。全县水能资源理论蕴藏量172.16万千瓦，其中澜沧江水能理论蕴藏量为101.24万千瓦，麦曲河水能理论蕴藏量为2.12万千瓦，全县可供开发利用的水能资源120.51万千瓦。矿产资源主要有铜、钼、铅、锌、银、金、铁、石墨、建筑用花岗岩、石灰岩、砂石、砖瓦用页（泥）岩等矿产20余种。

区划沿革

【建置沿革】 察雅经历了原始社会、奴隶社会、封建农奴制社会，1959年民主改革后，直接进入社会主义社会。

根据考古发掘的昌都卡若遗址、小恩达遗址和察雅烟多江钦遗址等，在5000年前的新石器时代，察雅已有原始先民进入以农业生产为主的定居生活阶段。粟类谷物和贝饰的发现，表明察雅同黄河流域原始文化和沿海地区有一定的接触，反映了以血缘为纽带的原始村落形态。据史料记载，公元前4世纪初，秦献公“兵临渭首”，原居于青海黄河河曲赐支一带的羌人，避强秦之威，向西南迁徙，进入四川西北部和西藏东南部，与当地居民融合，繁衍发展为许多部落、部族，大部分散居于青藏高原东南部，史称为“西羌”，为康巴藏族前身。

苏毗时期，察雅为珠氏部族属地。

吐蕃东扩时期，察雅划归苏毗如，归吐蕃管辖。

唐末至两宋时期，随着吐蕃王朝崩溃，察雅处于地方势力割据时代，形成了以“恰”为中心，“恰”“姜”“娘”三域分治的局面。

元朝时，察雅成为亦思马尔甘万户府的属地。

明朝初年，察雅隶属于磨儿勘招讨司。明永乐年间，贡觉僧人斡郡南哥巴藏卜被封为护教王，其管辖范围包括察雅。

明末清初，察雅由恰仲巴管理。

清康熙五十八年（1719），康熙皇帝册封烟多寺第四世活佛罗桑朗杰“讲习黄法诺门汗”名号，敕封察雅全部土地为其采邑，百姓为其属民。清乾隆十一年（1746），驻藏大臣在该地设置守备1员、把总2员，并派兵驻守。乾隆二十四年（1759），乾隆皇帝敕封烟多寺第五世活佛为“黄教传法呼图克图诺门汗”，设拉章政府，管理僧俗事务。清咸丰五年（1855），为嘉奖烟多寺第六世活佛随征有功，赏其“廓罗奇博波郭鄂布哈禅师”名号。清朝末年，赵尔丰在川边地区推行改土归流，察雅亦在改土归流之列，设理事通判衙门。清宣统三年（1911），设察雅县，隶属昌都府。

1918年，西藏地方政府派兵进驻察雅，削弱了察雅地方权力，将原察雅拉章政府纳入西藏地方政府管理。康藏冲突结束后，西康省政府自顾不暇，无力过问康区金沙江以西事宜，但仍将察雅纳入行政序列当中。1943年，西康省政府授予察雅九世罗登西绕活佛“西康省佛教宣化呰呼图克图诺门汗”名号，从形式上管辖此地。

1950年10月24日，昌都地区解放后，鉴于当时特殊的历史背景，成立了由政务院领导下的昌都地区人民解放委员会，察雅呼图克图罗登西绕当选为昌都地区解委会副主任。1951年2月，昌都解委会派出郝吾民等4人到察雅开展工作。1952年2月，中国共产党察雅宗临时工作委员会组建。同时，在宗军事代表的主持下，召开了察雅宗第一届各族各界代表会议。4月，察雅宗解委会协商选举产生，隶属昌都地区解委会领导。在宗解委会成立后，不仅允许旧政权继续存在，对原地方官员均让其照常供职，并吸收其中有声望的进入解委会。1954年1月，根据中共昌都分工委的指示，中共察雅中心宗工作委员会成立，下辖察雅、宁静、三岩、左贡4个宗。在党中央“慎重稳进”方针的指导下，以积极稳妥的方法宣传党的统战、民族、宗教政策，争取团结上层宗教界人士，开展以上层为主的统战工作，向贫苦农牧民发放无息贷款、货种，开展救济，开办学校，设立卫生院、兽防站，为群众免费看病，为牲畜防疫治病，调解民间纠纷等团结影响群众的工作。1956年9月，中共察雅宗委员会成立。这一时期，为缓和紧张局势，争取政治上的主动，根据党中央“六年不改，适当收缩”的指示精神，奉中共昌都分工委命令，察雅宗党委、军代表、驻军工作人员于1957年7月全部撤离察雅宗。

1959年3月，西藏上层反动分子发动全面武装叛乱，人民解放军奉命平叛，并进行民主改革，彻底推翻“政教合一”的封建农奴制度。1959年7月，中共察雅县委正式成立，将全县划为6个区、30个乡，以自然村为基础划出行政村。1960年夏季至1961年冬季，在建立30个乡农（牧）协会的基础上，相继建立乡人民政府。1962年全县进行普选，建立各乡人民委员会。这一时期，对区、乡的建制和行政区划作了较大的调整，原卡贡区所辖德尼更雄、崩玉、扎卡3个牧业村划归左贡县；1962年9月将原来的6个区调整为9个区，30个乡调整为42个乡；1963年下半年，原昌都县莫列乡划归察雅县。至此，全县共有9个区、43个乡。

“文化大革命”开始后，察雅县党政领导班子受到冲击，1968年6月，成立县革命委员会。1969—1972年，各区公所陆续成立“革命委员会”，取代原区公所的职权，总揽党、政、财、文等一切大权。1971—1975 年，全县由原来的 43 个乡调整为 52 个乡，并陆续成立人民公社，原行政村改为“生产大队”，自然村改为“生产队”。1974 年年初至 1975 年冬，相继成立“公社革命委员会”，1980 年成立“公社管理委员会”，其隶属关系不变。增加的 9 个乡（公社）为：列尼乡（公社）隶属王卡区；木日乡（公社）、达日乡（公社）隶属卡工区；原拉松乡改为前进公社和团结公社，隶属宗沙区；嘎孜公社隶属烟多区；德娘公社隶属则松区；达巴公社、珠纳公社隶属香堆区；克穷公社隶属扩大区。

1984年10月后，各公社恢复为“乡人民政府”，大队恢复为行政村，生产队恢复为自然村。1987 年 3 月，地、县联合工作组在旺布乡进行了基层组织建设改革试点，将原香堆区的旺布、仁达两乡并建为一个乡——旺布乡，配备了国家干部，享受区级待遇，隶属县人民政府直接管辖。1988 年 1 月，全县开展了改区为乡和并乡撤区工作。撤并后，全县共划分为 1 个镇、10 个乡、237 个行政村，保留 2 个区公所，即香堆镇、烟多乡、肯通乡、扩达乡、宗沙乡、王卡区（王卡乡、岗卡乡、新卡乡）、则松区（巴日乡、则松乡、阿孜乡）。1992 年 12 月 26 日，经昌都地委批准，王卡区、则松区分别与王卡乡、巴日乡合署办公。至此，两个保留区成为虚设机构。1999 年 6 月，察雅县乡（镇）级行政区划调整为 9 个乡、3 个镇。改乡为镇 2 个，烟多乡改为烟多镇，吉塘乡改为吉塘镇，合并镇 1 个、乡 3 个。则松乡并入巴日乡，旺布乡并入香堆镇，岗卡乡并入扩达乡，察拉乡并入卡贡乡。保留 6 个乡，为阿孜乡、宗沙乡、荣周乡、王卡乡、新卡乡、肯通乡。2002 年，恢复察拉乡乡级行政区划建制，下设 5 个村委会。至此全县乡（镇）级行政区划调整为 10 个乡、3 个镇，下设 150 个村委会、3 个居委会。2007 年经察雅县村级建制整合工作，全县调整为 135 个行政村、3 个居委会。

2017 年，中共察雅县委下设办公室、政法委（与县综合治理委员会办公室合署办公）、组织部（与县老干部局、编委等合署办公）、宣传部（与县精神文明办合署办公）、统战部（与县民宗局合署办公）及 13 个乡（镇）党委等工作机构。政权机构有县人民代表大会。县人民政府设政府办公室、发展和改革委员会（统计局、粮食局等）、财政局（国资委等）、民政局、公安局、卫生局（卫计委、疾控中心、卫生服务中心等）、粮油公司、农牧局（科技局、农牧局站、兽防站、草原监理中心）、民宗局、国土资源局、安监局、编译局、旅游局、扶贫办（农发办）、交通局、林业局、水利局、信访局、人力资源和社会保障局（公务员局）、住房和城乡建设局、教育局、文化局、商务局、环保局、司法局等行政和企事业单位。市直属机构有工商局、税务局、农行察雅县支行、邮政局、电信局等。

2019 年 3 月，察雅县按照市委批准的《察雅县机构改革方案》，设置 9 个县委工作机关和 28 个县政府工作部门，根据市机改办下发的《关于做好全市机构改革有关事项的通知》《关于市县机构改革的操作规范》要求，顺利完成 12 家新组建部门挂牌工作。

2020 年，中共察雅县委下设办公室、政法委（与县综合治理委员会办公室合署办公）、组织部（与县老干部局、县编委办等合署办公）、宣传部（与县精神文明办合署办公）、统战部（与县民宗局合署办公）及 13 个乡（镇）党委等工作机构。政权机构有县人民代表大会。县人民政府设政府办公室、发展改革委员（统计局、粮食局等）、财政局（国资委等）、民政局、公安局、卫健委、粮油公司、农业农村局（科技局、农推站、兽防站）、林业草原局、自然资源局、应急管理局、编译局、旅游开发局、扶贫办（农发办）、交通局、水利局、信访局、人力资源和保障局、住房和城乡建设局、教育局、文化局、商务局、司法局、行政审批局和便民服务局、城市管理和综合执法局、市场监督局等行政和企事业单位。市（中央、自治区）直属机构有生态环境局、国家税务局、农行察雅县支行、邮政局、电信局等。

【行政区划】 2020年，察雅县辖3个镇、10个乡、143个行政村（居）。

烟多镇辖烟多居委会、居雪村、列康村、中铝新村、聂欧村、白久村、色嘎村、梅巴村、索贡村、帮嘎村、雪东村、亚莫村、帮隆村、瓦巴村、聂沃村、达巴村、达浪村、拉叶村、奶奎村、如给村、卡松村、巴西村、察俄村、结强村、夺赤村、给如村、重庆幸福新村27个行政村（居）。

吉塘镇辖吉塘居委会、亚许村、达布村、色热西村、酉西村、卡仁村、雪协村、雪通村、莫东村、吉祥广东新村10个行政村（居）。

香堆镇辖香堆居委会、嘎查村、旺布村、拉西村、达巴村、仁达村、果日村、坤达村、仁江村、热孜村、学龙村、当佐村、筑梦新村13个行政村（居）。

卡贡乡辖村帮村、依然村、莫日村、卡贡村、宾果村、索赤村、邓学村、金多村8个行政村。

察拉乡辖察拉村、夏达村、金巴村、卡达村、学达村5个行政村。

新卡乡辖达也村、瓦江村、克琼村、乃帕村、新卡村5个行政村。

扩达乡辖俄达村、孔曼多村、嘎益村、果巴村、岗泽村、玛佐村、宗多村、达加苦村、那普村、岗卡村、邦热村、多庆村、都达村、知大达村、巴曲村、面穷苦村、格日玛村、列尼村、玛多苦村、多桑村、伍巴村、嘎莫村、瓦贡村23个行政村。

巴日乡辖白西村、拉冲村、仁堆村、罗松村、尼珠村、白娘村、拉麦村、吉列村、吉嘎村、拉堆村、俄宗村、德娘村、帕拉村、温雅村、雄热村15个行政村。

荣周乡辖佐通村、荣周村、栋扎村、麦堆村、姆巴村、青山中铝新村6个行政村。

王卡乡辖王吉村、帕贡村、娘曲村、夺巴村、则曲村、协地村、恩达村、波热村、则曲村、益热村、玛恩村、则努村、绿水新村13个行政村。

肯通乡辖多雄村、达如村、堆热村、吉牧村、爰如村、协堆村6个行政村。

宗沙乡辖宗沙村、热觉村、察姆村、拉松村4个行政村。

阿孜乡辖邓普村、觉萨村、阿贡村、珠扎村、江嘎村、阿都村、阿琼村、孜久村8个行政村。

中国共产党察雅县委员会

综述

【概况】 2020年以来，察雅县委始终坚持以习近平新时代中国特色社会主义思想为指导，深入学习贯彻党的十九大，党的十九届二中、三中、四中、五中全会精神和中央第七次西藏工作座谈会精神，认真贯彻落实自治区党委九届八次全会和市委一届十次全会精神，不断增强“四个意识”、坚定“四个自信”、做到“两个维护”，党的建设、经济发展、环境保护等各项工作有序推进，顺利实现了脱贫摘帽，消除绝对贫困，支持配合完成了庆祝昌都解放70周年活动。

【党的建设】 坚持问题导向，压实主体责任。严格落实《党委（党组）书记抓基层党建工作述职评议考核办法（试行）》，健全县委班子成员和乡镇正职每人联系1个基层党支部工作制度，压实履行好党建“第一责任人”职责，做好4个软弱涣散村党组织整顿工作和42个“中不溜”村提升工作，由县委班子成员和各乡镇党政正职联系指导，做到亲自安排部署、亲自推动落实。先后4次专题研究农牧区党建工作，落实落细各级党组织书记抓党建第一责任人职责，积极发挥110余名党建指导员作用，及时深入联系支部指导工作。乡镇党委班子成员全面落实包保联系村（居）党支部的直接责任，不断健全包村、入户走访机制，推动提升支部工作有效开展。针对“不忘初心、牢记使命”主题教育检视出的个别村干部文化水平不高、致富带富能力较弱的问题，结合“党员素质提升工程”“万名村（居）干部文化素质提升工程”，加强对村干部的教育培训，提升其文化水平和致富技能，发展壮大村级集体经济，夯实党在农牧区的执政基础。

优化组织设置，强化党的引领。结合“1拖N”机制规范党组织设置，根据片区驻寺党员人数将原有29个寺管会党组织合并为20个党支部。做好联系领导，开展对基层党支部市级党建示范点的打造工作，其中含3个机关党支部、2个寺管会党支部。认真落实《关于贯彻落实〈中国共产党农村基层组织工作条例〉的工作措施》，严格按照“六个基本”（健全基本组织、建强基本队伍、抓实基本活动、落实基本制度、提升基本能力、强化基本保障）要求，推动农牧区基层党组织全面进步、全面过硬。

抓好整顿提升，实现晋位升级。持续整顿软弱涣散党组织，坚持“一支部一方案、一问题一对策”，对4个软弱涣散村党组织量身定制整顿提升方案，明确整顿措施、整改时限、整改责任人。严格落实县级领导挂点整顿、乡镇领导班子成员包村整顿、第一书记和驻村工作队驻村整顿制度，层层压实责任主体，精准实施整顿。持续提升“中不溜”村党组织，针对排查出的42个“中不溜”村，逐一分析存在的问题及原因、登记造册，对能够就地解决的，采取现场办公等方式立即解决；对遗留问题一时难以解决的，拿出整改方案，明确整改措施、时限要求、责任人，逐步解决，推动基层党组织全面进步、全面过硬，不断筑牢党在基层的执政根基。2020年年底，县委组织部完成4个软弱涣散村级党支部的验收，实现全部达标；42个“中不溜”村党组织全部完成提升工作。结合“百村整治、千村提升”工作，以健全完善143个村（居）村规民约（居民公约）为切入点，确保农牧区党组织和党员遇事“八个不糊涂”、关键时刻“八个起作用”，推动农牧区党组织在决战决胜脱贫攻坚中发挥战斗堡垒作用。

建强村级班子，筑牢基层堡垒。按照自治区党委、市委要求，精心组织实施5个易地搬迁安置点新建制村（居）组织选举工作，选举产生了新一届村（居）组织领导班子，5个新建制村（居）“两委”班子由36人组成，均为党员。按照分级分层分类培训的有关要求，积极整合各类培训资源，拓宽培训渠道，不断增强村（居）干部的文化水平、政治觉悟、党性修养、业务能力、致富能力。2020年以来，全县共组织开展20期村（居）干部培训班，培训村（居）干部达1297人次。同时，各级党组织共制定《学习宣传贯彻中央第七次西藏工作座谈会精神方案》281份。根据村“两委”干部联审相关要求，共排查出3名干部存在违纪问题。结合“三培养”工作，从青年农牧民、返乡毕业生、复员军人、技术能人中发展党员，作为村级后备干部进行教育培养，按照村（居）正职1∶2，其余成员1∶1.5的比例，动态储备群众认可度高、积极参与村级事务管理的后备干部2574人。

强化党员管理，打造骨干队伍。严格落实《中国共产党发展党员工作细则》，坚持把政治标准放在首位，严把质量关、程序关和操作关，进一步优化党员的年龄、文化、来源和分布结构，2020年共发展党员312名，其中发展农牧民党员194名。常态化开展党员干部教育培训，认真落实基层党务工作者“双培养”机制，将全县基层党务工作者培训纳入年度轮休计划中，2020年共计开展自治区内培训15期685人次（县级培训5期624人次），自治区外培训3期91人次，培训内容涵盖党务知识、脱贫攻坚、乡村振兴等各项重点工作。扎实开展党员“三包”工作，全县4939名党员参与联系和服务群众工作，共计联系服务1.5万余名群众（非党员干部职工、学生班级、寺庙僧舍、公司商户），制作并发放党员联系和服务群众明白卡、党员联系和服务群众告知单2万余份。设置服务站点281个，确保了党员更好联系服务群众，及时关注和解决群众实际问题。

落实基础保障，夯实工作基础。加强村级组织活动场所建设，按照“四性三化，打造八个阵地”建设要求，积极与住建、发改等部门协调，计划新建村级组织活动场所39个点［共48个村（居）］，已全面开工，力争年底前全面完成建设工作，并加强信息化建设，同步为全县143个村（居）建立视频会议系统。党建引领脱贫攻坚。扎实开展“54321”牵手结对帮扶工作，全县2313名党员干部帮扶4159户贫困户。全县干部结对帮扶工作共投入资金126余万元，电话联系1.76万余次，帮扶活动中走访1.9万次，开展宣讲活动4700余场次，2.5万余人次参与。在开展“百企帮百村”工作中在察雅企业共帮扶了48户建档立卡贫困户，并送去慰问品和资金共计38万余元。不断壮大村级集体经济，全县13个乡镇143个村（居）现共有村级集体经济251个（含143个劳务输出合作社），实现了143个村（居）村级集体经济全覆盖。24个中央扶持村级集体经济项目，其中21个项目已建成，其余3个项目地处高海拔地区，施工正在有序进行中。

科学谋划推进，确保换届有序。组建工作专班，确保组织领导到位。成立县村（居）“两委”换届选举工作领导小组，在县委组织部设立办公室，抽调骨干力量负责指导协调全县村（居）换届日常工作。同时，成立了13个以县级领导为组长的指导检查组，全程指导督促村（居）“两委”换届选举工作，及时掌握村情民意和选举情况。召开专题会议，专门强调和安排村（居）“两委”换届工作，深入摸底调研，确保情况掌握到位。成立2个调研组于11月23—27日，分赴13个乡镇143个村（居）开展摸底调研。全面掌握村（居）组织班子运行情况、现任干部和后备干部现实表现及党员群众认可度等情况，做到了底数清、情况明，为换届选举工作有序推进和顺利完成打下坚实基础。开展谈心谈话，确保思想工作到位。制定村（居）“两委”班子换届选举“三级联审”机制。强化宣传教育，确保舆论引导到位。充分利用县、乡、村公示公开栏、LED显示屏、微信公众号等多样化渠道向广大党员群众进行宣传引导。已发放《村“两委”换届工作指导手册》371本，利用察雅县基层党组织建设综合频道、藏东察雅、网信察雅等微信公众号推送换届选举政策法规、工作信息20余期。

【综合治理】 县委牵头组织召开宗教工作领导小组会议2次，对全县宗教工作进行研究、安排部署。创新实行“联寺联僧优秀管理者”奖励机制和“一二三四”工作法。结合“遵行四条标准、争做先进僧尼”等活动，组织各片区寺管会及寺庙僧尼开展更换国旗、昌都解放70周年庆典、升旗仪式等活动80余场次。落实利寺惠僧政策。扎实推进“智慧寺庙”建设，县级配套资金39万元，对全县78座寺庙的基本情况、文物信息、建筑信息、干部信息等内容进行全面登记；烟多寺养老院工程建设（“十三五”建设项目）主体工程已建设完成（中央财政投入499万元），附属设施正在建设中（县级财政投入120万元）；烟多寺片区等5个片区寺管会的“1拖N”项目建设（厕所、食堂、厨房、蔬菜大棚、阳光房等）、宗沙寺等6个阳光房建设项目已完成并投入使用；为烟多寺、曲瓦寺、向康寺安装了体育健身器材，并由县人民医院牵头在各寺庙开展僧尼健康体检，有效保证僧尼身心健康；为全县57座寺庙发放电视机，充实僧尼修行之外的生活。

加强社会面防控。充分发挥党政军警民巡逻联勤机制，重点突出对加油站、客运站、人员密集场所的巡逻，采取联防巡逻的方式，将警力摊派到社会面上。落实矛盾纠纷、隐患领导负责制，落实专人专班就地调处和信访责任倒查机制，全年共受理各类矛盾纠纷17件，涉及金额3299337元，调解17件，调解率为100%。加强信息搜集研判。及时搜集社情民意、疫情防控、虫草交易等方面信息，做到日研判、日报告、周汇总、月分析，形成了全民参与搜集的格局。截至12月底，上报信息9737条，被采用390条。加强公共安全监管。坚持零事故为导向，扎实推进安全生产依法治理，强化交通运输、消防安全、施工安全、食品药品及人员密集场所等重点领域和水、电、油、气等重点设施的安全监管。常态化开展道路交通、地质灾害等领域、事故多发段的安全隐患排查，全力抓好防灾减灾工作。在疫情防控方面，坚持预防为主，强化人员排查管理，推进落实“健康码”互通互认。全面做好秋冬季疫情防控工作，推动疫情防控和经济发展齐头并进。扎实推进专项行动。坚持高标准、严要求，共召开23次会议研究部署“扫黑除恶、打非治乱”专项工作，开展各类宣传活动609场次，发放宣传资料3.12万份，受教育群众3万余人次，摸排各类线索3条，均全部核查处理。加强社会治理工作。有序推进市域社会治理现代化试点工作，制定实施方案，抽调6名人员组建工作专班，创新工作方法，建立信息报送制度并实行通报制度。2020年，共收集信息177期，上报工作动态44期。持之以恒抓好“双联户”服务管理工作，“双联户”户长开展治安巡逻4万余人次，消除安全隐患91处，办好事实事253件。

巩固民族团结。始终坚持全面贯彻落实习近平总书记“加强民族团结，建设美丽西藏”的重要指示精神，践行社会主义核心价值观，深入开展爱国主义教育。不断完善民族团结进步教育常态化机制，依托德育课、主题班会和民族团结主题街、主题墙以及民族传统节日等载体，把民族团结教育纳入学生教育、群众教育、干部教育全过程。投入资金50万余元，深入推进民族团结进步示范县创建工作，大力培树、挖掘、宣传民族团结、民族联姻典型，对 5 户民族通婚家庭、15 名民族团结先进个人、10 个民族团结模范集体进行表彰，用群众身边的人和事教育群众、凝聚人心、汇聚力量。各族干部群众“五个认同”不断增强，中华民族共同体意识更加强烈。

【经济发展】 2020 年，察雅县深入贯彻落实中央、自治区、市经济、农村、脱贫攻坚工作会议精神，以正确处理好“十三对关系”为工作方法，积极融入市委整体部署，按照既定的“狠抓河谷经济、破解瓶颈制约、加大对外开放、统筹城乡发展”的发展思路和“六县六化”强县目标，积极克服新常态经济下行压力和疫情影响，努力完成全年经济社会发展主要目标任务。2020 年全县生产总值完成到 160594 万元，较 2019 年同期增加 13112 万元，同比增长 7.8%，其中第一产业完成 24155 万元，较 2019 年同期增加 2222 万元，同比增长 6.6%，第二产业完成 79940 万元，较 2019 年同期增加 5957 万元，同比增长 17.2%，第三产业完成 56499 万元，较 2019 年同期增加 4933 万元，同比增长 1.0%。农村居民人均可支配收入达到 12734 元，同比增长 13.2%，城镇居民人均可支配收入达到 34736 元，同比增长 10.2%，社会消费品零售总额达到 43866.5 万元，同比增长 –1.4%。

持续巩固脱贫攻坚成果。察雅县始终把脱贫攻坚作为最大政治任务和第一民生工程，深入学习贯彻习近平总书记关于扶贫工作的重要论述，聚焦“两不愁三保障”和“四个不摘”工作要求，压实“三级书记”抓扶贫责任。脱贫攻坚工作开展以来，全县累计投入扶贫资金 32.89 亿元，建成易地扶贫搬迁安置点 26 个，2406 户 12751 名建档立卡贫困群众搬进新家；实施产业项目 95 个，带动建档立卡贫困群众 6100 余人实现增收；投入学生“三包”经费 3532.04 万元，投入营养改善计划资金 606.48 万元，全县各类学校增至 41 所，办学条件持续改善；建档立卡贫困人口全部享受了基本医疗、大病保险、医疗救助三重保障，保障覆盖率达 100%；投入资金 13.8 亿元，补齐了水电路信网等基础设施建设短板，群众出行难、吃水难、用电难等问题得到彻底解决；依托 21202 个生态保护转移就业岗位，实现生态保护和群众增收相统一；识别农村低保保障对象共计 7806 人，集中供养 147 人，供养率达到 100%；累计开办农牧民技能培训班 172 期，培训农牧民群众 7598 万人，实现农牧民富余劳动力转移就业 5.7 万人次，实现就业创收 7300 万元。察雅已实现 4159 户 20854 名建档立卡贫困群众全部脱贫，138 个贫困村（居）退出，整县顺利脱贫摘帽，消除了绝对贫困。2020 年以来，研究制定了《察雅县巩固提升脱贫攻坚成果严防返贫风险实施方案》《察雅县防范返贫分级预警机制实施办法》《察雅县脱贫监测户和贫困边缘户预警工作办法》，对 121 户 548 名监测户、边缘户进行全面动态监测，主动做好脱贫攻坚同乡村振兴的有效衔接。按时保质完成了中央第三巡视组脱贫攻坚专项巡视“回头看”以及市、县脱贫攻坚普查工作反馈问题整改工作。

保障基本民生。2020 年粮食产量达到 1149.25 万公斤，蔬菜产量超 1347.55 万公斤，完成“喜拉 22”示范种植、“3414”田间肥效试验、“藏青 2000”种植、二级种子田项目 2009 亩，农业生产机械化率提升至 90%；牲畜存栏 23.11 万余头（只、匹），出栏 4.23 万头（只、匹），奶产量 0.96 万吨，肉产量 0.95 万吨；“察雅苹果”“察雅黑青稞”已获批地理标志。落实保障资金 1727.84 万元，累计保障农村低保对象 7806 人。严格落实“县、乡、村、户”“局、校、班、户”双线控辍责任制和控辍保学“四书制”，当前全县义务教育阶段共有在校学生 7601 人，小学、初中入学率分别达到 99.85%、99.23%。第二小学、察雅县幼儿园第二分园顺利开班、开园，2020 年“三大”考试圆满完成。全县 13 个乡（镇）卫生院基础建设基本达到标准化卫生院，新建疾控中心综合楼项目已竣工并投入使用，配备 274 名村医，143 个行政村（居）基本医疗保障实现全覆盖。全县孕产妇住院分娩率提高到98.72%，同比增长18.72%；新生儿死亡率降低到10.3‰，同比下降4.3‰。顺利完成县医疗共同体中心医院改革工作。13个乡（镇）文化站、政务服务中心实现基础公共文化、政务服务设施全覆盖；组织开展“文化进万家”巡演活动暨“五下乡”宣传服务、庆祝昌都解放70周年自治区慰问演出等活动10场次;《察雅县志》通过自治区验收。严格执行农牧民“十大增收措施”，全县215个基建项目累计吸纳当地农牧民就业1.7万人次，占总用工量的80.4%；400万元以下工程项目共开复工24个，累计吸纳当地农牧民就业759人次，占总用工量的80.1%。成立交通养护公司和水利养护公司，吸纳农牧民贫困群众和大学生10人，预计人均月收入2000余元；积极落实民生补贴资金1.86亿元，发放农机具加油卡5100余张，人民群众的获得感和幸福感愈发强烈。

提升基础设施服务水平。总投资13.6亿元（完成投资9.6亿元），新建、续建交通建设项目116个；建设完成宗沙乡、肯通乡、荣周乡、扩达乡等乡（镇）客运站并投入运行。投资1760.77万元，建设完成2020年第一批农村饮水巩固提升工程，解决了60个饮水点的冬季饮水问题；察雅县王卡乡娘曲村洛荣自然村防洪堤工程、中央特大防汛抗旱补助建设项目、防汛抗旱建设项目、察雅县阿孜乡坤达曲排洪沟维修工程、察雅县荣周乡栋扎村自来水厂取水管道工程、察雅县荣周乡栋扎村水渠工程等6个项目顺利完工并完成财政评审，察雅县荣周灌区已竣工。投入资金8124.28万元，建设完成了巴日35千伏输变电工程、吉塘110千伏变电站35千伏送出工程、10千伏及以下中低压配电工程，全县电网覆盖率达到100%。农电体制改革工作顺利推进。扩大通信覆盖面，推进“宽带西藏”“智慧察雅”建设，推进农村光纤入户工程。第五批普遍服务项目18座基站正在有序建设中。总投资4.3亿元的察雅县旧城（棚户区）改造项目第一期烟多卡片区、松德卡片区工程已完工并交付使用。禁拆治违扎实有效，累计拆除私搭乱建463户，拆除建筑面积4.74万平方米；建成101名环卫工人队伍和18名城管队伍，持续开展城市环境卫生建设，提升城市管理水平；新建8条市政道路、10所公共卫生厕所、10个停车场，城市品质感进一步提升。完成了香堆特色小城镇建设规划，投资1230.18万元的香堆镇生活垃圾填埋场已建成并投入使用，城乡面貌日新月异，广大农牧民群众生活得到改善。

持续增强内外发展活力。落地招商引资项目14个，协议投资2.6亿元，到位投资2.04亿元。按照“调整优化县、乡两级权责清单和公共服务清单，完善行政权力中介服务清单，持续精简行政许可事项”要求，完善了全县各级各部门权责清单编制工作，并通过政府网站向社会公开发布。2020年以来，县级政务服务中心线下办理服务主、分事项52项，接待办事群众4万余人次，涉及资金2693万余元；线上办理、录入依申请六类事项19507件、公共服务事项2061件，采集电子证照16万余份，签发12万余份。行政村“政务服务站”实现了全覆盖。实施援藏项目6个，总投资3040万元。唐琼孜易地扶贫搬迁点幼儿园工程已完工、各学校教工之家和香堆扶贫汽修厂项目顺利实施。全力落实减税降费政策措施，努力克服新冠肺炎疫情不利影响，制定了减免租金倡议书，落实政府管理的门面“二月房租全免，三月房租减半”要求，为在察雅商户减免房租47.1万元、兑现运输补贴3万余元，市场活力持续增强。

【生态环境】 察雅县始终深入贯彻习近平生态文明思想，践行“绿水青山就是金山银山、冰天雪地也是金山银山”的生态发展理念，坚持生态保护第一，严格落实生态文明建设责任制，依托“七边四美四化”助推环境“三整治、三提升”行动以及察雅县邦达机场至昌都主城区沿线综合环境整治工程，投入510余万元，开展沿线9个道路、河道村居的绿化、亮化、垃圾收集点建设以及沿线20个洗车加水点的文化墙、指示标语牌、垃圾桶、垃圾收集点的建设改造。在国道沿线乡（镇）、村（居）深入开展农村人居环境综治行动，切实加大环境卫生整治力度，高质完成迎接昌都解放70周年氛围营造工作。大力推进生态村（居）创建，全年申报自治区级生态乡（镇）4个、生态村（居）53个。发放垃圾清运车148辆、垃圾箱322个，采购57万元的垃圾分类箱及旧衣物回收箱并投入使用。实施新一轮退耕还林工程1.38万亩，为群众带来退耕补助1662.12万元。同时，积极开展全民义务植树活动，全县各单位、乡镇、学校种植各类苗木9300余株，建设美丽察雅已成为全县各族干部群众的思想自觉和行动自觉。

【班子建设】 察雅县委班子始终以高标准、严要求来规范自身行为，自觉深入贯彻落实中央八项规定和自治区党委“约法十章”以及市委实施办法，主动做勤政的表率、善政的表率、廉政的表率，倡导清清爽爽的同志关系和规规矩矩的上下级关系，营造了正常化、纯洁化的党内关系，时刻保持对党忠诚。牢固树立了群众观念，站稳了群众立场，自觉践行群众路线，坚决纠正损害群众利益的行为，主动深入乡镇、村居开展调研，着力解决群众最关心最直接最现实的利益问题，切实服务好群众“最后一公里”。一是组织开展理论学习中心组会议13次，集中对中央第七次西藏工作座谈会、党的十九届五中全会、习近平新时代中国特色社会主义思想、《习近平谈治国理政》第三卷、脱贫攻坚、生态环保、扫黑除恶等各项重点内容进行了学习，传达各类典型案例通报10余份，提升了理论水平，筑牢了思想防线。二是县委第一时间对中央第七次西藏工作座谈会和党的十九届五中全会学习宣传贯彻落实工作进行了安排部署，制定了学习宣讲工作方案，明确了宣讲重点，细化了责任分工，提出了工作要求，压实了党委（党组）书记和县四大班子成员责任。2020年，全县开展中央第七次西藏工作座谈会宣讲活动300余场次，受教育干部群众3.5万余人次，印发各类宣讲提纲800余册，悬挂宣传横幅110余条，发布LED电子显示屏宣传标语100余条，开展党的十九届五中全会精神宣讲250余场次，受教育干部群众1万余人次。三是严格落实民主集中制，严格执行领导班子议事决策规则，落实“三重一大”决策监督机制，规范集体领导、民主集中、个别酝酿、会议决定议事程序，充分发扬党内民主，执行“末位表态”制，先后召开县委常委会会议、专题会议25次，充分调动了每个班子成员的积极性、主动性、创造性，营造了团结活泼的干事创业氛围。四是严肃党内政治生活，紧扣学习贯彻习近平新时代中国特色社会主义思想这一主线，县委于5月12日召开了脱贫攻坚专项巡视“回头看”反馈意见整改专题民主生活会，班子成员始终坚持问题导向，紧扣中央巡视“回头看”反馈意见，深刻剖析了学习中央精神特别是习近平总书记关于巡视、扶贫和治边稳藏重要论述等4个方面存在的突出问题，找准问题症结，梳理汇总出意见和建议138条（班子20条，班子成员118条）。认真制定整改措施133条（班子18条，班子成员115条），整改率为100%，从严从实逐渐成为全县党政领导干部修身为政的自觉追求和基本遵循。五是加大对自治区党委第五巡视组反馈意见的整改工作力度。2020年10月，自治区党委第五巡视组从四个方面向察雅县反馈了存在的14项33条具体问题。收到反馈意见后，察雅县高度重视，成立了由县委书记担任组长，县委副书记、县长任常务副组长，县委常委任副组长的巡视整改工作领导小组，领导小组下设办公室和5个专项整改组。以县委名义制定印发了整改方案，制定整改措施123条，针对反馈问题逐一明确牵头领导、牵头单位、具体责任人，实行“一个问题、一名领导、一套方案、一抓到底”。各专项组及各牵头单位、乡（镇）制定子方案22个，对各项问题的整改措施进一步细化，做到该谁整改就由谁整改、该谁负责就由谁负责，有力有序推进整改工作。2020年，九届自治区党委第八轮巡视发现的33条问题（需长期坚持整改问题21条），已完成整改11条，初见成效10条，其余12条整改问题正在推进当中。

组织工作

【概况】2020年以来，在市委组织部的关心指导下，县委组织部深入贯彻落实党中央、自治区党委、市委关于全面加强组织编制工作的一系列安排部署，切实推动各项工作任务落实落地。全县共有基层党组织281个，党委18个（机关党委、公安局党委、国税局党委、"两新"工委、教育局党委、13个乡镇党委），党支部263个［49个县直机关党支部、13个乡镇机关党支部、20个学校党支部、9个乡镇派出所党支部、143个村（社区）党支部、20个寺管会党支部、3个退休干部党支部、6个"两新"党支部］。

全县共有党员5095名，其中在职党员1725名，占比33.85%；农牧民党员3137名，占比61.57%；离退休党员134名，占比2.63%；妇女党员1223名，占比24.0%；其他党员99名，占比1.94%；少数民族党员4121名，占比80.88%。"三老"党员239名，其中老党员217名，老干部20名，老劳模2名。

全县核定总编制数1932名。其中：行政编制479名（县直机关行政编制157名，乡镇行政编制253名，寺管会行政编制69名），事业编制1328名（县直事业编制668名，乡镇事业编制379名，机关事业编制281名），政法编制125名。实有干部2419人。其中：行政659人（县直252人，乡镇313人，寺管会94人），事业1320人（县直820人、乡镇453人、参公管理47人），政法440人。

【干部工作】2020年，在干部提拔、调整方面，一是注重德才实绩，严格选人用人标准。严格执行《党政领导干部选拔任用工作条例》和四项监督制度、《昌都市干部政治素质考察评价办法（试行）》，始终坚持"信念坚定、为民服务、勤政务实、敢于担当、清正廉洁"好干部标准和"党管干部，五湖四海、任人唯贤，德才兼备、以德为先，注重实绩、群众公认，民主、公开、竞争、择优，民主集中，依法办事"七项原则，以"坚持四个标准"选人用人。2020年，共对111名干部开展了首次职级晋升，另有2名干部因征求纪委意见反馈有相关问题线索及时暂停考察工作。二是突出政治标准，大力发现培养干部。根据《西藏自治区关于适应新时代要求大力发现培养选拔优秀年轻干部的实施办法》（藏党办发〔2019〕7号）精神，尤其注重在县乡基层、生产服务、驻村驻寺等一线岗位，高海拔艰苦复杂环境、反分裂斗争前沿和完成重大任务、应对重大事件的实践中发现优秀年轻干部，共发现储备97名优秀年轻干部。三是注重实践锻炼，提高基层工作能力。把乡、村、寺管会一线作为培养锻炼干部的阵地，通过压担子、定目标、明责任，让各级各类干部深入村、入户入寺调查了解，掌握第一手情况，培养一支复合型、全能型、具有较高素质的干部队伍。四是关心关爱干部，认真落实相关政策。生活上贴心关怀，工作上通过结对帮带，传授工作方式方法。

【基层党建】一是根据人员变动，及时调整充实党建工作领导小组，并下发《中共察雅县委员会关于调整县委常委班子分工的通知》《中共察雅县委办公室察雅县人民政府办公室关于调整察雅县县级干部联系点的通知》，落实好县委抓乡促村责任制。严格落实县级领导挂点整顿、乡镇领导班子成员包村整顿、第一书记和驻村工作队驻村整顿制度，层层压实责任主体，精准实施整顿。二是认真落实《关于贯彻落实〈中国共产党农村基层组织工作条例〉的工作措施》，严格按照"六个基本"（健全基本组织，建强基本队伍，抓实基本活动，落实基本制度，提升基本能力，强化基本保障）要求，推动农牧区基层党组织全面进步、全面过硬。三是进一步加强和改进寺管会管理工作，充分发挥寺管会党组织领导核心作用，结合“1拖N”机制规范党组织设置，根据片区驻寺党员人数将原有29个寺管会党组织合并为20个党支部。四是抓好整顿提升，实现晋位升级。持续整顿软弱涣散党组织，坚持“一支部一方案、一问题一对策”，对全县确定的4个软弱涣散村党组织量身定制整顿提升方案，明确整顿措施、整改时限、整改责任人。2020年年底已对4个软弱涣散村级党支部完成验收，实现全部达标。五是提升“中不溜”村党组织，针对排查出的42个“中不溜”村，逐一分析存在的问题及原因、登记造册，拿出提升方案，明确提升措施、时限要求、责任人，逐步解决。42个“中不溜”村党组织已全部完成提升工作。六是建强村级班子，筑牢基层堡垒。精心组织实施5个易地搬迁安置点新建制村（居）组织选举工作，并顺利选举产生了新一届村（居）组织领导班子，5个新建制村（居）“两委”班子由36人组成，均为党员。

【管理监督】 加强管理监督，严格干部队伍管理。制定了《察雅县干部监督工作（政治素质考察）联席会议制度（试行）》，下发《关于进一步严明干部职工请假和外出报批纪律的通知》《关于进一步严肃专招生培养管理工作的通知》。2020年，共对督导检查中发现的114名干部职工进行通报批评，并对21名相关单位负责人进行约谈。

【党员发展】 一是严格落实《中国共产党发展党员工作细则》，坚持把政治标准放在首位，严把质量关、程序关和操作关，进一步优化党员的年龄、队伍、文化结构，2020年共发展党员312名，其中发展农牧民党员194名，规范党员党组织关系转接，共转出39名党员，转入36名党员，县内转接57名党员，并对13个乡镇的党员组织关系进行细致排查。

【党员教育】 一是制订察雅县党员教育、村（居）干部教育培训工作计划，常态化开展党员干部教育培训，认真落实基层党务工作者“双培养”机制，将全县基层党务工作者培训纳入年度培训计划中，积极开展党员政治教育、村（居）党组织书记培训和党务知识培训班，县级自主培训共培训村（居）干部600余人次、党务工作者250余人次，发放培训资料1100余册。同时积极选派各级干部参加自治区内外各类培训，2020年共计开展自治区内培训577人次、自治区外培训280人次，培训内容涵盖党务知识、脱贫攻坚、乡村振兴等各项重点工作。二是持续深化驻村工作传帮带工作方面，529名驻村干部按照一名驻村干部结对帮带1～2名村（居）干部的标准组建帮扶对子，实现村干部全覆盖，截至2020年年底，各工作队指导村（居）“两委”召开各类会议1251次，开具证明940份，代办实事1763件。三是依托远程教育信息平台，有针对性地组织学习，切实增强教学灵活性，满足党员群众学习需求，实现“远程教育固定学习日”与“主题党日”有效结合。

【智慧党建】 一是各级党组织“智慧党建”系统管理员已陆续录入基础信息、“三会一课”、党组织班子成员等各项工作内容。2020年开展了2期“昌都智慧党建系统管理员及相关操作人员专题培训”，共计培训选派第一书记143人、乡村振兴专干120人、基层党务工作者97人次。全面推进“互联网+智慧党建”新思路，推广党员服务平台管理平台以及手机App微平台全面使用。二是积极引导全县党员下载、使用西藏党员教育App，关注西藏先锋、西藏组工、昌都党建和察雅县基层组织建设综合频道等微信公众号，并利用“察雅县基层组织建设综合频道”做好基础党建工作的宣传推广和党务工作者培训工作。截至2020年年底，累计推送各类信息1252条。

【素质提升】 一是针对“不忘初心、牢记使命”主题教育检视出的个别村干部文化水平不高，致富带富能力较弱的问题，结合“党员素质提升工程”“万名村（居）干部文化素质提升工程”，加强对村干部教育培训，提升其文化水平和致富技能，发展壮大村级集体经济，夯实党在农牧区的执政基础。2020年，全县共组织开展30期村（居）干部培训班，培训村（居）干部达1386人次。同时，各级党组织共制定《学习宣传贯彻中央第七次工作座谈会精神方案》281份。二是结合“三培养”工作，从青年农牧民、返乡毕业生、复员军人、技术能人中发展党员，作为村级后备干部进行教育培养，按照村（居）正职1∶2，其余成员1∶1.5的比例，动态储备群众认可度高、积极参与村级事务管理的后备干部2574人。

【党费收缴】 抓好党费收缴使用管理，按照《昌都市党费收缴、使用和管理工作实施细则》要求，再次明确党费收缴要求、计算方式等内容。2020年，全县共收缴党费30.35万元，使用73.82万元，上缴市委组织部9.49万元，下拨党费73.27万元，2020年年底累计结存党费52.11万元。党费利息2.43万元。

【党内激励】 一是落实党内激励帮扶资金，自治区级42人，其中“奖”类2人，“帮”类40人；市级24人，其中“奖”类4人，“帮”类20人，共计兑现资金4万元。二是扎实开展党员“三包”工作，全县5095名党员参与联系和服务群众工作，共计联系服务1.5万余户群众（非党员干部职工、学生班级、寺庙僧舍、商户），制作并发放党员联系和服务群众明白卡、党员联系和服务群众告知单2万余份。设置服务站点281个，确保了党员更好联系服务群众，及时关注和解决群众实际问题。

【脱贫攻坚】 一是党建引领脱贫攻坚。扎实开展“54321”牵手结对帮扶工作，全县2313名党员干部帮扶4159户贫困户。2020年，全县干部结对帮扶工作共投入资金126万余元，电话联系1.76万余次，帮扶活动中走访1.9万次，开展宣讲活动场次4700余场次，2.5万余人次。在开展“百企帮百村”工作中在察雅企业共帮扶了48户建档立卡贫困户，并送去慰问品和资金共计38万余元。二是不断壮大村级集体经济，全县13个乡镇143个村（居）现共有村级集体经济251个（含143个劳务输出合作社），实现了143个村（居）村级集体经济全覆盖。24个中央扶持村级集体经济项目，其中9个项目已投入运营。三是结合“百村整治、千村提升”工作，以健全完善143个村（居）村规民约（居民公约）为切入点，确保农牧区党组织和党员遇事“八个不糊涂”、关键时刻“八个起作用”，推动农牧区党组织在决战决胜脱贫攻坚中发挥战斗堡垒作用。

老干部工作

【概况】 察雅县退休支部在上级党组织的带领下，紧密结合老干部工作实际，认真落实老干部政治待遇和生活待遇，切实做好老干部服务管理工作，将工作重心由单纯落实老干部待遇，逐步转向强化老干部思想教育，注重发挥老干部余热并重上来，真正使广大离退休老干部老有所养、老有所乐、老有所为，使老干部工作取得了良好的成效。

截至2020年年底，察雅县共有退休干部238名，男性169名，女性69名，机关单位退休147名，事业单位退休91名，其中党员171名，有健在1959年3月28日后人员8名；有县城退休干部党支部1个，党小组3个（分别在拉萨、成都、昌都设立）。

【老干部管理服务工作】 认真落实两项待遇。一是从政治思想上关心老干部，认真落实老干部政治待遇。为老同志们订阅了党报党刊，并向离退休老干部传达上级有关文件，介绍国际国内形势，通报党中央、国务院及自治区、市、县三级党委、政府的重大决策和社会经济发展等重要情况。及时完善退休干部参加重要会议和活动制度，听取老干部提出的意见建议并集中收集整理向县委、县政府汇报。按照就近原则按时、按量开展学习、教育、帮扶、慰问等经常性活动。2020年，集中学习10场次，参加人数300余人次。组织7批次共165名退休老干部赴自治区内外进行健康疗养和参观考察。二是关心老干部生活和身心健康，认真落实老干部生活待遇。做好老干部就医、用药、特殊病管理和有关报销手续的协调服务工作，时常走访慰问老干部，每年为退休老干部进行身体检查，做到及时发现病情、及时治疗，并保存体检结果，2020年为老干部的健康状况建立健康档案100余件。利用上门走访、电话、微信等方式了解和掌握退休老干部动态，2020年开展交心谈心20余次，解决实际困难10余件。对长期卧床不起或年龄大腿脚不便等问题的老干部，坚持做到“四必访”原则。解决身患重病的老干部在生活和就医方面的问题10余件，全程代办医保报销20人次，开具相关证明50余件。

加强离退休干部党支部建设，建立和落实政治学习制度。始终把加强离退休党支部建设作为抓好老干部工作的一项重要任务予以高度重视，根据察雅县退休干部的实际情况，出台了《关于进一步加强和改进老干部管理与服务工作的意见》，加强老干部思想建设和离退休干部思想文化阵地建设，开展科学文明健康的文体活动，不断丰富老干部的精神文化生活。

【充分发挥老干部作用】 根据老干部的经验优势和技术特长，组织他们到乡镇寺管会开展指导检查工作，聘请为民生信息员，积极发挥作用。组织离退休老干部职工开展踏青、泡温泉、参观吉塘镇特色小康城镇建设等活动，加强沟通联系。开展“不忘初心、牢记使命”主题教育，老党员、老干部自发组织向敬老院“五保户”进行捐款和慰问。在疫情防控中发挥先锋模范作用，学习防疫知识，加强个人防护，全力支持各项疫情防控工作。2020年，察雅县退休老干部先后向灾区捐款8万余元。

宣传工作

【概况】 2020年以来，在中央、自治区党委、市委、县委的正确领导下，察雅县宣传思想系统坚持以习近平新时代中国特色社会主义思想和党的十九大，党的十九届二中、三中、四中、五中全会精神为指导，认真学习宣传贯彻中央第七次西藏工作座谈会精神，深入贯彻落实习近平总书记关于宣传思想工作的重要指示精神，贯彻落实全国、全自治区、全市宣传思想工作会议精神，增强“四个意识”、坚定“四个自信”、做到“两个维护”，自觉承担起举旗帜、聚民心、育新人、兴文化、展形象的使命任务，不断加强宣传思想文化各项工作力度，努力打造一支政治过硬、本领高强、求实创新、能打胜仗的宣传思想工作队伍。2020年，察雅县宣传思想系统紧紧围绕学习宣传贯彻习近平新时代中国特色社会主义思想这个首要任务，紧扣庆祝昌都解放70周年这条主线，把握统一思想、凝聚人心这一中心环节，认真做好宣传思想文化各项工作。

【理论学习】 始终坚持做到早安排、早部署，做到干部政治理论学习年初有计划、年终有总结。组织广大党员干部以集中学习和个人自学相结合的方式系统学习习近平新时代中国特色社会主义思想、习近平谈治国理政重要论述、中央第七次西藏工作座谈会精神；要求做到一般干部掌握的，领导干部先掌握，充分发挥党员领导干部的先锋模范作用；不断增强各族党员干部对当前政策理论知识的领会，使各族干部进一步增强理论联系实际的能力。2020年，察雅县出台了《察雅县委理论学习中心组2020年度理论学习安排意见》《察雅县委理论学习中心组2020年专题学习计划》等文件，建立了理论学习中心组学习制度、考核制度、考勤制度等工作制度，对学习时间、内容、人员等作了具体明确，形成了用制度管学习、促学习的良好格局。2020年，共开展12次县委理论学习中心组学习会议，学习相关文件25份，24名县级领导根据学习内容进行交流发言。

【政治学习】 加强各级党委政府政策决策和工作开展的宣传。围绕学习宣传贯彻习近平新时代中国特色社会主义思想，党的十九大，党的十九届二中、三中、四中、五中全会精神，党的中央第七次西藏工作座谈会精神和自治区党委、市委关于经济社会发展的各项决策部署以及察雅县各项具体工作举措，创新宣讲方式，统筹协调全县各单位、各乡镇、各驻村工作队、各学校、各寺管会的力量，加大对机关、学校、寺庙和农牧区基层的宣讲力度。同时围绕县委、县政府中心工作，聚焦察雅县经济社会发展中的大事要事，充分发挥传统媒体和新媒体的传播优势，坚持利用广播电视台、微信公众号等媒体平台广泛开展宣传活动，同时，利用宣传栏、横幅、广告牌、LED显示屏等开展宣传报道，确保中央、自治区党委、市委、县委的各项决策部署在察雅县家喻户晓、人人皆知。2020年，全县共开展各类政策宣讲活动4680余场（其中微宣讲87场），受教育群众达6.9万余人次（其中微宣讲受教育达1.5万余人次）；全县制作大型广告牌、大型展板及海报400余个，LED显示屏滚动播放8000余条宣传内容，制作宣传栏300余个、横幅500余条、标语280余条。共发放宣传资料1万余份，宣讲提纲1.5万余本。

持续深化培育和践行社会主义核心价值观教育。依托学习宣传栏、横幅、LED显示屏、微信公众号等宣传方式，重点借助社会主义核心价值观、环境整治行动、志愿服务行动、未成年人思想道德建设行动等各项文明创建工作融入学习教育全过程，推进社会主义核心价值观及各项工作落细、落小、落实。在各级学校、13个乡镇设立“道德讲堂”，并组织开展相关活动，用身边人身边事教育居民，各乡镇扎实组织辖区内村民开展好邻里、文明家庭等评选活动。利用春节、藏历新年、“3·28”西藏解放纪念日、五一、国庆、中秋、“9·30”国家烈士纪念日等时间节点，开展祭扫、感恩、打扫卫生、敬老等活动20余次，引导农牧民从小事做起，从自己做起，弘扬传统美德。

【精神文明建设】 营造文明乡风。统筹协调各乡（镇）、各单位将文明乡风建设与平安建设、精准扶贫、生态保护等工作有机结合起来，教育引导农牧民群众更加重视以社会主义核心价值观和《新时代公民道德建设实施纲要》相关规定为代表的文明乡风建设。全县各村（居）从建立健全村规民约入手，积极将健康向上的文明新风纳入村规民约中，坚持引导广大群众崇尚科学、抵制迷信邪教、诚信守法，教育村民以德治家、文明立家、勤俭持家、和谐兴家，努力营造文明和谐的乡村氛围。统筹协调全县各村居驻村工作队以召开村民大会和走村入户的形式开展文明乡风教育宣讲，并在各乡（镇）、各村（居）设立宣传专栏，向群众宣传党的“四讲四爱”群众教育实践活动的基本内容和精神内涵，同时广泛宣传察雅县精神文明建设中涌现的新人新事，在全县范围内形成人人参与、户户参与、自我管理的文明创建氛围。统筹协调各乡（镇），结合巩固脱贫攻坚成果和乡村振兴工作，下大力气抓好本辖区环境综合整治和巩固工作。不断改善农牧民的居住环境，深入开展以村庄“绿化、净化、美化、亮化”为主要内容的村容村貌综合整治工作，持续抓好农牧区厕所革命的落实工作。察雅县持续完善了乡（镇）政府驻地街道绿化，加强农牧民家庭卫生厕所改造；持续向农牧民群众宣传普及科学卫生知识，培养广大农牧民群众讲文明、爱卫生的思想意识。坚持不懈净化全县各乡（镇）辖区社会治安环境，严厉打击各种刑事犯罪活动，通过“五下乡”和基层宣讲等方式，加强农牧民群众法治意识教育，为全县农牧区基层创造一个安全稳定的社会环境。

丰富农牧民群众精神文化生活。结合各个重要节日，开展丰富多彩的文化活动。2020年以来，察雅县自上而下广泛开展了各种形式的文化活动，多次组织民间艺术团、各乡文化站组织文艺骨干、村级文艺表演队，以歌颂党、新时代、“祖国在我心中”、“共产党来了苦变甜”、昌都解放70周年等为主题，深入全县各基层乡村社区，开展各类文艺演出活动30余次，观看人数达1.2万余人次。县电影管理站积极开展全县电影放映工作，影片由电影公司统一下载分配影片任务，多为爱国主义影片，影片语言分为藏语和汉语。2020年，县电影管理站先后在电影院、中铝广场、敬老院等共放映电影37场，观看人数1000余人，乡（镇）放映员分别在各乡（镇）、学校、寺庙共计放映电影700多场，其中爱国主义影片400余场次，3万余人次观看影片，极大丰富了察雅县基层农牧民群众精神文化生活。

大力开展新时代文明实践工作。察雅县委宣传部以新时代文明实践中心为引领，聚焦新时代文明实践志愿服务工作，充实志愿服务队伍，丰富志愿服务项目，深化志愿服务内涵，积极动员组织全县医疗、教育、法律、综合等志愿服务队深入基层乡村社区开展新时代文明实践志愿活动。2020年以来，全县以新时代文明实践中心为平台共开展各类志愿服务活动20余次，服务群众2000余人次。建立了乡（镇）、村（居）联动机制，上下协同，齐力推进新时代文明实践所、站建设，其中，新时代文明实践所所长由乡（镇）党委书记担任，负责做好向上对接、向下传导，负责对各乡（镇）文明实践活动和村级文明实践站的规划建设、统筹指导、人员培训、活动开展、日常运转等工作。各村（居）新时代文明实践站由村党支部书记担任负责人，负责日常管理和服务，各村新时代文明实践站积极配合驻村工作队，紧密结合群众的生产生活和实际需求，充分运用当地资源优势，切实用群众喜闻乐见的形式开展各类新时代文明实践特色活动。2020年，各乡（镇）、各村居新时代文明实践所站体制机制、活动场所健全，各乡（镇）新时代文明实践所开展各类活动50余次，服务群众2000余人次；各村（居）新时代文明实践站开展各类活动270余次，服务群众1.08万余人次。

【网络安全】 察雅县网信办严格落实上级网信部门的指令，组织全县微信公众号对自治区相关指令任务进行发布，全面引导察雅县舆情走向，营造健康有序的网络空间。

加强值班备勤工作。察雅县网信办针对疫情防控、萨嘎达瓦、两会、庆祝昌都解放70周年、中央第七次西藏工作座谈会、党的十九届五中全会等重要时间节点的舆情形势，切实制定值班备勤方案，排出值班表。

【宣传工作】 多渠道宣传，营造良好氛围。察雅县利用广播、宣传栏、广告牌、LED显示屏、新媒体平台等开展精准扶贫宣传报道，坚持把干部职工和农牧民群众、寺庙僧尼、青少年学生作为宣传教育的主体力量，广泛动员并积极参与到宣讲活动中来，促使活动向纵深发展。2020年，全县结合“四讲四爱”群众教育实践活动累计开展各级各类活动950余场，参与人数达12.6万余人次；宣讲活动4680余场（其中微宣讲87场），受教育人数达6.9万余人（其中微宣讲受教育达1.5万余人次）；全县制作大型广告牌、大型展板及海报400余个，LED显示屏滚动播放8000余条宣传内容，制作宣传栏300余个、横幅500余条、标语280余条。共发放宣传资料1万余份，宣讲提纲1.5万余本。

全覆盖宣讲，突出宣讲重点。通过“四讲四爱”群众教育实践活动严格按照领导带头讲课，建立健全宣讲团队，对各级宣讲员进行了县乡两级的专项培训，宣讲员要严格按照宣讲要求，做到不越段跨节，用通俗易懂的方式将宣讲提纲内容一节不落、一户不落、一人不落地讲全讲明讲细讲透。特别是在2月初至4月初，有效地动员各级宣讲力量，为认真贯彻落实党中央、自治区党委关于防控新冠肺炎疫情的部署要求，切实发挥“四讲四爱”基层宣讲员在组织群众、宣传群众、凝聚群众、服务群众中的骨干作用，动员广大基层群众积极投身打赢疫情防控的人民战争、总体战、阻击战，以“一村一群”为单位，组织各级宣讲员在抗击疫情期间针对广大农牧民群众、寺庙僧尼、青少年学生当中开展“四讲四爱”群众教育实践活动“讲文明爱生活”专题微宣讲，自觉配合疫情防控各项工作，有效地避免了常规宣讲带来的人员聚集，为共同打赢新冠肺炎疫情防控阻击战贡献力量。积极开展县、乡、村三级以“四讲四爱”第三节点为主题的脱贫攻坚巩固、全面建成小康社会、中央第七次西藏工作座谈会精神、《习近平谈治国理政》第三卷等的宣讲及学习活动。同时组织各级骨干宣讲员，按照自治区编印的“四讲四爱”2020年宣讲提纲，围绕西藏昌都解放70年来特别是党的十八大以来西藏经济社会发展的巨大变化、取得的伟大成就，在全县农牧区和学校、寺庙、企业中认真做好“我和我的祖国”主题宣讲活动，按照自治区党委常务副书记丁业现关于“自治区党委宣传部要把转变高校毕业生及家长就业观念”专题宣讲贯穿到“四讲四爱”的重要指示精神，做好相关内容宣讲。通过一系列针对性的宣讲活动，增强了活动仪式感、群众参与感，激发群众的爱国之情，强化爱国之志，进一步引导大学生及家长转变就业观念。

加强宣传报道，丰富群众文化生活。通过挖掘身边的脱贫攻坚生动事例和感人事迹，积极向上级媒体提供先进典型采访线索。2020年，察雅县共计提供典型人物、产业项目（涵盖乡镇、林业、水利、教育等）、易地搬迁户等各类采访报道线索30余条，电视台播出脱贫攻坚新闻33条、“四讲四爱”群众教育实践活动新闻5条、“新旧西藏对比”教育活动新闻15条等。组织开展各类文艺演出活动11次，放映各类影片17场次，其中爱国主义影片13场次，观众达3000余人次，极大丰富了基层群众文化生活。全县138个村（居）、78座寺庙的书屋书籍补充更新工作已于6月初完成，发放书籍总数达6万余册。

【文化市场管理】 健全机制，清缴整治低俗音像制品。通过集中开展音像制品专项治理整顿，加强对管理人员、音像制品经营单位法定代表人、场所负责人以及有关从业人员的教育工作，加大日常监管力度，对各类违法违规的经营行为，严格按照国务院《音像制品管理条例》等有关规定进行查处，依法取缔销售非法音像制品的游商，从严治理无证摊点，销毁涉及色情暴力的盗版、低俗音像制品，4月24日，以世界知识产权日为契机，由县扫黄打非办牵头，组织公安、文化、市场监督管理等部门集中销毁非法盗版出版物500余册。通过深入调查研究，建立健全了长效监管机制，加强严防、群防、联防工作，有效规范了察雅县音像制品经营市场的经营秩序，净化了社会文化环境。

加强管理，规范发展娱乐产业。察雅县扫黄打非办严格按照《娱乐场所管理条例》要求，加大日常监管力度，严厉打击娱乐场所淫秽色情表演，重点时段实施高密度清查。为加强监管，县扫黄打非办要求娱乐场所业主在聘请外来人员演出前，要到县扫黄打非办、县国保大队、县文化市场行政综合执法队进行审核登记备案，方可到察雅县进行演出。经过察雅县扫黄打非办不断采取措施加强管理，逐步规范了察雅县的歌舞娱乐场所经营活动，推动娱乐业依法、有序、健康发展。2020年，立案查办扫黄打非案件0起，无重特大扫黄打非案件发生。

【教育实践】 察雅县“四讲四爱”各项工作紧跟群

众教育实践活动总体要求，坚持以主题不变、内容不省、步骤不减、要求不降、活动不走过场的工作要求，牢牢把握每个节点期间的宣讲主题，突出重点，持续利用广播、宣传栏、广告牌、LED 显示屏、新媒体平台等开展宣传教育，坚持把干部群众、寺庙僧尼、青少年学生作为开展活动的主体力量，广泛动员并积极参与到宣讲活动中来，促使活动向纵深发展。同时，及时对工作中发现的典型经验和成熟做法进行总结和推广，对工作中敷衍了事、走过场的单位和个人进行通报批评，并要求限时整改。2020 年，察雅县已完成一、二、三节点的群众教育活动，当前已进入第四节点“讲文明爱生活”群众教育活动，全县累计开展“四讲四爱”群众教育实践活动系列实践活动 950 余场，参与人数达 12.6 万余人次；宣讲活动 4680 余场（其中微宣讲 87 场），受教育人数达 6.9 万余人（其中微宣讲受教育达 1.5 万余人次）；全县制作大型广告牌、大型展板及海报 400 余个，LED 显示屏滚动播放 8000 余条宣讲内容，制作宣传栏 300 余块、横幅 500 余条、280 余条标语。共发放宣传资料 10000 万份，宣讲提纲 1.5 万余本。

“四讲四爱”群众教育实践活动重在教育，贵在实践，关键看效果。察雅县在开展宣讲的同时，大力开展了一系列卓有成效的教育实践活动。先后开展了习近平新时代中国特色社会主义思想精讲深学活动、“升国旗唱国歌”活动、“新旧西藏对比”展及群众演讲比赛、“点赞我的国”大家讲等活动。县委宣传部牵头、县农业农村局、县人民医院、县文化局（文工团）等相关单位组成的宣讲团深入各乡（镇）开展各类政策巡回宣讲活动及文艺演出实践活动；在烈士纪念日组织全县干部职工到烈士陵园开展怀念英烈活动；在昌都解放 70 周年大庆期间，察雅县积极协调自治区党委宣传部、自治区文化厅、自治区歌舞团到察雅县举办 2 场慰问演出，并在吉塘镇举办各乡镇特产展销会等，通过开展一系列实践活动与内容丰富的宣讲教育相结合，有效推动了“四讲四爱”群众教育实践活动在察雅县落地生根。

【广电工作】 健全应急广播，防范突发公共危机。为应对可能发生的重大自然灾害、突发事件、公共卫生与社会安全等突发公共危机，为全县农牧民群众提供一种迅速快捷的信息传输通道，察雅县广播电视台积极联合扶贫办公室、强基惠民办公室、电力、电信等相关单位，严格筛查全县适合和需要安装应急广播的区域，着手开展察雅县的应急广播安装工作。2020 年，察雅县 172 个村已经安装应急广播设备，剩余 26 个村级活动场所未安装（均因为村居正在搬迁和施工建设），安装率达到 87%，为察雅县居民点的安全和维稳工作提供了有力保障。

贴近新闻实际，做好宣传工作。紧紧围绕县委、县政府的中心工作，打造新闻宣传的强势强音。紧贴中心，坚持团结、稳定、鼓劲、正面宣传为主的方针，突出主题性宣传，把重点项目、城镇建设、结构调整、创先争优强基惠民活动、昌都解放 70 周年和宣传党的十九届二中、三中、四中、五中全会精神，习近平总书记系列重要讲话精神等重点工作的工作目标、思路、举措作为宣传的重点，精心组织策划好每一场重大宣传战役。紧紧围绕政府惠民实事工程，增加基层民生新闻报道比重，镜头向下，大篇幅关注社情民意，紧紧抓住与百姓生活息息相关的美丽乡村建设、医保、养老、就业、上学等支农惠农政策落实情况进行了深入报道和跟踪后续报道，把镜头和话筒真正对准群众生活，发掘经济社会发展中群众关注的热点问题，为县委、县政府中心工作加油造势，打造一档农牧民群众想看、爱看、必看的电视新闻节目，架起党委政府和群众沟通的桥梁。2020 年，有线数字电视用户 437 户，在新闻制作方面，《察雅新闻》播出 279 条，上报昌都台 97 条，采用 51 条，康巴卫视、西藏卫视 7 条，制作专题片 5 个。

统一战线

【概况】2020年以来，察雅县统战民族宗教部门以习近平新时代中国特色社会主义思想为指导，深入贯彻落实党的十九大，党的十九届二中、三中、四中、五中全会精神和中央第七次西藏工作座谈会精神特别是习近平总书记关于宗教工作的重要论述及中央、自治区党委、市委、县委关于宗教工作的安排部署，落实各项利寺惠僧政策，确保察雅县宗教领域宗教和睦、佛事和顺、寺庙和谐。

察雅县有在册宗教活动场所78座，其中，寺庙59座、日追16座、拉康3座。按教派分，格鲁派57座，嘎举派3座，宁玛派12座，萨迦派6座。

全县核定编制僧尼数为1980名，共有寺庙管委会29个，其中正县级建制4个，副县级建制6个，科级建制19个。共有驻寺干部178人。

【强化宣传教育】“遵行四条标准 争做先进僧尼”教育实践活动。一是高位推进，全面部署。于2020年4月17日组织召开2020年“遵行四条标准 争做先进僧尼”教育实践活动动员部署会，会议全面总结了察雅县2019年教育实践活动，对2020年各项工作进行了安排部署。二是制定方案，细化工作。结合察雅县实际，制定印发了《察雅县2020年“遵行四条标准 争做先进僧尼”教育实践活动总体方案》(察委〔2020〕28号)，对2020年教育实践活动的总体要求和主要目标、重点任务、工作要求等进行了明确细化安排。三是创新形式，提质增效。组织各片区寺管会及寺庙僧尼开展更换国旗、寺庙周边环境卫生整治、消防安全演练、植树造林、观看“两会”开幕式、昌都解放70周年庆典、僧尼体检、举行升旗仪式等多种活动80余场次，多渠道引导僧尼做“四条标准”的典范。四是深化问题查摆，确保整改成效。制作问题整改展板22个，召开整改情况座谈会15次。2020年，察雅县共查摆出共性问题454个，已整改完成386个，整改率85.02%；查摆出个性问题1287个，已整改完成1184个，整改率91.2%。五是突出成效巩固，在建章立制上下功夫。针对自查整改的各类问题，组织各片区寺管会做好梳理分类和建章立制工作，通过对寺规僧约等各项规章制度的完善，深挖问题产生的根源，巩固自查整改的成效，活动开展以来，共建立完善寺庙管理制度办法及寺规僧约73个。六是梳理归纳，做好资料留档存底工作。组织各片区寺管会认真梳理总结教育实践活动开展以来工作开展情况，做好文件汇编、简报汇编、心得体会和交流发言汇编、影集汇编、自查整改问题清单汇编、特色亮点汇编、成果汇编、建章立制汇编等八类文件整理存档工作和工作开展情况简介、自查整改工作情况、活动取得的成效三类展板，22个片区寺管会八类文件均已整理完毕，三类展板已制作完成。

“法律进宗教活动场所”活动。一是2020年3月，因疫情防控工作形势严峻，在统筹防控疫情工作的基础上察雅县仍牢牢抓好宣传教育工作，通过组织僧尼开展“僧人普法大课堂”网上学习、微信公众号发布系列宣传知识分享至微信群中学习、微宣讲等多形式强化宣传教育工作，共组织1000余名僧尼参加“僧人普法大课堂”活动；微信公众号发布信息30条，累计阅读量1543次；各片区寺管会通过微信群开展宣讲80余次，累计受教育僧尼2000余名。二是2020年11月，为深入贯彻落实中央第七次西藏工作座谈会精神，县统战民族宗教部门、县司法局组建宣讲团前往烟多寺等寺庙围绕《中华人民共和国宪法》《中华人民共和国民法典》《中央第七次西藏工作座谈会精神》《西藏自治区民族团结进步模范区创建条例》等开展宣传教育24场次，累计受教育僧尼1500余人。三是在县宣讲团宣讲的基础上，各片区寺管会自行组织开展法治宣传教育，进一步强化广大宗教教职人员牢固树立法治意识和中华民族共同体意识。

【寺庙管理工作】一是加强党对宗教工作的领导，2020年由县委牵头组织召开宗教工作领导小组会议2次，对全县宗教工作进行研究、安排部署。二是按照昌都市委统战部关于“智慧寺庙”的建设要求，对察雅县78座寺庙的基本情况、文物信息、建筑信息、干部信息等内容进行全面登记。三是积极引导信教群众理性对待宗教。6月16—18日，县统战、民族宗教部门成立调研组前往香堆镇、阿孜乡等5个乡镇，在向康寺、诺扎寺等41座寺庙开展宗教消费现状调研，为下一步工作奠定基础。四是落实好寺庙属地管理责任，建立健全县级领导干部、统战民宗干部、驻寺干部联系寺庙和宗教界代表人士制度和《察雅县党员干部联系服务僧众工作的实施方案》，确保联系全覆盖。五是为发挥高僧大德在僧尼教育引导中的引领示范作用，经请示市委统战部和县委、县政府、县委组织部同意，推荐曲珠·洛松江村等9名高僧担任管委会常务副主任、副主任、委员等职务。六是为充分发挥寺庙“双联户”户长作用，结合察雅县实际，创新性地提出“联寺联僧优秀管理者”称号，确立了全县104名僧尼为“联寺联僧优秀管理者”，并建立《察雅县“联寺联僧优秀管理者”职责职能》，每年年终联合县政法委对联寺联僧优秀管理者履职尽责情况进行考核，每人每年发放1000元的补助。七是以烟多寺为试点开展财税监管试点工作，逐步有序推动财税监管、法人登记、寺庙确权等工作，建立规范透明、制度健全、监管有力、运转高效的财税监管体制机制。八是严格落实“三个不增加”政策底线，2020年因疫情原因暂未举办任何大型宗教活动，审批小型宗教活动11个，参与信教群众2140人。对察雅县“未批先建、批小建大”的4座寺庙进行限期整改，且加大宗教活动场所维修的监管力度，暂未发现违规建设现象。2020年各寺庙共提交维修申请30余份，县民宗局联合发改、住建、自然资源、文化等部门实地勘察11次，严格按照《察雅县宗教活动场所修缮审批管理工作制度》进行审批。九是为减轻信教群众消费负担，广泛推行电子酥油灯替换工作，察雅县78座寺庙的大殿（主殿）、经堂已经完成电子酥油灯的替换工作，替换数共计1645盏，涉及金额9.25万元。十是为有效落实《西藏自治区宗教事务管理“七项意见”》，由统战、民族宗教部门统一为乡（镇）党政正职、宗教工作负责人、驻寺干部制作口袋书，确保随学随用。

【宗教事务管理】一是先后制定下发《察雅县涉宗领域新型冠状病毒感染的肺炎疫情防控应急预案》等方案预案，要求各片区寺管会结合实际制定细化方案，每月组织开展实战演练。县统战民族宗教部门牵头于3月在烟多寺、向康寺、曲瓦寺组织开展预设性突发事件演练，进一步提升干部及僧尼应对处置突发事件的能力。二是组织僧尼学习相关文件，教育引导僧尼文明上网。三是切实做好社会上流动从事宗教活动人员的教育、管理、服务工作，结合察雅县实际制定了《察雅县关于社会流动从事宗教活动人员管理工作方案》，并召开专题会议研究部署。四是创造性地提出“1234”流动从事宗教活动人员管理办法，为187名流动僧尼建立个人档案，落实管理责任。五是为切实做好庆祝昌都解放70周年全县宗教领域工作，确保大庆期间察雅县社会大局持续和谐，县统战民族宗教部门及各片区寺管会认真落实值班备勤、周边巡逻、矛盾纠纷隐患及消防安全隐患排查等工作，圆满完成昌都解放70周年期间的任务。

【保障僧尼健康安全】做好“十三五”建设项目烟多寺养老院工程建设审查工作，先后多次前往烟多寺养老院实地检查工程建设情况，主体工程已建设完成，附属设施正在建设。根据上级部门安排，烟多寺片区等5个片区寺管会的“1拖N”项目建设（厕所、食堂、厨房、蔬菜大棚、阳光房等）已建设完成并投入使用。宗沙寺等6个阳光房建设项目均已完成并投入使用。在烟多寺、曲瓦寺、向康寺安装了体育健身器材，并由县人民医院牵头在各寺庙开展僧尼健康体检，有效保证僧尼身心健康。由市委统战部牵头，为察雅县57座寺庙发放电视机，充实僧尼修行之外的生活。按照《昌都市城乡居民基本医疗保险制度整合实施细则》和《关于开展察雅县城乡居民基本医疗保险参保人员信息采集工作的通知》要求，对察雅县1534名在编僧尼信息进行登记核实，按照要求收缴医保，并对2017年、2018年多收缴的医保予以清退。加强疫情防控，为各寺庙协调解决口罩7800个、体温计39个、消毒水220升、喷壶29个、藏药丸2700份，为宗教领域疫情防控各项工作提供了物资保障。

察雅县人民代表大会

综述

【概况】 2020年，县人大常委会党组在察雅县委的坚强领导下，认真贯彻落实党的十九大和党的十九届二中、三中、四中、五中全会精神，贯彻落实中央第七次西藏工作座谈会精神以及习近平总书记治边稳藏的重要论述和一系列重要指示批示精神，贯彻落实自治区党委九届四次、五次、六次、七次全会精神，贯彻落实市委一届七次、八次、九次全会精神，按照县委九届五次全会的部署和县十二届人大六次会议确定的目标，坚持党的领导与人民当家做主、依法治国有机统一，紧紧围绕县委贯彻落实党中央、自治区党委、市委重大决策的部署要求，切实履行宪法和法律赋予的职责，充分发挥职能作用，有序开展好各项工作。

【政治建设】 坚持党对人大工作的全面领导。坚定不移维护习近平同志党中央的核心、全党的核心地位，坚定不移维护党中央权威和集中统一领导，坚决贯彻落实中央的重大决策和自治区党委、市委、县委的安排部署。自觉接受县委领导，严格执行了请示报告制度，研究制订常委会工作计划、召开重要例会、组织重要视察、开展重要检查，都及时向县委请示报告。全局性工作推进情况、重要活动开展情况、法定例会召开情况都及时向县委报告，坚持在党的领导下，依法依规按程序做好相关工作。

严守政治纪律和政治规矩。严格尊崇党章，遵守党纪，严格执行《关于新形势下党内政治生活若干准则》，落实民主集中制和党风廉政责任制等各项制度。加强民族团结、反分裂斗争纪律教育，把人大及其常委会建设成为让党放心、让人民群众满意的政治机关、权力机关、工作机关、代表机关和服务机关。履行管党治党主体责任，加强意识形态工作，加强对党员干部的日常监督管理，教育引导党员干部做政治上的明白人，保证党的路线方针政策的贯彻落实。

主要工作

【自身建设】 进一步修订完善工作制度。为了适应新时期新形势下人大工作的新要求，进一步巩固人大规范化建设成果，2020年县人大常委会组织人员对历年制定的《察雅县人民代表大会常务委员会讨论重大事项规定》《察雅县人民代表大会常务委员会议事规则》《察雅县人大党组会议议事规则》《察雅县人民代表大会代表职责》《察雅县人民代表大会常务委员会人事任免办法》《察雅县人民代表大会常务委员会主任会议议事规则》等11项制度和规则进行了修改完善，进一步提高监督工作的针对性和可操作性。

健全代表履职平台。加强县、乡“人大代表之家”管理，巩固“人大代表之家”的创建成果，充分发挥“人大代表之家”的作用，丰富“人大代表之家”“人大代表小组”的活动内容和方式，发挥宣传方针政策、反映社情民意、帮助扶贫解困、化解内部矛盾、提高履职能力的平台作用，增强代表活动实效。

抓队伍建设。加强人大干部队伍建设、配齐乡镇人大专干，促进业务学习，提升干部业务能力，努力打造一支素质高、能力强、业务精的人大干部队伍。督促人大干部通过“学习强国”App和“藏东察雅”“察雅县基层党建平台”“昌都人大”“全国人大”等学习平台加强自我学习，探索新思路、新经验、新做法。一年来，县人大在“藏东察雅”“察雅县基层党建平台”公众平台上发布人大信息20余条。

组织人大干部外出考察学习。为了开阔人大常委会机关干部视野，学习其他地市、县区的好经验好做法及经济发展思路、探讨交流人大工作，适时组织人大干部外出考察学习。2020年9月，由县委常委、县人大常委会主任陈友华带队，乡（镇）人大主席、专干及人大机关干部11人到重庆市巴南区和大足区考察学习两地各级人大的活动阵地建设，“双联系”工作制度建立及工作开展情况，预算联网、工作监督等方面的先进做法和成功经验。通过外出考察学习，人大干部学习新方法、新思路、新经验，使人大机关干部思想有进步、工作有动力、落实有力度。

【服务大局】 始终坚持“围绕中心，服务大局，依法履职，强化监督”的原则，依法履行人大常委会的监督权、任命权和重大事项决定权。2020年成功筹备召开了2次人代会，召开主任会议10次、常委会会议5次，选举了参加昌都市第二届一次会议市级人大代表24名，察雅县第十二届人大常委会副主任1名，审议通过了一批重大事项和人事任免。

周密部署，精心组织，顺利召开人代会。分别于2020年3月31日至4月3日、12月20日至12月21日成功召开了察雅县第十二届人民代表大会第六次、七次会议。十二届六次会议听取和审议了县人民政府工作报告、县人大常委会工作报告、县人民法院工作报告、县人民检察院工作报告，听取了察雅县人民政府关于察雅县十二届人大五次会议代表意见建议办理情况的报告，审议了县人民政府关于察雅县2019年国民经济和社会发展计划执行情况与2020年国民经济和社会发展计划（草案）的报告、县人民政府关于察雅县2019年财政预算执行情况和2020年财政预算（草案）的报告，审查和批准了县2019年国民经济和社会发展计划执行情况的报告与2020年国民经济和社会发展计划（草案）、县2019年财政预算执行情况的报告和2020年财政预算（草案）。十二届六次会议确定了2020年全县经济社会发展的各项目标任务，对于进一步动员全县人民统一思想、坚定信心、狠抓落实，努力开创全县经济社会发展新局面，具有十分重要的意义；十二届七次会议依法选举产生参加昌都市第二届人大一次会议市级人大代表24名和察雅县第十二届人大常委会副主任1名。察雅县十二届人民代表大会第六次、七次会议是全县政治生活中的一件大事，群众非常关注和期待的身边喜事；筹办人代会时间紧、任务重，县人大常委会高度重视，靠前筹备、合理安排，圆满完成了2次人代会会议各项任务。

加强经济运行监督，推动经济持续健康发展。针对察雅县经济发展的实际，开展经济运行情况、预算执行情况调研，县人大常委会提出“加强经济运行调控”“持续增强财政保障能力”“调整优化财政支出结构”的决议，注重对预算编制、预算执行、预算调整和决算的审查。2020年6月县人大常委会听取和审议察雅县人民政府关于财政农业农村资金分配和使用情况的报告。重点报告近三年财政农业农村资金投入情况，推动农业生产能力建设、小康村建设、农牧民增收等方面取得的成效和进展，面临的困难和问题，进一步完善涉农资金投入机制、提高资金使用绩效的工作安排。7月听取和审议察雅县人民政府关于2020年上半年国民经济和社会发展计划执行情况和下半年工作安排情况的报告及察雅县人民政府关于察雅县本级2019年财政决算（草案）与2020年上半年预算执行情况的报告。

依法做好人事任免，强化任期履职监督。县人大常委会依法任免地方国家机关工作人员16人次，从组织上保证了国家机关工作运转的需要。人事任免时，举行颁发任命证书仪式，落实宪法宣誓制度，任命国家工作人员实现宪法宣誓常态化，有力彰显宪法权威，弘扬宪法精神，教育和激励国家工作人员增强宪法意识。

加大司法监督力度，切实促进司法公正。组织人大代表参加法院的庭审活动和检察院的工作座谈会，有效地监督和支持法院和检察院工作。2020年6月份听取和审议了察雅县人民法院关于加强刑事审判工作情况的报告和察雅县人民检察院关于检察机关加强民事诉讼和执行活动法律监督情况的报告。县人大常委会组织人大代表参加旁听法院庭审、法院公众开放日等活动4次。组织人大代表参加县检察院疑难案件分析活动4次。

加强调研和执法检查，提升监督质效。2020年4月份配合市人大常委会对察雅县人民政府实施农牧民“十大增收措施”进行专题调研，配合市人大常委会对察雅县人民政府实施“厕所革命”进行专题调研；5月份对《中华人民共和国公共文化服务保障法》进行执法检查；7月份对《中华人民共和国土壤污染防治法》和《中华人民共和国土地管理法》实施情况进行视察；8月份对《西藏自治区民族团结进步模范区创建条例》和县人大常委会、县人民政府关于规范性备案审查工作开展情况进行专题调研；9月份对《中华人民共和国传染病防治法》执法检查报告落实情况跟踪检查，并听取了检查报告；10月份对《贯彻实施“七五”普法总体情况》开展执法检查。2020年，县人大常委会听取和审议了11个专项报告、6项执法检查报告、7项调研报告、4个代表资格审查报告、6件人事任免案，向县委上报9条审议意见。

【履职尽责】 提高代表履职能力。注重提高代表素质，继续为代表订阅《中国人大》《昌都人大》《中国民族报》等学习资料，畅通了代表知政渠道。6月16日邀请部分市、县、乡人大代表参加提升年交流会，会后组织代表视察吉塘镇“人大代表之家”建设及工作开展情况。9月25日举办县人大代表培训班，邀请县司法局作《中华人民共和国民法典》主题讲座，县人大常委会组成人员、县十二届人大代表、县人大机关各委室共100多人参加培训。组织代表到昌都、拉萨、山南和自治区外考察学习，2020年有80多名代表参加了学习考察。通过发放学习书籍、开展集中培训、分散指导和召开座谈会、外出学习等方式，增强代表法律意识、责任意识、担当意识，提高代表履职能力。

落实好“双联系”制度。常委会组成人员或人大代表通过实地走访、座谈、电话等形式深入开展“双联系”工作。围绕县人大及其常委会审议、决定的问题和代表视察等活动，征求代表或选民的意见，跟踪检查决议、决定和审议意见、视察意见等的落实情况；向代表或选民通报县人大常委会工作情况，听取他们对常委会工作的意见和建议；听取和了解人民群众关注的社会热点、难点等问题的反映情况等。

认真交办、督办代表建议和意见。2020年县十二届人大六次会议上，代表共提出建议、批评和意见59件。为做好代表建议办理工作，常委会对代表建议进行了整理归类并及时转送县政府办，5月28日召开了代表建议、批评和意见交办会，逐一落实了办理单位，对代表建议完成的时间和程序提出了严格要求。“一府一委两院”及各单位高度重视建议办理工作，建立办理工作制度，包括现场答复、集中办理、监督视察、评比考核等五项工作制度，提高办理实效。10月17—21日由县人大常委会组织常委会成员及人大机关干部组成督查组对县第十二届人大六次会议上代表提出的建议、批评和意见办理情况进行督导检查，共督查13家单位及部门办理代表建议的情况，查找问题，总结经验，不断提高代表建议办理质量，切实解决代表建议办理工作中存在的突出问题，促使代表建议办理工作落到实处，促进全县经济和社会各项事业健康协调发展。

【乡镇人大工作】 以开展“基层人大提升年”活动为契机，进一步规范推进乡镇人大工作。县人大常委会结合工作实际制定了《基层人大工作提升年活动的实施意见》，县人大常委会以“八个有”为目标，确定了乡镇人大2020年的工作目标和努力方向。常委会组成人员和机关干部组成提升年领导小组，由常委会组成人员和机关干部2～3名负责一个乡镇进行全面跟踪检查指导各乡镇人大提升年工作。针对乡镇人大工作任务重、人员紧缺的实际情况，6月份给各乡镇配备了1名专职人员。6月7日召开了基层人大提升年专题会，交流了前一阶段改造成果，查找问题，分析原因，提出对策。9月11日召开了提升年推进会，听取了各乡镇工作进度汇报，交换心得，形成合力，共同进步，推动了人大工作不断创新和发展。各乡镇已完成提升年各项目标工作任务，乡镇人大工作各方面得到了明显提升。12月中旬开展乡镇人大提升年工作年终考评，成立由县人大常委会副主任俞峰为组长的考评领导小组，对各乡镇的提升年工作开展情况进行全面考评，对工作实绩进行考核奖惩，进一步调动工作积极性，提高工作效率。提升年活动的开展进一步推进了乡（镇）人大工作规范化、制度化，改善了乡（镇）人大代表活动场所的办公条件和工作环境，不断完善了代表活动中心、代表之家和代表小组活动中心的制度建设，场所建设，充分发挥代表活动阵地作用。

察雅县人民政府

综述

【概况】2020年是全面建成小康社会和“十三五”收官之年，察雅县以习近平新时代中国特色社会主义思想为指导，以习近平总书记关于治边稳藏重要论述为指引，深入学习贯彻党的十九大，党的十九届二中、三中、四中、五中全会和中央第六次、第七次西藏工作座谈会精神，以自治区“十三对关系”为根本方法，以供给侧结构性改革为主线，坚持稳中求进工作总基调。立足“狠抓河谷经济、破解瓶颈制约、扩大对外开放、统筹城乡发展”发展战略，采取“六县六化”强县举措，深入贯彻落实自治区党委、自治区政府，市委、市政府和县委的各项决策部署，经济发展行稳致远，脱贫攻坚成效巩固，民生保障长足改善，社会局面持续稳定，教育医疗扎实有力，群众幸福感获得感和安全感不断增强。2020年全县生产总值完成到160594万元，较2019年同期增加13112万元，同比增长7.8%，其中第一产业完成24155万元，较2019年同期增加2222万元，同比增长6.6%，第二产业完成79940万元，较2019年同期增加5957万元，同比增长17.2%，第三产业完成56499万元，较2019年同期增加4933万元，同比增长1.0%。农村居民人均可支配收入达到12734元，同比增长13.2%，城镇居民人均可支配收入达到34736元，同比增长10.2%，社会消费品零售总额达到43866.5万元，同比增长-1.4%。

【脱贫攻坚】“十三五”期间，全县识别建档立卡贫困人口4526户20829人，贫困发生率达33%，是自治区44个深度贫困县区之一。自脱贫攻坚工作开展以来，全县投入扶贫资金32.89亿元，已实现4159户20854名建档立卡贫困户脱贫，138个贫困村居退出，2019年年底脱贫摘帽，彻底消除绝对贫困。2020年以来，相继制定了《察雅县巩固提升脱贫攻坚成果严防返贫风险实施方案》《察雅县防范返贫分级预警机制实施办法》《察雅县脱贫监测户和贫困边缘户预警工作办法》等巩固提升脱贫成效的办法意见，对121户548名监测户、边缘户进行全面动态监测。先后完成市、县脱贫攻坚普查工作，中央第三巡视组脱贫攻坚专项巡视“回头看”，自治区纪委督导组在察雅督导检查脱贫攻坚整改工作反馈问题，昌都市第四交叉普查组反馈问题已经全面完成整改。壮大产业项目，增强带动力。依托区位优势和各乡镇资源禀赋，按照“一带（河谷经济带）、两圈（高原牛羊圈、饲草料种植圈）、三地（青稞良种基地、高效蔬果木基地、清洁能源基地）、四线（察妥、察芒、察贡、邦昌）、五个一万［万亩青稞良种基地、万亩饲草料基地、万亩经济林基地、万头（只）牛羊基地、万吨花岗岩基地］、六个千万（吉塘镇藏东现代农牧业科技示范园、察雅县扶贫开发产业园、阿孜乡阿旺绵羊养殖基地、宗沙乡牦牛育肥项目、烟多镇帮嘎村杂交构树种植基地、烟多镇如给村高效温室蔬菜基地项目）、七个多项（将产业园、民族手工业、香堆古镇等其他特色纳入规划开展）”产业布局，实施产业扶贫项目95个，投入产业扶贫资金5.8亿元，累计为6133

名建档立卡贫困群众发放了务工工资、效益分红、资产收益等2760万元；稳步推进易地扶贫搬迁，增强集聚力。全面推进察雅县26个易地扶贫搬迁安置点“十项提升工程”工程，实现了26个安置点水、电、信、网、科、教、文、卫、保全覆盖，完成公共服务设施建设7466.07平方米（包括村委会、农贸市场、商业用房、旅游接待中心、公共厕所等），入住建档立卡群众2406户12751人。狠抓控辍保学，阻断贫困代际传递。全面落实教育“三包”政策，及时足额拨付学生“三包”经费和学生营养改善经费。投入学生“三包”经费3532.04万元，投入营养改善计划资金606.48万元。全县共有各类学校41所，办学条件持续改善，贫困人口子女都能接受良好的基础教育，切断了贫困代际传递。落实生态补偿，增强管护力。落实生态岗位21202人，累计兑现资金7420.7万元。精准选聘岗位人员、优化岗位设置、规范资料整理、强化岗位人员履职。抓好社保兜底，提高保障力。按照“应保尽保、应退尽退，应扶尽扶”的原则，全县识别农村低保保障对象共计7804人，集中供养147人、供养率达到100%。狠抓转移就业，增强内动力。全县2020年应届高校毕业生共有356人，截至2020年年底已完成实名制信息系统录入356人，已实现354人就业；截至2020年年底，全县累计开办农牧民技能培训班54期，培训农牧民群众2754人，实现农牧民富余劳动力转移就业1.08万人次，就业创收7300万元。强化结对帮扶，增强辐射力。一年来，全县干部结对帮扶工作共投入资金38万余元，电话联系1.76万次，帮扶活动中走访1.9万次，开展宣讲活动场次4700场次，受教育群众达2.5万人次。有序推进健康扶贫，增强救助力。全县58404人实现基本医疗、大病保险、医疗救助三重保障，保障覆盖率达100%。全县建档立卡贫困人口20809人全部享受了基本医疗、大病保险、医疗救助三重保障，保障覆盖率达100%。全面开展家庭医生签约服务工作，2020年签约18309人次，对建档立卡及重点人群签约服务覆盖率达到100%。依托全方位宣传，强化影响力。制定下发了《察雅县2020年“志智双扶”实施方案》，积极编撰《新时代察雅精准扶贫实践》，组织配合庆祝西藏和平解放70周年完成“我见证——70年70人”“砥砺70年　奋进新时代”等主题采访活动4次，提供典型人物、产业项目采访报道线索24条，通过挖掘身边的脱贫攻坚生动事例和感（涵盖乡镇、林业、水利、教育等）、易地搬迁户等各类采人事迹，积极向上级媒体提供先进典型采访线索，进一步树牢了全县干部群众感党恩、跟党走的意识。

【特色农牧业发展】 察雅县春播总面积5.38万亩，其中粮食春播面积4.42万亩，粮食产量达到1149.25万公斤，蔬菜产量超1347.55万公斤；完成“喜拉22”示范种植、“3414”田间肥效试验、“藏青2000”种植、二级种子田项目2009亩，农业生产机械化率提升至90%；牲畜存栏23.11万余头（只、匹），出栏4.23万头（只、匹），奶产量0.96万吨，肉产量0.95万吨；“察雅苹果”“察雅黑青稞”已获批地理标志。

【城乡品质持续提升】 察雅县在市政建设、基础设施、城市服务建设等方面大实施一系列措施，城市品质持续提升。城乡规划不断完善。立足“城镇兴县、新型城镇化”强县举措，完成实施城市立体空间总体规划，完成县城棚户区（旧城）改造。城市面积由240万平方米增加至300万平方米，城镇化率由80%增加至95%，城市公共交通服务指数由13.7%增加至18.2%。城市建成区绿地率由25%增加至35%。城市管理日益强化。禁拆治违扎实有效，累计拆除私搭乱建463户，拆除建筑面积4.74万平方米。建成101名环卫工人队伍和18名城管队伍，持续开展城市环境卫生建设和提升城市管理水平。市政配套服务有效提升。先后投入1.16亿元，新建8条市政道路，打通县城“断头路”；投资3.4

亿元，进行老旧小区改造；5块LED显示屏投入使用，3座交通信号灯投入使用，城市品质感进一步提升。市政公共服务有效提升。新建10所公共卫生厕所，新建10个停车场，新增200余个停车位，解决了察雅县停车难的问题；投资9.6万元，购买11台人工智能自助售卖咖啡机，弥补了无人工智能销售服务的空白。全县共有林卡30余家，基本满足群众凝聚情感、生活娱乐的需求。特镇建设有成效。依托空港物流基地，蔬菜物流基地建设契机，继续加快工程建设质量与进度。总投资7.3亿元的吉塘特色小城镇建设项目已完工，规划用地1265亩，建设了自来水厂、垃圾填埋场、市政道路等基础设施，开发商业房产5.05万平方米，完善了学校、卫生院、居委会、派出所等公共服务设施，建设藏东科技示范园、循环农业等产业配套项目。目前正在进行租售工作；香堆特色小城镇已完成建设规划，两条主要路网已在建设，投资2000余万元；投资1230.18万元建设香堆镇生活垃圾填埋场，已建成并投用。制定《察雅县吉塘特镇商铺运营工作实施方案》，实施餐饮、民宿、商品推介等各项类型服务的商铺，切实发挥好效益。棚户区改造有成果。察雅县旧城（棚户区）改造项目第一期烟多卡片区、松德卡片区工程，投入资金4.3亿元，烟多卡片区，松德卡片区已完工并交付使用。其中烟多卡片区住宅建筑96套，松德卡片区规划总建筑面积67041.44平方米，其中住宅面积、商业、酒店总建筑面积52707.71平方米，地下室14333.73平方米。

【生态环境明显改善】 以“七边四美四化”紧紧围绕“三整治、三提升”行动及“察雅县邦达机场至昌都主城区沿线综合环境整治工程”，投入510余万元，开展浪拉山山顶景点、公厕、雪协、察俄等9个道路、河道沿线村居的绿化、亮化、垃圾收集点等以及沿线20个洗车加水点的文化墙、指示标语牌、垃圾桶、垃圾收集点等建设、改造，全长约60千米。在国道沿线乡（镇）、村（居）深入开展农村人居环境综治行动，进一步打造干净、规范、有序的农村人居环境，切实加强环境卫生整治，顺利完成迎接昌都解放70周年氛围营造。大力推进生态村（居）创建，优化村（居）环境，2020年申报自治区级生态乡（镇）4个，生态村（居）53个。同时，以吉塘镇、县城干部周转房小区为试点，增加生活垃圾分类收集容器配置和垃圾分类引导指示标识设置，贯穿“重在养成，贵在坚持，成在合理”的方针，加快制定完善生活垃圾分类相关规章制度，创新垃圾分类体制机制，不断引导全社会形成垃圾分类的良好习惯。投入57万元，采购垃圾分类箱及旧衣物回收箱、已投入使用。发放垃圾清运车148辆；实施新一轮退耕还林工程1.38万亩，预计可为群众带来退耕补助1662.12万元。总投资约650万元，实施察雅县森林火灾高风险区综合治理工程，确定了5座视频监控塔选址、设计建设。按照“一街一景”的思路，完成道路绿化提质改造，栽植红叶李、云杉等树种1000余株、栽培草坪2000平方米，并在措纳湖打造景观带30余亩。同时，积极开展全民义务植树活动，全县各单位、乡镇、学校等种植各类苗木9300余株，为县城再添一片新绿。

【发展活力显著增强】 强力推进“放管服”改革。按照“调整优化县、乡两级权责清单和公共服务清单，完善行政权力中介服务清单，持续精简行政许可事项”要求，计划于2020年度10月底前完善全县各级各部门权责清单编制并通过政府网站向社会公开发布。县级政务服务中心线下办理服务主、分事项52项，接待办事群众14084人次，涉及资金651.1万元；线上，“互联网＋政务服务”中认领依申请六类事项714项、公共服务事项183项。线上办理、录入依申请六类事项673件、公共服务事项280件，采集、签发电子证照115425份。实现行政村“政务服务站”全覆盖，加快推进县、乡、村政务服务三级覆盖。援藏项目协调对接落实有力。加大与援助察雅省（市）企业的沟通，争取规划内资金早日落实到位，积极争取更多规划外的资金和项目，加快援藏项目实施进度，确保项目早日见效。2020年实施援藏基本建设项目13个（规划内3个，规划外10个），总投资3252.39万元，完成投资3252.39万元。重庆援建小康示范村（察雅县香堆镇新建市政道路一期）、各学校教工之家和香堆扶贫汽修厂项目顺利实施。

【社会大局持续和谐】 扎实开展社会综合治理。整合资源，下倾保障，规范建设13个乡镇派出所视频会议室、执法办案场所，新建派出所6个，先后建成视频监控点，并与指挥中心有机对接。通过“一村一警”“一警一情”制度，走访群众，3.1万人接受宣传教育。排查矛盾纠纷20余次，排查出问题2件，已调处2件，调处率为100%，信访积案化解率为100%。深入推进“扫黑除恶、打非治乱”专项斗争。以问题整改为导向，发放宣传单、宣传海报1.36万份。立刑事案件8起，破案6起，抓获犯罪嫌疑人6人，实现了命案破案率100%，抓获网逃2人；立行政案件18起，破案18起，行政拘留36人。狠抓涉宗教领域工作。有编内僧尼1545人，编外僧尼944人。健全完善应急管理体制机制。稳步推进全县安全生产各项工作，开展安全大检查、巡查3次。道路交通、建筑施工、危险化学品、消防火灾、食品药品、特种设备等重点领域治理成效明显，开展各类专项检查100余次，确保了全县安全生产形势持续平稳向好，未发生较大及以上生产安全事故。积极落实阿孜乡雪灾救助工作，深入实地排查安全隐患，全力以赴做好防灾减灾工作。截至年底，全县开展物资救灾320户，发放口粮2.5万余公斤、清油600余桶、棉被26套、棉衣4套、帐篷16顶。持续强化虫草采集交易管理。全县冬虫夏草采集人数累计1.36万人，共计采集点103个，先后发放宣传资料1万余份，签订虫草采集目标责任书141份，边界协议14份；做到无学生采集、无干部职工采集，无矛盾纠纷。

【疫情防控】 察雅县按照“两大环节”“5个要”“4方面部署”“5点要求”“7个重点”要求和自治区、市防控措施以及察雅县结合疫情防控实际提出的“五不、五要、五个一律”和“十严禁”防控要求，累计排查出入察雅车辆6.3万台次，出入人员共计9.8万人次，累计隔离2541人，解除隔离2541人；专门安排应急专项资金367万元，紧急调运防疫物资。整合藏药剂制作力量，制作预防藏药7万余粒，免费向一线医护人员、群众发放。积极组织供应商前往昌都、云南等地调运粮食、食用油等各类民生物资超过800吨，疫情期间物资进出渠道通畅，物价无明显上涨、未出现恶意涨价等扰乱市场的现象；累计捐款267万余元，捐助口罩2.7万只、各类消毒液约8100升等，为察雅疫情防控工作提供了助力。严格落实“肉盘子”“菜篮子”“米袋子”负责制，调运各类肥料4757.5吨、种子8.22万公斤，群众自筹、自行调剂种子884吨，积造农家肥4.73万吨。动员全县2.1万个生态补偿岗位，加大向群众宣传禁止捕猎野生动物、食用野生动物等相关法律法规和卫生常识的力度。

【廉洁从政】 2020年，县政府党组增强“四个意识”、坚定“四个自信”、做到“两个维护”，共开展7次党组学习会，逢会必提党风廉政建设，以案示警、从严从实抓好政府自身建设。依法行政，主动接受监督。加快建设法治政府，在签订重大合同、作决策部署时均邀请法律顾问团参与审核。依法接受人大的法律监督和工作监督，自觉接受政协的民主监督，主动接受社会监督和舆论监督。始终坚持依法决策，严格遵守法定权限和程序，进一步提高决策的科学化、民主化水平。始终落实全面从严治党主体责任，强化“一岗双责”，深入推进政府系统党风廉政建设和反腐败斗争。严格落实中央八项规定，驰而不息整治“四风”，坚持勤俭办事，建设廉洁政府。充分发挥审计监督作用，严格监管公共资金、国有资产的使用和效益。

民生保障

【教育方面】 实施“县、乡、村、户”“局、校、班、户”双线控辍责任制和控辍保学“四书制”，将防流控辍和足额招生作为乡镇党政“一把手”工程，作为经济社会考核的重要指标。全县义务教育阶段共有在校学生 7719 人。其中，小学在校生 5940 人，入学率为 100%，初中在校生 1779 人，入学率为 100%。全县疑似失学儿童劝返复学完成率达到 100%。第二小学、察雅县幼儿园第二分园分别于 5 月 16 日和 5 月 22 日顺利开班、开园。先后组织 300 余名教师开展线上教学培训会，积极落实“停课不停学”延迟开学线上辅导相关工作，各学校积极组织开展了“同课异构”及“千名教师同上一节课”活动。全面推进“五个 100%”教育工作，紧紧围绕实现“五个 100%”教育工作目标和质量提升计划，“五个 100%”目标全面达成。顺利完成 363 名教师及干部的普通话测试工作及 10 所学校的语言文字达标验收工作，2020 年两大考试圆满完成。

【医疗卫生方面】 吉塘镇、巴日乡、香堆镇、阿孜等乡卫生院已投入使用，荣周乡卫生院藏医馆，县藏医院等投入使用。全县 13 个乡（镇）卫生院基础建设基本达到标准化卫生院，实现国家关于基本医疗有保障的总目标。新建疾控中心综合楼项目已竣工并投入使用，138 个行政村（居）基本医疗保障全覆盖，配备 274 名村医。充分发挥三级医院对口帮扶援藏医疗队的优势和医疗人才特长，在乡（镇）卫生院示范从医活动，传授医疗技术，帮带乡（镇）卫生院医疗人才，并充分利用远程教育和远程诊疗系统，帮助乡（镇）卫生院培养一支高素质的医疗队伍。按照“组团式”卫生医疗援藏狠抓人才培养的工作要求，分批次派遣 84 名乡（镇）医务人员至重庆三级医院、昌都市人民医院进修学习、短期培训等；妇幼“两降两升”指标明显提升，全县孕产妇住院分娩率提高到 98.72%，同比增长 18.72%；新生儿死亡率降低到 10.3‰，同比下降 4.3‰；顺利完成察雅县医疗共同体中心医院改革挂牌。

【文化方面】 组织开展 2020 年“我们的中国梦 · 文化进万家”暨庆元旦迎新年文艺巡演活动、“文化进万家”巡演活动暨“五下乡”宣传服务活动、庆祝昌都解放 70 周年自治区慰问演出等 10 场次；《察雅县志》通过自治区验收；申报察雅香堆藏戏、察雅县格萨尔铠甲颂、察雅县藏族唐卡勉唐画派绘画技艺、察雅烟多寺德穆贡羌母传承人 7 人。投入 240 万元，实施“百幅精品唐卡工程”，完成与 4 家唐卡企业签订购买意向书及合同。13 个乡（镇）文化站、政务服务中心基本实现基础公共文化、政务服务设施全覆盖，覆盖率达 100%。

【农牧民增收方面】 严格执行农牧民“十大增收措施”，全县 215 个基建项目累计吸纳当地农牧民就业 1.7 万人次，占总用工量的 80.4%；400 万元以下工程项目共开复工 24 个，累计吸纳当地农牧民就业 759 人次，占总用工量的 80.1%。先后培训农业技术人员 227 人次；实现转移就业 2400 人，实现就业创收 1300 万元；成立交通养护公司和水利养护公司，吸纳农牧民贫困群众和大学生 10 人，预计人均月收入 2000 余元；积极落实民生补贴资金 1.86 亿元，发放农机具加油卡 5100 余张。

【社会保障方面】 全县累计保障农村低保对象 7806 人，落实全年保障资金 1727.84 万元；兑现 229 人城镇低保资金 162.43 万元；兑现 3697 名残疾人“两项补贴”资金 583.8 万元，累计向 2691 名高龄失能老人、分散特困人员、困难群众临时救助等兑现资金 749.22 万元；累计向 3612 名城乡低保户、困难残疾人、困难环卫工人、未就业大学生等困难群众 209.5 万元。

基础设施建设

【交通方面】 2020 年全县新续建交通建设项目 116 个，总投资 13.64 亿元，完成投资 9.635 亿元。坚持“政府主导、行业主管、市场主营”的思路，制定《察雅县农村客运发展规划》《察雅县农村客运实施方案》，宗沙乡、肯通乡、荣周乡、扩达乡乡（镇）客运站已建成，客运班线已全部运行。

【水利方面】 2020 年第一批农村饮水巩固提升工程，投资 1760.77 万元，解决 60 个人饮点的冬季饮水问题，主要采取打井、保温房、循环供水、更换老旧管网、电热丝供水桩、尾水阀门等措施来保障冬季饮水问题，已完成建设。察雅县王卡乡娘曲村洛荣自然村防洪堤工程，2018 年中央特大防汛抗旱补助建设项目、2018 年防汛抗旱建设项目、察雅县阿孜乡坤达曲排洪沟维修工程、察雅县荣周乡栋扎村自来水厂取水管道工程、察雅县荣周乡栋扎村水渠工程等 6 个项目顺利完工并完成财政评审。察雅县荣周灌区已完成整改工作并成功试水，已经竣工。

【电力方面】 总投资 8124.28 万元，巴日 35 千伏输变电工程、吉塘 110 千伏变电站 35 千伏送出工程、10 千伏及以下中低压配电工程已全部完工，电网覆盖率达到 100%。农电体制改革工作推进顺利。完成供电量 1416.48 万千瓦时，购电量 1058.64 万千瓦时。

【通信方面】 抓好“宽带西藏”“智慧察雅”建设，推进农村光纤入户工程。推进通信覆盖面，完善乡镇网络信息基础设施建设，推进光纤到户，加快宽带入乡进村步伐，第五批普遍服务项目基站 18 座，目前正在有序建设中。

信访

【概况】 2020 年，察雅县信访局在县委、县政府的正确领导下，认真学习党的十九大，党的十九届二中、三中、四中、五中全会精神和第七次西藏工作座谈会精神，深入贯彻落实党中央、自治区、市、县关于信访工作的部署要求，坚持信访工作为维护人民群众合法权益服务，充分发挥信访工作在化解人民群众矛盾中的积极作用，为促进全县社会大局和谐做出了积极努力。

2020 年，组织召开信访工作专题会议 5 场次（召开信访联席会议 3 场次、双清欠专题会 2 场次）；共受理来信来访 25 件 60 人次（其中拖欠民工工资问题 21 件、征地补偿款问题 2 件，个人档案转移问题 1 件，惠民政策问题 1 件），23 件已办结，办结率为 92%；开展矛盾纠纷排查 20 余次，排查出不稳定因素 17 起，已全部化解，化解率 100%；制定和落实措施 5 项；制定信访应急突出工作预案 10 余个；制定信访值守方案 4 个，上报信访信息 37 期。从信访问题来看，拖欠民工工资问题尤为突出。

【信访工作责任制】 县信访局成立了应急事件处理小组、信息反馈领导小组，各项工作安全有序进行。认真落实接访、约访、下访“三访”工作。县信访局及时将私搭乱建、征地拆迁等上访时间进行梳理并通报给属地，按照“谁主管、谁负责”的原则，乡（镇）党委书记作为第一责任人，切实承担起化解各自乡（镇）内信访问题的责任确实做到防范在先。认真落实信访责任制，实行领导干部包案制度，严格领导带班，认真做好信息反馈。

【联席会议制度】 坚持排查矛盾纠纷，依法解决问题。2020年，察雅县共召开联席会议3次，开展矛盾纠纷排查20余次，排查出不稳定因素17起，对排查出来的案件，全部明确包案领导，及时进行交办，限时解决。为加大督办力度，县信访局先后10余次对交办案件进行督查，有效地促进了问题的解决。通过联席会议的召开，使察雅县涉及责任单位较多较复杂信访问题得到了有效的解决。

【宣传《信访条例》】 为进一步规范信访秩序，畅通信访渠道，营造和谐社会，县信访局不仅在商业街进行宣传，并深入联系点乡镇、村居走进群众家中进行宣传。通过向群众发放藏语、汉语两种文字版《信访条例》、《信访条例》知识问答、信访举报署实名办法等宣传资料、现场接受群众咨询等形式的宣传活动，使社会各界和广大人民群众全面、正确地了解信访渠道和信访人的权利、义务以及相关政策法规。2020年共开展信访法治宣传教育4次，共发放宣传资料2000余份，现场接受群众咨询50余人次。通过宣传逐步教育和引导上访群众学法、懂法、守法、指导上访群众通过合法的途径表达自己的利益诉求，使群众初步了解了《信访条例》中上访群众权利和义务等内容，促进群众依法上访，有序上访，切实维护了察雅县信访工作的正常秩序。

【工作开展情况】 一是加强组织领导，主动施策应对。根据疫情防控需要，县信访局虽暂时关闭群众来访接待窗口，但及时通过网站、公众号、张贴告示等形式，告知群众可以通过电话、短信等形式表达诉求。在回应群众诉求的同时，根据群众的不同诉求，进行深度分析，对照政策措施，查找不足，及时调整工作方法，防止矛盾积累。二是县信访局结合实际，做好特殊时期的矛盾纠纷排查化解。自新冠肺炎疫情发生以来，县信访局积极组织相关部门及各乡镇深入开展疫情防控期间矛盾纠纷排查调处工作，同心战“疫”，全力奋战在疫情防控一线。严格落实疫情防控各项措施，扎实做好疫情防控期间矛盾纠纷源头预防、排查预警、调解化解、普法宣传等工作，确保了察雅县的和谐稳定，经排查未发现涉疫矛盾纠纷及信访案件。三是注重服务，助力企业复工复产。针对企业因疫情引发的生产经营、合同履行、劳动争议等矛盾纠纷，深入开展涉企矛盾纠纷排查调解活动，把涉及农民工的矛盾纠纷作为排查调处工作重点，切实通过调解服务，维护他们的合法权益，同时大力宣传抗疫扶持相关政策措施，帮助民营企业科学精准防疫，有序复工复产。

中国人民政治协商会议察雅县委员会

综述

【概况】 2020年，察雅县政协在市政协的正确指导下，在县委的坚强领导下，在县直各部门的大力支持下，坚持以习近平新时代中国特色社会主义思想为指导，深入学习贯彻习近平总书记关于加强和改进人民政协工作的重要思想、中共十九届五中全会及中央第七次西藏座谈会精神，全面落实自治区党委及市委政协分工方案，牢牢把握民主和团结两大主题，紧紧围绕县委、县政府的决策和工作部署，团结全体政协委员和各族各界人士，认真履行政治协商、民主监督、参政议政职能，服务大局，全面推进察雅政协的各项工作。

坚持以新思想为引领，在提升政治站位上达到新高度。把学习贯彻中共十九届五中全会和中央第七次西藏座谈会精神作为重要政治任务，持续深入开展“不忘初心、牢记使命”主题教育，贯彻中央及自治区、市委政协工作会议精神，不断提高做好新时代人民政协工作的政治自觉，突出抓好新时代加强和改进人民政协工作情况督查反馈问题整改，全面补齐短板和弱项，把贯彻落实工作不断引向深入，确保政协工作服务大局更加出彩。

坚持以高质量为目标，在服务中心大局上展示新作为。紧扣脱贫攻坚重点任务，推动履职工作向中心聚焦、为大局出力。围绕乡村振兴，开好专题议政性常委会会议，组织委员再调研，精心打造系列重点提案，分别提请县政府领衔督办。坚持以人民为中心，助力人民群众过上更加美好生活。

坚持以增合力为导向，在广泛凝聚共识上作出新贡献。制定出台《关于加强和促进人民政协凝聚共识工作的实施意见》，推进凝聚共识贯穿到政治协商、民主监督、参政议政各项职能全过程、各方面。深化学习教育、专题视察、情况通报、委员讲堂、谈心谈话等工作，着力在贯彻新发展理念上汇聚共识，在构建新发展格局上贡献智慧，在推动高质量发展上增强合力。坚持和加强党对政协工作的全面领导，发挥政协“重要阵地”“重要平台”“重要渠道”作用。立足画大同心圆、汇集正能量，广泛开展团结联谊活动。发挥委员桥梁纽带作用，为察雅现代化建设凝心聚力、集才汇智。

坚持以抓创新为重点，在推动提质增效上干出新样子。广泛组织调研、视察、座谈、研讨、提案督办等活动，健全反映社情民意信息网络，使委员建言有渠道、干事有舞台、履职有动力。充分运用互联网等现代信息技术，丰富拓展网络议政和远程协商，为委员履职提供方便。继续推进委员进社区活动和基层民主恳谈试点工作，促进社会安定有序、充满活力。深入实施履职“五大质量”提升工程。加强与党政有关部门联系沟通，与各民主党派、人民团体、各级政协组织的协同协作。重视发挥政协智库作用。深化履职质量评价。

坚持以强党建为根本，在锻造两支队伍上取得新进步。全面加强政协党组自身建设，落实落细全面从严治党主体责任和意识形态工作责任制，强化把方向、管大局、保落实的领导作用，增强做到“两个维护”的政治能力和政治自觉。推动实现党的组织和党的工作有效覆盖、专委会工作与界别工作深度融合。坚持机关党建和业务工作融合抓，推动互促共进。推行常委会组成人员年度述职制度，发挥主席会议、常委会会议“关键少数”引领表率作用。抓好各级巡视巡察反馈问题整改落实。推行工作任务清单化、方案化管理，加强信息化建设，提升机关工作效能，为政协履职提供坚强服务保障。

协商议政

【全体委员会议】 中国人民政治协商会议第七届察雅县委员会第五次会议于2020年3月30日至4月2日召开。大会应到委员54名，符合规定。会议听取和审议《政协第七届察雅县委员会第五次常务委员会工作报告》和《政协第七届察雅县委员会第五次关于提案工作情况的报告》；列席察雅县第十届人民代表大会第六次会议，听取和讨论《察雅县政府工作报告》及其他有关报告；审议通过《政协第七届察雅县委员会提案审查委员会关于政协七届五次会议提案审查情况报告》；审议通过《政协第七届察雅县委员会第四次会议政治决议》《政协常务委员会工作报告决议》《政协提案工作情况报告决议》。会议期间委员们就加强县城周边环境卫生整治、加快扶贫产业发展、改善乡镇医疗卫生条件等问题提出了意见和建议68条，形成提案47件。

【常务委员会会议】 2020年3月28日，察雅县政协召开第七届十次常务委员会。会议应到9人，实到9人。会议一是集中贯彻学习了自治区政协会议精神和昌都市政协会议精神，二是简要安排部署了2020年的政协常委会工作，三是通报政协七届五次全体会议筹备情况，审查七届五次常委会工作报告和提案工作报告。

【专门委员会工作】 县委、县政府主要领导高度重视文史资料收集整理工作，为政协文史办解决专项工作经费3万元，县政协党组召开多次会议研究文史资料保护发掘，文史办寻找发掘察雅县各类文史资料，多次走访说唱艺术家，政协文史办公室3名工作人员在没有正式编制的情况下积极作为、发挥所长，在2019年工作的基础上继续加大对察雅县域内的名胜古迹、特色乡村、红色文化、名人事迹、宗教传承等进行收集挖掘整理。已编著《察雅文史资料》5册，达70余万字。挖掘出世代相传的说唱艺术荣周铠甲舞和农耕表演艺术荣周开渠仪式，察雅县政协文史资料的收集挖掘整理工作得到市政协领导和县主要领导及各级各类考察组的一致肯定和高度评价。

重要工作

【疫情防控】 2020年，政协党组全体成员积极投身疫情防控工作。一是积极参与值班备勤，确保政协系统工作顺利推进。二是加强卫生知识宣传教育力度，借助委员分布广的特点，利用微信、发放宣传册，开展宣传工作。三是积极为疫情重灾区进行捐款捐物，疫情以来，宗教界政协委员精心组织捐款50余万元。四是做好常态化疫情防控工作，根据防疫总体要求，严格落实各项防控措施，加强对三级政协委员宣传教育管理，确保了各项防疫措施落到实处。

【维护社会和谐】 维护祖国统一、社会局势稳定，促进民族团结是政协委员和政协工作人员责无旁贷的神圣职责。一是抓好监督指导工作。政协党组成员深入各乡镇蹲点督导检查工作累计160余天，走访村居56个，检查指导寺庙管委会30个，组织召开农牧民座谈会6次，开展以“发挥政协优势，助力脱贫攻坚”为主题的主题党课7次。二是抓好日常管理，加强维稳值班工作。县政协党组成员深刻认识到稳定工作的极端重要性，严格按照县维稳指挥部的安排部署，严格按照值班表，认真落实值班制度，按时到岗，切实履职。

【督导调研】深入基层，扎实开展考察调研。政协党组分别在5月中旬和7月中旬组织了三级政协委员深入肯通乡、王卡乡、荣周乡、扩达乡，针对全县首次执行不放虫草假期间学校教育教学情况和察雅县教育事业发展情况进行考察调研工作。委员代表通过实地调研、走访查看、听取介绍的方式，广泛收集了各级各类学校在教学方面的主要做法和取得的成效，形成了专题调研报告，上报了相关部门。

加强督导，助推乡镇工作上新台阶。按照县委安排，县政协主席、副主席分别联系烟多镇、新卡乡、巴日乡、荣周乡、香堆镇，积极开展监督与指导工作。一是全过程督导乡镇惠民资金落实、乡村环境政治、联户增收等各项工作，实现基层工作在阳光下运行。二是扎实开展党风廉政指导。政协各主席在每次下乡开展工作中，对联系乡镇的党风廉政工作，从签订目标责任书到月工作情况、季度工作情况、半年工作小结等环节都进行了现场指导和监督，提出了切实可行的意见和建议。三是全力做好结对帮扶工作。县政协各主席及政协办干部职工在帮扶工作中，深入走访10次，投入帮扶资金1.8万元，为贫困户办实事6件。

【交流学习】加强交流，注重宣传教育。在上级党委、政府的关怀下，县政协党组书记、主席平措9—11月参加自治区党校为期两个月的培训，2020年4月和11月县政协党组选派了两名副主席及政协副主席候选人参加昌都市党校学习培训；10月16日，察雅县政协副主席候选人洛松次成参加全区地市政协主席座谈会，并做了发言，此次发言为昌都市政协唯一发言代表，同时也是全区三个县（区）发言代表之一；接待了阿里地区、那曲市、林芝市、昌都市及援藏省市政协等10余个考察组调研考察，促进了政协系统之间的交往交流交融，达到了交流经验、加强合作、增进友谊的效果。

【深化改革】察雅县政协党组将“三级”政协工作会议及两个意见精神学习贯彻落实作为政协党组2020年重点工作，政协党组高度重视，多次召开党组会议、常委会会议、主席会议对中央、自治区、市委政协会议和实施意见进行反复学习，认真研讨，结合察雅县政协工作实际研究制定实施意见。主要开展的工作为：一是政协党组报请县委并已同意成立一个专委会，人员编制问题县编办正在和市编办积极沟通协调。二是县委常委、统战部部长四郎江村已于2020年7月兼任政协党组副书记。三是修改完善各项制度措施。已制定修改完善《察雅县政协党组议事规则》《察雅县政协党组学习制度》《察雅县政协党组会议制度》《察雅县政协党组民主生活会制度》等15项制度。四是强化政协委员教育管理。将政协党员委员按区域、按类别分成2个党小组（包括机关政协委员党小组；农牧民政协委员党员党小组），定期开展学习教育、开展组织活动，引导党员委员增强党的意识、严守党的纪律，积极影响和带动党外委员守纪律、讲规矩、重品行、作表率，进一步规范了政协党建责任和各项任务落实。五是完善委员联络制度和履职制度，有效推进政协工作的开展。由县委组织部专门下发文件，确定乡镇政协委员专职联络员13人，明确工作职责，定期联系乡村政协委员督导履职开展情况，加强对乡镇委员的日常管理和监督，按月汇报工作开展情况，有力推动了委员履职，为及时准确向上级反映民生信息、民主监督政府各项工作起到较大作用。2020年12月14日，经察雅县人民政府常务会议（察政发〔2020〕9号会议纪要）研究确定：一是察雅县政协委员会《关于申请解决乡镇政协委员联络办公室办公服务用品及日常工作经费的请示》，从财政整合资金中列支；二是以每个乡（镇）10000元的标准进行下拨，并按需采购办公用品；三是从明年开始财政预算中追加乡（镇）政协联络办公室日常经费，满足乡（镇）政协联络办公室日常工作所需经费。12月21日带领新一届政协委员赴昌都市参加第二届政协委员会第一次会议，列席昌都市第二届人大一次会议，并听取了常委会工作报告和政府工作报告，委员们积极主动畅谈自己的感想，并建言献策，认真履行作为一名政协委员的职责。会议期间委员们针对教育医疗、交通水利、市场物价、生态文明等热点焦点问题共提出意见建议 15 件，退回 6 件，立案 8 件，1 件拟定提交至自治区政协。

【反应民声】 以社情信息为媒介，拓宽民主监督层面。发挥社情民意信息作为党和政府体察民情的桥梁纽带作用，不断创新形式、丰富载体。年初以来，严格遵循“收集求广、选题求准、编报求快、效果求实”的原则，整理上报社情民意信息 13 篇，真实地反映了社会各界的愿望和呼声，使群众关注的热点问题、社会反映的焦点问题得到有效解决，积极回应了人民群众对获得感、幸福感、安全感的关切。

【廉政建设】 一是抓实党风廉政建设，树立底线思维。认真组织学习党风廉政建设工作理论，从加强党的建设和政权建设的高度，充分认识党风廉政建设责任制的重要性和紧迫性，严格按照年初制定的“两个责任清单”内容，逐条逐项落实主体责任、第一责任人责任和“一岗双责”责任，营造了风清气正的良好政治生态。二是保持清醒头脑，筑牢意识形态阵地坚持将抓好意识形态工作作为应尽的政治责任和应有的政治担当，旗帜鲜明地批评错误言论，匡正错误思想。通过督促检查和思想教育，层层传导压力，推动了意识形态责任制更好的落实，通过总结研判和谈心谈话，做到了抓早抓小，牢牢掌控了政协组织意识形态领域的领导权、主动权、话语权。三是学法守法用法，做到明理重法。充分借助法治媒体平台，有效地督促班子成员完成了对邓小平民主法治理论、宪法和法学基础理论、依法行政的基本原理、社会主义市场经济法律法规的系统学习，进一步提升了法律意识、法治观念，真正做到“研究问题先学法、制定决策遵循法、解决问题依照法”，积极用运用法治思维改进工作。同时，按照“依法治县”的统一安排部署，深入联系村开展“七五”普法宣传活动，进一步提升了基层群众学法用法意识。

纪检监察

综述

【概况】 2020年以来，在县委和市纪委监委的坚强领导下，察雅县纪委监委深入学习贯彻习近平新时代中国特色社会主义思想，贯彻落实党的十九大，党的十九届二中、三中、四中、五中全会和十九届中央纪委历次全会精神，贯彻落实自治区第九次党代会和昌都市第一次党代会精神，贯彻落实一届市纪委八次全会部署要求，聚焦主责主业，强化监督执纪问责，为全县经济社会高质量发展和长治久安提供了坚强保障。

重要工作

【思想建设】 坚持把贯彻落实习近平新时代中国特色社会主义思想作为首要政治任务。一是完善常委会议事规则、支部学习会、干部学习培训等制度，召开6次常委会会议、25次支部学习会，对中央、自治区、市重要会议及领导讲话精神进行集体学习和安排部署。同时鼓励干部多途径开展自学。二是落实“两个为主”，加强党的领导，分别12次、11次向市纪委监委和县委请示报告重要问题线索处置和重要工作事项。三是督促落实主体责任。督促县委常委会每季度研究一次全面从严治党工作。定期听取被监督单位党风廉政建设情况，督促健全、完善、落实主体责任领导机制，细化工作措施，压实工作责任。四是深化廉政教育工作。向干部群众发放宣传资料1572份；现场向干部群众讲解法律法规和政策知识65次。转发各类典型案例通报5份，并在察雅电视台循环播放警示教育片；组织开展以案说纪、以案明纪警示教育活动60余场次；组织开展“党风廉政教育”线上答题活动，合格率为99%。通过各类宣传教育和警示教育，广大干部的政治意识和廉政意识有了显著提高。五是严明政治纪律，维护党中央集中统一领导。持续深化政治纪律教育活动成果，制订整改计划和纪实档案，开展教育帮扶60余次，全部完成教育转化。六是严肃党内政治生活。督促定期召开民主生活会、组织生活会，积极开展批评与自我批评。到会指导各级党组织民主（组织）生活会20余场次，列席参加“三重一大”各类会议30余场次。

【履行监督职责】 县纪委监委认真履行监督基本职责、第一职责，做实做细日常监督工作。一是抓好政治监督。坚持党中央决策部署到哪里，监督检查就跟进到哪里。紧盯党委中心工作，围绕经济社会发展、“六稳”“六保”工作任务开展常态化监督检查。二是抓实专项监督。紧盯重要节点措施落实情况，组派精干力量深入一线开展监督，发现问题5个，已督促整改；扎实开展疫情防控监督检查工作，发现问题8条，提出整改意见8条，向县疫情指挥部提出建议2条；督促开展违规占用耕地建房清查工作，要求相关部门切实履行监管责任，发现问题及时移送；狠刹餐饮浪费歪风，现场反馈问题2个，督促立行立改；开展厕所革命专项督查2轮。三是严把党风廉政意见回复关。出具廉政意见136批1415人次，提出否定性意见6人次。四是强化信访监督。依托检举电话、举报箱、信访检举举报平台等方式鼓励干部群众参与监督举报，受理信访举报4件，初核了结1件。五是规范干部廉政档案。建立497名县管干部廉政档案。

【专项治理】 一是深化扶贫领域腐败和作风问题专项治理。压实责任，层层传导压力。制发《关于巩固提升脱贫攻坚成果严防返贫风险监督检查实施方案》，聚焦扶贫任务、扶贫政策、扶贫资金、扶贫项目、扶贫干部“五个重点”，坚决纠正做表面文章、应付检查、不作为慢作为等形式主义、官僚主义突出问题。抽调精干人员开展扶贫领域专项监督，开展监督检查20余次，发现问题8个，问题线索2个。强化问题线索处置，受理扶贫领域问题线索9件（2件为县纪委监督检查发现、6件为乡镇纪委发现），办结1件（了结），正在初核8件。二是扎实开展扫黑除恶专项斗争。加强与政法、检察机关协作配合，对移交的问题线索全面摸排，办结扫黑移交问题线索3件，给予党纪政务处分5人，经核查，均不涉黑涉恶。

【纠治“四风”】 坚持日常监督与节假日重点监督相结合，为党员干部划出纪律红线。一是加强学习，强化宣传教育。加大宣传力度，强化干部廉洁自律意识，增强了抵御各种不正之风的能力，在全县营造了良好氛围。二是率先垂范，发挥引领作用。督促领导干部坚持以上率下、身体力行带头严格贯彻落实中央八项规定精神及其实施细则和《中国共产党廉洁自律准则》等各项规定，严格按照“一岗双责”要求，抓好集中整治工作和职责内的廉洁自律工作。三是加强日常管理。赴察雅县的工作组一律安排工作餐，严格按统一标准执行。加强公费出差费用管理，突破标准的不予报销。四是严防“四风”隐形变异新动向，成立专项检查组，在“三大节日”、五一期间深入KTV、林卡、饭馆等地开展交叉检查和明察暗访30余次，当场教育提醒5人。五是为基层减负，统筹规范督导检查考核情况。监督检查不再简单以“留痕”作为评先评优标准。对于发现的各类问题，要求各单位、各乡镇及时整改。2020年受理违反中央八项规定精神问题线索1件，已立案调查。违规公款吃喝、违规收受红包礼金等问题得到有效遏制，全县广大干部群众真正把落实中央八项规定精神及其实施细则化作自觉行动。

【反腐败斗争】 坚持一体推进、同向发力，实现了政治效果、纪法效果、社会效果相统一。一是有效提高问题线索处置质效。强化信访监督，切实做到归口受理、限时分流、闭环管理，对问题线索逐一分析研判，加强跟踪督办，做到底数清、情况明，全年共受理问题线索12件。二是持续保持反腐败高压态势。坚持无禁区、全覆盖、零容忍，坚持重遏制、强高压、长震慑，有效遏制增量、有力削减存量。全年共办结问题线索21件，其中初核了结9件，立案5件（结案12件，含往年立案件8件）。三是扎实做好“后半篇文章”。完善以案促改工作机制，深挖作风问题和腐败案件背后的深层次问题。制发纪检监察建议书2份，督促汲取教训、完善制度、堵塞漏洞。开展受处分人员回访教育3人次，帮助卸下包袱、轻装上阵。将案件资源转化为警示教育资源，制发典型案例通报2份，对腐败案件进行剖析，要求相关单位深入自查，切实引以为戒，形成了强大震慑。四是综合有效运用“四种形态”。处置党员干部35人，其中运用第一种形态处置16人，占比45.71%；运用第二种形态处置16人，占比45.71%；运用第三种形态处置3人，占比8.57%；运用第四种形态处置0人。

【巡察工作】 一是推进巡察全覆盖，推动巡察向村居延伸齐头并进。全年共开展2轮巡察，共巡察31个单位党组织。截至年底，第八轮正在汇报阶段。第七轮对18个党组织开展常规巡察（县直单位8

个、科级寺管会5个、村居5个），发现问题137个，清退违规资金2620元，解决实际问题1个，发现问题线索2条。二是注重巡中检查督导，确保巡深查透。组建巡中督察组4个，对巡察工作进行巡中督查，了解工作开展情况，形成督查报告4篇。三是注重问题整改督察，促进巡察成果转化。对25家整改不到位的单位负责人开展集中提醒谈话，责成整改到位。

【队伍建设】 坚持稳中求进和标本兼治，一体推进“三项改革”、一体推进更高水平更深层次的“三转”，治理能力不断提高，改革成效初步彰显。一是清理议事协调机构。县纪委监委由27个缩减至14个，13个乡镇由108个缩减至72个。二是改进督导考核方式，取消党风廉政建设年终集中考核，改为日常监督推动责任落实，防止以简单留痕代替工作开展。三是规范审查调查程序。规范取证程序手续，着重提高询问谈话质量，严肃审查调查安全规定，建立健全走读式谈话室安全保障制度，严格落实走读式谈话接送程序，确保审查调查安全规范。严格落实处分执行情况，按要求填报“处分决定执行情况报告表”和“处分决定执行追踪考察表”，督促县组织人事、财政等部门及时严格执行处分决定，确保审查调查走完“最后一千米”。四是精准运用调查措施。分别运用谈话200次、查询40次、调取124次。五是内外制约，架牢高压线。对内强化自我监督，实现对70名纪检监察干部廉政档案动态管理，对22名纪检监察干部廉政档案基本信息及时更新完善。对13名乡镇纪委书记开展集中约谈，以零容忍的态度，严防“灯下黑”。六是提升干部履职能力。认真组织学习《中国纪检监察报》《党风廉政建设》等报纸杂志，督促县乡纪检监察干部将《纪言纪语汇编》等“口袋书”装入口袋，编制并印发《纪检监察干部讲义汇编》，方便学习。采取以会代训、以案代训、参加上级培训、跟班办案等方式，不断增强纪检监察干部政治素养和理论水平。截至2020年年底，县纪委监委分批次对70余名纪检监察干部进行轮训、选派抽调1名县纪检干部、7名乡镇纪检干部跟案学习，并取得良好效果，助推12个乡镇突破零线索。

人民团体

工会

【概况】 察雅县总工会共有4名专职工作人员，3名社会化工会工作者。截至2020年，察雅县共有127个工会组织，其中县直机关38个，乡镇及寺管会25个，环卫队1个，行政村居37个，非公企业23个，国有企业3个。共有工会会员2820人，其中县直机关会员905人，乡镇干部及驻寺干部会员590人，环卫工人、城管大队会员127人，行政村居会员共406人，非公企业会员共760人、农牧民工会员32人。

2020年，察雅县总工会在县委、县政府以及上级工会的正确领导下，深入学习贯彻落实党的十九届三中、四中、五中全会精神和习近平新时代中国特色社会主义思想、中央第七次西藏工作座谈会精神，深入贯彻落实习近平总书记关于中国工人阶级和工会工作的重要论述，始终坚持以改革创新的精神全面推进工会自身建设，不断创新工作思路，拓宽服务领域，认真组织开展了各项工作。

【履职尽责】 强化思想引领，抓好职工思想阵地建设。察雅县总工会重视干部队伍建设，教育引导干部职工加强理论武装，强化党性修养，提高干部队伍综合素质。一是坚持把学习宣传贯彻党的十九届三中、四中、五中全会精神以及习近平新时代中国特色社会主义思想、中央第七次西藏工作座谈会精神作为重中之重，用党的十九届三中、四中、五中全会精神武装头脑、指导实践、推动工作，引导干部职工牢固树立“四个意识”，坚定“四个自信”，做到“两个维护”。二是注重加强业务知识的学习，组织单位干部职工积极参加上级业务部门开展的各项培训活动，提高业务能力和服务能力。三是深入开展民族团结、综治宣传等宣传教育活动，引导广大职工、农牧民工群众自觉维护国家统一和民族团结，促进社会持续和谐稳定。四是强化工会干部思想政治建设，强化理论武装、坚定理想信念，增强理论素养，推动工会工作创新发展。

加强工会基层组织建设，拓展工会组织覆盖面。察雅县总工会按照“组织起来、切实维权”的工作方针，突出重点，创新举措，推动工会组织向基层延伸，不断扩大工会组织覆盖面，尤其是向非公企业、村级工会组织、“八大群体”的延伸。积极推进建会进程，加快建会方式的转变，最大限度地将广大职工和农牧民工吸收到工会中来，巩固党在农牧区的执政基础、阶级基础和群众基础，为察雅县打赢脱贫攻坚战，全面建成小康社会作出积极贡献。2020年，为“八有”规范化建设达标工会组织荣周乡工会委员会、扩达乡工会委员会、察拉乡工会委员会各发放了20000元建设资金。

完善民主管理制度，维护职工合法权益。为动员和组织职工参与企业民主管理，保障职工的知情权、参与权和监督权，调动广大职工参政议政的积极性，提高企业民主管理水平，察雅县总工会深入县供电公司、县粮油公司、县自来水厂、卡仁建筑有限责任公司等企业对厂务公开、民主管理工作进行调研指导，要求企业要把厂务公开、民主管理创建工作同创建劳动关系和谐企业工作结合起来，切实保障职工的合法权益。

抓责任、强担当，多举措抓好疫情防控工作。认真贯彻落实习近平总书记关于疫情防控的重要指示精神，动员一切可以动员的力量，群防群控，多措并举，团结引领全县广大职工群众，大力开展疫情防控宣传、公共区域消毒等工作，为打赢抗击疫情攻坚战充分发挥工会作用。牢记党员身份，坚守初心使命，认真履行值班责任，广泛派发宣传资料、叮嘱居民勤通风、勤洗手、常消毒，少出门、不聚会、戴口罩，提高风险防范意识。一是联合察雅县妇联开展“坚守初心担使命、同舟共济战疫情”主题志愿服务活动；二是先后开展两次疫情一线职工慰问活动，深入察雅县13个乡镇为疫情一线职工送去共计价值13.1万元的物资。

【特色品牌活动】 开展“五送”活动。2020年以来，察雅县总工会共开展2次“五送”活动。一是春节、藏历新年来临之际，察雅县总工会联合县妇联、县司法局、县文化局、县人民医院于唐琼孜易地搬迁点开展“送文化·送政策·送法律·送健康·送温暖”“欢度祥和新年”活动。活动现场，工作组向农牧民工和群众发放了《您身边的法律顾问》《法律进乡村读本》《扫黑除恶共参与　法治宣传在行动》《中华人民共和国劳动争议调解仲裁法》《做新时代雪域高原文明职工倡议书》《工会干部读本》等藏语、汉语两种语言文字宣传资料500多份。开展相关法律政策宣讲活动，为农牧民工讲解了卫生保健知识，发放了感冒药、肠胃药、关节药、保健药、血压药、儿童感冒药、咳嗽药等常规药品。同时为65名困难农民工发放慰问金每人500元，总计3.25万元整（资金来源为重庆市总工会、江北区总工会援藏资金）。二是为进一步协助党和政府落实各项改善民生的政策措施，做好察雅县城市困难职工解困脱困工作，推进工会送温暖常态化、经常化、日常化，开展“助力复工复产 工会在行动”系列服务职工活动。深入乡镇、牧区向农牧民群众开展法律政策宣传，提供相关政策法律咨询服务，向他们答疑解惑；开展“送医送药”活动，宣传讲解卫生健康知识和传染性疾病的防控知识；开展下基层慰问演出活动；中秋节、国庆节期间慰问全县乡村振兴专干、“三支一扶”、社会化工会工作者共145名，每人发放慰问金500元；慰问民间艺术团演员25名，每人发放慰问金500元；慰问环卫工人101名，每人发放慰问金或慰问品500元；慰问公共厕所保洁员10名，每人发放慰问金500元；慰问停车场管理员21名，每人发放慰问金500元；以集体为单位开展慰问活动，慰问10个虫草采挖点，每个虫草采挖点发放1000元慰问金以及1000元慰问品。

开展“送温暖”工作。2020年以来，察雅县总工会认真开展“送温暖”活动，累计发放送温暖慰问金33.38万元。一是在元旦、春节来临之际慰问察雅县非公企业农牧民工、困难农民工、困难职工等共计503人，每人发放500元，共计25.15万元，资金来源为重庆市总工会、江北区总工会援藏资金；二是在元旦、春节来临之际慰问一线交警，发放慰问金1000元，价值800元的物资，共计0.18万元，资金为本级工会资金；三是深入察雅县香堆镇慰问一线公安干警和消防队员，共157人，每人发放慰问金500元，发放集体慰问金2000元，共计8.05万元。

落实“金秋助学”工作。1月6日，县总工会发放“2019年度金秋助学金”，共资助27名贫困学子，发放助学金共计7.2万元，资金由市总工会拨付。

开展助学救助工作。5月7日举行助学帮扶资金发放仪式，救助帮扶察雅县困难职工、农民工家庭人员74人发放资金18.5万元（每人2500元），资金来源为重庆援藏资金。

落实困难职工帮扶救助工作。2020年县总工会对2名困难职工及家属发放过世慰问金共1800元；为7名困难职工发放国庆节、春节慰问金每节每人

1000元，共发放慰问金1.4万元；对6名在档特困职工每人发放4000元慰问金；6名一般困难职工每人发放慰问金2000元，共发放3.6万元，资金来源为中央帮扶资金；发放春节、藏历新年慰问金2.15万元，帮扶职工43人，每人500元，资金由本级财政承担；发放春节、藏历新年慰问金4.3万元，帮扶职工43人，每人1000元，资金来源为重庆援藏资金；在三八妇女节来临之际为8名在档困难女职工送上1000元慰问金，共8000元，资金为市总工会拨付。

开展劳模慰问活动。在藏历新年、五一劳动节来临之际对察雅县6名自治区级劳模发放慰问金，每人每次1000元，共发放慰问金1.2万元，资金为重庆援藏资金。

开展落实干部职工疗休养活动。察雅县总工会严格按照市总工会部署要求，积极开展落实职工疗休养相关工作，其中前往拉萨疗养2次，共2人（每次1人）；前往林芝疗养1次1人；前往海南疗养2次2人。

开展儿童关爱活动。2020年六一国际儿童节来临之际，为让广大儿童度过一个丰富多彩、意义非凡的节日，进一步拓宽服务领域，察雅县总工会联合县妇联精心组织开展了六一儿童关爱活动。6月1日，县总工会、县妇联一行分别到巴日乡小学和吉塘镇小学，为困难儿童发放新衣服、新鞋子、文具等价值6.9万余元的慰问品，发放慰问金2000元。

建立户外劳动者爱心驿站。年内建立6个户外劳动者爱心驿站，分布于县城各环卫工作重点区域，且计划持续深入开展此项工作，努力实现环卫爱心驿站全覆盖，进一步将党和政府及工作组织的关心和关爱，送到职工心坎上。

【关心帮助困难职工】 察雅县总工会严格按照上级总工会关于城市困难职工解困脱困工作的相关部署要求，进一步加强和规范困难职工建档、帮扶和管理工作，以及贯彻落实在档困难职工解困脱困相关工作，联合困难职工解困脱困8家责任单位建立信息共享平台，详细对比了解困难职工家庭人口信息、收入情况、低保、房产车辆情况、子女上学、大病情况以及困难职工家庭存在的实际困难，要求入户人员按照统一表格填写困难职工入户调查表，并最终实现脱困38人，解困2人，圆满完成城市困难职工解困脱困工作目标，即在档困难职工于2020年年底前全部实现解困脱困，新增13人。

共青团

【概况】 2020年以来，团县委在各级党委、政府的坚强领导下，在团自治区委、团市委的精心指导和悉心关怀下，在对口援助察雅共青团的帮助支持下，深入学习贯彻党的十九大，党的十九届二中、三中、四中、五中全会和中央第七次西藏工作座谈会精神，贯彻落实习近平总书记治边稳藏重要论述和加强民族团结、建设美丽西藏的重要指示精神，贯彻落实习近平总书记关于青年工作重要思想和“7·2”、五四运动100周年重要讲话精神，贯彻落实团十八大和自治区团十大、团市委一届五次全会精神，坚持党的领导，增强“四个意识”，坚定“四个自信”，做到“两个维护”，着力保持和增强共青团政治性、先进性、群众性，提高组织力、引领力、服务力，提升县域经济社会发展贡献度，带领全县广大青少年为建设美丽察雅做出了积极贡献。

【加强青少年思想政治建设】 加强青少年的思想引领。面向县直机关、乡镇、非公企业团干部青年，以加强网上青年大学习为抓手，组织71名团干部参与“线上团干部理论培训”，对276名基层干部进行了团的基层知识培训；面向少年儿童，组织开展了“争做新时代好队员”、“3·28”网上国旗敬礼、青年讲师团进校园、学习习近平总书记向全国各族少年儿童致以节日的祝贺、“迎接少代会争做好队员”、离队入团等系列内容丰富的主题教育 40 余次；面向农牧民青年，深入虫草采挖点进行青年团员主题意识教育宣讲 324 次，覆盖群众 10291 人次。在五四期间开展了“赓续爱国精神、铸就时代梦想、奋进复兴征程”的全县广大青年知识竞赛，表演了《众志成城抗疫、尽显中国力量》的舞台剧；为深入学习宣传贯彻习近平总书记致中国少年先锋队建队 70 周年贺信精神，结合第八次全国少代会即将召开，聚焦察雅县脱贫攻坚中心工作，5 月 28 日团县委前往宗沙乡第一小学举办“迎接少代会　争做好队员”六一主题团日活动。全年举办结合青少年相关主题教育 50 余场。

加强新媒体引导工作。全力推进新媒体建设，集中力量打造以微信公众号和抖音平台为双中心的察雅共青团新媒体阵地，成立察雅县青年网络宣传联络员群，将乡镇团委、中小学开的系列活动以“察雅团团新鲜事”和“察雅小花”的形式在微信、抖音推送，扩大共青团和少先队的社会影响。截至年底，发布稿件 1561 篇，其中原创 85 篇，阅读量 6.8 万次。

【就业脱贫】 服务青年就业创业。积极争取为 25 名农牧民青年开展实用技能餐饮服务员培训项目并颁发结业证书，加强唐琼孜易地扶贫搬迁点精准扶贫青年实体店 1 家的指导，新成立就业见习基地 2 个、青年就业创业协会 1 个。

助力打赢脱贫攻坚战。广泛开展共青团教育扶贫、“青春暖冬行”“微心愿”“爱心物资捐助”等公益扶贫活动 15 次，累计向中小学校发放募捐衣物、物品、学习用品、图书价值约 10 万元，惠及学生超 3000 人；通过爱心助学、碧桂园助学金、金穗圆梦助学金、国酒·茅台助学金、渝昌助学金、国资委助学金等助学金帮扶，为 83 名贫困学生发放助学圆梦金 41.5 万元。结合察雅县“54321”结对帮扶工作，每季度对团县委帮扶的索尺村、贫困户进行政策宣讲、爱心物资发放。

积极发挥青年突击队生力军作用。全县青年，各级团组织参与疫情防控，13 个青年突击队认真负责各自区域内疫情防控相关任务，团组织还积极响应号召，组织广大党员、团员、青年、群众、社会各界爱心人士 1680 人，自愿捐款 32.94 万元。同时，开展“为最美逆行者奉献——关爱一线抗疫人员子女”活动，为筑起疫情防控的坚强堡垒贡献青春的力量。在此期间青年突击队接受了西藏卫视的采访，得到了广大农牧民群众的认可。

【做好青少年服务工作】 认真做好“大学生志愿者服务西部计划”工作。2014—2020 年，察雅县共迎来 8 批 47 名西部计划志愿者，累计留藏工作 28 人，2020 年在岗志愿者 10 人。县项目办帮助大学生志愿者适应察雅服务工作，开展志愿者交流会 3 次、学习会 5 次。

加强对口援藏对接工作。加强与南岸、綦江、巴南团委的沟通衔接，得到南岸、綦江团委向团县委捐助助力脱贫攻坚资金 2 万元，积极争取团巴南区委员会规划外援藏项目，已制定项目的实施方案，正在加大沟通衔接力度，部分项目已实施。

维护青少年合法权益。牵头成立察雅县预防青少年违法犯罪领导小组，开展法治宣传和禁毒防艾等各类讲座、报告和警示教育 30 余次，制作发放《青少年自我保护知识》《中华人民共和国未成年人保护法》等宣传册 300 余份。开展全县各中小学校法治宣讲活动 8 次，累计覆盖学生超 3000 人。

【团组织建设】 严肃团组织生活，规范团费收缴、发展团员等工作，加强“三会两制一课”制度，依托红色教育资源开展“离队入团”、重温入团誓词、齐唱国歌、团歌、“授志愿者旗帜”、“团干部上台讲团课”等教育，提高团员青年的光荣感和使命感。紧扣农村团组织的需求，加强 138 个村居的青年之家阵地建设，不断提高村级团支部活力。同时紧扣学生团员的需要，强化中学团委阵地建设，做好阵地制度建设，依托团委办公室标准化建设，突出作为党的青年工作阵地作用。认真落实全团工作，加大全县少先队辅导员指导力度，2020 年全县 17 个学校开展“迎接少代会　争做好队员”主题入队仪式，提升了少先队员们的组织感和参与感，顺利完成了察雅县第一小学召开校级少代会。同时为加强少先队辅导员的业务知识与实践能力，不定时召开线上辅导员培训班，并邀请中国少年先锋队工作协会副会长华耀国老师进行线上指导与交流，使察雅县少先队工作环境不断优化。为进一步扎实基层团组织工作，团县委积极推行团支部工作台账，在智慧团建系统对各团（总）支部进行对标定级工作。严格按照团西藏十届四次全会关于大抓团的基层建设的部署要求，根据团中央、团自治区委、团市委有关决策部署，开展专项提升团组织工作。为落实察雅县“青年之家”建设完善情况，进一步加强基层团组织建设，为 13 个乡镇建设制度牌及宣传栏，费用共计 11.9448 万元。为促进共青团的科学发展和自身建设，加强“两新”组织团建工作，创新团建工作方式，拓展团组织服务领域，察雅县为 4 家企业挂牌青年工作委员会，为 6 家“两新”领域非公企业建立团建指导员。

妇联

【概况】 察雅县妇联有专职妇联干部 4 人，有县妇女联合会 1 个、乡（镇）妇联 13 个、172 个妇代会（其中 138 个行政村妇代会、34 个县直机关、企事业单位妇代会）。2020 年，察雅县妇联组织认真贯彻落实党中央关于做好新形势下党的群众工作的重要决策部署，以建设“坚强阵地”和“温暖之家”为目标，以围绕中心、服务大局、立足基层、服务妇女为宗旨，以帮助妇女得实惠、普受惠、常受惠为着力点，大力推动把妇联工作的重心下沉到基层，把妇女群众利益问题解决在基层，让妇联的组织作风彰显在基层，让妇女群众工作活跃在基层，把妇女群众工作根基夯实在基层，大力推动妇女小额担保财政贴息贷款政策的落实、农村妇女“两癌”免费检查、女性进村“两委”、农村困难妇女儿童关爱行动等惠及妇女儿童的重点工作，推动“妇女之家”的建设，扎实帮助基层妇联解决实际问题。竭尽所能地为各类妇女提供贴心的服务，进一步增强了与广大妇女群众的深厚感情，增强了妇联工作社会影响力。

【社会活动】“三大节日”期间，县妇联深入开展慰问活动。为村妇代会主任送去了新年的祝福以及每人 300 元慰问金。县妇联以贴心温暖的话语、嘘寒问暖，送去了组织上的问候和祝福，同时帮助贫困妇女树立生活的信心，并根据实际情况，提出一些发展生产、脱贫致富的建议。2 月 17—19 日，县妇联深入疫情防控一线慰问工作人员，赴县人民医院、县疾控中心、县疫情防控指挥部、竹卡检查站等单位赠送了香皂、毛巾、方便面、奶茶等生活物资，价值 24000 元。3 月 8 日在 13 个乡（镇）举办察雅县 2019 年度三八妇女节表彰暨座谈会，并对基层涌现出的“三八红旗手”“五好文明家庭”进行表彰鼓励。为进一步贯彻习近平总书记关于志愿服务的指示精神和党中央对疫情防控工作的重要部署，推动学雷锋志愿服务活动，传承雷锋精神，为美化辖区环境，营造整洁的社区氛围，3 月 5 日察雅县妇联联合总工会开展“志愿服务、传承雷锋精神”为主题志愿服务活动。3 月 30 日，县妇联一行深入吉塘镇雪通村、亚许村和卡贡乡索赤村开展结对帮扶工作。此次共走访慰问结对帮扶对象 4 户，为每个帮扶对象送去大米（1 袋）、食用油（1 桶）、大茶（1 条）等生活物资（价值 600 元），发放慰问金 1000 元。4 月 3 日，察雅县妇联一行前往香堆镇角克寺开展关爱尼姑法制宣传活动。此次活动还为角克寺在家僧尼 55 人免费送医药，送去了价值 1000 元的常见药品，发放口罩、毛巾、香皂等防护用品，共计 1000 元，受益人数达 55 人次。发放疾病预防小知识、健康保健问答等宣传资料300余份。利用三八维权月、综治宣传周、虫草采挖期间宣传法律知识。4月15日，察雅县妇联干部在澜沧江广场开展围绕“国家安全、人人有责”的全民国家安全教育日宣传活动。三八维权月期间和开展了以“建设法治中国·巾帼在行动——万家联动　送法到家”为主题的三八妇女维权月活动。活动宣传了《中华人民共和国婚姻法》《中华人民共和国妇女权益保障法》《中华人民共和国未成年人保护法》，并为大家发放了《妇女儿童保护知识宣传册》和《西藏自治区未成年人自我保护知识》读本等妇女儿童读物；为进一步做好农牧区妇女教育引导等工作，服务党政中心工作，发挥妇女“半边天”作用，察雅县妇联切实开展农牧区妇女主题意识教育活动。活动为所有的农牧民发放了《中华人民共和国森林法》《中华人民共和国草原法》《中华人民共和国妇女权益保障法》《中华人民共和国未成年人保护法》等法治宣传资料300余份。5月8日，察雅县妇联举办2020年巾帼民族手工艺制作技能培训班，在察雅县唐琼孜易地搬迁点巾帼创业基地举行了开班仪式。此次培训班将于近期持续开展一周，此次培训班吸引周边年龄在18～45岁“一女双孩”单亲家庭妇女15人制作毛衣、衣帽、钩针编织等手工艺品。5月10日，察雅县妇联开展以“感恩母亲节，关爱贫困单亲母亲”为主题的贫困母亲慰问活动。本次慰问贫困单亲母亲6人（残疾母亲1人、环卫工母亲2人、农牧民母亲1人、巾帼志愿者贫困母亲1人、贫困医护母亲1人）。为贫困母亲献上康乃馨。并为贫困母亲发放慰问金每人500元，共计3600元。察雅县妇联分别前往巴日乡中心小学和吉塘镇中心小学开展庆六一国际儿童节慰问活动。为贫困儿童送来了爱心物资：新衣服、新鞋子、学习用品等价值24000余元的慰问品。县妇联邀请了人民医院医生为阿孜乡的农牧民群众免费就诊，给他们讲解了卫生保健知识。发放了总价值2000元的药品。7月1日，察雅县妇联同县总工会、电力公司深入县敬老院开展建党99周年主题党日活动。此次向老人发放布鞋，共计148双。县妇联主席为敬老院7名贫困单亲母亲发放了母亲邮包。7月7日上午，察雅县妇联通过实地走访唐琼孜易地搬迁点慰问单亲母亲，让她们感受到温暖与爱。9月17日上午，察雅县妇联联合县司法局、县检察院、县法院到察雅县小学开展了法治进校园活动。10月1日上午，察雅县妇联组织巾帼志愿者到特困人员集中供养服务中心走访慰问，以实际行动践行尊老、爱老精神，把关爱送到老人身边，传递爱心，给老人们发放了羊毛围裙，同时给巾帼志愿者们发放了母亲邮包。10月20日，察雅县妇联深入唐琼孜易地搬迁点为农牧民妇女及群众送去了温暖、健康、关怀等。县妇联开展“送文化、送政策、送法律、送健康、送温暖、民族团结一家亲”活动，在党和政府的高度重视下为贫困妇女办实事、解难事。11月6日上午，察雅县妇联通过实地走访慰问贫困妇女，送上了大米和食用油、面粉，共价值3000元的物资，11月9日，给环卫工人发放了母亲邮包。12月21日下午，察雅县妇联分别召集“两新”组织（察雅县藏雅园生态产业有限责任公司、察雅县天匯商品混凝土有限责任公司、察雅县鑫鑫皮革有限公司、察雅县日峰建筑有限公司、察雅县瑞雅弘建筑材料有限责任公司），联合建立“妇女之家”并挂牌，有序推进了“妇女之家”在“两新”组织中的拓展延伸。以弘扬和谐精神、培育文明风尚目标，发挥妇联组织联系妇女和家庭的优势，推进各类特色家庭创建工作。把“平安家庭”创新工作作为参与社会治安综合治理、服务社会和谐稳定的重要载体，推进“平安家庭”示范创建工作。

【建设与发展】 妇联是党联系妇女群众的桥梁纽带，是党执政的重要社会支柱。基层妇代会组织是妇联做好妇女群众工作的重要基层阵地，是妇联组织参与社会管理和公共服务的重要平台，在凝聚妇女，服务妇女，进一步夯实党的执政基础、扩大党的群众基础，不断巩固党的执政地位方面起着至关重要的作用。

为进一步推动妇女的发展，让更多的农牧民妇女有自主创业机会，县妇联加强妇女职业教育和职业培训。坚持职业教育与职业培训并举，为妇女接受职业教育和职业培训提供更多机会和资源。深入发掘和开发就业岗位，帮扶妇女就业创业，大力培树女带头人、致富女能手，全面激发妇女群众的积极性、主动性和创造性；高举维护妇女权益旗帜发挥好婚姻家庭合议庭、基层“妇女维权岗”等阵地作用，积极配合打击侵害妇女儿童合法权益的行为，重点关注农牧区失业妇女等弱势群体，深入了解妇女需求，反映妇女心声，切实办好妇女实事，全面增进妇女福祉，使妇联真正成为妇女群众的知心人和娘家人。

法治　军事

政法委及综治

【概况】 2020年以来，在县委、县政府的坚强领导下，在市委政法委的有力指导下，坚持以习近平新时代中国特色社会主义思想为指导，深入学习贯彻党的十九大，党的十九届二中、三中、四中、五中全会精神，中央第七次西藏工作座谈会精神，以《中国共产党政法工作条例》为准则，以加强新时期政法队伍建设为重点，以“全面加强政治建警，打造过硬政法队伍”专项教育活动为契机，切实增强“四个意识”、坚定“四个自信”、做到“两个维护”，扎实开展好扫黑除恶、“先进双联户”创建评选、加强和创新社会网格化、民生信息员工作、“平安建设”等政法（综治）各项工作，紧密结合市域社会治理试点工作的开展，全力促进察雅县经济跨越式发展和社会长治久安。

【治安管理】 开展“扫黑除恶、打非治乱”专项行动。2020年，全县各级各部门认真将“扫黑除恶、打非治乱”专项斗争同反对分裂、维护稳定和开展市域社会治理现代化试点工作等结合，以最高的标准，最严的要求，最实的作风，再掀强大攻势，开展“六清”“蹲点带片”行动大决战，确保实现“清彻底、清到底、清干净”目标要求。召开县委常委会、政府常务、专题会、党组理论学习中心组学习会13次、扫黑除恶领导小组组织召开动员会、推进会、专题会9次，成员单位召开推进会93次，开展各类宣传活动590余场次，发放宣传材料31161份，受教育群众达到30149余人，沿街、临街处巡回滚动播放宣传标语40余条，宣传效果良好。

强化信息收集研判工作。各部门大力拓展信息收集渠道，加大信息收集力度，特别是公安、安全、统战、民宗等部门充分发挥信息收集作用，各乡（镇）大力发挥民生信息员作用，加强社会信息搜集，为县委、县政府科学决策提供详尽、可靠的依据。同时积极开展案件辅助工作，切实做到预知、预警、预防，为上级领导决策提供了强有力的情报支撑。

狠抓矛盾纠纷排查化解。始终坚持矛盾纠纷“月排查、重要防护时段集中排查、热点难点问题重点排查”三排查制度，对排查出来的问题，按照要求逐一梳理、建立台账，落实责任单位和责任人，切实把纠纷化解在基层，把问题解决在当地。

认真处理信访突出问题。继续深入开展积案化解活动，实行“定责任庭室、定办案人员、定解决方案、定结案时间、定结案标准”五定责任制和重大疑难信访问题“包化解、包处理、包疏导教育、包息访息诉”的四包责任制，较好地完成了“事要解决、案结事了、息诉罢访”的工作目标。县信访局共受理25起信访案件，23起已调处，2起已转交到责任单位办理中。

积极预防和妥善处置群体性事件。加强应急处突队伍实战演练，完善处置预案，坚持化解矛盾纠纷、防止群体性事件处置原则，按照“抓快、抓早、抓小、抓好”的要求，高度重视各类资源纠纷的预防调处，对可能影响社会稳定的苗头性、倾向性问题，切实做到早发现、早报告、早处置、早解决，最大限度地把不稳定因素解决在基层、解决在萌芽状态，防止发生各类群体性事件，严禁将矛盾上交。做到了没有激化矛盾，没有扩大事态，没有造成不当后果，有力地维护了社会稳定。

【加强政法队伍建设】 为进一步加强基层政法队伍建设，提高平安建设工作能力，为进一步提高全县基层社会治理工作水平，充分发挥好综治、双联、扫黑专干积极作用，切实开展好综治“双联户、民生信息、雪亮工程”工作及扫黑除恶打非治乱专项斗争，察雅县于2020年4月21日、6月20日组织召开察雅县政法（综治）、扫黑除恶打非治乱业务培训会，并积极参加昌都市委政法委组织的基层政法干部第一、二次“视联网”同步网络培训会，县委政法委全体干警、13个乡（镇）综治、扫黑专干参加培训。

【市域社会治理现代化试点工作】 严格贯彻落实昌都市市域社会治理现代化试点工作第一次调度会议精神，下发了《中共察雅县委员会办公室关于市域社会治理现代化试点工作实施方案》（察党办〔2020〕71号），抽调6名人员组建工作专班，逐步完善试点工作办公室的工作职责、机制，学习借鉴扫黑工作开展的经验和做法，建立健全信息报送制度并实行通报制；及时下发《察雅县市域社会治理现代化试点工作指引（任务分工细化表）征求意见的通知》收集意见建议；要求各单位、各乡镇将市域社会治理现代化试点工作与自身本职工作相结合，创新工作做法，突出工作亮点，收集信息165期，上报工作动态46期。

【“先进双联户”创建评选工作】 按照《昌都地区“先进双联户”创建评选活动实施细则》（昌委室〔2013〕183号）文件，结合察雅县实际，制定下发了《察雅县委政法委关于印发〈察雅县“双联户”服务管理和民生信息管理等工作的相关机制〉的通知》（察政法发〔2020〕43号）文件，与精准扶贫、扫黑除恶打非治乱及市域社会治理现代化试点工作相结合，强化联防责任、推动和谐稳定，强化互帮互助、实现脱贫致富，强化思想教育、占领意识形态阵地，强化交往交流、加强民族团结，持之以恒抓好抓实“双联户”服务管理工作。根据中共察雅县委九届七十九次专项会议精神，再次细化完善制定下发了《察雅县委政法委关于印发〈察雅县“双联户”服务管理和民生信息管理等工作的相关机制〉的通知》（察政法发〔2020〕43号）、《关于兑现2019年度“双联户”服务管理工作奖励资金的通知》（察政法发〔2020〕56号），并与兼职户长信息报送挂钩。及时兑现双联户流动红旗及各类资金1504090元，专职户长补助1076000元、“双联户”流动红旗资金86000元（乡镇69000元、单位17000元）、兼职户长补助资金342090元（乡镇209070元、单位133020元）。举办户长培训88场次783人次，办好事实事253件，邻里间义务投工投劳455人次，开展环境卫生整治1872场次19003人次参与；开展各类政策法律宣传共4196场次87222人次，发放宣传资料63053份，户长参与扫黑除恶打非治乱专项斗争宣传510场次，开展治安巡逻48183人次，排查化解矛盾纠纷1起，排查整治社会治安重点地区149处，消除安全隐患91起，收集各类民生信息4591条；2020年度评选“先进双联户”村级293个联户单位、2681个联户家庭；乡级“先进双联户”创建活动先进集体30个；乡级“先进双联户”60个联户单位576个联户家庭；乡级“先进双联户”户长（优秀民生信息员）26名；县级“先进双联户”创建活动先进集体10个；县级“先进双联户”18个联户单位156个联户家庭；县级“双联户”工作“先进工作者”10名；县级“先进双联户”户长优秀民生信息员10名，优秀气象信息员3名。同时，推荐评选市级“先进双联户”先进集体5个，市级“先进双联户”5个联户单位43个联户家庭；市级“先进双联户”户长（优秀气象信息员）1名。

【民生信息员队伍建设】 2020年，共收集各类民生信息5476条，上报市委政法委682条，县级采用568条（其中民生民情类501条、社会舆论类16条，工作动态类40条），针对群众请求解决的水、电、通信、环境卫生等方面诉求，及时反馈给各职能部门。为畅通民意诉求渠道，了解群众所期所盼，发展壮大群防群治力量，推进社会管理创新，进一步密切党群干群关系，打下了牢固的群众基础。同时，及时将收集到的信息进行梳理、排查、核实、反馈，认真听取群众意见，并向涉及单位下发了察雅县民生信息反馈情况核查催办通知，共收到答复156条。及时解决民生问题，为筑牢稳定铜墙铁壁提供坚强有力的支撑。

【推进“雪亮工程”】 为大力推进公共安全视频监控建设联网应用工作，构筑维护社会稳定和治安防控立体化体系，察雅县积极完善社会管理体系，建立健全社会服务网络，延伸和拓展社会工作内容，有序推进社会网格化管理工作。按照“党政领导、综治牵头、公安负责、部门配合、社会参与”的工作格局，大力推进“雪亮工程”项目建设。一是对全县视频监控资源的总数量、需求数量及使用维护情况进行全面摸排。二是加强综治中心建设，县、乡（镇）综治中心运行良好。同时，除察拉乡、巴日乡、阿孜乡外（2017年规划时，该乡电力设施不稳定，未纳入第一批安装计划），其余10个乡（镇）综治视联网视频会议系统已安装完成，其他乡（镇）在下一步工作中按计划逐步完成安装。三是在2019年网格化服务管理工作的基础上，进一步统一规范化管理，察雅县27个网格化点位在网络顺畅的情况下，及时将新的信息录入综合信息网中。同时加大对重点点位督导检查力度和培训指导，在确保完成重点点位的信息录入的基础上，有序地扩大到其他网格化点位。

【平安创建工作】 继续巩固开展“平安单位、平安寺庙、平安乡（镇）、平安村（居）、平安小区、平安家庭”等基层平安创建活动，不断把平安建设引向深入。以建设“平安察雅”为契机，着力抓好农牧民群众法治宣传教育，广泛宣传建设“平安西藏”“平安察雅”的重要意义、目标任务和工作举措，以平安建设、防范电信诈骗、新冠肺炎疫情防控、防灾减灾、虫草采集交易管理等为重点，县直各单位、各部门组织开展形式多样的宣传教育活动，深入开展平安建设宣传引导，开展3月宣传月、6月宣传周、“9·16”平安西藏宣传日、民族团结月、反邪教、反诈防诈、爱国主义教育、全民国家安全教育日、网络安全、扫黑除恶打非治乱、提升基层应急能力，筑牢防灾减灾救灾的人民防线等一系列教育宣传活动，发放宣传资料1.02万余份，受教育群众1.2万余人次，使广大人民群众对构建和谐察雅、平安察雅有了深刻的认识，为维护社会稳定、促进社会经济健康快速发展提供了有利条件。

公安

【概况】 2020年，察雅县公安局在县委、县政府的坚强领导下，在昌都市公安局党委精心指导下，坚持以习近平新时代中国特色社会主义思想为指导，深入贯彻落实党的十九大和十九届二中、三中、四中全会精神，贯彻落实习近平总书记治边稳藏重要论述和系列重要指示批示精神，贯彻落实中央、自治区党委、市委政法工作会议精神，贯彻落实全国公安工作会议精神，全国公安厅（局）长会议精神，全区公安处（局）长会议精神，全市公安工作会议精神，进一步增强“四个意识”、坚定“四个自信”、坚决做到“两个维护”，坚持党对公安工作的绝对领导，坚持总体国家安全观，坚持以人民为中心的发展思想，坚持稳中求进工作总基调，着眼推进国家治理体系和治理能力现代化，聚焦打赢防范化解重大风险攻坚战，全力以赴防风险、保安全、护稳定，下大力气固根基、补短板、强弱项，大力推进公安工作现代化和公安队伍革命化、正规化、专业化、职业化建设，为察雅县全面建成小康社会和昌都解放70周年创造安全稳定的政治社会环境，为促进察雅长足发展和长治久安贡献公安力量。

【安保工作】 2020年，察雅县公安局以全面打赢打胜昌都解放70周年安保工作为主线，强化底线思维，增强风险意识。建立健全安保领导小组，进一步理顺了指挥体系，定期组织召开全局安保专题会议、形势研判分析会，及时传达学习上级对维稳工作的批示和指示精神，确保组织领导到位、思想认识到位、工作措施到位。其间，制定安保总方案1个、子方案11个，圆满完成了路线和活动现场的安保任务。

【疫情防控】 深入贯彻落实党中央、自治区党委、市委、县委关于疫情防控工作的系列安排部署，积极投入疫情防控阻击战中，认真开展人员排查、宣传引导、场所管理、进出昌都人员登记筛查等工作。其间，依法处理疫情期间聚众赌博人员3名，成功处置2起在疫情期间造谣传谣的违法行为，行政处理3人。扎实开展疫情知识宣传工作，发放宣传单10000余份。

【社会面防控】 不断完善情指一体化的工作机制，局领导每日带班制度，进一步明确细化指挥中心和第一责任人的实战指挥权限，减少指挥层级，缩短响应时间，提升快速反应能力和畅通高效的指挥体系。充分发挥人防、物防、技防作用，对重点部位、领域的防控进行科学部署，科学安排巡防警力，推进视频监控系统建设。完善各类方案、预案，加强武装巡逻、实战处突演练。做到力量科学部署、应急处突全时备勤，增援处置准备到位。建立多元化排查、调处机制。积极会同有关部门，对矛盾纠纷、安全隐患等方面进行细致全面排查，堵塞漏洞、消除隐患，排查化解各类矛盾纠纷44起。将户籍清理整顿工作及第七次人口普查工作相结合，确保做到了两项工作相互促进、共同推进。大力开展基础信息调研工作，做到信息采集全覆盖。户籍清理方面，2020年共办排查清理错漏信息33263人次，户籍业务方面，2020年共办理身份证5364张，户籍项目变更166792项次。强化检查站护城河、防护网作用。

【专项斗争工作】 明确专项斗争攻坚目标，坚持以打掉达赖集团在区内的“四个基础”以及反分裂斗争为专项斗争工作重点，以开展“六清”行动抓手，推进“六建”机制为目标，全面加强工作部署、宣传发动、线索摸排清零、建章立制等各项工作。一是强化宣传发动，进一步核清线索。发放宣传单10000余份，张贴宣传海报3600余份，截至2020年12月底，线索共计30条，线转案14条，其他线索16条。均无涉黑涉恶线索，并已全部办结，实现了线索清零。二是推进缉枪治爆专项行动，进一步消除安全隐患，县公安局多措并举，全面强化对枪支、炸药以及其他危险物品的有效管控，努力实现了“不打响、不炸响、不丢失、不被盗”工作目标，全力维护辖区平安稳定。共设立“缉枪治爆”专项斗争举报箱26个，开展宣讲130次，受教育群体1.7万余人。

【公共安全管理】 道路交通安全管理。强化客车、货车、危化品运输车、面包车、摩托车五类重点车辆安全管理，狠抓“三超一疲劳”、酒驾、野蛮驾驶等突出违法行为集中整治，集中开展“一盔一带”专项整治等工作，强化路检、路巡工作，严格落实民警分片包干制度，进一步完善道路交通安全基础设施建设。2020年以来，开展路检、路巡150次，整改交通隐患74处，安装校园周边减速带20条。强化交通安全宣传工作和违法行为查处工作。

1月以来共发生各类交通事故257起，查处各类交通违法行为198起，处罚款39600元，纠正未系安全带200余次、不戴安全头盔3000余人次。

安全隐患排查整治。积极会同有关部门，对各类基础设施进行全面排查，坚决堵塞漏洞、消除隐患。健全完善大型活动审批、群众性节庆聚集活动风险评估制度，严把安全许可、安全容量、安全检查、秩序维护“四道关”。依法加强对民用爆炸物品、烟花爆竹和油气等易燃易爆物品购买、运输、储存、销售、使用等环节的安全监管，严防发生重特大治安灾害事故。开展清查行动300余次，出动警力6000余人次、车辆1000余台次，整改隐患19处。

分类管控工作。依法督导落实单位安全防范主体责任，全面落实人防、物防、技防措施，最大限度做到全覆盖、无盲区。强化物流寄递业日常监管，督促落实好“三个100%”。办理特种行业许可证38张，办理备案登记证192张。

【打击违法犯罪】 打击违法犯罪作为公安机关的主责主业，察雅县公安局始终保持对各类违法犯罪严打态势、群众安全感不断提升。切实提升命案防范工作的实效性，各派出所以“每周三项工作”为抓手，狠抓法治宣传教育、纠纷化解、基础信息等工作。2020年以来共计受理刑事案件50起，侦破25起，其间抓获犯罪嫌疑人33名，抓获临控人员4人，抓获网上逃犯4人。共立行政案件70起（其中交通案件39起），行政拘留62人（其中交通案件拘留13人），处罚没金10700元（其中交通案件处罚款60200元）。

【虫草采集交易管理】 察雅县公安局高度重视虫草采集交易管理工作，2020年4月30日召开虫草采集交易管理工作动员部署会，制定下发《察雅县公安局2020年虫草采集交易管理工作实施方案》，县公安局党委与各乡镇派出所层层签订目标责任书。根据察雅县各虫草采挖点实际情况，科学合理部署警力，抽调局机关45名警力、派出所85名警力，共计130名警力下至各虫草采挖点，察雅县共有虫草采挖点103个、采挖群众16142人，设立临时警务室13个、临时综治检查站10个。开展法治宣传教育239场次，受教人数2.8万余人，发放宣传资料1.5万余份，发放环保袋5000余个，设立自治区临时垃圾回收站20处。

法院

【概况】 2020年，县法院在县委的坚强领导和上级法院的正确指导下，在县人大的监督和县政府、县政协的大力支持下，认真学习习近平总书记系列重要讲话精神，深入贯彻党的十九大及十九届二中、三中、四中全会精神，贯彻落实以习近平同志为核心的党中央治国理政、治边稳藏新理念新思想新战略和依法治藏、富民兴藏、长期建藏、凝聚人心、夯实基础的西藏工作重要原则、中央政法工作会议、自治区政法工作会议以及自治区党委、市委和县委维稳工作会议、自治区法院工作会议、昌都市法院工作会议精神和全国、自治区中级法院院长会议精神，扎扎实实做好人民法院的各项工作，竭尽全力维护社会公平正义。紧紧围绕“努力让人民群众在每一个司法案件中感受到公平正义”这个目标，狠抓审判工作，强化队伍建设，推进司法改革，维护公平正义，践行“司法为民”宗旨，大力加强审判、执行、队伍建设等各项工作，取得了新的成绩。截至12月31日，县法院受理各类案件332件（旧存12件，新收320件），已结329件，未结3件，结案率99.10%。

【刑事审判】 站在讲政治的高度，依法惩治犯罪，刑事审判工作继续坚持宽严相济的刑事政策，严厉打击严重刑事犯罪，加大对严重危害社会治安和人民群众生命财产安全犯罪的打击力度，确保察雅县政治安定、社会稳定、人民群众安居乐业。截至12月31日，县法院共受理刑事案件19件（旧存1件，新收18件），结案19件，结案率100%，法定公开开庭率为100%，收到良好的社会效果。

【民事审判】 充分发挥民事审判职能，促进社会和谐发展。在民事审判中，密切关注及妥善审理各类案件，加强民事审判力度，推进社会矛盾化解，通过审理民事案件，依法保护妇女、老人、未成年人、残疾人等弱势群体和各类市场主体的合法权益，为构建社会诚信体系的建立和促进社会和谐发挥积极作用。2020年，县法院共受理民商事案件196件（旧存1件，新收195件），结案193件，结案率98.47%。

【案件执行】 强化执行工作力度，及时兑现当事人的合法权益。站在维护司法权威的高度，维护人民法院形象，抓住"执行难"和"难执行"的关键环节，把实现生效法律文书确定的权利，作为保障民生、树立司法公信力的重要内容，积极构建执行工作长效机制，确保实现当事人的合法权益。截至12月31日，县法院共受理执行案件117件（旧存10件，新收107件），结案117件，结案率100%。

【"一站式"建设工作】 县法院坚持推进"一站式"多元解纷机制、"865"工作机制两项工作同安排、同部署，统筹安排，相互补充，共同推进"一站式"多元解纷机制向纵深发展；并会同各成员单位，依托乡镇中心人民法庭建设，围绕乡村农牧区特点，因地制宜分类探索新时代"枫桥经验"，推进"诉源治理"，在家门口有效化解纠纷，对于不能及时化解的矛盾，按照相关规定，及时予以立案，并纳入人民法院审判工作统计中。2020年，多元解纷机制基本健全，诉讼服务网已开通，"一站式"诉讼服务中心已建成，因办公设备等还未到位，暂未启用。在旧的诉讼服务中心办公，诉讼服务中心有员额法官1人、法官助理1人、书记员2人。"车载流动法庭"巡回办案42次，受理各类纠纷案件29件，结案29件，行程1457千米。2020年无受理、办结涉诉信访案件。矛盾纠纷排查次数16次。"865"调解机制调处矛盾纠纷30件。

【法治宣传教育】 2020年，县法院以香堆镇人民法庭为依托，采取干警轮驻方式，深入学校、寺庙、乡镇村居、田间地头、牧场草场等，并邀请人民陪审员参与审理案件、调解纠纷，随案普法、以案释法，宣传"扫黑除恶、打非治乱"专项斗争，以及《中华人民共和国草原法》《中华人民共和国土地承包法》等法律规定，预防家庭犯罪、防范电信网络诈骗等，开设少年模拟法庭，开展法治宣传进学校等各类法治宣传34场次，发放定制藏语、汉语两种语言文字宣传资料、雨伞3600余份，受教育群众4000余人。

【司法体制改革】 根据三大平台建设的要求，利用公告宣传栏、友情提示牌、宣传册等平台，公开从立案到执行的审判流程图，让当事人明确在什么阶段需要做哪些工作，法院工作人员在什么时间必须完成哪些工作；除依法不公开审理的案件外，其他案件将开庭时间、审判法庭地点、独任法官、合议庭成员、书记员姓名等开庭信息按规定提前进行了公开。

案件录入方面。明确案件评查人员，明确分工，落实具体责任人，健全审判、执行工作机制，建立和完善各项制度。通过推动裁判文书上网，形成倒逼机制，提高文书质量，加强裁判说理，进一步提升法官的司法技能和业务素养，确保法律的正确统一适用，增进公众对裁判文书的理解，维护司法裁判的权威。同时，也加强了对司法裁判的社会监督，促进公正司法。新收各类案件实行网上同步办案，做到从立案、审判与网上同步，做到了收一案、录一案，立案录入同步进行。进一步推进了县法院信息化建设，完善审判监督管理工作，提高案件审判效率，促使全院干警尽快适应网上办案的形势需求。

【接受监督】 县法院始终坚持党对司法审判工作的绝对领导，切实做到重大事项及时向县委、县政府请示汇报，按时完成交办的各项工作任务。自觉摆正监督与被监督的关系，真正树立起监督就是爱护、监督就是关怀、监督就是支持、监督就是帮助的观念。自觉接受人大监督、政协民主监督，主动向县委、县政府和县委政法委汇报在审判工作、队伍建设等方面的工作进展，认真听取意见和建议并加以改进。主动接受上级法院的业务指导和法律监督，积极接受检察机关诉讼监督，自觉接受人民群众的监督，广泛听取社会各界对县法院工作意见。自觉接受舆论监督，积极回应社会关切，提高工作效率，改进工作作风，切实维护老百姓的合法权益。

【主题教育】 深入开展“不忘初心、牢记使命”主题教育、“政治纪律教育”等学习教育，每名党员做到了学习有笔记，学后有学习心得，通过学党章党规、学系列讲话，对净化干警思想、转变干警工作作风、提高干警工作效率，起到了积极作用，不断增强全院干警为人民司法的自觉性、主动性，各项教育活动取得较好的成效。

【扫黑除恶】 2020 年，组织召开扫黑除恶打非治乱专项斗争各类会议 10 次，研究制定《察雅县人民法院扫黑除恶专项斗争实施方案》等工作方案、制度 4 个。开展专项斗争法治宣传 10 次，受教育人数达 2000 余人。

【队伍建设】 一是狠抓队伍建设，打造过硬队伍。把思想政治建设放在首位，增强“四个意识”，坚定“四个自信”，做到“两个维护”，确保县法院干警在思想上拥戴核心、政治上信赖核心、组织上忠诚核心、行动上捍卫核心，与以习近平同志为核心的党中央保持高度一致。把党的绝对领导贯穿到法院工作全过程和各方面，进一步坚持和完善重大问题、重大事项、重大决定、重大案件向县委请示报告制度，对县委的决策部署坚定不移地贯彻、毫无迟疑地执行、千方百计地落实，切实把握好法院工作的政治方向，打牢高举旗帜、听党指挥、忠诚使命的思想基础。二是扎实开展党风廉政建设工作。2020 年年初，组织院党组与全院各庭（科）室负责人签订《察雅县人民法院党风廉政建设目标管理责任书》3 份。认真组织落实各项廉政学习、宣传教育活动、学习各类文件 15 次，有针对性开展谈心活动 2 次、廉政专题教育 1 次、廉政教育党课 1 次，参加县委组织的党风廉政述职述廉 1 次。并先后修订了《庭审纪律》《执行工作纪律规范》《干警行为规范》等制度，安排部署了 2020 年党风廉政建设各项工作。三是狠抓“一岗双责”工作落实。严明党组班子成员落实“一岗双责”责任。党组与党组班子签订《2020 年度察雅县人民法院党风廉政建设“一岗双责”目标责任书》4 份。坚持“谁主管、谁负责”的原则，根据班子成员分工，按照“一岗双责”的要求，将全院党风廉政建设工作进行细化分解，靠实廉政责任，明确要求全院各庭（科）室做好责任的二次分解，形成横向到边、纵向到底的责任分解体系，切实把党风廉政建设责任落实到位。四是加强制度建设，从源头预防治理腐败。县法院十分重视党风廉政建设和反腐败制度建设工作，坚持不懈地推进源头治腐制度建设。按照领导干部述廉制度、党风廉政建设责任考核制度、责任报告制度、责任追究制度、诫勉谈话制度、重大事项报告制度、离任审计制度等规章制度，坚持从制度上抓领导干部廉洁自律和党风廉政建设责任制的落实，源头治理腐败收到了良好的效果。五是锤炼干部队伍素质，认真开展干警轮驻工作。2020 年，为加强乡镇人民法庭建设，充分发挥人民法庭的前沿阵地作用。县法院采取以干警轮驻的方式开展香堆镇人民法庭的各项工作，先后派驻20余人次参与此项工作，锤炼了全院干警的吃苦耐劳精神，践行了“司法为民、公正司法”宗旨。

【信息化软硬件建设】 县法院科技法庭建设已投入使用，尤其是疫情期间，在科技法院基础上进行改造升级，建成了互联网法庭，县法院采取网上远程庭审等方式，减少人员接触，极大地提高了办案效率，方便了双方当事人。

【“政治建警”专项教育整顿活动】 自治区党委、政法委关于“全面加强政治建警，锻造过硬政法队伍”专项教育整顿活动部署开展以来，察雅县人民法院以学习贯彻党的十九大精神和习近平新时代中国特色社会主义思想为指引，以贯彻自治区、市法院系统工作部署为重点，坚定“四个自信”，树牢“四个意识”，坚决做到“两个维护”，结合自身实际，突出重点、多措并举，扎实推进教育整顿活动向纵深发展。

以学习贯彻习近平新时代中国特色社会主义思想和党的十九大精神为指引，以“三会一课”、“两学一做”常态化教育、“政治纪律教育”、周例会等活动为载体和抓手，大力开展思想政治纪律教育学习，坚持每周四固定学习日制度，活动开展以来，共计开展各类专题教育活动7次，组织观看教育片5次；召开活动推进会议、交流座谈会、主题党日活动共6次，组织开展固定学习日学习12次，使干警进一步明确了政治方向，切实提升了思想认识。

全面开展爱国主义教育、民族团结教育、形势政策教育活动，积极组织干警观看红色电影（例如《建国大业》《东京审判》《九九艳阳天》等）、重温入党入警誓词，积极主动学习《中华人民共和国民族区域自治法》及国务院新闻办公室白皮书（《中国的民族政策与各民族共同繁荣发展》《中国的民族区域自治》《中国的少数民族政策及实践》）、《反分裂国家法》，使全院干警始终保持忠于党、忠于祖国、忠于人民、忠于法律的政治本色。

利用每周五固定学习日集中学习时间，向干警传达通报中央、自治区、市纪委文件，开展警示教育，以案释法，以案释纪，要求全院干警对照通报，有则改之，无则加勉，切实加强对全院干辅警的教育、管理和监营造风清气正的警营环境。

检察

【概况】 2020年以来，察雅县人民检察院在县委和上级检察机关的领导下，在县人大及其常委会的监督下，在县政府、县政协和社会各界的关心支持下，坚持以习近平新时代中国特色社会主义思想为指导，坚持“讲政治、顾大局、谋发展、重自强”的总要求和“一个引领、两个紧扣、三个围绕”的西藏检察工作思路，践行“为大局服务、为人民司法”的初心和使命，持续推动“四大检察”“十大业务”，在平安察雅、法治察雅建设进程中展现检察新担当新作为。

【维护社会和谐】 察雅县检察院认真贯彻落实中央、自治区、市、县各级党委制定的各项维护稳定措施，积极组织干警开展风险隐患排查、矛盾纠纷化解、维稳值班、社会治安综合治理和扫黑除恶打非治乱专项整治工作，持续做好春节、藏历新年及昌都和平解放70周年等重点节点及虫草采挖期间的维护稳定工作。先后召开维稳工作专题会议8次，参与辖区内维稳值班工作520余人次，参与县维稳指挥中心维稳值班29人次，参与重点时段治安联防巡逻工作10人次。察雅县人民检察院检察长赴联系点肯通乡开展各类维稳蹲点、法治宣传及换届工作督导20余次，同时选派2名干警参与强基惠民驻村工作，及时、有效地将县委、县政府的安排部署落到实处。通过全院干警的不懈努力，切实做到了“三不出”“四无”，为察雅县的维稳工作做出了应有贡献。

【打击刑事犯罪】 2020年，共受理察雅县公安局移送审查批捕案件13件23人，批捕7件13人，不批捕6件10人；受理察雅县公安局移送审查起诉案件17件22人，正在办理4件7人，提起公诉14件16人，不起诉案件3件9人，退回公安机关补充侦查3件3人，退回补侦率下降32个百分点，县法院已判决14件16人，全年案件比为1∶1.21。审查逮捕案件准确率、有罪判决率均达100%。提前介入引导公安取证1件3人，召开案件讨论会1次，提前阅卷15次。

坚持罪责刑相适应原则，严格依法准确适用认罪认罚从宽制度办理案件，认罪认罚适用率100%。检察长出庭支持公诉。疫情防控期间，由察雅县人民检察院提起公诉的特某某诈骗、盗窃案，县检察院检察长首次以公诉人身份出庭支持公诉，该案在市中级人民法院第二庭以远程视频连线方式进行了公开审理。召开联席会议。向某某过失致人死亡案因存在重大分歧，为保障正确认定事实、适用法律，邀请县公安、县法院、县人大法制委及律师召开联席会议，在听取了联席会成员、上级院检察官及其他法律专业人士的意见后召开检委会讨论，依法作出存疑不诉决定。运用社会调查评估机制。嘎某某故意伤害一案中，嫌疑人自愿认罪，积极赔偿并取得了被害人谅解，为贯彻宽严相济刑事政策、推进社会矛盾化解，县检察院对被告人运用了社会调查评估机制，调查发现嘎某某平时表现良好，后县法院采用速裁程序作出判决。

用心做好未成年人检察工作。一是认真贯彻落实最高检“一号检察建议”精神，不断加大未成年人刑事检察工作力度，以预防、感化、挽救为工作重心，审查办理涉未成年人案件3件3人，充分保障了未成年人的诉讼权利，做到了政治效果、社会效果、法律效果的有机统一，其中顿某故意伤害案被昌都市院案件质量评查组评为优秀案件。二是察雅县人民检察院党组书记、检察长担任县中学、小学法治副校长，开展“送法进校园”活动，以点带面提高未成年人法治意识。三是联合县司法局、县法院、县公安局及团县委深入察雅县中学、察雅县第一小学、第二小学开展了以“防范校园欺凌与性侵”“开学法治第一课”“预防青少年违法犯罪·促进青少年健康成长”等主题的法治教育课共计4次，发放各类宣传手册800余份，受教育师生2200余人。

【提升诉讼监督质效】 强化刑事诉讼监督。一是依法开展立案、侦查和审判监督，对县公安局侦查活动违法情形提出口头纠正意见7次，发出检察建议书1份，发出纠正违法通知书3份，均收到整改回复；以量刑建议为载体，全年对县法院发出量刑建议书14份，均被采纳，并不断加大审判监督力度，严格审查县法院作出的刑事判决，发现问题及时提出意见。二是加强刑事执行检察监督，开展财产刑“回头看”专项检察活动，依法对县法院2019年以来刑事裁判涉财产部分执行活动进行了检察监督，并完善了刑事裁判涉财产部分执行活动检察监督情况表、财产刑执行台账。三是深入推进监管活动监督，向县司法局发送检察建议1次，开展社区矫正检察监督10次，并联合县司法局对社区矫正人员开展集中警示教育2次。

强化民事检察监督。依法调取并审查县法院民事案卷11份，加强对民事诉讼活动的检察监督，开展虚假诉讼监督工作，维护诉讼秩序和司法权威。开展以“强化监督·服务百姓”为主题的宣传活动，发放宣传资料180余份，接受群众咨询20余人次。

强化行政检察监督。牢固树立精准监督理念，坚持“三个效果”有机统一，努力把每一起案件办精办细办好。全年向行政机关发出检察建议书2份，均收到整改回复，同时开展了打击侵犯知识产权和制售假冒伪劣商品违法犯罪行为专项整治活动，联合察雅县知识产权行政管理部门、市场监督管理部门、林草部门在县内进行了摸排线索和监督检查整治工作3次。县检察院对两起行政检察监督案件、一起行政公益诉讼案件召开公开听证会，邀请人大代表、政协委员、人民监督员、司法局工作人员、律师共6人作为听证员参会，保证了司法工作透明度和处理决定的公正性，取得了良好的法律效果和社会效果。

做好公益诉讼检察。受理公益诉讼案件线索5件，立案4件，发出检察建议书4份，均收到整改回复。梳理2018年以来公益诉讼典型案例，以"互联网+法治宣传"方式，开展了"公益诉讼典型案例宣讲月"活动；联合县市场监督管理局对县城内的农贸市场、超市、部分药店、餐馆进行多次联合执法检查；疫情期间针对县城内个别商店销售假冒伪劣"一次性使用口罩"，向县市场监督管理局发出诉前检察建议；主动走访县水利局、县商务局、县交通运输局、县城市管理和综合执法局等行政执法单位，促进国有财产保护工作和公益诉讼线索摸排工作；持续跟踪检察建议落实整改情况，督促县城市管理和综合执法局履行监管职责，对县藏戏广场地下停车场路边及内部堆放的大量垃圾进行清理并持续保持环境卫生，藏戏广场停车场内及周边环境卫生保持良好，得到周围居民和商户的一致好评；县检察院在履行职责中发现，两家建设单位在察雅县的三个项目均未按期缴纳防空地下室易地建设费后，向人防部门发出行政公益诉讼诉前检察建议，已将三个项目欠缴的人防易地建设费全部追缴到位，挽回国有财产损失209.58万元。

【履职尽责】 深入推进扫黑除恶打非治乱专项斗争。一是县检察院党组强化组织领导，先后召开6次专题工作推进会，及时谋划部署，统一思想认识，充分发挥检察职能作用，制定了《察雅县人民检察院涉黑涉恶案件提前介入机制》《察雅县人民检察院扫黑除恶打非治乱专项斗争提升办案质效机制》。二是加强线索排查，对全年案件进行涉黑涉恶线索筛查，尚未发现相关线索。三是组织业务干警专题学习涉黑涉恶相关法律规定12次，确保办案人员准确把握法律政策界限，严把事实关、证据关、程序关和法律适用关，确保依法打击，不枉不纵。四是开展扫黑除恶法治宣传11次，发放宣传材料1000余份，受教育群众800余人。五是察雅县人民检察院检察长多次赴联系点肯通乡开展扫黑除恶打非治乱专项斗争工作督导检查和线索摸排，并抽调一名员额检察官全脱产在县扫黑办开展工作。

助力常态化疫情防控。切实加强人员管理、落实安全防护要求，强化每日报告、值班带班工作，对办公场所、生活区进行消毒防控；充分利用"两微一端"，持续进行疫情防控知识宣传及相关政策解读；充分发挥检察职能，联合县市场监督管理局对县城内的农贸市场、超市、部分药店、餐馆进行联合执法检查，加强对食品药品安全、野生动物保护、生产销售不符合标准的医用器材等领域的公益保护；充分发挥"12309"检察服务热线职能作用，及时向社会公告，引导群众在疫情期间通过信件、电话、网络等方式反映诉求；严格执行办案程序规定，坚决禁止借疫情防控之名，违反办案程序，侵害当事人和其他诉讼参与人合法权益；开展"阻击疫情、助力防控"主题党日捐款活动，共计捐款4400元；组织全院干警参加"防控疫情、法治同行"线上答题活动。

积极参与市域社会治理。一是坚持立足检察职能，找准检察工作与社会治理的结合点、切入点，实现检察工作与社会治理深度融合，全年共向县人社局、县电视台发出社会治理类检察建议2份，均收到整改回复；践行新时代"枫桥经验"，做好涉检矛盾化解，全年共办理群众来访案件5件5人。二是全面落实"谁执法谁普法"责任制，推行检察官以案释法、检察文书说理等制度，讲好普法故事，传播检察声音，持续开展"3月综治宣传月"、"公益诉讼典型案例宣讲月"、"党风廉政建设宣传教育月”、“6月平安建设暨综治宣传周”、“9·16”平安西藏宣传日、“第30个民族团结月”等主题的法治宣传27场次，派出干警76人次。三是抽调县检察院一名干警全脱产在市域试点工作专班开展工作。

落实各项目标责任管理。2020年年初，县检察院领导与全院干警层层签订了目标责任书，把党建、党风廉政建设、意识形态（精神文明建设）、综合平安工作建设目标责任等任务分解、量化到每一个干警身上，成立了专门的领导小组，形成了以检察长负总责，分管领导齐抓共管的工作格局。

积极服务全县工作全局。一是根据县委、县政府安排，县检察院检察长前往成都开展察雅籍虫草诈骗受害农牧民群众的教育引导工作，并多次深入联系点肯通乡开展维稳、脱贫攻坚、虫草采挖及换届督导检查工作。二是积极开展党员干部精准扶贫结对帮扶工作，多次深入结对帮扶户和“五保户”家中，现场解读当前党和国家的精准扶贫政策，全年共为26户结对帮扶户、8户“五保户”送去了大米、食用油等帮扶物资合计11445元，发放宣传资料200余份，受教育群众达110余人。

【队伍建设】 县检察院始终把检察队伍建设作为事关检察工作长远发展的根本任务抓紧抓好，全面提高检察队伍整体素质，县检察院干警2019年申报的检察应用理论研究课题成果“办理正当防卫案件法律适用问题研究”被最高人民检察院立项并准予结项，该项工作获得市检察院检察长书面批示肯定。2020年，县检察院共获得集体荣誉4次，获得个人荣誉10人次。各类简报被自治区检察院、市委政法委、市检察院共计采用15期，被县级公众号转发48次，县检察院多某甲、多某乙非法猎捕、杀害珍贵、濒危野生动物案被西藏自治区人民检察院第八检察部编入野生动物保护案例。

坚持党建带队建。围绕新时代党的建设总要求，积极探索党建工作新举措、新途径，组织全体党员干警开展了一系列别具特色的主题实践活动，党建工作进一步提升。一是政治建设“铸魂”。始终坚持党对检察工作的绝对领导，按照新党章的有关规定，逐步建立健全党支部工作制度、会议制度、民主生活会等方面的各项规章制度，认真贯彻落实党的方针政策，引导和监督党员干警遵守国家法律法规，结合检察工作实际，大力宣传法律法规，及时传达党的声音。二是组织生活“凝心”。严格按照“三会一课”、主题党日活动要求，采取线上线下融合方式，先后开展“喜迎端午节·民族团结一家亲”“党的生日话职责——我与检察公益诉讼共成长”“厉行勤俭节约、反对餐饮浪费”等主题党日活动11次，丰富主题党日形式，充实主题党日内容，调动了干警参与积极性。三是理论实践“同步”。深入学习习近平新时代中国特色社会主义思想，紧跟党的理论创新步伐，抓好党的理论创新成果的学习。全年共组织召开党组（扩大）会、检察长办公会、党组理论学习中心组学习会、业务学习会、党员大会、支部委员会、党小组会90余次，领导干部上台讲党课4次；专题学习《中国共产党政法工作条例》5次，撰写心得体会11篇；通过中国检察教育培训网络学院、西藏干部教育网及重庆干部网络学院组织干警学习140余次，且均已获得结业证书；依托“学习强国”App加强理论学习，全院干警人均学习积分超过2万分；参加“青年大学习”主题团课18期154人次；组织干警参加《中华人民共和国公职人员政务处分法》《中华人民共和国民法典》《西藏自治区民族团结进步模范区创建条例》等各类线上考试8场124人次。四是政治建检“聚力”。在全院范围内开展专项教育整顿活动，以全面加强政治建检、打造过硬检察队伍为总目标，集中开展学习教育12次，观看警示教育片4部，查摆问题并制作自查自纠工作台账2份，提出整改落实意见20余条。五是检察文化建设“育检”。院党组高度重视检察文化建设，立足文化育检、文化兴检，积极推进察雅县人民检察院庭院路面硬化建设项目，有力促进了检察工作的科学发展。

坚决贯彻落实全面从严治党要求。坚持把纪律挺在前面，严格执行党的政治纪律和政治规矩，坚决维护党中央权威和党的领导。深入学习党规党纪，组织全院干警多次系统学习《中国共产党廉洁自律准则》《中国共产党纪律处分条例》《中华人民共和国公职人员政务处分法》，通过多种形式不断增强全院干警的遵规守纪意识。加大对中央和自治区决策部署、重点工作的宣传力度，以“察雅检察”微信公众平台为依托，及时发布察雅县人民检察院党风廉政建设及反腐败工作动态，不断传播廉政文化正能量，共计发布党风廉政建设相关工作动态30余条。

压实司法办案责任。全面落实司法责任制，持续推进司法规范化建设，招聘聘用制书记员3名，充实办案一线。以优化检务管理为抓手，加强办案程序监管、办案实体监控、统计数据监督，以问题为导向倒逼司法办案水平提升。落实“入额必办案”要求，发挥领导干部在司法办案中的示范引领作用，入额院领导办理案件23件。加强检察官业绩考评，积极探索建立案件评查与事项考评相结合的工作业绩量化评价体系。

自觉接受监督制约。坚定接受县人大及其常委会监督的宪法自觉，主动向县人大汇报县检察院工作动态。2020年上半年县人大常委会专项调研组就民事诉讼和执行活动法律监督工作来察雅县人民检察院进行了专项调研并召开了座谈会。开展“同舟共济　检护明天”检察开放日活动，邀请县人大代表、县政协委员、学生代表、教师代表、家长代表及工青妇等部门10余人，走进检察机关了解检察工作。深化检务公开，向社会公开案件程序性信息28条、生效法律文书20份。构建新型检律关系，依法保障律师执业，认真听取辩护意见，受理律师申请会见、阅卷、调取证据等12人次。

司法

【概况】 2020年，在县委、县政府及上级司法行政部门的正确领导下，察雅县司法局以“法治宣传、法律服务、法律保障”三项职能为主线，积极贯彻落实党的十九大和十九届三中、四中、五中全会精神，紧紧围绕司法行政中心工作，深入推进矛盾纠纷化解，社会管理创新等工作，充分发挥司法行政职能作用，较好地完成了各项工作任务，为全县经济平稳较快发展、社会和谐稳定做出了积极贡献。

【深化法治宣传教育】 法律进校园。为增强察雅县未成年人法律意识，提高学生学法、用法、守法的意识，预防和减少未成年人犯罪，引导青少年从小养成维护国家安全的法治意识，为构建平安和谐校园提供良好的法律基础。2020年县普法办协调组织相关普法成员单位积极开展法治教育进校园“开学法治第一课”和“假期最后一节课”、“三官普法进校园”等相关活动，受教育师生共计4000余人次。

法律进社区。为进一步提高广大妇女依法维权的意识和能力，切实维护妇女的合法权益，提高妇女对新修订的《中华人民共和国婚姻法》的知晓率，更好地扩大新修订的《中华人民共和国婚姻法》司法解释宣传的深度和广度。察雅县普法办组织协调相关成员单位在社区开展多形式宣传活动，动员妇女积极参与平安和谐家庭创建活动，提高家庭成员的思想道德素质和科学文化素质，提升家庭生活质量和文明程度，以家庭的文明促进社会的平安稳定，以家庭的平安促进社会的和谐，以家庭的小平安促进社会的大平安。受教育群众共800余人次。

法律进机关、单位。为宣传、推进、保障察雅县《中华人民共和国民法典》的实施，县普法办联合县委办举办了《中华人民共和国民法典》专题讲座，县政府四楼会议室设主会场，各乡镇在乡乡通会议室设分会场，县委常委、县政府副县长任建利及各乡镇、单位主要领导、在职干部共计113人参加了本次讲座。加深了广大干部职工对《中华人民共和国民法典》条文的理解，进一步提升了其依法办事的能力及自我保护的观念。

法律进企业。察雅县司法局联合市场监督管理局对全县个体工商户和外来私营企业主开展了法治宣传教育活动。重点以发放宣传册子和书籍、法条讲解等对全县所有注册的个体工商户、外来私营企业主及其管理人员进行了《中华人民共和国旅游法》《中华人民共和国消费者权益保护法》《中华人民共和国食品安全法》《中华人民共和国劳动法》《中华人民共和国反不正当竞争法》《中华人民共和国商标法》《中华人民共和国行政强制法》《中华人民共和国行政处罚法》的普及，进一步提高个体工商户和私营企业主的法律素质，推动全县经济社会和谐稳定发展，为建设法治察雅做出积极贡献。

法律进寺庙为不断深化“法律进寺庙”活动，进一步提升广大僧尼和驻寺干部的法律素养和法治意识，察雅县普法办联合县委统战部、县政协、县民宗局抽派“三支队伍”宣讲人员中的精干力量，联合组成宣讲工作组，将全县78座寺庙分为22个片区，以就近就便原则设立宣传点，采取集中宣传和个别宣讲形式深入全县各寺庙、日追、拉康开展“遵行四条标准　争做先进僧尼”主题法治宣传教育活动。此次“遵行四条标准　争做先进僧尼”宣教活动共开展20场次，悬挂横幅63条，发放宣传资料10000余份，受教育僧尼2000余人，其间各寺管会干部全体参与此次普法宣教活动。

【社会矛盾化解】 始终牢记人民调解是保障社会和谐稳定的“第一道防线”，不断创新工作理念，筑牢专业调解平台。为深入推进社会矛盾化解，积极解决当前热点难点问题，县司法局在发展传统调解模式的基础上，积极创新工作机制，筑牢调解平台，坚持学习和发展“枫桥经验”。全县共有基层人民调解委员会151个，人民调解员共726人，2020年共受理各类矛盾纠纷10件，涉及金额共计107.24万元，调解10件，调解率为100%，调解成功10件，调解成功率为100%。

【夯实基层基础】 安置帮教。为有效解决刑满释放人员“三无”困难，县司法局通过为刑满释放人员提供过渡工作岗位、再就业培训和警示示范教育，耐心细致地帮助帮教对象树立生活信心，引导他们劳动致富，重归社会。2020年，全县共接收安置帮教人员21人，其中解除社区矫正人员8人、看守所释放人员2人、各监所释放人员11人，解除安置帮教人员24人。

社区矫正工作进一步规范管理，深化社区矫正工作成果，县司法局及社区责任人积极落实社区矫正工作内容，每月对社区矫正对象至少进行一次集中学习教育，每次学习不少于3个小时，并做好了考勤记录。县司法局社区矫正办公室采用电话和微信视频抽查，不定时深入一线进行家庭走访排查等方式严格进行人员管控工作。2020年新增社区矫正对象12人，解除10人，撤销缓刑收监执行社区矫正对象1人，察雅县在册社区矫正对象24人。加强基层司法所规范化建设取得初步成效。2020年，县司法局以规范化司法所建设为契机，狠抓规范化司法所建设，2020年，香堆镇综合司法所正在工程装饰阶段。

积极拓宽领域，提升服务质量，营造社会服务环境。优化质量，开展法律援助。工作中，采取多种形式，加大法律宣传力度，不断提升法律援助的社会公信力。县法援中心提供法律咨询共计180余次，代写诉状165份，全部为民事诉讼，律师援助办理刑事案件4起，参与涉访涉诉纠纷调解1起，办理认罪认罚法律援助案件7件。规范行政执法，提高执法水平，加快法治政府建设。进一步加快法治政府建设，推进三项制度全面落实。7月24日下午在察雅县政府四楼会议室组织

“察雅县2020年度行政执法人员考试”工作，参考人员应到67人，实到57人，缺考10人，实发考卷57份，考试通过率达100%。

以提升队伍行政能力建设为抓手，不断提升基层司法行政工作水平。一是县司法局统筹推进“全面加强政治建警 打造过硬司法行政队伍”专题教育整顿活动，通过领导带头专题报告、交流研讨、落实整改工作等多种形式，引导广大干警带着问题学习、联系实际改进，取得了明显效果。二是落实行政能力提升制度，实施重点工作目标倒逼管理。县司法局扎实推行一线工作法，各办公室紧紧围绕2020年度确定的重点工作，坚持下基层、到一线，认真开展司法行政工作，树立了察雅司法行政队伍的良好形象。三是强化业务提升基层工作水平，扩大对外宣传力度。坚持以业务建设为根本，以岗位专业化为抓手，在全局实施岗位职责量化，将工作规范、工作责任、工作标准细化；完善民主、公开、竞争、择优的选人用人制度，加大了干部交流和后备干部培养工作力度，优化了干部队伍结构；对外宣传工作取得突破。

退役军人事务

【概况】 2020年，察雅县退役军人事务局坚持以习近平新时代中国特色社会主义思想为指导，深入学习贯彻党的十九大和十九届二中、三中、四中、五中全会精神，以及习近平总书记关于治边稳藏、退役军人工作等重要论述和重要指示批示精神，根据中央、自治区党委、市委、县委关于退役军人事务工作系列决策部署和具体安排，紧紧围绕中心工作，以求真务实的工作态度，积极做好退役军人各项工作，全面提升了察雅县退役军人服务管理保障水平。

【夯实管理保障基础】 开展退役军人信息核查。一是全面摸清底数。制定《察雅县退役军人信息调查核实全面摸清底数的实施方案》，分析当前数据不清的深层原因，找准症结、明确举措，实行分级负责（县级统筹负责、乡镇主抓、村居登记）工作原则，精准科学、分类设置调查登记内容事项，充分发动县退役军人服务中心、各乡镇退役军人服务站相关人员，协调乡镇驻村居工作队等基层力量，采取“入机关、入企业、入社区、入乡村、入农户”调查登记途径，立足全面、突出重点，突出对退役士兵、“两参”人员、健在英模等重点对象，全面摸清底数、登记造册。二是深入核查。在全面调查登记造册的基础上，采取电话问询、实地访询等方式核查，确保对象真实、数据可靠。三是建立数据库。对查核出来尚未信息采集的人员及时进行信息采集，并对各类群体分类建立动态管理数据库，有效促进科学决策、精准服务、帮困解难，全面提升退役军人事务工作水平，推进工作进展。

深入开展“基层基础基本建设年”活动。围绕服务保障体系建设，认真落实退役军人事务部、自治区退役军人事务厅、市退役军人事务局有关“五级”退役军人服务中心（站）建设工作部署，完成“五有”“全覆盖”目标要求，全面启动各级退役军人服务中心（站）服务保障工作。

强化系统责任落实。强化县退役军人事务局（县退役军人服务中心）、乡镇退役军人服务站两级退役军人事务部门主体责任和属地责任，层层压紧压实退役军人服务管理保障工作责任制，建立健全督查检查和责任追究制度，提升退役军人服务管理保障能力。

建立完善联系基层机制。落实局机关干部联系基层制度，深入基层调查研究，广泛听取意见建议，指导基层开展退役军人事务工作，帮助解决存在的困难问题，及时改进工作，补齐事业发展短板。

推进信息化建设。积极配合上级做好退役军人事务系统信息化建设，扎实推进“互联网＋政务服务”，切实为各类优待对象提供便利服务。

【双拥创建】 一是强化组织领导。组织召开全县双拥工作领导小组会议，研究制定《2020察雅县双拥示范县城创建工作方案》及《2020察雅县双拥示范县城创建工作细则》，科学谋划工作目标、工作重点、工作举措，明确责任分工，打牢双拥创建的组织基础、工作基础。二是强化协调联动。进一步健全双拥创建协调联动工作机制，充分发挥双拥创建办公室统筹协调作用，推进军地齐动、上下联动、整体推动，凝心聚力、形成合力，推进创建工作落实。三是强化双拥氛围。因地制宜、因时制宜，在全县主要地段及公路的显要位置，新增醒目的双拥公益宣传栏；在车站、医院等公共场所窗口悬挂双拥宣传标语；利用LED显示屏、微信公众号等新兴载体，全方位、多角度大力宣传双拥工作，组织开展"税法进军营　双拥促共建"等拥军优属拥政爱民系列活动，提升双拥创建工作知晓率。四是强化政策落实。借鉴全国其他地方先进做法，分析总结经验，深入调研察雅县军转干部安置、退役士兵安置、随军家属安置、军人子女入托及就近入学、优抚对象解困、困难现役军人帮扶就业等热点难点问题，落实相关政策，推动察雅县出台综合性双拥政策规定。

【"思想政治工作年"活动】 结合实际制定了《察雅县退役军人事务局2020年思想政治工作年活动工作方案》，对组织领导、目标任务、具体举措等作出科学合理、详细可行的安排部署；依托基层退役军人服务中心（站）建立健全常态化退役军人不定期集中思想政治教育机制，充分利用微信、手机短信等现代通信手段，用心用情做好退役军人思想政治工作，做足做好教育引导工作。同时建立退役军人学习机制。引导退役军人党员下载"学习强国"学习平台、智慧党建学习平台，促进退役军人党员加强理论学习，不断用新时代理论武装头脑，确保退役军人离军不离党，始终跟党走，激励广大退役军人继续为察雅的经济建设、民生发展贡献力量。

【建立健全帮困机制】 在全面调查退役军人信息基础上，掌握困难退役军人基本情况；建立健全困难退役军人经济帮扶机制，制定完善困难对象认定、帮扶资金数额、资金申请条件程序、资金兑现程序方式等前置条件，并按规定统筹使用市财政批准帮扶资金实施好帮扶，做到帮特困、解急难，提升退役军人荣誉感和归属感。

【党组织建设】 按照自治区退役军人事务厅2020年自治区退役军人事务局长会议精神要求，严格落实党员军人组织关系转接，防止"口袋党员"现象的发生。与此同时，深入挖掘各行各业优秀退役军人及在社会建设中做出巨大贡献的退役军人，并向党组织举荐，吸纳优秀退役军人加入党组织。

【落实荣誉激励机制】 一是按照自治区退役军人事务厅部署要求，常态化做好全国"最美退役军人""模范退役军人""退役军人模范单位"推荐工作，以及在疫情防控期间涌现出来的优秀驻察雅官兵、退役军人、军属先进典型评选工作。二是强化先进典型宣传。用好门户网站、微信公众号等互联网载体，做好先进典型宣传，形成弘扬主旋律、激发正能量的良好氛围。三是严格落实守信激励和失信惩戒措施，教育引导退役军人遵纪守法，恪守军人本色，自觉维护军人形象和荣誉。

【落实优抚】 加强优待对象数据核查和管理工作。一是核查全县享受国家定期抚恤补助待遇人员当前实际状态，对已去世人员及时在优抚信息管理系统中做减员处理，对正常享受待遇优待对象进行核查并更新完善其信息，使信息系统数据书面档案材料与实际状况吻合一致，保证优抚对象信息数据真实、准确、完善，保证国家抚恤补助经费按时精准发放到位。二是对各乡镇优待对象数据核查情况进行抽查，实行实地抽查与信息系统抽查相结合的方式，确保核查工作高质量推进，为做好新时代优抚工作打好基础。三是严肃审核纪律。严格清查档案和认定身份纪律，对具体工作人员加强工作指导及教育管理，严禁违反政策和程序、协助弄虚作假；对有违法行为的，依照相关规定依法追究责任，确保工作不走样、问题不积累。

做好优抚工作。一是做好优待对象评定和换发证工作。严格按照《伤残抚恤管理办法》《烈士褒扬条例》等相关法规，对新接收的部队退役人员、自主择业干部以及其他需评定为优待对象的人员和换证补证人员，及时予以评定和换补证落实。二是对全市已评定的优待对象按时足额准确发放优待金，切实增强退役军人获得感和幸福感。三是落实优抚政策。协调银行、电信等相关服务单位在公共服务场所设立退役军人绿色通道和优先办理窗口。

【征兵工作】 落实党中央、国务院2020年起“两征两退”征兵改革部署，协助县人武部进一步加强征兵工作组织领导，强化军地协调联动，在抓好征兵政策法规宣传、国防教育、爱国主义教育、兵役登记、应征报名等方面做好文章，尤其在鼓励支持大学生应征入伍下足功夫，扎实推进征兵工作高效有序运行。

【烈士纪念工作】 开展烈士纪念设施普查登记，加快推进烈士英名录编纂工作。利用中华英烈网烈士英名录、褒扬纪念系统，全面展开对烈士、烈士遗属的信息录入、核查工作。做好烈士褒扬纪念工作。充分发挥烈士纪念设施红色教育主阵地作用，推动烈士纪念活动常态化，组织开展清明节线上线下祭扫烈士纪念活动，营造全社会尊崇英烈的社会氛围。加强烈士纪念设施管理保护。贯彻落实《中华人民共和国英雄烈士保护法》，加强英烈纪念设施爱国主义教育基地建设，开展烈士纪念设施普查登记，继续做好提质改造、改陈布展和保护升级工作。

【自身建设】 全面加强党的建设。健全“不忘初心、牢记使命”主题教育制度，党支部理论学习机制，深入学习习近平新时代中国特色社会主义思想，党的十九届四中全会精神及党的系列最新理论成果，习近平总书记关于治边稳藏和退役军人工作重要论述精神，中央、自治区党委系列决策部署和市委工作要求，切实提高政治站位，增强“四个意识”、坚定“四个自信”、做到“两个维护”，厚植不忘初心的强大精神力量；以党建为统领，推进组织建设、制度建设、能力建设、作风建设，推动党建工作和业务工作深入融合，确保党建工作有新成效。

强化党风廉政建设。严格落实“两个责任”和“一岗双责”，严肃党内政治生活，抓实党风廉政教育，加强局机关干部党性修养，提高廉洁自律、廉洁从政意识，自觉按规矩办事、按规矩用权；强化机关内部管理，加强“三重一大”执行力度，强化资金使用、风险监督管理，杜绝违法违纪行为，形成不敢腐、不能腐、不想腐的长效机制；配合支持县纪委监委工作，驰而不息纠正“四风”问题，打造风清气正的良好机关风气。

加强干部队伍建设。一是加强机关内部制度建设，建立健全日常监督、季度考察、年终考评制度体系，建立健全、双拥建设、机关党建、保密管理、政务公开等内部管理制度，提升机关管理运行水平。二是强化干部教育培训，制订全县退役军人事务系统干部培训年度计划，设立退役军人事务大讲堂，开展业务能力评比活动，提升干部队伍整体素质。坚持以“铁军”的特色打造忠诚、干净、担当的干部队伍，加大干部选拔任用力度，激励干部担当作为，积极向组织推荐想干事、能干事的干部。

切实加强作风建设。巩固和扩大“不忘初心、牢记使命”主题教育成果，发扬“三严三实”作风，抓制度建设、抓日常管理、抓效能督查，提升行政服务效能；进一步改进文风会风，提倡行短文、开短会，切实精文减会；加强调查研究，制订调研计划，针对重点、突出问题开展调研，为推动全县退役军人事务领域治理体系和治理能力现代化提供决策依据。

【慰问工作】 一是研究制定了《“三大节日”走访慰问制度》及《“八一”走访慰问制度》，并严格执行，2020年发放八一慰问金84600元、春节慰问45000元。二是发放2020年退役军人家属优待资金及自主就业一次性经济补助。三是坚持开展日常走访慰问，了解烈属、军属和退役军人家庭基本情况，并结合实际情况给予帮扶。四是认真组织新兵入伍及驻察雅老兵退伍欢送活动。五是在疫情防控期间积极联系烈属、军属和退役军人家庭及驻察雅官兵，关心他们身体状况及出行动态，免费提供防疫物资。

经济综合管理

发展和改革

【概况】 2020年，在县委、县政府的正确领导下，县发展和改革委员会紧紧围绕全县经济工作目标，认真贯彻落实县委、县政府各项决策部署，坚持稳中求进工作总基调，强化经济运行调度，狠抓重点项目建设，努力促进全县经济社会平稳健康发展，较好地完成了各项工作任务。

【宏观引领】 根据自治区、市经济工作会议精神和县委、县政府关于全县2020年国民经济和社会发展的指导思想，经过深入细致的调查，系统地分析了察雅县经济发展趋势和发展潜力，从察雅县实际出发，提出了2020年全县生产总值增长目标及一、二、三产业发展目标，编制了《察雅县2019年国民经济和社会发展计划执行情况报告及2020年计划草案报告》，报经县人大十二届人大六次全会审议通过后下达实施，充分发挥计划在宏观经济活动中的指导与调控作用；委托重庆市农科院农经所编制的《察雅县乡村振兴战略总体规划（2018—2022年）》，已进入评审阶段。

在新常态经济下行压力持续加大和新冠肺炎疫情影响的背景下，县发改委会同相关部门对全县经济运行情况进行了认真分析研判，编制《察雅县2019年国民经济和社会发展计划执行情况报告及2020年计划草案报告》，客观准确地反映经济运行情况和面临的困难问题，对下一步经济工作提出思路建议，有效确保了全县经济在合理区间运行。同时，加强经济运行检测与分析，加强与统计局衔接，按季完成经济形势分析报告，深度剖析存在的问题，提出下一步工作措施和建议，为县委、县政府准确研判经济形势提供科学参考、作出决策部署。

【项目建设】 牢固树立“抓项目就是抓发展”的理念，以项目建设引领发改工作，不断强化责任落实，切实提高协调服务水平，全力以赴推进项目建设。根据2020年年初签订的基本建设项目目标责任书，将目标责任书内的项目按照行业归口逐一分解到各部门，明确了责任单位、责任人及完成时限，统筹协调督促各单位及时办理各项审批手续，加强各部门的沟通联系，及时掌握和协调解决项目推进中存在的困难和问题，确保了项目工作的顺利推进。2020年，察雅县开复工基建项目共12个大项264个子项（续建90个子项，新开工174个子项），开复工率100%，总投资25.96亿元，计划完成投资10.81亿元，累计完成投资9.52亿元。其中目标责任书内开复工项目8项，开复工率100%。

抓好项目管理工作。一是抓好项目前期工作。在做好疫情防控的同时，积极组织单位力量抓项目前期，攻破前期工作这一制约项目建设和投资落地的最大短板，一个项目一个项目地谋划，一个项目一个项目地摸排，配合指导行业主管部门完成可研报告、方案设计等工作，按照项目审批权限共完成风险评估审查94个，初步设计概算审批99个（含交通项目施工图设计审批），实施方案审批21个。二是加大项目跟踪落实。上报基本建设月报，加强项目建设日常督导工作，紧盯复工关键时期，组织工作组深入建设项目施工地进行跟踪督导检查，及时开展建设领域突出问题专项整治，对查找出来的问题，分别向项目建设单位提出了整改建议和要求，确保了政府投资安全和项目建设质量，促进了全县基本建设程序规范化和政府投资项目效益的充分发挥。三是规范项目审批程序。在项目审批过程中，严格按照《昌都市基本建设项目管理办法》，认真履行基本建设审批程序，规范项目审批过程，严控项目投资概算，加强项目建设管理，依法进行公开招投标，杜绝应招未招、通过划分标段规避招标等现象的发生。工程建设过程中，严格落实领导责任制、项目法人制、工程监理制、合同管理制，不定期协同相关部门组织专业技术人员深入工程建设一线，对建设项目进行质量监督、检查，对发现的问题，责令限期整改，确保工程建设的质量和效益。四是强化项目资金管理。严格按照《西藏自治区发展改革委关于政府预算内投资项目管理暂行办法》《昌都市基本建设资金拨付使用管理办法（试行）》等文件的规定和要求，严格执行基本建设程序和建设资金拨付使用有关规定，及时按照工程进度拨付工程款，并加强对施工企业兑现农民工工资情况进行管理，全面掌握每个工程项目的工程款支付和农民工工资发放情况，对已拨付工程款项目，要求施工单位优先支付农民工工资，对发现工程款支付不到位情况，加强检查、督促，确保了农民工工资按时足额发放。加大沟通衔接力度，及时知悉自治区项目建设资金下达情况，定期梳理在建项目投资下达情况，安排专人到昌都协调拨款事宜，确保项目资金下达后拨付到位。

【科学编制“十四五”规划】 立足察雅县经济总量小、基础设施薄弱、生态环境脆弱、城乡发展不平衡等县情，坚持目标导向、问题导向，科学编制好“十四五”时期国民经济和社会发展规划。县发展和改革委员会积极与上级部门沟通衔接，请求上级部门帮助指导察雅县编制好“十四五”项目规划方案，同时，在县直各单位和乡（镇）范围内收集和整理规划编制所需资料，在契合察雅县区域实际的前提下，梳理完成察雅县“十四五”规划项目需求表，涉及项目1527个，总投资508亿元。

积极推进“十四五”产业发展规划。按照察雅县产业建设领导小组职责分工，结合县域实际和察雅县相关规划前期调研工作开展情况，研究拟定2020年清洁能源、高新数字、绿色工业等三大领域产业发展工作计划，明确目标、任务和保障措施。申报了察雅县“十四五”产业规划项目需求3项（其中清洁能源2项，绿色工业1项），总投资131.1亿元，分别为澜沧江上游水光互补光伏能源基地、察雅县风力发电项目、察雅县扶贫开发产业园（三期）建设项目。

【受援工作】 加大与援助察雅省（市）企业的沟通，争取规划内资金早日落实到位，积极争取更多规划外的资金和项目，加快援藏项目实施进度，确保项目早日见效。2020年实施援藏项目13个（不含采购项目），总投资3252.39万元，已全部完工，完成援藏投资3252.39万元。其中规划内察雅县香堆镇新建市政道路一期、多所学校教工之家、香堆镇扶贫产业园汽修厂已经建成投入使用。规划外县退役军人事务局蔬菜大棚改扩建、王卡乡人民政府维修改造、武警中队营房改造、退役军人服务中心等已经建设完成。此外，察雅县积极与对口援助察雅省市沟通协调，已梳理形成察雅县“十四五”援藏项目规划表涉及5大项18个子项，总投资4.2亿元，已上报昌都市审核。经协商，察雅县“十四五”援藏规划编制已由重庆市启动编制工作。

【复工复产】 严格落实察雅县《关于应对新冠肺炎疫情支持企业复工复产保持经济平稳运行的若干政策举措》，成立察雅县应对新冠肺炎疫情支持企业复工复产工作专班，全面统筹推进察雅县应对新冠肺炎疫情支持企业复工复产工作；不定期召开专题会议，听取各部门、各乡（镇）关于支持企业复工复产工作汇报，并及时研究解决各部门、各乡（镇）提出的困难和问题；对支持企业统筹防疫与复工复产工作进行指导、监督和检查，推动企业、项目尽快复工复产，开足马力抓生产建设。

【川藏铁路规划建设工作】 县发展和改革委员会积极配合国家、自治区、昌都市做好川藏铁路（察雅段）各项协调工作。一是加强组织，强化支撑保障。及时成立川藏铁路昌都至雅安段（察雅县）建设工作领导小组，涵盖各相关单位和乡（镇），确保责任清、任务细，领导小组下设办公室，全面负责协助川藏铁路公司开展各项工作；召开两次川藏铁路联络协调专题会议，及时研究解决前期勘探规划中存在的各类问题。二是主动作为，前期工作进展顺利。积极配合中铁二院开展川藏铁路规划采石场前期工作，组织自然资源、林草等行业部门多次深入实地勘察调研，专题研究涉及察雅县的规划采石场选址工作，针对前期规划中各类来函，确保第一时间深入实地了解情况，并及时回函，确保川藏铁路（察雅段）勘察工作有序开展。

【物价和粮食安全】 强化市场引导，物价保持平稳。继续加强监测工作，建立健全监测、预警、应急相衔接的快速反应机制，对市场部分重要商品、居民生活必需品、医疗药品及服务价格，及时告知、适时提醒。同时，加大市场监管，在节假日期间，对人民群众生活紧密相关的生活必需品进行巡查检查，稳定商品服务价格，规范市场秩序，维护良好的假日消费环境，确保价格总水平的基本平稳。

加强粮食质量安全工作管理，确保粮食质量安全有保障。由粮油公司牵头负责不定期对粮食库存的安全、数量、质量、品种、储备粮轮换、调运等情况进行检查，重点检查政策性粮食质量安全指标、储存品质指标和主要食品安全指标，严格执行“现验后入”的原则，检验报告随货同行，确保了粮食储备安全和供求平衡。多渠道进行粮食流通的动态检测，深入分析供求形势和价格走势，加强对县粮食生产、消费、库存、价格的检测，进一步增强政府调控粮食市场的能力。

【机关建设】 一是抓好党风廉政建设。严格落实中央八项规定和自治区“约法十章”“九项要求”等一系列党风廉政规定，切实履行好主体责任，同时，严禁项目评审验收中发放和收受红包管理，不断加强领导班子的廉政自律工作，牢固树立廉洁从政意识，紧绷拒腐防变这根弦。二是加强能力建设，改进工作作风。以自治区党委第五巡视组巡视为契机，举一反三，查摆问题，坚持发现问题与整改问题并重，巩固拓展作风建设成果，坚定不移纠“四风”，树“新风”。三是做好党建工作。按照“抓党建、带队伍、促发改、保稳定”的工作思路，在结合上做文章、出实招、下功夫，寻找党建工作和发改工作的结合点、把握切入点、抓住突破点，不断创新党建工作载体，通过狠抓思想教育和规范管理，做好结合文章，带动队伍整体素质的提升，达到以抓党建工作促进发改工作。

统计

【概况】 2020年，察雅县统计局在县委、县政府的正确领导和市统计局的关心指导下，紧紧围绕推动全县高质量发展目标，统筹推进疫情防控和统计调查工作，不断加强党的建设，有力推进作风建设，定期按时按质完成农林牧渔业、固定资产投资、四下企业、月度劳动力联网直报等常规统计工作，核算国民经济主要指标，开展群众安全感满意度调查，圆满完成了2020年平安建设（综治）考核工作，顺利完成了脱贫攻坚普查和第七次全国人口普查。

【经济运行指标统计】 2020年全县生产总值完成160594万元，较2019年同期增加13112万元，同比增长7.8%，其中第一产业完成24155万元，较2019年同期增加2222万元，同比增长6.6%，第二产业完成79940万元，较2019年同期增加5957万元，同比增长17.2%，第三产业完成56499万元，较2019年同期增加4933万元，同比增长1.0%。农村居民人均可支配收入达到12734元，同比增长13.2%，城镇居民人均可支配收入达到34736元，同比增长10.2%，社会消费品零售总额达到43866.5万元，同比增长-1.4%。

【脱贫攻坚普查】 根据昌都市脱贫攻坚指挥部《关于印发〈昌都市关于开展脱贫攻坚普查工作的实施方案〉的通知》（昌脱贫指办〔2019〕83号）文件要求，结合察雅县工作实际，开展好脱贫攻坚普查工作。坚持现行脱贫标准，突出“两不愁三保障”，严格标准程序，对全市贫困村退出和脱贫人口进行“普查”，核查脱贫质量；对返贫人口、新发现贫困人口以及脱贫不稳定人口进行排查，核清群众致贫原因，强化措施落实，提升脱贫质量。对非建档立卡群众进行核查，检查有无返贫风险或存在漏评现象。通过开展脱贫攻坚普查，核准全市农牧民人口“两不愁三保障”达标情况，核准脱贫攻坚政策、工作、责任“三落实”情况，核准贫困人口脱贫、贫困村居退出和“三率一度”达标情况，进一步聚焦问题、查漏补缺，夯实脱贫基础，为下一步巩固脱贫攻坚成果和实施乡村振兴战略打下坚实基础。

【全国人口普查】 2020年是第七次全国人口普查，人口普查就是按照现行人口普查政策进行有针对性的数据统计和数据分析，是对我国目前居民总人口数量、民族、户口类型、一二三产业各行业青壮劳动力占比和其他高素质人才资源数据统计、政策调整后的计划生育出生率、婚龄单身人口和性别比、近期性别比调查、人口、年龄、教育等登记搜集，并在国家统一规定的时间内，按照统一的方法、统一的项目、统一的调查表和统一的标准时点，对全国人口普遍地、逐户逐人地进行的一次性调查登记计算，年龄、近期出生性别比、民族、婚姻构成分析汇总。2020年，县统计局根据实际成立了察雅县第七次全国人口普查领导小组，制定了工作方案，全力做好人口普查工作。截至年底，已完成清查摸底、短表、长表录入工作。

市场监督管理

【概况】 2020年是决战脱贫攻坚的收官之年，也是决胜全面建成小康社会的收官之年。察雅县市场监督管理局始终坚持以习近平新时代中国特色社会主义思想为指导，全面贯彻落实党的十九大和十九届二中、三中、四中、五中全会精神，紧紧围绕察雅县委、县政府以及自治区、市两级市场监管系统工作要求，全力服务“六稳”“六保”和常态化疫情防控大局，争先创优，干在实处，努力开创察雅县市场监管工作新局面，各项工作取得了较大进展。

【优化营商环境】 市场主体平稳有序增长。扎实推进注册资本登记制度“多证合一”“先照后证”企业简易注销登记、简化住所登记等改革，推动工商注册登记便利化，助推大众创业万众创新，激活市场活力。2020年，察雅县共有各类市场主体2141户（个体1788户、农民专业合作社50户、企业303户）。新冠肺炎疫情以来，企业登记人员通过互联网工商登记注册全程电子化帮助市场主体办理营业执照260户。

全面落实“双随机、一公开”监管。有序开展“双随机、一公开”工作，县市场监管局执法人员走村入户，对企业、个体的登记事项、侵害消费者权益行为、广告行为、流通领域商品质量、公示信息、食品药品等75项检查内容逐一登记。2020年，开展了广告行业定向检查市场主体4户、开展食品行业定向抽查34户、特种设备定向抽查4户、价格定向抽查4户，共计46户；开展不定向抽查个体工商户67户，企业7户，农民专业合作社2户，共计76户。

有序开展2020年营业执照年度报告工作。按照《企业信息公示暂行条例》《个体工商户年度报告暂行办法》，设立“年报服务窗口”，建立年报QQ群、微信群，积极开展2020年市场主体营业执照年度申报工作。2020年应年报企业259户，已年报237户，年报率约91%；应年报个体1471户，已年报1300户，年报率约88%；应年报农民专业合作社45户，已年报农民专业合作44户，年报率约97%。

严厉查处取缔无照经营行为。采取“源头治理、疏堵结合、突出重点、分类监管”的管理模式，构建了“政府统一领导、部门齐抓共管、全社会共同参与”清理整治无证无照经营工作格局。2020年，县市场监管局清理整治无照经营活动中，共出动执法人员50人次，执法车辆20台次，检查各类市场主体300户次。县城主干道持照率达100%，亮照率达99%，乡镇所在地持照率达99%，亮照率达98%；查处无照经营案件1起，罚款0.5万元。

【“互联网＋政务服务”】按照方便注册和规范有序的原则，大力推广企业网上全程电子化，在办证大厅设立全程电子化助推服务平台，安排专人手把手指导。2020年，企业登记人员已指导100户市场主体通过工商网上全程电子化系统办理营业执照。

【维护市场环境】 强化特种设备监管。按照“三确认”“四停用”，指导特种设备使用单位建章立制。对辖区内的特种设备使用单位的安全责任制、设备安全操作规程、特种设备作业人员持证上岗等情况进行了严格检查。共检查特种设备56台（部），其中锅炉16台，起重机械10台，电梯30部。同时，引导电梯使用单位购买保险，购买电梯保险率80%。

强化消费者权益保护。2020年，县市场监督管理局共受理消费者投诉8起，调解成功率100%；组织开展形式多样的“3·15”系列宣传咨询活动。在县城开展以“凝聚你我力量”为主题的2020年“3·15”国际消费者权益日宣传咨询活动，发放宣传资料200余份，在县城内企业、农贸市场悬挂宣传标语12条，受理消费者咨询30件。

积极开展扫黑除恶专项斗争有关工作。县市场监督管理局立足自身职责，迅速行动，广泛宣传，积极动员全员参与，发挥市场监管职能，集中打击涉黑涉恶违法犯罪活动，努力营造公平、公正、依法有序的市场经济环境。检查市场（商场）150户次，出动人员260人次，发放扫黑除恶宣传资料200份，悬挂横幅2条，扫黑除恶藏汉双语告知书50份，张贴海报20张，制作扫黑除恶举报箱2个。辖区内未发现一起“市霸”“行霸”行为。

开展打击传销工作。在县城、乡（镇）及中小学开展打击传销法律宣传活动，通过设立咨询点，讲解典型案例、发放宣传资料的形式向广大农牧民群众、学生宣传打击传销相关知识，号召广大农牧民群众拒绝传销，积极配合各项打击传销活动，积极向市场监管、公安部门举报传销行为线索，共同创建无传销乡镇、无传销学校。2020年以来，已累计发放宣传资料500余份，悬挂横幅12幅，张贴宣传画、宣传海报150余张，发放购物袋300个、帽子500顶、水杯200个、雨伞50把、围裙100条；在县烟多中路组织法律法规宣传2场，接受群众咨询300人次。共计建立13个无传销乡镇，其中挂牌9个，无传销校园2个，挂牌2个。

强化民生计量工作。全面展开相关强制检定工作，在市市场监管局的大力指导和帮助下，对察雅县5座加油站的50把加油枪、县人民医院的200台工作计量器具以及农贸市场及周边的商超使用的60个电子秤进行强制检定。

开展农贸市场环境卫生整治百日攻坚行动。以

“实现摊位管理标准统一”“卫生标准统一”“市场开办者内部管理标准统一”“车辆管理标准统一和市场监管标准统一”为总体目标，对农贸市场内的52家商户的计量器具、环境卫生以及亮照经营情况进行检查。

【民生安全】 食品安全抽查抽检工作有序开展。一是完成食用农产品省抽23组、国抽食用农产品9组、工业加工食品11组；二是充分利用县农贸市场食品快检室完成2020年食品安全快速检测8880批次，其中蔬菜7400批次，肉类540批次，水产/干调940批次，合格率99.9%；三是依托食品快检车和快检箱对乡镇社区的食品种类进行快检，目前已检测650批次，填补了“食用农产品快检室”未覆盖区域检测的盲区和空白，确保农牧区和县城周边群众的饮食安全。

【强化监管】 加强执法办案力度。2020年县市场监督管理局共组织检查50余次，出动执法人员200人次，检查市场主体1050家次，共下发责令整改通知书20份，办结食品安全案件4起，共计罚款3.88万元。

加强餐饮行业食品安全管理，鼓励“明厨亮灶”。以“透明厨房”为主线，在全县范围内推进“明厨亮灶”工程，鼓励餐饮行业服务提供者强化自身管理，提高餐饮行业整体卫生水平。一年来县市场监督管理局共办理餐饮行业食品经营许可证40件，县城内餐饮行业“明厨亮灶”率达到85%。

开展进口国外冷链食品专项检查。根据区、市、县疫情指挥部严格落实“禁止进口国外冷链食品”的要求，共排查冷藏冷冻食品12家，其中进口虾1家（产自厄瓜多尔，库存10箱），进口牛肉4家（产自阿根廷、美国、库存500公斤）。对察雅县所有冷藏冷冻食品进行排查、登记。督促经营者严格落实好索证索票和进销货凭证要求并且索要核酸检测证明和消毒证明，无相关证明的禁止上市。

强化药品安全监管。深化药品、医疗器械、化妆品日常监管，强化重点品种、重点环节专项整治。开展中药饮片质量集中整治、无菌及植入性医疗器械、开展藏药制剂摸底调查、美容美发行业经营使用化妆品专项检查等工作，同时联合县卫健委开展了疫苗专项检查工作。完成全年药品抽验任务73批次。

【市场专项整治】 开展了“两节”市场打假、地理标志保护产品商标专用权、成品油市场、格式合同条款、农资市场、虚假广告、无证无照、打击传销、非洲猪瘟防控等16项专项检查。做到专项整治有计划、有过程（痕迹）、有总结、有报表、有信息、有案件。深入开展红盾护农专项行动。以红盾护农活动为载体，深入乡镇、农牧区开展农资打假、农资识假辨假宣传，共发放宣传资料100余份，开展专项检查10次，出动执法人员30人次，检查农资经营户60余户次做到专项整治有计划、有过程（痕迹）、有总结、有报表、有信息、有案件。

【党的建设】 指导监督抓创新。强化对工作的指导和监督，对上级部署安排的每项工作，在吃透文件精神的基础上，紧密结合察雅县实际，转变工作思路，把好经验及工作风险给干部讲清楚，把任务、责任、方法传导给监管执法干部，进一步提升工作成效。

作风建设抓经常。牢固树立“四个意识”，坚决支持维护习近平总书记的核心地位。扎实开展“两学一做”学习教育，不断强化学习教育，始终坚定正确的政治方向。全面加强党风廉政建设，严格落实主体责任和监督责任，严肃党内政治生活，持之以恒加强作风建设，坚持抓常、抓细、抓长，作风建设得到了进一步加强。

基础工作抓保障。依托党支部学习、专题党课、道德讲堂等载体，深入开展习近平新时代中国特色社会主义思想教育，引领全局上下进一步增强“四个意识”，坚定“四个自信”，做到“两个维护”，坚定为市场监管事业奋斗的信念，做到思想上有目标、行动上有追求、实践上有业绩。

加强党风廉政和效能建设。加强机关作风建设。结合党的群众路线教育实践活动、“两学一做”学习教育等活动，建立健全作风建设常态化长效机制，打造风清气正的政治生态，以党的建设高质量推动市场监管工作发展。

应急管理

【概况】 2020年以来，在市委、市政府的坚强领导下，在市应急管理局的指导和关怀支持下，结合安全生产目标责任书、《昌都市安全生产委员会关于印发2020年工作要点的通知》文件精神，察雅县遵照“安全第一，预防为主、综合治理”方针，全面贯彻落实好习近平总书记对安全生产的重要论述以及党委、政府关于安全生产工作的系列指示和重大部署，坚持把安全生产作为维护经济和社会发展大局的重中之重来抓，以防范生产经营性事故为落脚点，着力抓好安全生产各项工作的落实，安全生产形势总体平稳，各项工作取得了较好的成效。

【安全生产】 察雅县安全生产委员会按照党政同责、一岗双责、齐抓共管、失职追责的要求，构建各级党委领导、政府监管、企业负责、群众参与、社会监督的安全生产格局，完善安全生产党委政府负总责、各级部门负专责、企业负主责、条块结合、齐抓共管、整体联动的责任体系。多次组织召开县委常委会会议及县政府常务会议，研究部署应急管理和安全生产工作，分析各阶段安全生产形势，研究解决各行各业安全生产工作中出现的具体问题，安排部署各重要时间、阶段安全生产工作，稳步推进全县安全生产各项工作，特别是在“三大节日”、“两会”、三月复工、防灾减灾日、安全生产宣传月、汛期等重点时段的安全生产工作，严格落实联合检查制度，特别是对重点要害、重点区域、重点隐患，明确落实整改责任，加大整改力度，消除安全生产隐患，确保重大节假日、重大活动期间安全生产形势稳定，2020年，察雅县共开展安全生产大检查6次、巡查3次。

【防灾减灾教育宣传】 坚持以宣传贯彻新修订的《中华人民共和国安全生产法》和2020防灾减灾主题“提升基层应急能力，筑牢防灾减灾救灾的人民防线”为重点，结合“八进”宣传教育活动，加大安全生产、防灾减灾、应急救援等常识宣传力度。以“3月综治宣传月”“防灾减灾日”“安全生产三年专项整治”活动为契机，集中在中铝广场、澜沧江广场以及采取入户宣讲等形式开展了宣传教育活动。宣传活动以发放防灾减灾宣传图册、《中华人民共和国安全生产法》为主，并制作宣传栏、宣传标语，在人员密集场所张贴海报，同时对现场学习安全生产资料的过往群众进行讲解，共发放宣传资料540份、各类宣传物品750个，悬挂横幅5条，LED屏滚动播放防灾减灾知识15次，微信等媒介推送文章3篇。

【应急管理工作】 制定了《察雅县公共突发应急预案》，协调各部门制定了各行业、各部门应急预案。积极探索应急救援联动机制，坚持预防与应急动员相结合，立足于防范常抓不懈，防患于未然，结合实际建立察雅县应急救援联动机制，形成各部门、各乡镇协调联动，群防群控的工作格局，积极探索建立健全全民参与、部门协同的应急救援队伍建设，建立了察雅县自然灾害应急救援志愿者队伍，提高储备效能，做到物资、管理、人员三到位，时刻做好防大灾、抗大灾准备，一旦接到险情命令，可在最短的时间内将物资运送到位，确保防汛物资备得足、调得动、运得出、用得上，截至年底，开展物资救灾320户，发放口粮2.5万余公斤、清油

600余桶、棉被26套、棉衣4套、帐篷16顶。

【隐患排查治理工作】 按照2020年年初制订的各行业安全生产执法检查工作计划要求，认真开展各类执法检查工作，对部分联合执法工作，严格落实联合执法制度，做到“全覆盖、零容忍、严执法”。

联合相关单位以“四不两直”检查方式，不定期对加油站、非煤矿山、道路交通、消防等开展问题和隐患排查工作。2020年，共开展危化品检查15次，检查单位60家次，排查整治问题和一般隐患16处，累计罚款1万元；开展非煤矿山检查33次，检查企业64家次，排查和整治存在的问题隐患12处；开展道路隐患排查工作30次，排查道路隐患19处，并及时督促整改落实。加设警示牌20处，指示牌10处；严厉打击各类非法违法驾驶行为，共开展车辆违法违规行为检查7次，检查车辆500余辆，纠正各类交通违法18起，排查和整治隐患10起。县消防救援大队共排查社会单位和企业69家次，消除火灾隐患43处；开展建筑施工检查15次，检查施工企业和单位30家次，排查和整治存在的问题13处。

其他各领域安全稳步推进，开展校园安全检查8次，各类学校自查50家次，排查问题隐患17处，均无重大安全隐患。

城市管理

【概况】 2020年，在县委、县政府、市城管局的支持和正确领导下，察雅县城市管理和综合执法局全面贯彻落实党的十九届五中全会、中央第七次西藏工作座谈会精神，坚持以习近平新时代中国特色社会主义思想为指导，高度重视机关行政效能建设工作，以全面提升察雅城市形象和综合竞争力为重点，认真组织开展辖区内城市管理相关工作，切实做好庆祝昌都解放70周年活动环境卫生创建工作，全力打造整洁优美的城乡环境。

【市政管理】 一是加强市政设施的维护、巡查、监管。制定辖区道路维护监管方案，使每条道路都做到定人、定位、定责任、定目标。2020年，完成人行道日常维护5条道路，面积411平方米。共计完成10条道路的排水设施整治、清掏。治理察雅大道、滨河大道周边道路病害井盖45座。对县城主干道路的花坛、路灯、人行道护栏进行维护，划定机动车辆和摩托车的停放区域，有效解决主干道路人行道乱停乱放的问题。2020年5月组建吉塘镇城市管理和执法中队对吉塘镇辖区的城市秩序和市政设施进行有效管理，通过细抓、强查、及时处理，吉塘特镇及邦昌公路沿线的环境卫生得到了有效改善，保障了昌都解放70周年大庆察雅县各项活动的顺利开展。二是严防汛期防洪防涝。县城市管理和综合执法局高度重视城区防汛抢险工作，号召干部、职工及维护公司树立起抗大灾、防大汛的思想，并组织开展了两次防洪抢险演练。县城市管理和综合执法局于察雅县汛期前完成对辖区内所有下水管网的全面疏掏，对存在倒灌风险的烟多镇色嘎村重点地段进行严密监控，并安排人员加强巡逻力度。三是“地摊”经济活跃。为复工复产复商复市，营造整洁有序、优美和谐的城市环境，在德西林卡广场、察雅大道农贸市场周边设置外摆地摊区域，有70余户商家开展摆摊经营，经营范围涉及服装、水果、装饰品、农产品等，活跃了察雅县地摊夜市经济，将游商游贩统一集中划定摆摊区域，保障就业和民生的同时维护好了县城良好秩序。四是垃圾分类初见成效。为进一步提高察雅县生活垃圾的资源化、减量化目标，由县城市管理和综合执法局牵头，按照“能卖则卖，有害单分，干湿分离”的原则，建立资源垃圾、厨余垃圾、有毒有害垃圾、一般垃圾四类收集系统，对城市生活垃圾实施分类投放、分类收集、分类运输、分类利用。全县共投放果皮垃圾箱250个、厨余垃圾桶200个、旧衣物回收箱50个、分类垃圾箱50个，向大中型餐饮商铺发放专用餐厨垃圾桶，配备餐厨垃圾收集车一辆每天定时定点收集餐厨垃圾。

【维护公共空间】 一是开展扫黑除恶及行业乱象整治。县城市管理和综合执法局按照“有黑扫黑、无黑除恶、无恶治乱”的方针，通过群众投诉举报、信访、现场检查等渠道全面开展涉黑涉恶线索排查工作。在市容环卫领域，环卫作业日常监管、生活垃圾填埋场运营管理、垃圾处置管理、渣土运输、市政管理领域，在市政行政许可、市政工程项目建设招投标、日常监管等方面排查涉黑涉恶线索。对暴力执法、暴力抗法、充当保护伞等方面进行排查。全年共清理乱摆摊设点320余处，店外占道经营245起，拆除违规设置大型户外广告6块约250平方米，清除小广告570处（张），违规横幅广告47条，制止散发各类小广告62起，整治“蜘蛛网”私搭电线75处。二是遏制违法建设，对违法建设实行零容忍，发现一起，查处一起。2020年对187处居民楼院的私搭乱建组织开展专项治理，共拆除各类违法建设5150平方米，对拆后土地实施绿化410余平方米，清理各类私搭乱建、圈绿毁绿、乱堆乱放78处。坚决拆除存在安全隐患的违法建设，形成严厉打击违法建设的高压态势。三是综合治理非法占道停车及非法挪用、占用停车设施，鼓励社会资本投入停车建设。参照《昌都市机动车辆停车场收费管理办法》制定了《察雅县机动车辆停车场收费管理办法》，使察雅县停车管理工作有了明确、具体、权威的管理依据，摸排闲置土地建成临时停车场10个对外开放，增加公共停车泊位280个逐步缓解停车难问题。

【改善人居环境】 一是“街长制”稳步推进。将全县所有主干道、巷、园区划分为15个街（巷）园区，由县长担任县总街长，各县委常委、副县长分别担任各分街（巷）长，县直各单位主要领导分别担任各街（巷）园区包街干部，全面推行“街长制”，在每条街道的显眼位置公示街长、包街干部和保洁负责人的姓名和联系方式，可以让群众知道谁在负责这条街的管理，知道发生问题的时候该找谁解决，这是察雅县实行“街长制”后留给察雅县群众最直观的印象。二是推行全域环卫，继续强化快速保洁、“车窗抛物”整治。推行全域环卫，将点线环卫逐步扩展至地上、地下、空中，消除单位之间的壁垒。增强县环卫人力物力投入，购置垃圾箱、垃圾转运车、餐厨垃圾转运车等环卫设施设备，增强垃圾转运处理能力，提高环卫保洁水平。规范建筑施工现场管理，严控噪声扰民、施工扬尘和渣土运输抛撒。加强日常巡逻力度严禁牲畜进城、上街、上路。三是提高园林绿化，加强大气、噪声、固体废弃物、河道水系环境管理。为防止雨季汛期洪水倒灌对县城居住群众造成的生命财产安全，组织专业施工企业对察雅县城河道等四大防洪堤进行清理。四是开展公路沿线“白色污染治理”和环境整治。全面改善县城、乡镇及公路沿线环境。2020年共开展县城、城乡接合部、吉塘特色小城镇以及214国道、察芒公路、乡（村）公路、背街小巷和广场、河道两旁、绿地、景点内外和周边的白色污染及积存暴露垃圾和其他废弃物集中整治6次，出动环卫力量500人次，清运白色垃圾80余吨。

审计

【概况】 2020年以来，在县委、县政府的领导下，在上级审计机关的具体指导下，察雅县审计局认真履行审计监督职能，紧紧围绕县委、县政府工作中心，坚持“依法审计、服务大局、围绕中心、突出重点、求真务实”的审计工作方针，突出对经济和社会中的热点、难点和领导关注、群众关心问题开展审计监督，推进各项工作。

【加强业务培训】 一是参加自治区审计厅组织的《政府会计准则制度》视频培训、审计署组织的市县审计局局长培训。二是利用自治区审计厅干部在察雅县驻村的机会，邀请审计专业人员对县审计局干部开展业务培训，主要培训内容有《中华人民共和国国家审计准则》、《党政主要领导干部和国有企业事业单位主要领导人员经济责任审计规定》、审计公文写作。三是组织学习中央审计委员会第一会议和《习近平谈治国理政》第三卷及中央第七次西藏工作座谈会议、党的十九届五中全会精神，做到“审计精神立身，以创新规范立业，以自身建设立信”，牢固树立“权为民所用、利为民所谋、情为民所系”的为政理念，以习近平新时代中国特色社会主义思想，为人民群众掌好权、用好权。四是利用昌都市审计局审计组对察雅县城乡医疗救助资金清算工作和审计厅审计组对困难群众救助补助资金和残疾人保障资金审计之机，县审计局干部参与审计项目，通过审计实践，了解熟悉审计程序，掌握审计思路和办法。

【审计监督】 做好新冠肺炎疫情捐赠款物跟踪审计。在中央审计署统一部署下，2020 年 3 月 6 日，察雅县审计局成立审计小组，对关于察雅县应对新冠肺炎疫情捐赠款物进行跟踪审计，通过对县财政局、县卫健委、县民政局、县商务局、县市场监督与管理局、县教育局等多家单位审计捐赠款物的使用情况的跟踪，摸清了全县捐赠款物的总量和捐赠款物的管理使用情况，同时也通过政府公示栏面向社会公开了监督审计结果。共发现 1 项问题，已完成整改，提出审计意见建议 1 条，此次跟踪审计有效地规范了疫情捐赠款物的使用管理。

做好察雅县新增财政资金直达县基层直接惠企利民情况进行专项审计。根据审计署、自治区审计厅统一安排部署和《昌都市审计局关于开展新增财政资金直达市县直接惠企利民情况专项审计工作的通知》，成立了审计小组，自 2020 年 9 月 25 日至 10 月 28 日，对察雅县新增财政资金直达市县基层直接惠企利民情况进行专项审计，重点关注了新增财政资金的管理和使用情况，对重要事项进行了延伸。主要从县财政局、县卫健委、县民政局等单位进行了直达资金收支情况审计，重点关注了新增财政资金的管理和使用情况。于 2020 年 10 月 29 日，向有关部门送达审计报告征求意见，相关单位反馈意见已收回。通过此次审计针对存在的问题，与相关部门通过加强沟通协调工作，成立专班，形成合力，逐项清理，分解任务，确定责任人，限定整改时限，及时整改存在的问题，将新增财政资金惠企利民政策落实到位。共发现问题 3 条，已完成整改。

财政 税务

财政

【概况】 2020年，县财政局在县委、县政府的正确领导下，深入贯彻落实党的十九大精神及历届全会、自治区党委九届八次全会、中央第七次西藏工作座谈会及市委一届十次全会精神，坚持以习近平新时代中国特色社会主义思想为指导，紧紧围绕年度任务目标，认真落实县委、县政府各项决策部署，保持求真务实的工作作风，狠抓落实，提高财政运行质量和效益，聚焦“六保”“六稳”，推进全年财政目标任务的落实。

【财政预算】 2020年，察雅县一般公共预算收入总量193955万元。其中，地方一般公共预算收入6492万元（其中税收收入为2387万元，非税收入为4105万元），为年初预算（6490万元）的100%，同比增长5%；上级补助收入177237万元，一般债务转贷收入9339万元，动用预算稳定调节基金887万元。察雅县一般公共预算支出总量193955万元。其中，一般公共预算支出193619万元，同比减少69743万元，下降26.48%；安排预算稳定调节基金336万元，收支总量平衡。

【民生保障】 坚持以人民为中心的发展思想，调整优化支出结构，加大社会事业投入，着力保障和改善民生，贯彻“发展为了人民，发展依靠人民，发展成果由人民共享”的理念，为群众解难事、办实事、做好事，以实实在在的发展变化增进群众获得感，不断提升民生保障水平。2020年累计直接兑现惠民资金25232.41万元。其中，“三大节日”慰问金269.2万元；残疾人两项补贴586.68万元；农村最低生活保障1727.84万元；城镇低保162.43万元；“五保户”生活补贴401.11万元；寿星老人补贴26.46万元；经济困难高龄老人补贴31.26万元；临时救助467.22万元；村医工资360.58万元；村兽医工资165.6万元；2020年城乡居民基本医疗补助资金2565.14万元；草原生态保护补贴奖励2292.67万元；森林生态效益补偿金1751.73万元；“双联户”户长工资357.36万元、表彰资金69.58万元；离任村干部生活补助23.34万元；村干部基本报酬及绩效1432.06万元；“三老人员”生活补助182.86万元；村民监督委员报酬401.17万元；生态脱贫就业岗位资金7225.55万元；落实教育“三包”资金4138.52万元；困难群众临时价格补贴432.05万元；科技特派员生活补助162万元。

【打好“三大攻坚战”】 一是切实将地方政府性债务清理核查作为防范和化解地方政府性债务的重点，推进地方政府性债务领域问题整改工作，不断加强和规范地方政府性债务管理，严控地方政府性债务增量，坚决遏制各类违法违规或变相举债行为，坚决防止政府债务无序增长。二是全力支持脱贫攻坚。继续深化统筹整合财政涉农资金，完善实施细则和管理办法，按照“六个精准”和“八个到位”的总体要求，充分发挥财政职能，全面推进精准扶贫和精准脱贫。2020年脱贫攻坚统筹整合财政涉农资金共整合35421.47万元。其中，产业扶贫资金 9579.5 万元，生态保护岗位资金 6836 万元，生产扶持及基础设施建设资金 13292 万元，贷款贴息 5243.62 万元，安置点征地及水质检测费 295.35 万元，农牧民技能培训费 175 万元。三是加大污染防治力度。落实支出生态环保相关资金 7816.76 万元。其中，草原生态保护补助奖励资金 2292.67 万元，森林生态效益补偿资金 2279.09 万元，退耕还林和退牧还草资金 1754 万元，重点生态功能区资金 1491 万元。

【社会和谐稳定】 坚持以习近平总书记“做神圣国土的守护者，幸福家园的建设者”重要思想为指导，牢固树立稳定压倒一切的大局意识，2020 年公共安全累计支出 9450 万元用于县、乡维稳工作，完善维护稳定经费的保障体制。不断加大民族团结工作开展，民族事务支出 112 万元，宗教事务支出 3616 万元。

【完善财务制度】 严格财经法规，持之以恒贯彻落实中央八项规定、自治区党委约法十章、市委实施办法和县委相关规定精神和党员干部作风“十不准”。一是压缩县本级行政经费预算，特别是“三公经费”预算，2020 年，察雅县公用经费预算仅为 13720 元 / 人（除公检法司、统战、政法、纪检部门外）。二是及时根据自治区相关文件修改察雅县差旅费管理办法，并严格执行接待费、会议费、差旅费管理办法，严格控制会议标准、规模、预算，降低行政运行成本。三是采取聘请第三方审计和不定期巡查方式，联合相关单位对察雅县重要领域资金、乡镇惠民资金落实情况进行审计、监督、检查。四是继续严格执行《察雅县财政专户管理办法》《察雅县关于规范行政事业单位干部职工津贴补贴发放标准（暂行）办法》《察雅县精准扶贫资金财务管理暂行办法》《察雅县精准扶贫整合资金管理办法》等制度，为财政资金安全运行提供制度保障。

【深化改革】 一是加快“一卡通”改革工作，实现了 13 个乡镇所有惠民资金通过一卡通兑现。二是坚持实行预决算公开制度。2020 年，向社会公开了全县 109 个单位和部门 2019 年决算和 2020 年预算情况。三是全面实现国库集中支付。2020 年实现国库集中支付达 7328 笔，涉及 144301.66 万元，占总支出的 75%。四是推进乡镇财务改革。13 个乡镇都启用 C6 财务软件，实现了会计电算化。五是严格执行政府采购制度。六是严格落实政府会计制度。2019 年，各乡镇及全县所有单位均严格按照新修订的《政府会计制度》进行记账和核算，并编制了 2019 年政府财务报告。七是强化财政专项扶贫资金绩效管理，不断提高自评质量，大力推进绩效信息公开。八是积极落实减税降费政策，规范涉企收费，2020 年，减税降费金额 3453.71 万元，惠及企业 4850 余户次，降费金额 2268 万余元。九是财政评审实现全覆盖。察雅县通过第三方评审公司对 500 万元以下项目进行财政评审工作（500 万元以上由市财政局评审），2020 年，察雅县共完成评审项目 150 个，送审金额 56129.33 万元，审减金额 4640.89 万元，审减率为 8.27%。

【财政直达资金监管】 县财政局加强对财政直达资金的监督管理，严格按照有关资金直达基层、直接惠企利民的要求，以财政部《特殊转移支付资金管理办法》《抗疫特别国债资金管理办法》等文件为指导，积极落实好、管好、用活直达资金。2020 年，察雅县共收到直达资金 15570.58 万元（其中特别抗疫国债 2500 万元），已拨付 12310.9 万元（含特别抗疫国债 1080.7 万元），拨付率达 79.06%。

【盘活财政存量资金】 按照《国务院办公厅关于进一步做好盘活财政存量资金工作的通知》（国办发〔2014〕70 号）《财政部关于推进地方财政存量资金有关事宜的通知》（财预〔2015〕15 号）规定，严格执行盘活财政存量资金政策，并将盘活资金统筹用于经济社会发展急需资金支持领域，切实提高财政资金使用效率，2020 年察雅县盘活存量资金 16951 万元。

税务

【概况】 2020 年，在市税务局党委和县委、县政府的坚强领导下，察雅县税务局紧紧围绕“2020 年全市税务工作会议”总体部署，坚持以习近平新时代中国特色社会主义思想为指导，认真学习贯彻党的十九届五中全会和中央第七次西藏工作座谈会精神，学习贯彻习近平总书记关于做好疫情防控工作的一系列重要指示批示精神，积极发挥基层党建引领作用，扎实落实各项组织收入工作，抓实、抓细“不忘初心、牢记使命”主题教育问题整改和专项整治“回头看”工作，认真做好疫情防控和“减税降费”各项工作，切实增强“四个意识”，坚定“四个自信”，做到“两个维护”，有力保证了察雅县各项税务工作任务的顺利完成。

【学习教育】 察雅县税务局坚持抓好思想教育这个全面从严治党的根本，以身作则、率先垂范，积极发挥“领头雁”“火车头”作用，教育引导党员干部牢固树立“四个意识”，做到理论上清醒、政治上坚定、行动上自觉。通过党委理论学习中心组学习、“三会一课”、干部讲堂等形式，持续推进“两学一做”学习教育常态化制度化，扎实开展“不忘初心、牢记使命”主题教育和专项整治“回头看”工作，深入学习贯彻党的十九届五中全会和中央第七次西藏工作座谈会精神，学习贯彻习近平总书记关于做好疫情防控工作的一系列重要指示批示精神，全面落实自治区税务局、市税务局各项决策部署，不断强化思想意识，统一思想行动，以勇于担当的精神严格落实各项工作任务。截至年底，县税务局组织开展党委理论学习中心组学习 11 次，“三会一课”学习 25 次，党委书记、支部书记等讲党课共 4 次。

【党建工作】 县税务局高度重视党建工作的开展和落实，紧紧围绕坚持党的领导、加强党的建设、落实全面从严治党等重点工作，持续强化党委书记党建工作第一责任人意识，突出党建主责主业，牢固树立“抓好党建是本职，不抓党建是失职，抓不好党建是不称职”的理念，切实履行管党治党主体责任，不断推动基层党建工作责任制度化、规范化、科学化。进一步明确党委、党委书记、党委成员、党支部和党支部书记各项主体责任，层层签订责任书和承诺书共 12 份，及时组织召开全面从严治党工作会议 1 次，党建工作领导小组会议 1 次，党委听取并专题研究党建和党风廉政建设工作各 1 次，向地方党委政府、市税务局党委专题汇报党建工作各 1 次，党支部书记听取党支部情况汇报 1 次，开展各类谈心谈话 22 人次，民主生活会和组织生活会正在筹备中，全年培养和发展正式党员 1 名、预备党员 1 名。确保了基层党建工作有人抓、有人管，有力促进了党建工作责任制的落实。

对上级督促检查、巡察反馈及单位自查出来的基层党建工作问题，县税务局党委端正态度，提升站位，强化问题整改主体责任，本着“纠难纠实”的原则，坚持高标准、严要求，找准切入点，制定实措施，打出整改“组合拳”，坚决对组织生活不规范、“三会一课”落实不到位、党员学习教育不扎实等突出问题一改到底，有效巩固了整改实效和整改成果，切实弥补了基层党建管理工作的短板。巡察发现的 3 类 36 个问题，除一项需要上级部门解决和一项需要长期进行改进的以外，其他 34 个问题都在限定时间内整改完毕。

【严抓严管】 县税务局党委、党委纪检组紧紧围绕全面从严治党，不断强化党内监督，力行监督执纪问责，通过抓思想、抓防范、抓监督、抓落实，坚决把纪律和规矩立在前面、讲在前面、挺在前面，有效引导党员干部自觉在廉洁自律上追求高标准，切实筑牢党员干部遵规守纪的思想防线。一是积极履行监督责任。高度重视党风廉政建设工作，切实履行党风廉政建设党委主体责任。一方面，突出监督重点。加强作风监督，监督重点放在党员干部落实中央八项规定精神和纠正“四风”突出问题上。严格落实公务接待管理、公务用车使用管理等制度。另一方面，拓宽监督渠道。通过督查、微提醒、廉政谈话、通报、发放廉政监督卡和廉政调查卡等多种方式加强对党员领导干部的日常监督。重视信访举报。结合税收执法、干部行为规范、执行落实减税降费政策等内容，加强信访举报工作管理，充分利用检举箱、监督电话、网络等渠道，及时掌握广大纳税人、缴费人对县税务局干部的问题反映情况，切实做到信访举报有人管、管到底。二是开展廉洁从政教育。一方面，重视思想教育，在理论学习上抓重点。通过定期和不定期学习不断提升干部廉政理论素养，结合集体廉政谈话、述职述廉等方式，对干部职工进行廉政教育。另一方面，警示防范，在遵纪守规上抓落实。组织干部职工观看警示教育专题片、开展典型案例分析等活动，积极引导干部职工筑牢拒腐防变的思想道德防线。廉政提醒，在严纪明规上抓防范。把握重要节点，深入开展廉政谈话提醒，紧紧围绕“四风”突出问题、税收执法等重点内容，切实筑牢干部职工遵纪守规的思想防线。全年开展廉政谈话 2 次，组织观看警示教育专题片 1 次，开展反腐倡廉专题学习 3 次，传达相关违纪违规通报 6 次，层层签订党风廉政建设目标责任书、党员干部廉洁承诺书共 11 份，建立日常监督、廉政提醒、信访举报、公车管理、“四种形态”等监督管理台账 5 本。三是着力开展专项整治。本着“抓早抓小、治病救人”的原则和发现问题、严肃整治、全面整改的决心，针对“吃拿卡要报”“违规收受礼品礼金、私车公养专项整治工作”自查自纠事宜，共发现问题 2 个，对当事人进行了批评教育，并要求作出书面检讨，违规所得也进行了收缴。找准切入点，制定切实措施，严格对标对表，有效运用监督执纪“四种形态”尤其是第一种形态，进行专项整治，持续强化执纪问责，坚决杜绝了局内干部违纪违规行为的发生。

【主题教育】 为扎实推动“不忘初心、牢记使命”主题教育深入开展，促进县税务局进一步改进工作作风、提升工作效能，妥善解决当前纳税人、缴费人反映的热点难点问题、上级和媒体关注度较高的问题、历史遗留的问题等，根据《国家税务总局昌都市税务局党建工作领导小组关于开展“不忘初心、牢记使命”主题教育问题整改和专项整治“回头看”的通知》（昌税党建组发〔2020〕1 号），县税务局党委高度重视，积极安排部署主题教育以来的整改落实情况，成立主题教育“回头看”工作领导小组，认真开展自查，深入研判，实事求是评估实效，分析存在的问题和原因。严格要求全体人员认真对照主题教育“回头看”台账进行全面自查，紧紧围绕存在问题的 12 个方面切实找准、认清存在的突出问题，并针对自查的问题制定行之有效的措施。针对自查出的三个问题，进行讨论和分析，制定详尽的整改措施，责任到人，限期改正。要求全体人员以此次“不忘初心、牢记使命”主题教育问题整改和专项整治“回头看”为契机，严格按照“缺什么、补什么”的原则，将“回头看”不足和“向前看”成效结合起来，进一步抓好整改落实，以党建统领推进察雅县税收工作健康有序发展。

【结对帮扶】 积极落实中央和地方脱贫攻坚、精准扶贫有关政策，严格按照县委、县政府关于精准扶贫的统一部署和县委组织部、县扶贫办有关要求，明确工作职责，将精准扶贫工作列入党委重要议事日程，详细制订结对帮扶工作计划，精准施策，对症下药，坚决把责任落到实处。截至年底，县税务局实行单位与个人相结合的帮扶制度，干部职工捐出帮扶资金共 4000 余元，联系爱心人士捐助衣物

160多套，深入结对帮扶点3次，为巩固结对帮扶贫困户脱贫摘帽提供了坚实的保障。2020年年初，县税务局一名工作人员被县委、县政府授予“2019年度脱贫攻坚先进个人”称号。

【疫情防控】 自新冠肺炎疫情防控开展以来，县税务局把打赢疫情防控阻击战作为当前的重大政治任务，全员主动作为、主动担当，主动投身防疫第一线，紧盯疫情防控责任落实、重点工作和重点环节强化政治监督，全力打赢疫情防控阻击战和支持企业复产复工，保持县域经济平稳运行。一是县税务局上下切实把思想和行动统一到习近平总书记重要讲话和重要指示批示精神，以严明纪律要求督促党员干部率先垂范，担当尽责。二是增强“四个意识”，坚定“四个自信”，做到“两个维护”，既全力做好疫情防控，又及时开展主责工作，全面落实各项工作稳步推进的要求。三是积极向县委、县政府、县纪委等主要领导和部门做好汇报和沟通工作，积极为全县防控工作助力，主动接受工作安排、部署和监督。四是防患于未然，做好自我防护事宜。县税务局陆续就单位、个人疫情防控，干部职工返岗、维稳值班等重点工作制定了详尽的工作方案并一一付诸实际。做到了应尽其责的要求，同时也得到了县委、县政府、县纪委等领导的多次肯定。五是提高服效，既注意防控又正常办理业务。县税务局工作人员精准对接总局政策，督促大厅人员做好安全防护的前提下，采取预约办税、网络申报、错峰补缴等形式，为纳税人提供高效、便捷、安全的办税服务，确保国家支持新冠肺炎疫情防控优惠政策落到实处。六是精准帮扶，助力纳税人顺利复工复产。为有需要的纳税人提供了邮寄发票业务；为有困难的纳税人实行代申报工作制度；为有困难的纳税人实行先办事后补资料的容缺服务；对符合享受优惠政策的纳税人做到应享尽享的要求；对政策不清的个别纳税人通过视频形式，一对一精准指导和讲解；主动了解和调研县域纳税人复工复产的情况，不仅为他们及时送上税务的各项政策，也一道把党和政府助力复工复产的政策讲解到位。

【税收收入】 在国务院、国家税务总局深化一系列税制改革的决策部署中，县税务局始终聚焦“为国聚财，为民收税”的使命，不断强化征管、规范执法、优化服务，精准分析、精准收税，截至年底全年共完成组织收入15503万元（含社保基金收入），增长54.90%。其中，税收收入完成3651万元；地方级完成1928万元；非税及职业年金收入完成131万元；社保基金收入完成9793万元。一是实施减税降费政策。严格履行党委抓减税降费工作的主体责任和纪检组督查督办减税降费工作的监督责任，切实增强狠抓减税降费政策落实的政治自觉、思想自觉和行动自觉，主动汇报请示、加强协调联动、强化学习宣传、建立问题台账，确保了减税降费政策在县域内不折不扣落地。数据显示，截至年底，2020年全县累计新增减税降费111.18万元，其中全县2020年新出台的政策减税降费80.7万元，占减税降费总额的72.58%；2019年年中出台政策在2020年翘尾新增减税降费30.48万元，占减税降费总额的57.42%。在疫情影响的大环境下，察雅县辖区内减税降费涉及88户次。新增社保降费900.62万元，占减税降费总额的89%，2020年新出台政策降费560.13万元，职工基本医疗保险惠及62户次。支持个体工商户复工复业减税59.77万元，惠及29户；提供公共交通运输服务、生活服务，以及为居民提供必需生活物资快递收派服务取得的收入免征增值税21万元，惠及8户企业。惠及的金额可以增加企业的资金流，保障企业有足够的流动资金，能够有效减轻企业负担。二是社保费征收工作。根据社会保险费征管职责划转工作要求，县税务局加强与相关部门的沟通协调，主动作为、勇于担当，截至年底，机关事业单位社会保险费入库9854.90万元，完成全年预算收入12023.34万元的81.96%，未达到83.33%的序时进度。位于全市12个征收单位的第三名。2020年度城乡居民基本医疗保险费301.19万元，申报比例为97.73%，2021年度申报人数9人。2020年申报比例位于全市12个征收单位的第8名。城乡居民基本养老保险费339.47万元，较2019年度申报总人数，完成申报人数占比为87.21%。位于全市12个征收单位的第7名。三是企业社会保险费划转工作也在有条不紊地进行中，2020年，已申报3户，入库金额9170.25元，入库率100%；残疾人就业保障金的工作业已启动，并与县残联进行了2轮沟通联系，为后续工作的开展奠定了良好的基础。

城建 环保

住房和城乡建设

【概况】2020年，是全面建成小康社会和“十三五”规划收官之年，也是新的五年规划“十四五”的谋划之年，在新冠肺炎疫情的影响下，察雅县住房和城乡建设局始终以党的十九大精神和习近平新时代中国特色社会主义思想为指导，紧紧围绕“守初心、担使命、找差距、抓落实”的工作要求，充分发挥住建职能，狠抓项目建设。

【理论学习】2020年，县住房和城乡建设局制订理论学习计划50个，召开理论学习中心组学习会14次，学习了习近平总书记系列重要讲话精神，中央第七次西藏座谈会精神、各种条例以及纪委下发的典型案例通报文件精神来武装干部的头脑，进一步提升干部的干事创业能力和宗旨意识。

【项目建设】（一）易地搬迁项目。2020年是察雅县易地扶贫搬迁巩固提升之年，察雅县根据党中央和自治区党委、自治区政府提出：到2020年全面建成小康社会的总目标，全面打赢脱贫攻坚战，察雅县委、县政府高度重视，对察雅县“十三五”期间12751人建档立卡户脱贫工作做了详细规划部署，同时在昌都市委、市政府和市脱贫攻坚指挥部的坚强领导和业务指导下，察雅县根据“六靠、五方便、两避让”原则，将自然条件恶劣，资源匮乏、“一方水土养活不了一方人”、不宜人居的建档立卡群众实施易地搬迁。1.察雅县易地扶贫资金使用情况：2016年以来，易地扶贫搬迁工作正式启动后，察雅县高度重视，充分结合实际，大力推进易地扶贫搬迁工作，“十三五”期间共建设易地扶贫搬迁安置点26个，安置建档立卡群众2406户12751人，项目总投资7.89亿元，已拨付资金7.67亿元，履约保证金4681万元已退1082万元。民工工资保证金621万元已退256万元。2.“十项提升工程”配套情况：根据市委、市政府、市易地搬迁组的要求，察雅县易地搬迁组按照“行业归口”原则，全面推进察雅县26个易地扶贫搬迁安置点“十项提升工程”。察雅县自2018年1月15—20日对全县易地扶贫搬迁“十项提升工程”进行了查漏补缺，并成立了专项领导小组。2018—2019年先后组织各行业部门召开易地搬迁“十项提升工程”专题推进会8次。易地搬迁“十项提升”配套工程：实现26个安置点水、电、信、网（金融网、邮政网、广电网）、科、教、文、卫、保全覆盖；完成道路通畅26个；完成公共服务设施建设7466.07平方米（包括村委会、农贸市场、商业用房、旅游接待中心、公共厕所等）；完成绿化26个安置点。极大改善了建档立卡搬迁群众居住条件，为全县精准脱贫夯实了基础。以坚持易地搬迁是手段，增收致富才是目的为导向，由农、林和扶贫等单位结合安置点自身资源禀赋进行产业规划设计，并与易地搬迁建设同步实施或提前实施，全县53个产业项目实现有效覆盖26个集中安置点。同时，加强与转移就业相配合，通过察雅县人社局劳动技能培训基地，加大搬迁群众劳动力培训力度，提升劳动技能，通过转移就业3800人次，通过技能培训2502人次，保障搬迁群众入住后实现有事做、有收入、有盼头，让搬迁群众彻底放下后顾之忧，达到“一户一就业”的标准，真正实现搬得下、留得住、能致富的脱贫目标。

（二）2018年农村危房改造项目财政评审工作。察雅县2018年农村危房改造为1328户，项目总投资3980万元。2019年农村危房改造工作已完工并顺利通过脱贫攻坚第三方评估组验收。

（三）2020年公租房项目。为切实解决外来务工人员住房困难问题，提高察雅县住房条件，实施了2020年公租房建设项目。察雅县2020年公租房共计下达指标180套，补助资金1499.4万元，计划分两批实施。截至12月底，已完成全部180套的施工图编制工作且第一批27套完成招标工作。

（四）察雅县棚户区改造项目。2020年察雅县江林卡棚户区改造项目下达补助资金1818万元。综合考虑察雅县实际情况及有关金融政策，2020年棚户区改造项目计划实施江林卡南段及北段市政道路及基础设施配套项目。最大限度提升江林卡区域的综合承载能力，改善该区域生产生活条件。已完成全部招标工作，计划2021年年内完成全部建设任务。

（五）市政基础设施。1. 市政道路工程：察雅县如意路市政道路改扩建工程、察雅县央庆路南段市政道路新建工程、总投资655.14万元，其中如意路市政道路为456.91万元，央庆路南段为198.23万元。2020年，如意路已竣工且交付使用，央庆路南段将于2021年6月底完成。2. 贫困地区基础设施提升项目：项目总投资为4406.43万元，新建市政道路，群众入户道路，为增加当地群众收入全部采用当地民工，使用当地原材料，累计群众增收1000余万元。3. 垃圾填埋场：察雅县王卡乡王吉村易地扶贫搬迁安置点生活垃圾无害化处理设施、察雅县荣周乡佐通村易地扶贫搬迁安置点生活垃圾无害化处理设施、察雅县阿孜乡无害化处理设施、察雅县县城易地扶贫搬迁安置点生活垃圾无害化处理设施，已完成，并交付使用。

（六）村级活动场所建设项目。察雅县村居总个数为138个，2018年县基建领导小组批复投资建设村委会为124个，全部为新建，该工程概算投资23707.80万元。截至年底，已完工112个村级活动场所，初步完成验收并交付使用的村委会112个。完成投资14700万元。

【项目监管】 规范建筑市场，强化对建设项目的监管。施工单位备案25个，监理单位备案4个，安全生产检查28次，项目报建21个，办理施工许可证32本，实名制管理平台18个施工企业完成民工工资专户的开设，18个项目已落实实名制管理。

【质量监管】 随着察雅县建筑市场不断扩大，房屋和市政建设越来越多，无论是学校、医院、还是住房建筑的工程质量都与人民群众生命财产安全密切相关，察雅县住房和城乡建设局作为质量监管主管部门，严把建筑质量监督管理这道关，严格执行《质量监督管理办法》，永远把人民群众的根本利益放在第一位。

2020年，察雅县住房和城乡建设局组派人员至13个乡镇对易地搬迁项目、村级活动场所、学校、卫生院等工程项目进行工程质量检查，里程达13万公里，对发现存在质量隐患问题的工程项目，察雅县住房和城乡建设局严格依照《中华人民共和国建筑法》《建设施工合同》《察雅县施工单位不良行为管理办法（试行）》《察雅县监理单位不良行为管理办法（试行）》等法律法规进行处罚并责令相关单位及时整改，切实做到发现问题—分析问题—解决问题，一步到位，绝不推诿扯皮。

【住房公积金管理】 截至2020年年底，办理提取业务174笔，行政系统1—10月缴存额为42410204元。其中，个人缴存21205102元，财政配套21205102元，核实办理转移23笔，转移金额为628268.2元，办理开户26户。

【党风廉政建设】 为深入贯彻党的十九大精神和习近平新时代中国特色社会主义思想，牢固树立“四个意识”，坚定“四个自信”，坚决做到“两个维护”，以中央八项规定为准绳，切实加强党风廉政建设，提升党员干部整体作风。2020年，县住建局召开党支部书记讲党课会议2次，各科室分管领导述职述廉报告2次，要求工程师签订党风廉政目标责任书，对2019年党风廉政和反腐败工作进行了全面安排部署，结合住建工作实际，按照“谁主管、谁负责”的原则，层层明确责任，对党员干部廉洁自律、源头治理和监督工作，作风建设、宣传教育等工作细化了目标任务，夯实了领导责任和直接责任人。把目标任务与要求尽量细化到办公室和负责人头上，形成上级抓、下级做，逐级负责的工作机制。

【扫黑除恶、打非治乱工作】 察雅县住房和城乡建设局建立了工作领导小组、制定专项整治方案，在工作上做到压实主体责任，加强组织领导，广泛宣传教育、积极摸排调查，设立举报信箱并建立罚款机制。察雅县住房和城乡建设局号召群众积极举报建设领域涉黑涉恶违法犯罪线索。对于举报材料和举报人信息，察雅县住房和城乡建设局将会严格保密，依法保护举报人的合法权益。

【业务培训】 随着察雅县的经济建设不断进步，信息化技术日新月异，法规制度的逐步建立健全，干部队伍整体素质不能满足住建工作要求，为了加强干部的业务能力、提升为民办事效率，2020年，察雅县住房和城乡建设局共派出干部到拉萨市、昌都市以及重庆市参加培训6人次，培训内容有党建工作、重庆市住建系统工作经验等。通过对干部培训，察雅县住房和城乡建设局整体素质进一步提高，为民办事效率得到有效提升。

【投资公司运作情况】 雅吉投资公司账面资金为18220.45万元，资金主要包括委托代建阿孜乡阿旺绵阳养殖基地项目资金1096万元，委托代建统筹资金项目察雅县扶贫开发产业园二期（扶贫车间）项目资金1373万元，委托代建统筹整合资金项目（吉塘居委会易地扶贫搬迁供水工程/香堆居委会易地扶贫搬迁供水工程/2019年深度贫困村基础设施提升工程）项目资金5257.69万元，县水利局贷款资金1388.42万元，委托代付易地搬迁项目（察雅县王卡乡王吉村易地扶贫搬迁安置生活垃圾无害化处理设施工程/察雅县荣周乡佐通村易地扶贫搬迁安置生活垃圾无害化处理设施工程/察雅县易地扶贫搬迁安置生活垃圾无害化处理设施工程）项目资金2544.39万元，吉塘特色小城镇民工工资及履约保证金2966万元，吉塘特色小城镇房屋押金77.23万元，房屋销售3517.72万元。

自然资源管理

【概况】 2020年，察雅县自然资源管理工作坚持以习近平新时代中国特色社会主义思想为指导，深入学习贯彻党的十九大精神和习近平总书记的一系列重要指示批示精神，认真落实自治区自然资源工作会议精神，坚持新发展理念，坚持高质量发展要求，着力构建“全县自然资源管理”体系，履行“统一行使全民所有自然资源资产所有者职责、统一行使所有国土空间用途管制和生态保护修复职责”两大职责，聚焦“脱贫攻坚、生态文明建设、高质量发展、重大风险防范化解”四大主题，突出“国土调查、国土空间规划、增减挂钩、不动产登记、优化资源配置、资源资产价值实现、生态系统修复、保护优质耕地科学利用山地”等重点工作，取得了较好的成绩。

【国土空间规划编制工作】 察雅县生态红线、基本农田保护红线、城市开发边界线“三线”划定工作已取得阶段性成果。生态保护红线划定面积2514平方千米，已于2020年6月通过自然资源部审查。

永久基本农田于2017年7月划定，划定面积8.03万亩。察雅县永久基本农田调整补划方案已上报自治区，待自治区批复。

察雅县国土空间规划编制工作由市自然资源局统筹安排部署，2020年5月编制队伍深入调研走访了察雅县城、香堆镇、吉塘镇、荣周乡等县域内的重点特色乡镇，对各乡镇的实际发展情况和未来的发展诉求有了第一手了解和直观体验，为今后规划编制的落地性和可实施性提供了坚实的基础。后续在开展现行城市总体规划、土地利用总体规划、综合灾害风险评估等空间类规划及相关政策的实施评估工作，已基本完成了县域及县城相关基础资料的收集和整理工作，初步完成了县域“一张底图”的框架搭建和要素填充，初步完成了现行土地利用总体规划和城市总体规划的实施评估工作。

【项目用地保障工作】 项目前置手续办理情况。2020年，县自然资源局共办理用地初预审94件，其中初审1件，预审8件（香堆镇黑青稞加工厂、佐佐加油站、达巴液化气站、新卡乡精准扶贫洗车场、新卡乡达也村超市、王卡乡微型加油站等项目），用地预审的函85件（含香堆社会福利中心、老旧小区改造、学校周转房、县城公租房及察雅县其他基础设施类项目）；共办理“一书两证”39件［建设用地规划许可证14件、建设工程规划许可证15件，乡村规划许可证10件（用地性质为居住用地、公共管理与公共服务用地）］。

用地报批工作。根据自治区人民政府、自然资源厅相关文件要求，为不影响全区“十四五”期间交通项目的申请，县自然资源局正在积极开展县交通公路用地报批工作。2020年，已完成察芒公路及贡觉县哈加乡至宗沙乡公路改建工程项目用地报批工作，报件资料已上报市自然资源局审查。察雅县S303线至宗沙乡公路工程涉及占用基本农田101.92亩，已完成基本农田调整补划工作。2020年第一批次建设项目报件申请用地总面积46.71亩，已于2020年7月通过自治区审查；2020年第二批次建设项目已完成勘测定界及地质灾害评估工作，拟报批面积222.31亩。

土地征收及出让工作。一是为进一步加强和改进征地服务与管理，维护被征地群众合法权益，按照《自然资源部办公厅关于加快制定征收农用地区片综合地价工作的通知》（自然资办发〔2019〕53号），县自然资源局聘请第三方开展征地区片综合地价制定工作，已完成初步测算成果及市级平衡工作，年底前完成自治区级平衡工作。二是2020年度共计兑现征地费520.37万元，包括香堆易地搬迁安置点幼儿园、吉塘农业示范园、吉塘污水处理厂等项目。2020年度共办结4宗地土地出让相关手续，出让金缴纳总价款为3193.60万元，并依法收缴已出让土地滞纳金132.03万元。

【增减挂钩工作】 察雅县增减挂钩项目自治区批复规模为940.58亩，规划涉及全县12个乡镇87个村居600余户群众房屋拆除工作。截至年底，已累计完成拆旧复垦594.88亩。2020年，已到位资金1.68亿余元，项目实施完成后，可获得跨省调剂资金2.8亿余元。

一是成立以分管自然资源工作的副县长任组长，相关部门及项目所在地乡（镇）长为成员的工作领导小组。领导小组下设办公室在县自然资源局，负责日常工作及协调工作。二是该项目于7月底招标，全县24家农牧民施工单位负责承担拆旧复垦任务。已完成协议签订的户数为495户，已完成拆除面积559.88亩。三是抽调人员成立总工办，跟踪审计、总工、监理等人员组成小组，将24个标段按乡镇划分为3个片区，并明确片区负责人及相关人员职责，每周调度协调解决增减挂钩项目施工过程中遇到的问题，并形成政务督办通知和增减挂钩通报以政府名义下发各乡镇。

【保护耕地】 动员部署情况。根据2020年7月3日习近平总书记关于对农村乱占耕地建房的批示精神及7月6日自治区、市、县三级视频会议精神，察雅县共召开部署会议5次，并与各乡镇签订遏制增量违法违规用地目标书，按照会后“无增量”的要求，建立了遏制新增违法用地行为责任追究制度。

图斑下发情况。市自然资源局下发的2010年以来占用的耕地建房图斑共4482个，面积10478.4亩。结合察雅县各类数据库，套合“三调”建设用地图斑，县自然资源局已初步整理完成。其中，建设用地及宅基地图斑1821个，面积6466.4亩；占用耕地建房图斑2661个，面积4012亩。以上数据与2013年察雅县遥感影像数据叠加、核减掉合法手续的房屋后，察雅县除肯通乡、阿孜乡以外，11个乡镇共涉及占用耕地建房图斑351个，涉及占用耕地面积608.5亩。

摸排工作开展情况。10月23日，县自然资源局组织各乡镇审核员和填报员开展摸排信息采集系统培训工作。10月24—25日，县自然资源局组织专门力量分三个督导组深入各乡镇开展农村乱占耕地建房摸排系统实地核查信息录入督导工作。2020年，共摸排图斑4482个，面积10478.4亩。其中，乱占耕地图斑351个，摸排面积608.5亩。已提交审核信息406条，其中住宅类信息353条，产业类9条，公共管理类44条。

【矿产资源管理工作】 2020年5月，县自然资源局聘请西藏地质地热五队承接察雅县第四轮矿产资源规划编制工作，2020年，已完成内业资料、外业实地踏勘工作，正处于编制文本阶段，待文本编制完成后，县自然资源局将及时组织县有关单位进行会审并逐级上报审批。

2020年，结合川藏铁路修建，县自然资源局积极配合昌都市投资公司做好川藏铁路沿线矿权出让工作，出具未占用永久性基本农田、未占用生态红线证明4份；并根据实际需求开展野外踏勘、配合完成有关工作等，为察雅县经济发展做出积极贡献。

【不动产登记工作】 2020年，不动产登记中心共办结各类不动产业务109件，其中首次登记71件（含林权首次登记42件），首次抵押登记20件，转移登记4件，变更登记3件，注销登记1件，更正登记6件，换补证登记4件。

察雅县“房地一体”宅基地和集体建设用地确权登记发证工作由西安坐标原点地理空间研究院有限公司承接，经统计，察雅县13个乡（镇）农村宅基地和集体建设用地共10523宗。2020年，已完成11个乡（镇）的外业测绘及测量成果的抽查、质检工作。

【地质灾害防治工作】 一是成立了以分管副县长任组长、县自然资源局局长任副组长的地质灾害防治工作领导小组，在全县每处地质灾害隐患点落实了具体的责任人和监测人，并根据察雅县实际制定了《全县地质灾害防治方案》《应急抢险专项预案》。二是2020年5月份，与四川地矿眉山工程勘察院一起对察雅县308处地质灾害隐患点进行了详细的排查工作，并已提交排查结果。三是四川华地地勘公司对察雅县6条泥石流沟项目进行了前期的野外勘察工作。

【日常及卫片执法工作】 一是为有效整治私搭乱建问题，2020年2月县人民政府制定出台了《察雅县私搭乱建整治工作实施方案》，并成立了以副县长次仁顿珠为组长的整治工作领导小组，领导小组按照《察雅县私搭乱建整治方案》要求，以鼓励自拆、实行助拆、强制拆除的工作方式，有计划、有步骤地前往各片区共拆除201宗违建户。二是为从源头上防范和减少违法行为发生，县自然资源局切实发挥动态巡察作用，严格按照有关规定进行巡查，2020年开展土地资源动态巡察105次，送达《责令停止自然资源违法行为通知书》85份，制止违法行为 20 件。

2019 年至 2020 年年底察雅县收到自然资源部下发的土地卫片图斑 26 个，其中违法图斑 11 个，已整改 9 个图斑，整改率为 81.81%，剩余 2 个图斑占用基本农田，待基本农田补划完成后县自然资源局将组件报批。

【党建工作】 一是履职尽责务求实效。县自然资源局党支部主动强化担当意识，积极落实主体责任，认真履行“一岗双责”。2020 年，共召开支委会 12 次、支部党员大会 4 次、支部主题党日 12 次；组织党课 4 次、观看教育影片 2 次，“党员应知应会”知识测试 1 次；组织全局 12 名党员参加“学习强国”平台学习。二是党风廉政建设不断加强。制订《察雅县自然资源局 2020 年党风廉政建设工作计划》，及时召开自然资源局党风廉政建设工作会议，层层签订党风廉政建设责任书，安排部署全年党风廉政建设工作；结合自然资源工作实际，梳理各科室党风廉政风险点，进一步细化分解党风廉政工作责任。

生态环境

【概况】 2020 年，在市委、市政府和县委、县政府的正确领导下，在市生态环境局的精心指导下，昌都市生态环境局察雅县分局始终坚持以习近平新时代中国特色社会主义思想为指导，深入贯彻落实习近平生态文明思想和中央第七次西藏工作座谈会精神，紧紧围绕中心工作和目标任务，以改善环境质量和保护人民群众身体健康为根本宗旨，以推动全县生态文明建设和加强环境保护、促进绿色发展为具体抓手，认真贯彻执行环保法律法规和有关规定，持续强化生态环境保护宣传和环保执法力度，着力解决危害群众健康、影响可持续发展的突出环境问题，各项生态环境保护工作有序顺利开展，为实现全县经济发展和社会稳定提供了有力保障。

【改善人居环境】 深入推进人居环境卫生整治工作，制定了《察雅县环境综合整治工作方案》，成立专项工作领导小组，投入环境卫生资金 110 万元并增设统一垃圾箱 500 余个。顺利完成 148 辆垃圾运输车和 322 个垃圾箱分发工作，做到了县城、13 乡（镇）、143 个村居及部分寺管会全覆盖。深入实施农村垃圾收集设施建设工程，投资 158.98 万元新建农村垃圾池 17 座，城乡人居环境卫生整治效果显著。以吉塘镇、县城干部周转房小区为试点，配齐配全生活垃圾分类收集容器和垃圾分类引导指示标识，价值 57 万余元的垃圾分类箱及旧衣物回收箱已开始使用并取得良好成效，卫生死角“脏、乱、差”和生活垃圾乱丢、乱倒等问题得到有效改善，形成了环境卫生整治齐抓共管、共同参与、共同保护的浓厚氛围。定期捡拾县城周边、垃圾填埋场附近山坡、主城区内居民聚居区的白色垃圾，做到尽善尽美，共开展白色垃圾捡拾 20 余次。2020 年新建县城、吉塘镇污水处理厂，总投入 4597 万元，预计年底完成项目主体基础设施建设。聘请第三方公司对全县排污口进行摸底排查并进行登记，共排查出县城排污口 34 个（包含县城驻地烟多镇），其他 12 个乡镇排污口 43 个，并对排污口污水进行了常规监测。强化油烟治理，城区烧烤经营户必须安装除油烟设备，保证周边空气质量。深入开展扬尘污染整治，确保城市空气质量。组织各乡镇干部职工、监督员和八大岗位人员组建环境卫生整治维护队，动员群众开展“五清一改”、落实门前“三包”、建立完善村庄保洁长效机制，大力推进农村厕改、农村生活垃圾和污水治理以及村容村貌改善等各项重点工作，整治“脏乱差”营造“洁净美”，让山更绿、水更清、天更蓝，进一步夯实美丽乡村建设基础。

【优化村居环境】 深入推进生态文明和美丽西藏建

设，大力开展生态村（社区）创建工作，察雅县已有涉及12个乡（镇）的56个行政村（社区）获得自治区级生态村（社区）命名，约占全县143个村（社区）的39%。2020年申报4个乡（镇）和53个行政村（社区），届时全县76%的村（社区）将获得自治区级生态村（社区）命名。为进一步提高思想认识，加强自治区级生态村（社区）申报工作，召开了2020年创建自治区级生态乡（镇）培训会，对申报自治区级生态乡（镇）、村（社区）实施方案有效落实进行详细部署，确保各项工作按照时间节点顺利推进。相关材料已上报生态环境厅生态环境处进行审核。

【垃圾处理】 为应对近年来乡村快速发展，小城镇不断扩大，基础设施不完备，生产、生活垃圾处理难的突出问题，昌都市生态环境局察雅县分局积极探索垃圾处理新模式，与尚誉盛（重庆）科技有限公司联系，通过商洽并实地考察后，引进全区首台磁脉冲矿化生活垃圾处理器并于2020年7月16日进行试运行。磁脉冲矿化技术处理生活垃圾过程中无有毒有害排放物，可使生活垃圾能够得到及时、无害、有效解决，减少传统填埋、焚烧、发酵等垃圾处理存在的处理成本高、用地量大、运输成本高、设施建设成本高，可能污染土地、空气、水质等问题。投入1250万元修建察雅县生活垃圾高温无害化处理厂，实现垃圾焚烧无害化、资源化、减量化目的。

【抵制白色污染】 不断加大塑料制品整治力度，夯实塑料污染治理举措，加快推进美丽察雅建设，全面落实"禁白限塑"工作，召开了2020年度察雅县"禁白限塑"工作动员会，制定了《察雅县"禁白限塑"工作实施方案》，通过县城各处张贴和微信公众号、电视台发布《察雅县关于开展"禁白限塑"工作的通告》，积极开展"限塑"宣传，尤其是加强对各大超市、酒店、沿街商铺宣传工作，明确白色污染对人体和环境的危害，进一步提高察雅县居民环保意识，引导、鼓励群众合理使用符合标准的塑料购物袋，共同抵制白色污染。同时，协同市场监督管理局开展联合执法检查3次，进一步加强群众"禁白限塑"意识。

【做好水源保护】 昌都市生态环境局察雅县分局始终高度重视水源地整治工作，深入开展农村水源地保护建设，制定了全县水源地治理方案和整改措施。察雅县2015—2019年农村饮用水水源地保护工程共实施43个点位，总投资520.12万元，各项工程已实施完成并通过验收。2020年农村水源地保护项目共16个点，各项目工程已通过验收。投入66万元，每季度对全县13个集中式饮用水水源地进行水质监测，检测结果显示水源各项指标均达到国家饮用水指标。2020年，投入1141万元对县域77个行政村居水源地进行水源保护施工，做到2021年6月全县143个行政村居水源地保护全覆盖。持续开展"整治违法排污企业保障人民群众身体健康"环保专项行动，不断加强对全县饮用水水源地环境安全执法检查，切实保障饮用水水源安全。

【环境监测】 按照《西藏自治区环境保护考核办法（试行）实施细则》要求，制定《察雅县环境质量监测方案》，聘请有资质的第三方，每季度对大气、水质量进行监测，明确了察雅县生态环境安全级别，为进一步制定适合察雅县生态环境的相关方案提供了依据，为人民群众呼吸新鲜空气，喝干净的水，吃放心的食物，生活在良好的生态环境中提供了有力保证。察雅县饮用水和地表水均达到《地表水环境质量标准》Ⅱ类标准，各类水体水质达标率100%；县城空气监测各类指标均达到《环境空气质量标准》Ⅰ类标准，全县平均优良天数达到100%。完成全县421个自然村水质常规检测和县城垃圾填埋场周边气、水、土壤规检测，对各乡镇集中式饮用水水源地完成水质全分析。

【加大行政执法力度】 为进一步提高危险废物规范化管理水平，严厉打击非法排放、倾倒、处置危险废物等环境违法行为，昌都市生态环境局察雅县分局对危险废物产生企业进行专项检查，对照检查要点，采取查阅资料和现场检查等相结合的方式，逐项开展检查工作并进行现场执法记录，重点对企业危险废物的产生点、危废处置合同有效期、委托处置单位资质等情况进行检查。建立危险废物企业排查清单，对19家企业进行专项检查（其中，加油站2家，汽车维修行业8家，砂石厂7家，医院1家，垃圾填埋场1家）。2020年以来，共出动执法人员500余人次，检查企业240余家，下发限期整改通知单25份，查处企业项目5家，处罚罚金18.5万元，并持续开展跟踪执法检查，督促企业严格按照相关标准及时整改。

【促进产业转型升级】 全面落实环境保护“一票否决”制，严禁“三高”项目进入察雅，2020年否决项目2个。坚持多做经济发展和生态保护相协调的文章，走绿色、低碳、可持续的发展路子，严守企业（项目）环境准入“底线、红线、高压线”，积极构建市场导向的绿色技术创新体系，壮大节能环保产业、清洁能源产业、清洁生产产业。特别是在招商引资方面坚决杜绝高污染、高耗能的项目落地察雅，对选址不合适的项目及时提供环境信息和合理建议。2020年以来，共办理建设项目环境影响登记表备案99个、排污许可证86个。按照《昌都市固定污染源排污许可清理整顿和发证登记工作实施方案》要求，完成了2020年固定污染源的排污许可证核发工作，其中企业登记65家，发证6家。深入推行清洁生产，淘汰落后生产工艺，关停并转型污染重、能耗高的企业，重点发展无污染、低能耗的产业，为察雅蓝天圣洁产业发展积极营造环境。

【队伍建设】 进一步提高环保队伍素质和能力建设，为打好打赢环境污染防治攻坚战提供坚强组织和人才保证，制定了《察雅县生态环境保护队伍能力提升实施方案》，着力打造一支政治强、本领高、作风硬、敢担当，特别能吃苦、特别能战斗、特别能奉献的生态环境保护铁军，全面提升环保队伍德才素质和履职能力。依托2020年全市生态环境执法大练兵活动培训，察雅县生态环境保护综合行政执法队对国道沿线商混站、砂石厂等污染源企业开展环境执法大练兵，共检查12家企业，排查出生态环境保护措施不规范、超标排放等问题并提出限期整改要求。2020年5月，参加了昌都市生态环境局组织的卡若区、类乌齐县、江达县跨区域执法。通过环境执法大练兵和跨区域执法，增强凝聚力，提升了生态环境执法效能，不断推进规范执法、科学执法、阳光执法，向社会公众展现了生态环境执法队伍铁军形象。

【生态保护宣传】 不断加大生态环境保护宣传力度，投入宣传专项经费30万元，充分利用3月综治宣传月、“6·5”世界环境宣传日以及微信公众号、广播电视、LED屏幕、广告牌、宣传册等多种形式，大力宣传环保法律法规和保护环境重要性、必要性。2020年以来，共开展法律法规咨询服务30余次，印发法律法规宣传单5000余份。运用工作微信群、条幅、标语等多种形式，广泛深入进行宣传，营造全民参与环境综合整治行动的舆论声势。通过村（社区）驻村工作队和村“两委”班子，入村入户，加强宣传，积极引导沿线群众知政策、明意义，群众积极参与生态文明建设和发现解决环境问题的热情与积极性空前高涨，环保意识显著提高，文明生活习惯逐步养成。

交通　通信

交通运输

【概况】 2020年是“十三五”规划的收官之年、是全面决战决胜脱贫攻坚工作巩固之年、是为实施乡村振兴战略打下坚实基础之年，在察雅县委、县政府的正确领导下，在昌都市交通运输局的悉心指导下，2020年察雅县交通运输局瞄准工作重点，突出抓好新冠肺炎疫情防控、扶贫交通项目建设、维护稳定、发展农村客运、农村公路养护、规范出租车运营、打击非法营运、结对帮扶等方面工作，在全局干部的共同努力下，各项工作正有序开展。

【疫情防控】 为减少疫情对交通运输行业的影响，如期正常地开展各项工作，在察雅县疫情防控指挥部的坚强领导下，县交通运输局严格落实各项措施。一是做好外来务工人员进入察雅的服务工作。提前做好返回察雅企业的通知工作，要求返回察雅人员在平台上完成登记注册，并在所居住社区开好健康证明，待人员到察雅后，积极与县疫情指挥部沟通联系，做好备案工作，按照疫情防控指挥部部署要求，对要求隔离人员严格进行隔离观察，并要求施工企业提前备好口罩、消毒水、体温计、洗手液等医用防控物资，县交通运输局前后累计服务返回察雅人员350余人次。二是做好客运站、出租车疫情防控工作。客运站、出租车是人员流动密集场所，存在的风险隐患较大，县交通运输局加大对客运站的督导检查，每天到客运站检查一次，严格要求做好乘客体温检测，要求工作人员必须佩戴口罩，对察雅县运营的巡游15辆出租车，要求驾驶员每天到县交通局进行3次消毒，并每天做好消毒记录，确保各项措施落实到位，消除风险隐患。

【项目建设】 2020年新续建项目共52个，其中农村公路项目16个，投资19322.55万元，完成投资17559万元，占总投资的91%；“油返砂”项目2个，投资1645.77万元，完成投资1596万元，占总投资的97%。扶贫整合资金项目共34个，总投资10674万元，建设里程102.55千米，完成投资10353万元，占总投资的97%。

【维护稳定】 “坚持稳定压倒一切”，把维护稳定工作当成是开展各项工作的首要条件，思想上牢固树立“四个意识”，增强“四个自信”，做到“两个维护”，把习近平新时代中国特色社会主义思想贯穿始终。一是严格落实值班带班要素。做好元旦、春节、藏历新年、“两会”期间的维护稳定工作，合理安排值班带班表，要求必须有一名副科级干部24小时带班，每天向指挥中心“有事报事、无事报平安”，科学制定两会期间及重大节假日期间的应急处突预案，做好外来人员的登记工作。二是做好矛盾纠纷排查工作。全面排查交通项目是否存在拖欠民工工资、机械款、材料款等问题，对存在问题的及时调处，把矛盾纠纷化解在萌芽状态，对交通项目存在占地的，及时做好群众解释宣传工作。2020年以来共调解4起，涉及金额257.5万元。其中，拖欠砂石款1起，涉及金额127万元；拖欠水泥款1起，涉及金额100万元；拖欠运输款1起，涉及金额30万元；拖欠民工误工费1起，涉及金额5000元。

【乡村客运发展】为进一步优化农村客运网络布局，提高农村道路客运通达深度和运输总体效益，促进农村公路运输市场健康、有序、稳定地发展，加快推进“城乡客运一体化”建设，以县城区为中心，以主干公路为骨架，以农村公路为支点，坚持“政府主导、行业主管、市场主营”的思路，县交通运输局积极制定《察雅县农村客运发展规划》《察雅县农村客运实施方案》。按照规划内容，实施完成的客运站有：宗沙乡、肯通乡、荣周乡客运站。一是完成与康巴运业公司的洽谈。由县交通运输局组织与市运管局、康巴运业进行协商，洽谈农村客运合作事宜，已重新开通察雅至扩达乡、察雅至肯通乡、察雅至香堆镇的客运班线。二是完成对旧客车的回购。对察雅县既有旧客车，察雅香堆、察雅至王卡、昌都至卡贡、昌都至吉塘5辆旧客车完成回购，客车车主均已在回购协议书上签字，35.89万元的回购奖励资金已全部兑现。

【打击非法运营】县交通运输局联合公安交警部门开展为期20天的执法检查，在县客运站、竹卡、县城主街道、设卡检查非法营运车辆，检查共出动4名执法人员，共排查车辆130余台次，宣传教育群众300余人，取得良好的社会效应。

【群众增收】规范出租车运营。2020年以来，先后5次召集30名建档立卡户构成的出租车驾驶员进行培训宣讲，对驾驶员礼仪、卫生、服务质量、驾驶安全、勤劳致富方面进行培训宣讲，教育驾驶员争当服务先锋，让察雅县出租车成为一道亮丽的风景线。

吸纳当地贫困农牧民参建。对实施的101个扶贫整合资金项目，要求必须吸纳当地农牧民群众参建达80%，让农牧民群众实现在当地就业，同时也让参建农牧民学到劳动技能。

积极开展结对帮扶工作。县交通运输局积极组织干部职工开展结对帮扶工作，时常入户与帮扶对象进行交流谈心，商讨脱贫计划，为其送去生活物资等，还积极协调附近施工方对其进行施工技术教授，吸纳参与项目建设。

移动

【概况】2020年察雅县移动公司坚持以党的十九大会议精神为指导，在市委、市政府以及区公司的正确领导下，围绕年初社会治安综合治理责任书确定的各项工作任务，狠抓制度建设和防空体系建设，健全矛盾纠纷排查调处机制，落实各项工作措施，加强社会管理和重点整治工作，深化平安建设，确保了一方平安，实现了分公司安全无事故。把综治及平安建设贯穿于生产经营，企业管理的各个方面，以创建平安单位活动为载体，狠抓职工队伍的思想道德建设和素质教育，加强作风建设，努力营造团结一心、积极进取的和谐氛围，增强凝聚力，为生产的快速发展提供了有力保障，使分公司各项经济指标一年一个台阶，实现了快速稳步发展，分公司以争创一流通信企业为目标，大力弘扬“正德厚生、臻于至善”的企业文化理念，紧紧围绕分公司目标任务，团结带领广大员工与时俱进，开拓创新，圆满完成了上级领导下达的各项任务。

【安全生产宣传工作】认真组织开展综治宣传月、“安全生产月”、“安全生产昌都行”活动。围绕“强化安全发展观念、提升全民安全因素”主题，通过播放LED移动字幕、手机短信群发等多种宣传方式，大力宣传安全生产方面的法律法规和相关知识。召开了专题会议并下发了安全生产月活动方案，全面布置了公司安全生产月工作。“安全生产月”咨询日活动期间散发宣传资料400余份，悬挂横幅5条，受咨询群众300余人次，取得了明显的效果。二是认真组织开展安全培训。2020 年，察雅县移动公司重点对保安、驾驶员以及施工单位进行安全培训，进一步提高了人员的素质和工作能力。

【安全生产排查整治】 在节假日前后，认真组织开展全公司安全生产大检查和整治活动，2020 年，共排查出隐患 112 条，其中重大隐患 17 条，已整改 95 条，整改率达到 90% 以上，对未整改到位的隐患，实行责任人、措施、资金、方案、时限“五落实”。

电信

【概况】 2020 年在县委、县政府的关心和支持下，中国电信察雅分公司认真贯彻区公司 2020 年工作会议精神，全面落实科学发展观，坚定信心，团结一致，强化管理，增强服务能力，各项工作取得了一定的成绩。

【网络基础建设工作】 2020 年察雅县 135 个行政村全面实现了光纤接入（覆盖乡村），全县宽带用户数已达到 7152 户。按照有关加快消除移动通信盲区工作的通知，察雅电信在本辖区内共有 142 座移动基站（包括 3G 升 4G），覆盖 13 个乡镇及 135 个行政村，基本实现 100% 的乡村全覆盖。2020 年新建移动基站 18 座，均为自然村的新建资源，截至 2020 年 12 月用户数为 19800 户。2020 年县城基本实现 300 ~ 500Mbps 接入，为城区高带宽、低时延业务接入奠定了网络基础。

【安防保通工作】 察雅电信不折不扣地贯彻执行县委、县政府和昌都分公司的安防保通工作要求，一直把安防保通工作作为当前各项工作的要务之要务、重点之重点，按照要求常态化进行安全巡检整改，未发生一起维稳安防事件。

【经营服务工作】 作为服务行业，察雅电信局始终坚持客户至上的服务理念，紧紧围绕完成年度的任务指标为核心目标，信息化全面应用作为全年工作的关键点，全力打造客户服务能够高效支撑保障全年重点工作的稳健开展和促成目标的完成。察雅县电信局 2020 年营业收入目标 1900 万元，2020 年完成值 1980 万元。

农业 农村

农牧业

【农业方面】 一是备足物资保春耕。2020年以来察雅县调运化肥300吨（尿素、二铵、复混肥各100吨），农药1.2吨；调运“藏青2000”2.26万公斤，“喜玛拉22”4.11万公斤，“藏青17”0.5万公斤，土豆种子1.1万公斤，油菜种子0.25万公斤。二是作物春播秋收。2020年，完成春播总面积5万亩，其中粮食春播面积4.42万亩（春小麦0.5万亩，春青稞3.8万亩，豆类0.12万亩），经济作物0.574万亩（蔬菜0.254万亩，油菜0.32万亩），饲草料0.006万亩。并于10月全部完成秋收工作，秋收总面积5.026万亩。粮食总产量达到1161.46万公斤。三是二级种子田建设。安排在荣周乡姆巴村、荣周村、佐通村和麦堆村，种植了“藏青2000”共计1591亩，经过实际测量，单产达到305公斤。四是“3414”田间肥效试验。安排在荣周乡姆巴村，设置了完全试验、不完全试验和校正试验（27个小区），于3月23日完成播种。并严格按照记载要求，安排专人负责。五是高产创建及测土配方示范。结合察雅县农业生产的实际情况，将高产创建示范区和测上配方示范区安排在农业生产比重大的荣周乡、烟多镇、香堆镇、王卡乡、新卡乡、吉塘镇、卡贡乡等乡（镇），面积共3.17万亩。六是根据《察雅县2018年基层农业技术推广体系改革与建设项目实施方案》和《察雅县2019年基层农业技术推广体系改革与建设项目实施方案》，在荣周乡、香堆镇实施完成了科技示范户的遴选和示范户标示牌的制作。七是抓好农作物病虫害预测预报与防治指导工作。深入田间地头实地调查了解病虫害发生情况，安排专人监测察雅县境内草地贪夜蛾、沙漠蝗、西藏飞蝗等虫灾的发生情况，做到精准预测预报。八是加强与第三方公司（四川鼎宏）联系，积极开展察雅苹果地理标志登记申报工作。已通过自治区评审，正在等待国家评审。九是完成了270名科技特派员系统管理、录入审核登记工作。十是开展好耕地安全利用工作，已核查耕地2570余亩63个点位；做好农机宣传工作，加强农机安全生产，认真摸底统计农机加油卡需求，已完成办理农机加油一卡通2069张，并已全部发给群众，使群众受益。

【牧业方面】 抓好春秋两季疫苗注射工作。制定下发了全县动物防疫工作方案，组织召开了动物防疫工作会议，动员部署重大动物疫病防控工作并与各乡（镇）签订了目标管理责任书，完成春季疫苗注射牛12.9276万头、羊5.2928万只、猪0.0033万头，注射率均达100%；鸡禽流感疫苗注射1.03万只，注射率达100%；猪瘟疫苗注射0.0033万头，注射率达100%；山羊痘注射5.2928万只，注射率达100%；小反刍兽疫苗注射5.2928万只，注射率达到100%；布病疫苗注射牛12.9276万头、羊5.2928万只，注射率达到100%。秋季集中免疫，猪口蹄疫免疫注射0.006万头、牛口蹄疫免疫注射13.0594万头、羊口蹄疫免疫注射5.0502万只，注射率分别达到100%、99%、98%。免疫猪蓝耳病0.006万头、猪瘟免疫注射0.006万头、禽流感免疫注射0.45万只，注射率均达到100%；羊痘病疫苗注射5.0502万只、小反刍兽疫疫苗注射5.0502万只、包虫病注射疫苗5.05万只，重大动物疫病免疫率达到98%。

加强犬只和家畜的监测管理，实施包虫病防治工作。每月犬只驱虫2584只、家畜累计驱虫249651头。按要求共完成采集新鲜犬粪1117份，并及时将所有犬粪样品送察雅县疾病预防控制中心开展包虫病的监测，通报分析监测报告。

产地检疫工作。2020年产地检疫调入猪肉19万公斤、活鸡6000只、生猪245头；调出产品检疫羊肉10.5公斤、牛皮1300张，调出活畜产地检疫骡13头、牛456头、羊420只。

黄牛改良工作。已完成人工冷配改良611头，自然本交改良598头。

“非洲猪瘟”防控工作。对察雅县1个生猪定点屠宰场（鸿运屠宰场）1个猪肉交易市场（菜市场）和2个生猪养殖点（吉塘公路养护段、烟多镇达巴村养猪场）开展“非洲猪瘟”防控工作，共排查生猪45头，未发现“非洲猪瘟”疫情；严格落实“非洲猪瘟”疫情排查日报告制度，严禁从疫情省份调运生猪，并设立了竹卡临时检查站，防止疫情传入察雅县。

肉奶产量。2020年，肉总产量10174.08吨，其中牛肉产量9361.28吨、羊肉产量794.8吨、鸡肉产量18吨；奶总产量10007.05吨，牛奶产量9315.65吨、羊奶产量691.4吨。牛羊肉、奶等畜产品生产总量基本能够满足察雅县农牧民的生活需求。

【农牧民增收方面】 2020年，察雅县紧紧围绕“十大增收措施”开展，2020年察雅县农村居民人均可支配收入为15180元，增速为13.6%，增速达到市增收办要求的13.5%以上目标任务；增量为2037元，比昌都市要求的1500元的增量目标多537元。

转变观念促增收。把转变观念作为提升内生动力的重要抓手，促进农牧民持续增收。围绕宣传引导、典型示范、落实政策、淡化宗教消极影响、增加内生动力通过“网信察雅”“藏东察雅”“察雅县基层组织建设综合频道”微信公众号，以及察雅电视台，围绕农牧民增收政策、措施、先进做法等方面，多形式、高频率推送各类文章，全覆盖地宣传自治区、昌都市、察雅县促进农牧民增收的优惠政策，推送文章30余篇，横幅宣传标语14条，编制增收简报40余期，下乡宣讲150余次，宣讲3000余人次，有效加强了宣传效果。

扩大就业促增收、输出劳务促增收、搭建服务平台促增收、提升技能促增收方面。

实现农牧民转移就业10852人（目标任务9600人，113%完成目标任务）；创收7327万元（目标任务5300万元，138%完成目标任务）；累计开办农牧民技能培训班54期，培训农牧民群众2754人（计划全年开展农牧民技能培训2560人），其中建档立卡贫困人口1407人，一般农牧民1347人，完成全年目标任务的107%。其中初次就业1793人，初次就业率65%。

聚焦产业发展促增收。察雅县产业项目总计95个，覆盖建档立卡贫困群众6133人。产业吸纳当地农牧民1800余人，主要体现在务工、土地流转等方面。截至2020年12月，为建档立卡贫困群众累计发放土地流转、打工工资、效益分红、资产收益等2939万元，从扶贫产业项目经营和建设方面积极助推农牧民增收，贫困群众增收效果显著，从根本上巩固夯实了察雅县产业良好发展的基础。

围绕项目建设促增收。一是2020年，政府投资项目尤其是重大项目（含农牧、水利、交通、住建、林业、教育、卫生、援藏、民政、公检司法、其他等项目）建设中工程用工总量1314人，其中察雅县劳务用工量460人，比例达到35%，人均增收4200元；二是健全农牧民参与固定资产投资项目建设机制，扩大增收渠道。主要包括鼓励支持固定资产投资项目就地采购当地原材料，优先使用当地农牧民务工就业，优先使用当地农牧民从事砂石料运输等业务，只要符合农牧民施工条件，政府投资400万元以下的项目依法依规全部交由农牧民施工企业（队）、施工合作社承建。2020年1—12月，全县实施项目中符合项目要求的前提下24个项目交农牧民施工队，共投资5089.61万元，吸纳自治区农牧民519人，农牧民用工占比97.7%（总用工量531人），实现月增收127.52万元。

发展生产促增收。一是农牧业方面。2020年，昌都市下达察雅县农牧业主要生产指标为：粮食播种面积4.42万亩（其中，青稞播种面积3.8万亩），粮食产量1160万公斤（其中，青稞产量1082.5万公斤），蔬菜产量1256.5万公斤，肉类产量0.89万吨，奶产量1万吨。2020年已完成粮食播种面积4.42万亩（其中，青稞播种面积3.8万亩），粮食产量1161.46万公斤（其中，青稞产量1083.24万公斤），蔬菜产量1265万公斤，肉类产量1.02万吨，奶产量1万吨。肉、奶产量综合提高8.6%（2019年肉产量完成0.9301万吨、奶产量完成0.930108万吨）；二是有序实施2020年高标准农田建设项目，建设任务2.3万亩，年底已进入招标阶段；建设地点涉及烟多镇、巴日乡、新卡乡、荣周乡、王卡乡和察拉乡6个乡（镇），建成后，将有效提高察雅县粮食亩产，为农牧民群众增收打下坚实的基础。

落实政策促增收。一是2020年，全县累计到位各类支农惠农资金21093.8173万元，已下拨资金21093.8173万元，各类补贴政策资金综合执行进度达到100%；通过“一卡通”兑现资金17593.15万元，实际兑现资金17593.15万元，综合发放比例为100%。二是认真落实征地补偿安置政策，落实土地出让收入380万元用于配套建设高标准农田建设、100万元用于吉塘镇雪谢村土地开发工程、2839.6689万元专项用于农村公共厕所改造项目。

【农牧项目建设方面】 一是察雅县2019年高标准农田建设项目。截至2020年12月，察雅县2019年高标准农田建设完成投资量已达100%。二是察雅县2020年高标准农田建设项目。察雅县2020年高标准农田建设项目建设任务2.3万亩，已全面开工并完成投资600万元，完成总投资的10%。三是2020年已完成2016—2018年共计14个农牧业基本建设项目的财政评审工作。

【防抗灾物资储备方面】 察雅县农牧业防抗灾物资储备饲草料采购项目总投资87.88万元，其中61.98万元为招标采购，剩余部分为指定采购构树饲料，抗灾饲草料招标采购部分已全部送达相关各乡镇仓库。

【农村集体产权制度改革方面】 察雅县于2020年10月底聘请第三方技术公司，协助开展农村集体产权制度改革工作，截至2020年年底察雅县13个乡镇试点村居的成员身份确认已全部完成，各乡镇其他村居的成员身份确认工作也已完成70%，已陆续开展股权量化及依法成立合作社。

【草奖方面】 2020年，清点出全县牲畜存栏折合3.93万个绵羊单位，总体实现草畜平衡，核定补助奖励资金2400余万元，已通过自治区级终验，各项补助资金已兑现到位，全县农牧民群众实现人均增收400余元。

【人居环境整治方面】 2020年，累计完成了以易地搬迁为主的3142户农村户用卫生厕所建设。察雅县建设任务为1210户，在吉塘镇、新卡乡、卡贡乡3个乡（镇）开展改厕整村推进试点工作，不断探索适合察雅县不同地域的科学合理改厕模式，为全面推进“厕所革命”奠定坚实基础。同时，将部分粪污抽排等设备纳入农机购置补贴范围内，助力改厕工作的顺利推进，2020年，已完成1210户改厕任务。

【农牧民培训方面】 采用办培训班、发放技术资料、进村入户深入田间地头指导等方式，围绕病虫害综合防治技术、测土配方施肥技术、葡萄栽培、蔬菜种植、黄牛改良、牲畜疫病防治等技术开展培训，共计培训村级兽医师、农牧民2500余人次，发放藏语、汉语两种语言资料2500多份。

【产业扶贫工作方面】 察雅县"十三五"期间共规划产业扶贫项目95个（包含10个深度贫困地区产业扶贫项目），2016—2020年共计到位产业扶贫资金58060.76万元（其中2016年11567.45万元、2017年13995.81万元、2018年17538万元、2019年5380万元、2020年9579.5万元）。2020年，共投入产业扶贫资金58060.76万元，已开工实施95个，已投入运营84个，已发挥扶贫带动效益项目70个，并为建档立卡贫困群众发放了务工工资、效益分红、资产收益等2939.44万元，贫困群众增收效果逐步显现，从根本上巩固夯实了察雅县产业良好发展的基础。

林业和草原

【概况】 2020年，在县委、县政府的坚强领导下，在上级业务部门的精心指导下，察雅县林业和草原局以建设国家生态安全屏障为目标，严格按照"狠抓河谷经济，破解'瓶颈'制约，扩大招商引资，统筹城乡发展"经济社会发展战略和"一环、二线、一圈、点状结合"的区域造林规划思路大力实施林业项目建设，全县林业发展取得了显著成绩，各项工作稳步推进、有序开展。

察雅县受气候、土壤等影响，境内植被主要为高山寒漠土植被、高山草甸植被、（亚）高山草甸植被、暗针叶林植被、针阔混交林植被、落叶阔叶林和温性灌草丛植被。野生动物种类繁多，国家一级保护动物有麝、白唇鹿等，国家二级保护动物有猞猁、狼、猕猴、藏狐、藏雪鸡、藏马鸡等。按照国家林业和草原局中南林业调查规划设计院最新编制的《西藏自治区察雅县森林资源规划设计调查报告》，察雅县面积8255平方千米，其中林地面积3451.03平方千米，全县活立木总蓄积量7447481立方米，森林覆盖率39.87%，林木绿化率40.18%。

【义务植树】 3月18日，在家的县级领导、城区各系统、县直各单位干部职工、群众、驻察雅部队、武警、消防官兵等600余人，在城郊河滩地开展2020年全民义务植树活动，为察雅新添一抹翠绿。此次义务植树活动共种植各类苗木3300余株，树种以耐寒耐旱的高规格当地柳、榆树和红叶李为主。经过一天的劳动，3300余棵树苗在城郊河滩地"安家落户"，添上了一片新绿，河滩荒地成为"绿色公园"指日可待。此次义务植树起到了以点带面、以点示范作用，全县各乡镇、学校、寺庙也纷纷开展了义务植树活动，种植各类苗木3000余株。全县此次活动共种植各类苗木6300余株。

【项目建设】 一是做好经济林产业项目复工复产。察雅县利用地理优势、自然优势、区位优势，2018年启动了林业产业项目，总投资6822.39万元总面积为8320亩。在落实落细各项防控措施的前提下，根据疫情发展情况和造林绿化具有季节性的特点，不等不靠、提前谋划，创造条件开展春季造林绿化。3月，察雅县林业和草原局及时组织经济林项目各标段进行补植补造工作，注重吸纳当地群众特别是建档立卡贫困户务工。项目返察雅复产复工技术人员达50余人，吸纳了200余名群众务工，项目补植补造苗木6万株，清理枯树、死树1万株，修理围栏6000米，新造滴管2万米，清理杂草1000亩。并同步做好了冬水浇灌，树干刷白，苗木保暖、鼠兔害防治及防冻措施等相关管护工作。

二是开展县城绿化及补植补造。察雅县林业和草原局采取城市景观与居民出行有机结合的原则，按照"一街一景"的思路，充分考虑道路功能性质、人行车行要求、景观空间构成等因素，完成了道路绿化提质改造，绿化面积达2635平方米，种植大叶黄杨、小叶女贞及大花五彩月季24902株。为切实巩固城市绿化成果，及时开展春季造林工作，县林草局组织专业管护队员、护林员等35人对县城主干道、滨河路等地因牲畜破坏或人为原因造成损毁的绿化苗木进行了补植补造和浇水施肥，对道路两旁行道树进行了修剪。截至2020年年底，已补栽植行道树木200多棵，铺撒草种50余公斤、花种100余公斤。

三是完成防沙治沙和森林抚育项目。察雅县林业和草原局始终坚持将改善生态环境与帮助农牧民脱贫致富结合起来，始终践行“绿水青山就是金山银山、冰天雪地也是金山银山”的理念，积极与昌都市林业和草原局协调、沟通，努力争取林草项目，在改善生态环境的同时拓宽群众增收的渠道。已完成2020年防沙治沙项目和2019年森林抚育项目。其中，2020年防沙治沙项目总投资300万元，面积600余亩，涉及香堆镇学龙村、香堆居委会；荣周乡佐通村；烟多镇帮嘎村、奶奎村、瓦巴村，9个作业区。2019年森林抚育项目总投资150万元，面积1.5万亩，涉及肯通乡多雄村、新卡乡瓦江村。

四是继续实施退牧还草工程。察雅县2019年天然草原退牧还草工程项目主要实施休牧围栏20万亩、种草改良3万亩，项目总投资1200万元。其中，休牧围栏20万亩，涉及宗沙乡、荣周乡、察拉乡3个乡（镇），需网围栏25.4万米、标识牌9个，投资584.65万元；种草改良3万亩，涉及察拉乡，需采购肥料36万公斤、草种9万公斤，标识牌5个，投资528.55万元。

五是完成吉塘镇“提质增绿”绿化项目。吉塘镇是进入察雅县城的窗口，是展示察雅对外开放良好形象的重要载体，做好吉塘镇绿化工作具有重要的意义。吉塘镇“提质增绿”绿化面积2469.06平方米，新建围栏1699.38米、花池212.6米。

【林草资源管理】 一是强化林木采伐管理。察雅县林业和草原局坚持按照“六定”管理办法，依法执行采伐管理和凭证采伐制度，坚守采伐限额红线，严禁生态公益林的商品性采伐，坚持林木采伐依法审批。由采伐人伐前、伐中和伐后自主管理和自我约束，专业管护站加强指导和监督，有效地保证了林木采伐限额真正落实到位。二是强化林草资源管理。为保证林草资源管护工作落到实处，规范林草征占用审批，察雅县林业和草原局把好林草审批关，严格执行林草征占用审批制度，依据林草保护利用规划审查建设项目使用林草地，控制用地规模，坚守林草地红线，维护林草资源安全。三是强化、完善资源管理系统。积极组织开展森林资源管理自查自纠工作，进一步摸清全县森林资源管理情况，对全县木材经营加工厂生产情况进行了详细的调查摸底，全面掌握企业生产动态，做到底子清、情况明、数字准。同时，加强对林业生产企业的详细生产档案管理，坚持规范的审批、严格的监管、严厉的处罚和严肃的问责，加大森林资源保护力度，进一步完善了察雅县森林资源管护系统。

【森林草原防火】 察雅县林草局通过在全县范围内张贴宣传海报和宣讲等方式，向广大群众宣传禁止捕猎、食用野生动物的相关法律法规，已累计发放宣传资料2000余份。同时加强林区、草原巡逻力度，防止发生滥猎盗猎、使用明火等违法违规现象。一是继续加强野生动物保护力度，加大对森林、草原资源的保护力度，防止出现滥猎盗猎、使用明火等情况。二是严格野生动物疫源疫病检测员人员管理，如有发现野生动物非正常死亡的情况及时上报并禁止人员接触。2020年察雅县辖区内未发现火灾火情、滥猎盗猎、野生动物非正常死亡、非法交易野生动物和食用野生动物等情况。三是建立健全森林防火机制。根据自治区、市、县三级森林防火工作会议精神，察雅县林业和草原局坚持“预防为主、积极消除”的工作方针，制定和完善了《察雅县森林察雅防火应急预案》。严格执行24小时职工轮班制度，科学调度，强化值班制度，规定在防火期，各乡（镇）必须有党政主要领导24小时在岗带班。县、乡两级领导深入乡（镇）、村（居），督促、检查森林草原防火开展情况，随时关注气象信息、接处群众森林草原防火报警，及时、准确掌握森林草原防火相关信息，积极调度，妥善处置，确保各项措施到位。通过察雅县林业和草原局的精心部署和扎实工作，2020年察雅县未发生一起森林草原火灾。四是定期开展森林草原防火隐患排查工作。各乡（镇）以村为单位划分了森林草原防火责任区，在每块责任区均落实了责任领导及包干护林员、草监员。同时，切实加强对痴、呆、傻、精神病患者和未成年人群体的监管力度，有效预防因“五类人”而引发的火灾。

【疫木除治】 2020年全县林业主要有害生物监测面积1120亩，实际发生面积503亩，主要是杨树黑斑病，发生地多数是在烟多镇、扩达乡等地，无成灾面积，发生面积比往年下降。鼠（兔）害监测10亩，在13个乡镇设置固定标准样地，对察雅县近几年新栽植的林木、中幼林进行监测，经过调查树木危害情况，察雅县未发生鼠（兔）害疫情。在果农大户设置了苹果病虫固定监测点4个，其中重点监测点2个，均匀分布在全县范围内，并安排专人定期监测。经监测察雅县域内无苹果病虫害疫情发生。在全县开展了松材线虫疫情普查工作，沿着固定线路进行监测调查，未发现松材线虫病疫情，并对进出口木材进行检疫，均未发现木材疫情。

【生态补偿】 2020年察雅县林业和草原局组织13个乡（镇）和各行业部门严格按照昌都市下发的2020年生态补偿岗位最新政策，对全县非建档立卡低收入家庭人均可支配收入进行了统计。全县2020年生态岗位共计21202人。其中，护林员岗位4008人，野生动物疫病监测岗位2027人，湿地生态保护管护岗位944人，草原生态保护补助奖励机制岗位3942人，水生态保护和村级水管员岗位4477人，农村公路养护岗位970人，旅游厕所保洁员岗位571人，城镇保洁员和村级环境监督员岗位3697人，地质灾害群防群测员岗位566人。2020年年底，察雅县林业和草原局积极组织13个乡（镇）对生态岗位人员进行了考核，并及时兑现2020年生态补偿岗位补助资金7420.7万元。

扶贫及农业开发

【概况】 2020年，察雅县严格按照习近平总书记召开的7次脱贫攻坚座谈会和全国扶贫开发工作系列会议精神，深入学习贯彻习近平总书记关于扶贫工作的系列重要论述，认真贯彻落实自治区、市、县关于脱贫攻坚工作部署，聚焦“两不愁三保障”和贫困村退出标准目标，按照“四不摘”要求，以巩固提升脱贫攻坚成果为抓手，稳步推动脱贫攻坚与乡村振兴战略的有效衔接。

2015年年底，全县识别建档立卡贫困人口4526户20829人，占全县农牧民总人口数的33%，是全区44个深度贫困县区之一。经过近年来动态调整工作后，全国扶贫开发信息系统中全县建档立卡贫困户4159户20854人脱贫，138个贫困村居退出，贫困发生率从33%降至0。2019年9月底和10月初高质量通过国家第三方评估组考核验收和自治区2019年脱贫攻坚成效考核，全县顺利实现脱贫摘帽，消除绝对贫困。

【产业发展】 依托区位优势和各乡镇资源禀赋，坚持“宜农则农、宜牧则牧、宜林则林、宜商则商、宜游则游”的原则，不断调整完善察雅县“十三五”产业精准扶贫规划项目库，规划产业扶贫项目95个（包含10个深度贫困地区产业扶贫项目），2016—2020年共计到位产业扶贫资金58060.76万元（其中2016年11567.45万元、2017年13995.81万元、2018年17538万元、2019年5380万元、2020年9579.5万元）。截至2020年年底，共投入产业扶贫资金58060.76万元，已开工实施94个，已投入运营82个，已发挥扶贫带动效益项目69个，并为建档立卡贫困群众发放了务工工资、效益分红、资产收益等2653.06万元，贫困群众增收效果逐步显现，从根本上巩固夯实了察雅县产业良好发展的基础。

【易地搬迁】 全县共建设易地扶贫搬迁安置点26个，安置建档立卡群众2406户12751人，项目总投资7.89亿元，已拨付资金7.6亿元，目前全县26个安置点已全部竣工并入住。一是按照“行业归口”原则，全面推进察雅县26个易地扶贫搬迁安置点“十项提升工程”工程，实现了26个安置点水、电、信、网、科、教、文、卫、保全覆盖；完成道路通畅26个；完成公共服务设施建设7466.07平方米（包括村委会、农贸市场、商业用房、旅游接待中心、公共厕所等）；完成绿化26个安置点。极大改善了建档立卡搬迁群众居住条件，为全县精准脱贫夯实了基础。二是坚持易地搬迁是手段，增收致富才是目的为导向，由农、林和扶贫等单位结合安置点自身资源禀赋进行产业规划设计，并与易地搬迁建设同步实施或提前实施，全县53个产业项目实现有效覆盖26个集中安置点。三是加强与转移就业相配合，通过察雅县人社局劳动技能培训基地，加大搬迁群众劳动力培训力度，提升劳动技能，通过转移就业3800人次，通过技能培训2502人次，保障搬迁群众入住后实现有事做、有收入、有盼头，让搬迁群众彻底放下后顾之忧，达到“一户一就业”的标准，真正实现搬得下、留得住、能致富的脱贫目标。

【控辍保学】 扎实开展控辍保学工作，积极推行制度控辍、条件控辍，做到应招尽招。实施“县、乡、村、户”“局、校、班、户”双线控辍责任制和控辍保学“四书制”，将防流控辍和足额招生作为乡镇党政“一把手”工程，作为经济社会考核的重要指标。察雅县学校有41所，其中中学1所，县城小学2所，县城幼儿园3所，乡镇小学17所（附属幼儿园13所）、村级教学点3所、村级幼儿园15所；2020年，全县在校生为9499人，其中学前1898人，小学5802人，初中1799人；在编专任教师729人，其中教研室8人，幼儿园教师125人，小学教师448人，初中教师148人，党员教师330人。有效控制义务教育阶段学生辍学现象，确保建档立卡贫困户适龄子女100%接受义务教育，无因贫困学生辍学现象存在。关爱特殊群体，教育、团委、民政、妇联等部门积极开展多种形式的关爱活动，动员和组织全社会大力开展留守儿童、残疾儿童、贫困生关爱行动，着力构建学校、家庭、社会三位一体的关爱工作体系，稳定学生队伍。

【落实生态补偿】 以“狠抓河谷经济、破解瓶颈制约、加大对外开放、统筹城乡发展”发展战略，努力增加人民群众获得感、幸福感、安全感，扎实巩固脱贫攻坚成效。一是严格按照本人申请—村级审核—乡（镇）审批—统一公示的招收程序，以及年龄在16～65周岁、具有劳动能力（残疾一二级除外）、拥有当地户籍且常住当地、一人一岗等具体选聘条件，优先招收有劳力的建档立卡贫困人口，其次按“收入由低到高”原则招收有劳力的非建档立卡农村低收入农牧民。针对非建档立卡贫困人口，严格执行2020年最新政策，深入开展好低收入群众认定，做到一户一档。严格执行现行低收入群众认定标准：建档立卡外农区和半农半牧区人均收入在5714～6476元（6476元为全自治区人均可支配收入的50%），及纯牧区（以村划分）人均收入在5714～7070元（7070元为全自治区向牧区倾斜放宽的上限，即2020年低保线的150%）的人口，家庭人口4人以下的最多安排1个岗位，家庭人口5人以上的只能安排2个岗位。二是结合《西藏自治区人民政府关于印发〈西藏自治区建设美丽西藏“三整治三提升”行动方案〉的通知》（藏政发

〔2019〕14号）文件精神，根据林地、草地、公路、旅游厕所、地质灾害点及易地搬迁等实际情况，按照就地就近就便的原则，合理设置各类岗位，对设置不合理的岗位进行了调整，避免了出现岗不对责的问题，切实做到“定岗定责”。

【社会保障】 为进一步做好察雅县农村低保动态管理工作，积极与各行业单位进行数据比对，精准核查，实行“兜底保障”，确保应保尽保、应退尽退，应扶尽扶。2020年，全县识别农村低保保障对象共计1896户7806人，其中边缘贫困户纳入6户、27人。建档立卡7317人，占94%，非建档立卡489人，占6%；无劳动能力3226人，占41%。特困人员保障392人，集中供养147人，分散供养245人。有意愿集中供养率达到100%。社会保障兜底无劳动力识别1726人，其中低保户611人，特困人员322人，一般贫困户793人，落实保障资金1727.84万元；落实保障城镇低保对象229人、资金162.43万元；落实残疾人两项补贴3697人（其中落实1～4级困难残疾人生活补贴人数2529人，1～2级重度残疾人护理补贴人数1168人）、资金583.80万元；落实分散特困人员245人、补贴资金189.70万元；落实困难群众1925人、发放临时救助资金524.74万元；落实向城乡低保、特困供养人员8485人，兑现1—9月份困难群众临时价格补贴资金351.61万元；“三大节日”期间，累计向3612名城乡低保户、困难残疾人、困难环卫工人、未就业困难大学生、民间艺术团困难演职人员、困难孤儿等困难群众进行救助209.50万元；对自发搬迁至拉萨林芝的877户群众发放救助资金175.40万元。

【转移就业】 按照“劳动者自主就业、市场调节就业、政府促进就业和鼓励创业”就业方针，制定了察雅县脱贫攻坚技能培训和转移就业巩固提升工作实施方案，确立了全年实施农牧民技能培训2560人，富余劳动力转移就业9600人，就业创收5300万元工作目标，并将技能培训和转移就业目标任务作了进一步细化分解。截至2020年年底，开办农牧民技能培训班54期，培训农牧民群众2754人，其中建档立卡贫困人口1407人，一般农牧民1347人，完成全年目标任务的107%，实现农牧民富余劳动力转移就业10852人次，就业创收7327.1604万元，完成全年目标任务的112%。

【健康扶贫工作】 一是大力实施医疗保障托底保障攻坚行动，实现了全县58404人全部享受了基本医疗、大病保险、医疗救助三重保障，保障覆盖率达100%。全县建档立卡贫困人口20809人全部享受了基本医疗、大病保险、医疗救助三重保障，保障覆盖率达100%。实施大病和慢病精准救治，减少贫困群众患病存量。二是全面推进大病专项救治工作，截至2020年年底医疗救助1389人次，2296304.46元，其中包括建档立卡904人次，1337891.33元。做实做细慢病签约服务管理。专门成立了“1+1+2”模式的家庭医生签约服务团队，按照每季度1次签约服务的工作要求，全面开展家庭医生签约服务工作，已签约18309人次，对建档立卡及重点人群签约服务覆盖率达到100%。三是实施了新卡、察拉、宗沙等7个乡镇卫生院基础能力提升，完成了县人民医院、藏医院、疾控中心、吉塘镇、巴日乡、香堆镇、阿孜乡卫生院新建工程，对全县卫生室完成提质改造，县人民医院门诊综合楼和各类医疗设备焕然一新。四是有效安排部署新冠肺炎诊疗和防治应急工作。组织13个乡镇卫生院卫生监督协管人员对辖区内餐馆、超市、小卖部、个体诊所、干部食堂等重要场所进行全面检查，对发现的“三无”产品、过期食品等直接进行没收销毁处理，并对卫生条件不达标的餐饮、超市、诊所等个体工商户当面进行了教育引导，责令其限期整改，全力保障农牧民群众的生命安全。

【强化结对帮扶】 全县有2313名干部职工，有

4159户贫困户。市级单位按照“321”帮扶工作要求，622名干部帮扶了688户贫困户；察雅县按照“54321”的结对原则（正县级干部帮扶不少于5户，副县级干部帮扶不少于4户，正科级干部帮扶不少于3户，副科级干部帮扶不少于2户，一般干部帮扶不少于1户）察雅县2313名干部帮扶了3471户贫困户，实现了贫困群众结对帮扶全覆盖。工作中，1名厅级干部结对帮扶5户建档立卡贫困户、50名县级干部结对202户建档立卡贫困户、617名科级干部结对1173户建档立卡贫困户、1645名一般干部结对2091户建档立卡贫困户；138名科级干部联系帮扶138个行政村，对贫困村、贫困户结对帮扶实现了全覆盖。2020年，全县干部结对帮扶工作共投入资金126万元，电话联系17600余次，帮扶活动中走访19000次，开展宣讲活动场次4700余场次，2.5万余人次参与。在开展“百企帮百村”工作中在察雅企业共帮扶了48户建档立卡贫困户，并送去慰问品和资金共计38万余元。

【宣传教育】 严格执行各项宣传工作措施，为全面打赢脱贫攻坚战提供了坚强的政治理论保障，依托县委理论学习中心组学习制度，夯实学习成果。一是按照《察雅县委理论学习中心组2020年专题学习计划》，2020年，共召开县委理论学习中心组学习会议5次，其中专题学习《习近平总书记在决战决胜脱贫攻坚战座谈会上的讲话》、习近平总书记六次跨省区座谈会和决战决胜脱贫攻坚座谈会精神2次，扶贫领域警示教育学习1次，丰富了全县领导干部对扶贫领域指导性精神的学习领会。二是依托“志智双扶”，丰富群众精神世界。制定下发了《察雅县2020年“志智双扶”实施方案》，以行政村为集中宣讲点，截至年底，全县结合“四讲四爱”群众教育实践活动累计开展各级各类活动950余场，参与人数达12.6万余人次；宣讲活动4680余场（其中微宣讲87场），受教育人数达6.9万余人（其中微宣讲受教育达1.5万余人次）；全县制作大型广告牌、大型展板及海报400余个、LED显示屏滚动播放8000余条，制作宣传栏300余、横幅500余条、标语280余条。共发放宣传资料1万余份、宣讲提纲1.5万余本。同时，通过“四讲四爱”群众教育实践活动严格按照领导带头讲课、建立健全宣讲团队、对各级宣讲员进行了县乡两级的专项培训，要求宣讲员要严格按照宣讲要求，做到不越段跨节，用通俗易懂，接地气的方式将宣讲提纲内容一节不落、一户不落、一人不落地讲全讲明讲细讲透。特别是在2月初至4月初期，有效地动员各级宣讲力量，为认真贯彻落实党中央、自治区党委关于防控新冠肺炎疫情的部署要求，切实发挥“四讲四爱”基层宣讲员在组织群众、宣传群众、凝聚群众、服务群众中的骨干作用，动员广大基层群众积极投身打赢疫情防控的人民战争、总体战、阻击战、以“一村一群”为单位，组织各级宣讲员在抗击疫情期间针对广大农牧民群众、寺庙僧尼、青少年学生当中开展“四讲四爱”群众教育实践活动“讲文明爱生活”专题微宣讲，自觉配合疫情防控各项工作，有效地避免了常规宣讲带来的人员聚集，为共同打赢新冠肺炎疫情防控的阻击战贡献力量。通过挖掘身边的脱贫攻坚生动事例和感人事迹，积极向上级媒体提供先进典型采访线索。截至年底，察雅县共计提供典型人物、产业项目（涵盖乡镇、林业、水利、教育等）、易地搬迁户等各类采访报道线索30余条，电视台播出脱贫攻坚新闻33条、“四讲四爱”群众教育实践活动新闻5条、“新旧西藏对比”教育活动新闻15条等。组织开展各类文艺演出活动11次，放映各类影片17场次，其中爱国主义影片13场次，观众达3000余人次，极大丰富了基层群众文化生活。及时更新补充完善发放村（居）和寺庙文化书屋书籍。

【落实“四个不摘”】 在产业扶持、生态补偿、义务教育、易地扶贫搬迁、社保兜底等方面保持政策的稳定性和政策的连续性，对脱贫户严格落实“攻坚期内脱贫不脱政策”，做到政策落实不改变；继续严格贯彻落实中央“县区落实、乡镇专干”“工作到村、扶贫到户”“三级书记抓扶贫”“党政同责”等系列脱贫攻坚责任体制和工作机制，进一步深化察雅县党政主要领导抓扶贫工作机制和县级领导包乡、科级干部包村、一般干部包户的脱贫攻坚工作责任制度，层层传导脱贫攻坚压力，压实责任；进一步严格执行细化“54321”结对帮扶工作机制，实施结对帮扶不脱钩，收入监测不间断；坚持督查考核不放松，建立“四张清单”管理制度，围绕巩固提升脱贫攻坚成果目标任务，建立了乡镇、13个专项小组责任单位任务、政策、工作和问题清单。坚持以明察暗访为主，督导和指导相结合，开展常态化约谈，倒逼工作落实。对责任落实不到位、工作措施不精准、政策落地不扎实、帮扶人员不到岗、制度执行不严格等问题，进行严肃监督执纪问责，确保巩固提升工作扎实有效推进。

【问题整改】 扎实推进中央巡视反馈问题、2019年省级党委、政府脱贫攻坚成效考核反馈问题，以及2016年以来各级各类督查、检查、巡视发现问题的整改工作，继续推进“实事求是抓整改、压实责任促整改、整改结果管长远”行动，坚持问题整改不到位不放过原则，严厉整治整改工作中的形式主义和官僚主义，扎实认真开展“回头看”工作。同时，结合4月全市千人大排查反馈问题情况，坚持举一反三再整改、再落实，健全长效机制，从根本上防止已整改问题再发生再反弹。已完成所有问题整改工作任务。

【拓宽增收渠道】 认真按照《关于扶贫832平台开设滞销农副产品供应商报名通道的通知》，在扶贫832平台注册企业11家；国家消费扶贫网注册企业6家；农业银行掌上银行消费扶贫商城注册企业1家；通过各种渠道消费扶贫产品销售额达582万元。同时，积极开展宣传推荐展销，按照上级相关通知报送察雅县牦牛肉酱、唐卡、苹果醋等7家特色产品企业参加2020年藏博会。此外，察雅县电子商务进农村示范项目总投资200万元，2020年6月已完工，通过实施线上平台建设和运营、溯源建设和运营、服务中心建设和运营、农产品电子商务品牌和包装等内容，并经过3年的成熟运营后，预计销售产品可达500万元，极大拓宽了贫困群众增收渠道。

【做好援藏扶贫工作】 重庆市、广东省、中国铝业等援藏省市、企业深入贯彻落实东西部扶贫协作座谈会精神，主动融入察雅，不断加大援助力度。2016年以来，累计投入计划内援助资金3.1亿元，实施了学校、卫生院、新农村等建设项目19个。重庆市在完成计划内援助任务的同时，积极争取计划外资金6485万元，建成了县城第二幼儿园、南岸新村、綦江新村等民生项目，破解了制约察雅经济、教育、卫生等基础设施不足的瓶颈。援藏省市、企业先后派遣党政干部和教师、医生等专业技术人才96名，依托援藏单位优质教育教学资源，安排察雅籍干部、农牧民群众500余人次，赴渝和中铝公司参加政策学习和技能培训，增强本领，复旦大学附属中山医院和重庆市綦江区人民医院“组团式”援藏成效显著，有效缓解了察雅医疗和教育事业发展短板。同时，在第八批重庆援藏干部的积极协调和全力推动下，“察雅县重庆推广中心”项目开始落地实施，项目建成后，将成为察雅县“产业援藏”的重要抓手、销售“西藏特产”的重要渠道和宣传“藏东察雅”的重要平台。

【建章立制】 以建立健全“九大长效机制”、持续巩固“五项重点工作”和持续提升“七项具体措施”为抓手，夯实教育、医疗、住房“三保障”，聚焦责任、工作、政策“三落实”，坚持不摘责任、不摘政策、不摘帮扶、不摘监管的“四不摘”要求，聚焦2016—2019年全县累计减贫的4159户

20854名建档立卡贫困人口，聚焦已识别的121户548名脱贫监测人口和边缘人口（2020年动态调整之前共计112户507人，其中脱贫监测户4户16人，边缘户108户491人；2020年动态调整后共计121户548人，其中脱贫监测户4户16人，边缘户117户532人）。聚焦138个已退出的贫困村，坚持“扶上马、送一程”，建立健全稳定脱贫、持续增收的长效机制，确保2020年年底前如期完成脱贫攻坚目标任务，全面建成小康社会。已完成《察雅县关于巩固提升脱贫攻坚成果实施方案》《察雅县巩固提升脱贫攻坚成果严防返贫风险实施方案》《察雅县防范返贫分级预警机制实施办法》等制度文件，对全面巩固提升察雅县脱贫攻坚成果，严防返贫风险，有效保障了脱贫质量等工作，提供了体制机制保障。

水利

【概况】2020年，察雅县水利局按照县委、县政府脱贫攻坚安排和部署，结合察雅县水利实际，紧盯“两不愁三保障”目标，聚焦饮水难的问题，以“2020年全面解决农村安全饮水巩固提升（冬季保通）”为奋斗目标，全力开展2020年农村饮水安全巩固提升工程，为察雅县精准脱贫提供坚实的水利支持。

【水利项目建设】1.农村安全饮水巩固提升工程推进情况。工程投资方面：昌都市2020年察雅县农村饮水工程维修养护项目资金104万元、昌都市2020年农村安全饮水巩固项目资金263万元、昌都市2020年公益性水利工程维护养护补助项目资金141万元、察雅县伍巴村第四个村饮水安全改造工程总投资49.55万元、2020年第一批农村饮水巩固提升工程投资1760.77万元、2020年第二批农村饮水巩固提升工程投资1719.55万元、察雅县香堆镇一体化供水工程总投资2869.13万元。主要是吸取兄弟县（区）的好经验、好办法，措施上采取打井、保温房、循环供水、更换老旧管网、电热丝供水桩、尾水阀门等措施来保障冬季饮水问题。

2. 2020年其他项目完成情况。察雅县2019年公益性水利工程维修项目投资150万元、扩达乡旺达村尼通自然村段防洪堤维修工程投资14万元、察雅县香堆镇热孜村哈松曲下游强拉段防洪堤维修工程投资41万元，察雅县烟多镇察俄村山洪治理项目投资100万元，昌都市察雅县2020年农业生产救灾工程投资90万元，昌都市察雅县烟多镇排洪沟改造工程投资44.8万元。

【防汛工作】1.全面落实防汛抗旱责任制。一是县里及时调整了防汛抗旱指挥部，明确了县领导防汛抗旱分工。全县重要堤防都落实了防汛责任人、技术负责人；二是严格落实24小时值班制度，做好防汛抗旱值班工作。

2.按照“预防为主、防治结合”的方针，结合各自单位职能，安排专人及时组织开展责任区内的重点部位、薄弱环节定期开展全面、细致、拉网式的隐患排查工作。严格落实在建、已建工程安全度汛方案，把重点河段、重点区域、临河居民、临河公路、地质灾害隐患点、低洼积水等部位的重要基础设施的防洪安全作为防汛抗洪工作的重中之重，强化施工现场管理，拉网式全面排查在建工地、施工现场、安全隐患，建立健全工程防汛观测巡查预警机制，加强防汛值班值守，确保工程安全、人员安全。同时，察雅县水利局修订完善了防汛抗旱预案及应急抢险预案。已制定了《2020年防汛抗旱应急预案》，同时开展了山洪灾害防治预案演练1次，防汛抗旱指挥部成员单位和13个乡镇的代表，烟多镇、色嘎村群众共计120余人参加了演练，提高全民法律和防汛抗旱意识，起到了很好的宣传效果。

【水资源管理】1.利用“世界水日”“中国水周”宣传活动，紧扣宣传主题，进行水法律法规宣传，大力开展《中华人民共和国水法》宣传，开展水资源保护与管理宣传，切实增强群众惜水、节水意识。

2. 积极推进水资源管理工作，着力健全制度、落实责任，严格用水总量、用水效率、水功能区纳污控制“三条红线”管理，不断提升科学治水、依法治水的能力和水平，为农牧业稳产增收、改善农牧民生产生活条件、加快察雅县经济社会发展提供了有力支撑。

【河（湖）长制工作】 1. 压实责任。推进河（湖）长制，核心是责任，关键是落实。各级河（湖）长认真履职尽责，各部门协同发力，认真落实河（湖）长责任，扎实做好管水治水各项工作：乡级河（湖）长积极协助县级河（湖）长开展巡河工作，对发现的问题及时进行督查督办，各乡（镇）按照属地管理原则，对辖区内所有河流的管理保护负主体责任，逐步形成“县级河（湖）长统筹引领，乡级河（湖）长落实推进，村级河（湖）长常态监管”的河（湖）治理格局；县河（湖）长办具体负责全县河（湖）长制工作的组织协调、督导、检查、考核等工作，对部门职责不清、责任不明的要及时予以明确，要以守河有责、守河担责、守河尽责的责任感推动全县河（湖）长制工作的全面落实。

2. 强化措施。全县各级各部门按照河（湖）长制的工作要求，聚焦工作目标，找准切入点，瞄准薄弱点，抓住关键点，精准施策、综合治理，扎实推进全县河湖水环境治理工作。一是各乡（镇）严格按照察雅县制定的《河道采砂规划》，合理设置采砂点，坚决杜绝乱采乱挖、非法采砂等破坏水生态环境事件的发生；要以河道采砂专项整治为抓手，结合乡（镇）实际，建立健全监管体系，适时组织相关部门开展联合执法，对非法采砂行为保持高压严打态势，一经发现，要从严、从重、从快处理，真正从根本上解决河道、山地范围内非法盗采行为，确保昌都市水生态环境安全、汛期行洪安全。二是积极开展黑臭水体治理专项整治行动、农村生活污水专项整治行动、畜禽养殖污染专项整治行动、非法侵占林地、破坏湿地专项整治行动、集中式饮用水水源保护专项执法行动、入河排污口调查摸底和规范整治专项行动，维护河湖健康。各级各部门要立足当前形势，充分发挥河（湖）长制在治水治河治湖中的主导作用，继续坚持各级河（湖）长常态巡河，助推水污染防治、农村人居环境整治等重点工作，确保县委、县政府决策部署落地见效。三是在巩固好“四乱”问题整治成果的同时，持续开展河湖“清四乱”专项行动，进一步加大监督检查力度，确保整改问题不反复，并有效控制新“四乱”问题的出现。

3. 资金保障。严格按照国家、自治区、市全面推行河（湖）长制的工作意见和方案要求，积极向县财政局申请专项资金 150 万元，将河（湖）长制工作经费纳入县本级财政年度预算，为开展河湖管理范围划定、岸线保护与利用规划工作提供资金保障，完成了察雅县主要（重点）河湖管理范围划定、岸线保护与利用规划编制，为今后全县各级河湖合理开发利用奠定坚实基础。

【安全生产】 为贯彻落实自治区安全生产工作会议精神，落实“安全生产”的各项工作目标任务，水利局领导高度重视安全生产工作，在水利建设中始终坚持以科学发展观和安全生产的指导原则，坚持“安全第一、预防为主、综合治理”的方针，强化行政执法、建立规范的秩序，全面抓紧、抓严、抓好察雅县各项水利工程建设，确保水利工程建设顺利进展的同时杜绝安全事故发生，为促进全县安全生产形势稳定好转做出积极贡献。一是加强监督检查、排除安全隐患。监督检查是杜绝安全事故发生的强劲有效措施。县水利局领导加强自身管理，同时要求各部门要认真负起责任，加大对施工单位贯彻落实国家安全生产制度法规和工程质量标准工作情况的督促检查力度，坚决遏制一切违法违规违章生产。对排查出现的隐患，要求各施工单位要采取有力措施、明确责任、限期整改；二是加强矛盾纠纷排查化解，切实维护人民群众切身利益，维护社会稳定。监理单位和施工单位进行走访、摸排，及时发现和搜集各类不安定因素和苗头性、倾向性问题，及时上报、汇总、分析，对可能引发矛盾或发生群体性事件的重大不稳定因素，进行事先疏导、化解，防止矛盾激化和升级。尤其是征地拆迁、安全运输、劳务费用等方面，通过事先摸排这一有效手段，将大量的矛盾纠纷化解在了萌芽状态。

【其他工作】（一）全面加强党的建设。党建工作是党永葆先进性的第一要素，也是党的事业建设中的重要基石，察雅县水利局在上级党委的正确领导下，不断深化党建工作内容、拓展党建工作平台，以习近平新时代中国特色社会主义思想为指导，扎扎实实抓党建常规工作、抓支部自身建设，认真完成上级有关部门交办的工作任务。

（二）落实维稳工作方面。一是严格按照县委、县政府的要求，严格执行24小时值班制度和局领导带班制度，确保了大中小事不发生；二是高度重视“双清欠”工作，做到及时发现及时处理。

（三）落实精神文明方面。深入学习贯彻习近平总书记系列重要讲话精神和治国理政新理念新思想新战略，以统筹推进“五位一体”总体布局和协调推进“四个全面”战略布局为根本，以践行社会主义核心价值观为主线，以提高职工思想道德素质和弘扬“献身、负责、求实”水利行业精神为重点，着力加强思想道德建设，着力深化群众性精神文明创建活动，着力推进水文化繁荣发展，着力培育水利行业文明新风和提高行业文明程度，围绕中心、服务水利，面向群众、引领风尚，主动融入水利改革发展大局，为同心合力谱写治水兴水新篇章提供坚强的价值引导力、文化凝聚力和精神推动力。一是加强领导、落实责任。落实领导责任和部门职责分工，一把手亲自抓，分管领导具体抓，局科室共同抓，构筑坚守职责、相互配合、协调运作、优势互补的工作机制，形成齐抓共管、合力共建的良好局面，确保创建工作有专班、有方案、有计划、有目标、有措施、有活动、有保障、有成效。二是把握规律、务求实效。深入研究广大水利干部职工精神文化生活的新动向和新需求，研究精神文明创建工作的新情况和新问题，准确把握新形势下广大水利干部职工的思想动态，充分发挥水利干部职工在精神文明建设中的主体作用，综合运用各种喜闻乐见的载体和形式，在入脑入心、凝神聚力上下功夫，在春风化雨、潜移默化上下功夫。三是建好队伍、提高水平。重视培养和使用懂理论、有实践、敢创新的水利精神文明建设人才，从思想上、政治上、工作上为他们创造良好的环境，激发和调动他们的积极性和创造性，着力在内容形式、方法手段、渠道载体、体制机制上不断创新，推进水利系统精神文明建设不断取得新成效。

（四）加强开展扫黑除恶专项斗争工作。一是加大宣传力度。察雅县水利局认真组织安排，把扫黑除恶专项斗争工作融入当前重要的工作来抓，通过宣传悬挂横幅、张贴宣传单，关注扫黑微信群等多渠道宣传扫黑除恶专项斗争工作，让宣传工作更接地气、深入民心，把扫黑除恶专项斗争宣传工作推向纵深；二是设立举报箱。标明了县水利局举报电话，以便于群众反映和举报有关扫黑除恶工作的建议和问题。察雅县水利局高度重视扫黑除恶工作，要求局扫黑办负责人员每天关注举报内容，并及时汇报给单位主要领导。

工 业

供电

【概况】 2020年，察雅县供电公司坚决贯彻国网昌都公司和察雅县委、县政府的决策部署，紧紧围绕公司年初“两会”目标，积极落实公司深化改革、创新建制和管理提升等重点工作方案，持续加强党的建设和人才队伍的建设，全力推进农电直管转型工作。2020年公司营收方面：供电量3715.02万千瓦时，购电量3154.39万千瓦时，售电量完成3127.51万千瓦时，同比增长35.01%，综合线损为15.81%，同比降低0.15个百分点，电费回收率98.31%。

【农电直管】 2020年，为贯彻落实党中央、国务院关于深化电力体制改革、全部取消县级电网企业“代管体制”的文件精神，通过细分流程，强化任务责任，察雅顺利完成了农电体制改革工作，取得了西藏县级电网企业第一批“直管”骄人成绩，让察雅公司站在了一个新的历史起点上。

【安全生产】 察雅县供电公司紧紧围绕“以人为本、安全第一”的主题，以“重大责任事故为零、重大设备事故为零”为目标，结合“安全生产专项整治三年行动”工作总基调，落实11项重点任务，健全安全监督责任制，全面实施“党建+安全生产工程”，把安全生产抓实抓细，深入推进安全工作的强基固本。2020年人身、电网、设备、交通、信息方面未发生任何安全事件。

【三个建设】 察雅县供电公司坚持以习近平新时代中国特色社会主义思想为指导，按照上级党委的决策部署，以落实组织工作制度为抓手，强化党建基础管理，加强思想阵地建设，稳步推进党建标准化建设，使党建工作成为推动日常重点工作的坚实动力。以主题党日活动为载体，党建工作与中心工作相融合，切实发挥党团员服务队作用，通过慰问、走访、上门服务等形式，为群众排忧解难，深层次激发党员干部的责任感和使命感，实现党建服务与社会责任的双提升。公司组织为武汉疫情地区举行捐款活动图片成功登上《西藏日报》，获察雅县2020年“服务基层先进单位”和“脱贫攻坚成效考核先进集体”称号。多角度拓展青年员工的培训学习方向，通过青年素质提升工程，从单一的师带徒，延伸到鼓励员工自主学习，构建“创先争优”“青年素质提升工程”“漠视侵害群众利益活动”的三足动力发展格局，推进基础积累和创新积累，在基层、基础、基本功上用心用力，在技术、管理、服务上创新突破，逐步积累起公司发展优势。通过完善评选、表彰、激励、宣传机制，厚植工匠文化，让职工有幸福感；努力建设高效便捷服务职工群众新阵地，努力做到哪里有职工，哪里就有“职工之家”的热忱服务，让职工有归属感。

【营销业务管理】 2020年，通过减少业扩报装流程来缩短时限，强化审批把关环节和供电合同管理，规避法律风险的同时为用户提供了优质的服务；同时严格按照SG186系统的要求，完成全县用户信息的核查和收集，确保了信息采集真实性和有效性。

2020年巴日乡电网接入，公司克服人员短缺的困难，迎难而上，深入巴日乡一线，开展安全用电宣传和用户摸底，让客户熟悉电力安全知识，确保用上电和用好电。

【强化服务】 全面推行“一柜通”模式压缩办电时间，建立大客户绿色服务通道，推行“收资、装表同步办结”模式，减少客户临柜次数。深入开展漠视侵害群众利益专项整治工作，在对线路设备进行巡视巡察、检修、抢修的同时，深入群众内部收集群众用电的难点热点问题，解决群众最急最盼的难点热点需求。

【脱贫攻坚】 在脱贫攻坚的决胜阶段，为坚决做好后盾工作，落实国家“一般工商业电价平均降低10%”部署，工商业电价平均降幅达到11.8%，让党中央的惠民政策真正落地实施；扎实开展结亲结对帮扶贫困户活动，分别对卡贡乡莫日村、索赤村以及王卡乡益热村共33户开展结对帮扶工作，通过物资援助，谈心谈话，用电安全技术指导等慰问工作，切实为贫困家庭排忧解难。

【电网建设】“三区三州”项目的实施，充分发挥出属地协调作用，为项目实施提供可靠保障，坚持管控施工作业现场安全，落实督导责任，有序推进项目现场施工进度，顺利完成“6·30”里程碑计划，实现察雅县13个乡镇的电网全覆盖。“十三五”增补项目涉及总投资9440万元，该项目全面完工后，察雅户通率达到97%。立足优化能源配置、加快清洁发展、保障电网安全，深入研究同步电网发展格局，编制“十四五”电网发展规划，规划建设10千伏及以下工程投资13项，投资2.3亿元。

供水

【概况】 2020年在县委、县政府及主管部门的正确领导下，察雅县自来水厂以“安全、高效、优质、文明”供水为目标，紧紧围绕供水服务这个中心工作，抓重点求突破真抓实干、不断创新努力实践，各项工作取得了一定成绩。

1. 全力抓制水安全，确保正常供水。在夏季高峰用水，要求水厂值班人员合理安排排泥和反冲时间，充分利用夜间生产制水。对老化监控进行更换，做到厂区无死角，确保厂区安全。

2. 完善制度加强管理。为降损增效，进一步完善了自来水厂的各项规章制度，进一步严明了工作纪律，规范了职工行为。同时，加强对水表巡查和对个体的稽查，重点针对洗浴、餐饮、洗车、酒店等用户的检查。

3. 以人为本狠抓队伍建设。不断提高干部职工队伍素质是做好供水工作的根本保证，牢牢抓住队伍建设不放松，始终把学习教育放在首位，党员领导干部充分发挥带头作用，凡是要求职工做到的领导班子成员和党员干部要先做到。

4. 生产经营情况。2020年，察雅县自来水厂水费收入共计140万元，安装收入5.3万元。

商务　旅游

商务

【概况】 2020年，察雅县商务局在县委、县政府的坚强领导下，全面贯彻落实党中央、自治区党委、市委关于商务工作的系列重要指示要求，深入贯彻新时期商务工作新要求，立足商务职能，凝心聚力，积极开展相关工作，自加压力，主动作为，开拓了商务工作新局面。

【商贸市场监管】 县商务局积极引导各类市场主体，根据春节、藏历新年、国庆节等市场消费特点，积极组织货源，增加适销对路的商品品种，提早备足日用消费品和副食品货源，以保障供应，并对节日期间全县范围的商贸流通企业运营情况（销售额）进行全面统计。

疫情防控工作。一是按照县委、县政府疫情工作部署会议安排，迅速启动了物资供应应急机制，建立市场信息监测制度和日报告制度，密切关注市场动态，加强物资调运，组织调运粮食、成品油、蔬菜水果及其他物资，全力确保疫情期间全县生活必需品、成品油等物资的市场正常供应。二是加强督查，积极对辖区内超市、商业街区、美容美发店、餐饮店、加油站等商贸流通行业进行监督检查，做好员工个人防护，积极配合察雅县疫情防治指挥部开展疑似疫情排查，同时要求所有商铺和农贸市场、餐饮店禁止活禽销售。三是给加油站等直接接触外来人员的场所送去口罩、体温计、手套、疫情预防指南，做到早预防、早发现、早治疗。四是按照察雅县关于疫情防控“援企稳岗”补助资金、复工复产贷款贴息资金使用方案，兑现“援企稳岗”企业30家30万元补助资金，兑现重点项目复工复产企业贷款贴息10家，共计50万元。

成品油市场。察雅县现有成品油经营企业6家，2020年销售汽油2630吨、柴油2440吨，并做好了加油站油气回收工作、加油站单层罐改双层罐等环保整改“回头看”检查工作。

再生资源企业监管工作。根据10月24日自治区固体废物监督管理中心督导检查组对察雅县再生资源回收企业督导检查中反馈的问题和提出的意见建议，结合察雅县再生资源回收工作实际，自10月25日起，县商务局联合昌都市生态环境局察雅分局、市场监督管理局多次赴现场对存在问题的再生资源企业按照反馈问题进行整改，把再生资源企业露天堆放的固废清理完毕，并把场地恢复原样、厂区地面做硬化，固废分类分区、单独建设固废库房等。

积极做好商贸领域项目申报和建设工作。一是积极推进察雅县冷链物流库项目实施，察雅县冷链物流库项目中央计划内投资500万元，已完工。二是加快实施电子商务进农村示范项目建设，总投资200万元，于8月完成建设并投入使用，2020年，察雅县电子商务线上线下销售总额56.94万元，其中线下销售6.9万元，线上销售50.04万元。三是电子商务综合示范县已完成项目选址工作，其余工作正在有序推进中。四是申报电子商务进农村示范站点三个，分别是吉塘镇吉塘居委会、烟多镇烟多居委会、肯通乡达如行政村。五是申报察雅县第二农贸市场建设、察雅县物流配送中心建设、察雅县冷链物流设施扩建等5个项目，总投资4510万元。

【商务执法工作】 2020年察雅县商务局与市场监管、应急管理、公安等部门对餐馆、学校、百货店、超市、农贸市场、加油站等共组织28次商贸领域安全生产检查，共检查各类行业300家次，着力构建质量安全监管长效机制，努力确保不发生系统性、区域性和行业性质量安全事件。并按照《察雅县市场监管综合行政执法队职责配置、内设机构和人员编制规定》（察机编发〔2020〕17号），将商务行政执法职责移交县市场监管局。

【产业园日常监管】 察雅县扶贫开发产业园已引入企业10家，带动扶贫建档立卡户216人就业。民族手工艺产业、特色农牧产品（金银器加工，矿物质颜料、木雕）等，年产值达到了3000万元。为保证园区正常运行，县商务局积极做好了人员、日常、用电、水设备的运维等工作，在事件突发时能及时有效派人去处理相关工作。并按照县委组织部要求成立察雅县扶贫开发产业园党支部，有党员3人，入党积极分子6人。

【招商引资】 2020年招商引资落地项目13个，协议总投资2.69亿元，到位资金2.04亿元。2020年，市下达招商引资任务指标2亿元，完成市下达任务指标的102.38%，包括丽豪酒店、吉塘温泉酒店装修、花岗岩提升项目、麦曲河大酒店、复合掺合料等。召开招商引资工作表彰会议，表彰38家单位和企业。参加第六届三江茶马文化艺术节推介招商引资项目2个，签约项目1个（总投资6000万元），发放宣传册210册。2020年接待了68家到察雅洽谈的企业，考察内容包括清洁能源、特色农产品加工、医药等方面，签订框架协议的项目3个，总投资107亿元。积极落实招商引资“两个代办制”，简化项目审批程序，切实改善营商环境，真心实意为投资者服务。县招商引资发展方向：一是高原特色农牧业开发；二是旅游资源开发；三是清洁能源开发；四是矿产资源开发；五是高原生物科技研发。

【促进消费扶贫】 办好扶贫产品展会。一是开展物资交流会。以“昌都解放70周年”为契机，在吉塘镇开展为期4天消费扶贫产品物资交流会，来自13个乡（镇）的农牧民合作社和民营企业共计展销产品百余种，销售额达16万元。二是参加昌都解放70周年大庆“蓝天圣洁”特色产品展销。这次展销农特产品和电商产品86种，11家企业参与了现场销售和制作，共计销售扶贫产品19.7万元。

消费扶贫成果。2020年，消费扶贫产品有藏鸡蛋、黑青稞、黑（白）糌粑、苹果醋、藏服饰、金银器等，共计消费总额为1000.85万元。

旅游

【概况】 2020年，察雅县旅游发展局以习近平新时代中国特色社会主义思想为指导，深入贯彻落实党的十九大和十九届二中、三中、四中全会精神；贯彻落实自治区党的九届七次全会及自治区党委经济工作会议精神；贯彻落实自治区党委、自治区政府关于加快旅游文化产业发展的决策部署；贯彻落实自治区、昌都市、察雅县产业建设领导小组的工作要求，坚持新发展理念，按照“昌都发展战略2035”研究中提出的“大力发展文化旅游为引领的现代服务业”总要求，围绕全域旅游战略构建起“产业围绕旅游转、产品围绕旅游造、结构围绕旅游调、功能围绕旅游配、民生围绕旅游兴”的旅游发展大格局，以“七彩丹霞·吉祥察雅”为旅游品牌口号，统筹新冠肺炎疫情防控和文化旅游产业发展，做好顶层设计，明确工作任务重点，坚持因地制宜、突出特色，聚焦重点项目、培育发展新动能，培育壮大文化旅游产业，加快文化旅游产业提质升级，加快推进察雅县“国家全域旅游示范区”创建工作，充分发挥文化旅游产业在助力脱贫攻坚、全面建成小康社会、推进乡村振兴方面的重要作用。

【党建工作】 自2020年“不忘初心、牢记使命”主题教育开展以来，县旅游发展局党支部认真制订学习计划、讨论计划、调研方案，并召开了一次组织生活会。在这个过程中，支部内全体成员，不仅学习了习近平总书记关于治国理政、治边稳藏等系列重要论述，学习了“两会”精神、党史、新中国史及全面从严治党的各类细则，同时还做了学习笔记、心得资料来不断提升自己的党性、悟性；随后支部内全体成员对不同的六个专题积极开展了讨论，并撰写发言稿，更深一步了解了系列国家政策及如何在新时代中更好地成长为一名党员干部；同时，支部书记刘波积极开展了以“党的建设面临的紧迫问题”的调研工作，最终在党的建设机制上提出改善方法；最后，在县委组织部党员干部的参与下，县旅游发展局党支部召开了组织生活会，会中支部内的每名成员都坦诚相见，直面批评与自我批评，不仅更加完善支部内的党建工作，同时支部内的每名成员都收获颇多，使支部内更加团结、上进。

【维稳工作】 自2020年起，察雅县旅游发展局积极配合国安办、县政府的值班、巡逻安排，不论是在关键时期还是日常期间，都尽职尽责，恪尽职守。同时，对管辖的酒店（宾馆）、藏家乐、酒咧营地进行一月一次的大排查，为维护察雅县旅游市场稳定贡献自己的力量。

【项目建设】 察雅县吉塘镇基础设施建设项目，项目总投资1000万元，2020年6月完工。已交付使用。察雅县香堆基础设施建设项目，项目总投资1000万元，已实施完成，评审验收完毕。察雅县阿孜乡、荣周乡旅游接待中心（藏家乐）项目，项目总投资273.03万元，已完工。交由当地群众经营，带动8户建档立卡户，经营群众每月收入可达到1.5万元。察雅县吉塘标识标牌项目和香堆标识标牌项目。项目总投资香堆镇166.37万元、吉塘镇135.07万元，已完工并交付使用。察雅县香堆镇旅游接待中心和吉塘旅游接待中心项目，项目总投资75.132万元，已完工并交付使用。察雅县吉塘镇藏家民宿总投资4689712.5元，其中建安费用3102600元，采购费用1587100万元。已完工并于10月交付使用，已有4万余元毛利，带动当地建档立卡户进行务工。

【疫情防控】 一是春节期间按照政府要求，关闭所有酒店（宾馆），禁止营业，随后调整为只允许近期未离开过察雅县的外来人员及察雅当地人员居住。二是及时按照相关文件要求，领取防疫物资（温度计、消毒液等），发放给15个酒店（宾馆）共30余升“84”消毒液、15个温度计及洗手液、酒精，同时发放疫情防控宣传资料30余份给所有酒店（宾馆），提高酒店（宾馆）员工的防控意识，为今后的复工复产做好准备。三是复工复产期间，按照要求，设立三家隔离酒店，专门接待外来工作人员360余人，每日上报日常状况，配合县医院、疾控中心等相关单位做好信息统计工作每日上报，发现出现疑似症状3人，立刻送往医院隔离。四是复工复产期间，县旅游发展局局长刘波带领全局干部，对全县开业酒店（宾馆）大检查2次，发放“疫情期间旅客登记表”20余份，让各个酒店（宾馆）做好人员信息登记，并将相关资料（通行证、健康证明）拍照备份上报，收集信息摸排2000余人。同时针对特殊区域人员，一律严查核实，发现疑似者联合相关单位采取强制隔离措施。五是疫情复返期间，设立辉腾酒店为隔离酒店，并再次强调所有酒店（宾馆），要做好消毒工作，同时要求酒店（宾馆）信息登记要真实全面，每日上报县旅游发展局报备，发现来自疫情严重的区域，必须上报县旅游发展局备案，并转至隔离酒店。六是联合县卫健委、县市场监管局、县公安局等相关单位，定期开展对酒店（宾馆）进行检查，针对其消毒、人员登记工作进行检查。

【旅游宣传】 2020年，县旅游发展局已制定并发放旅游安全须知海报100余份、宣传挂历100余份、全域旅游宣传书籍500余份、旅游路线500余份，同时还有500份的察雅县地图及“察雅印象”宣传册已包装完毕，准备在昌都解放70周年大庆时发放。

【旅游工作亮点】 一是察雅县吉塘特色小镇民宿项目（试点）进展顺利，从2019年10月项目成立后，已于2020年4月验收合格投入使用，该民宿位于国道214吉塘特色小镇内，民宿内有书房、会客厅、居家使用的电器（全自动洗衣机、大屏电视机等）、露天阳台等设施，是接待、会客、居家休闲的好地方。该项目总投资36.274万元，带动建档立卡户2户。预计年收入达到12万元。二是察雅县阿孜乡、荣周乡旅游接待中心项目已顺利运营，该项目位于省道303沿线乡镇，于2019年3月开始施工，2020年4月验收完成移交使用。阿孜乡旅游接待中心内有8个住宿房间、餐厅、停车场等设施；荣周乡旅游接待中心内有住宿房间、餐厅、停车场等设施。阿孜乡、荣周乡旅游接待中心实施完毕验收后，群众积极和乡镇政府及县旅游发展局沟通，希望能运营旅游接待中心，经过公正、公开的现场招标后，由当地建档立卡户运营。阿孜乡、荣周乡运营状态良好，年收入可达到20万元，带动建档立卡户8户。三是已完成吉塘景区、香堆景区国家AAA级旅游景区的标识标牌建设，该项目于2020年5月齐全前置手续，2020年7月完成招标，2020年9月底完成标识标牌建设。四是已做好申报吉塘景区和香堆景区国家AAA级旅游景区所需的资料，2020年11月通过市评审验收等工作，等待自治区旅游发展厅授牌。五是吉塘景区新建旅游公厕，于2020年5月13日正式开工，2020年8月底建设完成，已交付使用，获得群众一致好评。

教　育

综述

【概况】2020年，察雅县教育局在各级党委、政府的正确领导下，在市教育局的关心支持下，紧紧围绕年度教育工作目标任务，坚持加快推进教育现代化建设、巩固义务教育均衡发展工作成效，年初制定并完善了《察雅县教育局（体育局）调整领导班子成员分工及联系学校工作方案》《察雅县教育局（体育局）关于调整科室设置和人员配置方案》，进一步明确了局机关各科室职能分工，工作效率得到了提升，确保了各项教育工作顺利有序开展。

【基本情况】校舍情况。察雅县共有学校41所，其中中学1所，县城小学2所，县城幼儿园3所，乡镇小学17所（附属幼儿园12所）、村级教学点3所、村级幼儿园15所。全县中小学占地总面积354769.73平方米，校舍建筑总面积145422.95平方米，教学辅助用房总面积42466.39平方米，体育场馆总面积70891平方米，绿化总面积约28380平方米。

学生入学情况。全县在校生9518人，其中学前1799人，小学5940人，初中1779人，学前幼儿入学率72.16%，小学入学率99.84%，初中入学率99.22%。

教职工情况。全县有教职工1091人，其中专任教师729人，其余职工（公益性岗位教师、后勤临时工等）362人。专任教师中，教研室8人，幼儿园教师125人，小学教师448人，初中教师148人。全县共有党员教师332人。职称结构：高级教师73人，一级教师317人，二级教师217人，未评职称122人。学历结构：本科及以上362人，大专347人，学历合格率100%。民族结构：藏族599人，汉族123人，其他民族7人。

主要工作

【安全稳定】各级各类学校坚持稳定压倒一切，进一步强化政治意识、大局意识和责任意识，切实维护局势稳定。建立健全学校安全工作领导机构，加强对学校安全工作的督查和指导。察雅县教育局多次下发关于做好校园安全工作的相关通知，对学校安全工作提出明确要求，制定学校安全检查工作方案和各类突发事件应急预案。各学校均成立了护校队，加强校园巡逻，坚持24小时值班制、零报告制、门卫登记制，认真组织实施辖区内的值班和内保工作，积极做好校园及周边安全排查，全面落实疫情防控常态化措施，确保了疫情防控期间、全国“两会”期间、虫草采挖期间、昌都解放70周年大庆期间、中央第七次西藏工作座谈会、党的十九届五中全会期间校园的安全稳定。

【督导落实】一是积极落实“停课不停学、停课不停教”。受新冠肺炎疫情影响，根据自治区教育厅、市教育局延期开学相关文件及会议精神，为最大限度降低疫情对教育教学的影响，做到疫情防控、教育教学两不误，确保“停课不停学、停课不停教”，制定并实施《察雅县教育局关于2020年春季开学线上教学辅导实施方案》，分别于3月4日、12日两次召开全县教育线上教学视频培训会，坚持统筹安排、分类施策、分步推进、德育并举，有序推进线上教学工作，最大限度降低疫情对正常教育教学的影响。二是强化对教育教学常规的督导检查。察雅县教育系统分别于2020年3月10日、8月19日、10月23日召开了全县校长（园长）工作会议，全面安排部署学校各项工作；2020年3月、5月、9月、11月，由县教育分管领导、县教育局领导牵头，组成了2个工作组，深入全县41所学校对各学校的疫情防控、控辍保学、学校教育教学、学校管理等工作进行了全面督导检查，着力规范教育教学每一个层次、每一个环节。三是加强课题管理和监督，确保课题研究质量，强化实践。4月13日，察雅县教育局教研室组织开展了课题开题会议，安排部署了19项市级课题的立项工作，11月16日完成察雅县25项昌都市第六期课题申报资料审核工作。四是积极查找教育教学中存在的不足，促进全县教学质量提升。5月7日，察雅县教育局召开了提高教育教学质量研讨会，会上分析了察雅县教育教学质量面临的新问题和薄弱环节，研究探讨了下一个阶段提升教育教学质量办法及措施，明确了教研工作的侧重点，各学校积极组织开展了“同课异构”及“千名教师同上一节课”活动。五是在疫情防控常态化下，协调公安、卫健等部门有序推进年度各项师生考试工作。顺利实施了2020年全区第一次初中学业水平模拟统一考试、小考、中考、初中学业水平考试、教师业务水平考试等。六是在市语言委员会办公室的协助下，顺利完成了363名教师及干部的普通话测试工作及10所学校的语言文字达标验收工作。七是完成2020年度春季、秋季学期教师资格申报认定工作，其中春季学期54人申报，3人未通过认定，秋季学期45人申报，全部通过认定。八是稳步推进“一考三评”和教师职称评审工作，促进教师综合能力提升。6月28日，汇集全县中小学校长、幼儿园园长（负责人）80余人召开“一考三评”工作动员部署会，细化措施，强化职责，8月1—2日组织实施了全县教师业务水平统一考试，552名教师参加考试，各学校组织实施“三评”工作，并于11月15日前按照市教育局相关要求完成全县教师“一考三评”工作。11月17日，察雅县教育局会集全县学校校长、副校长开展2020年度教师职称评审培训会，2020年度教师职称评审工作正在有序进行中。

【控辍保学】 县委、县政府高度重视疑似失学儿童核查和劝返复学工作，先后召开了多次工作推进会，统筹领导，察雅县教育局狠抓落实，多部门联动，对数据进行了反复核查，确保了数据准确。全县疑似失学儿童劝返复学完成率达到100%，九年义务教育巩固率达到96.24%。2020年以来，察雅县教育局持续加大工作力度，全面落实控辍保学工作措施，做到应招尽招。一是从制定控辍保学实施方案、奖惩制度、问责办法，执行“控辍保学四书制”到“控辍保学双线目标责任制”，形成了32个县级领导片区包校的工作机制，加强了对联系点学校控辍保学、基础设施建设的督导、跟踪、问效，从严落实控辍保学工作。二是贯彻落实《察雅县委员会 察雅县人民政府关于全面取消虫草假的通知》决策部署，积极做好家长的解释教育工作，先后接待了扩达乡、肯通乡等乡镇的来访群众100余人，认真耐心做了教育工作，消除了因取消虫草假可能引发的不稳定因素。三是在县人民政府每年和各乡镇签订目标责任书基础上，实施“县、乡、村、户”及“局、校、班、户”双线控辍责任制，层层落实，对辍学学生实施“一生一策”劝返，把工作做细、做准、做牢。四是加强学生失学辍学动态监测，把流动、留守、残疾、家庭经济困难适龄儿童作为重点监测群体，定期发布监测报告。积极通过街道LED、电视广播、微信公众平台、横幅65条，进一步加大有关政策法规的宣传力度，切实增强家长依法送子女入学的自觉性和主动性，先后开展教育宣传活动20余次，受教育群众达2万人次。

五是察雅县教育局、团县委、县民政局、县妇联等部门积极开展多种形式的关爱活动，动员和组织全社会大力开展留守儿童、残疾儿童、贫困生关爱行动，着力构建学校、家庭、社会三位一体的关爱工作体系，稳定学生队伍。通过实施系列控辍保学措施，有效控制义务教育阶段学生辍学现象，确保建档立卡贫困户适龄子女100%接受义务教育，消除因贫困辍学现象。

【落实教育惠民】 一是坚持为民惠民，共建共享，坚定不移推进教育公平，加强建档立卡户在校生管理，做到一生一档，全县5650名建档立卡在校生，全部入学接受教育。义务教育阶段“三残”适龄儿童入学率100%，切实保障了特殊群体接受义务教育的权利。二是积极开展关爱帮扶留守儿童和残疾儿童少年工作，制定出台了《察雅县关爱留守儿童、残疾儿童工作实施方案》，对不能入学接受教育的残疾儿童实行送教上门，着力解决留守儿童、残疾儿童在亲情关爱、家庭教育、心理健康、社会保护等方面的实际困难。三是各级各类学校组织开展党员干部定点联系学校，学校领导班子和党员教师联系学生，开展结对帮扶活动，积极促进教育系统各民族党员干部、师生广泛交朋友，密切了师生、党群关系。有效避免了学生因贫失学现象，努力让教育公平惠及每一名学生。四是积极落实国家教育惠民政策，给农牧民发放和解读西藏自治区教育惠民政策明白卡及察雅县教育惠民政策宣传资料。严格执行国家、自治区、昌都市的相关文件精神，严格按规定使用好“三包”经费，杜绝挤占、挪用“三包”经费。及时足额拨付学生“三包”经费和学生营养改善计划经费，2020年预算投入“三包”经费3532.04万元，“营养改善计划”经费606.48万元。学生生活条件得到持续改善，办学吸引力进一步提升。五是及时兑现各类贫困生资助金。2020年共结转自治区、市级、县级资助金1.9万元，兑现自治区、市级、县级资助金326.0162万元。2020年7月，兑现2017年度“中铝—格桑花教育基金”50.01万元，受助贫困生364名；向全县19所学校40名贫困生兑现海军辽宁舰爱心助学奖学金4万元。

【安全卫生文体活动】 一是按照相关文件要求，察雅县教育局下发了《关于进一步做好校园安全工作，加强校园管理的紧急通知》《关于加强近期学生管理的紧急通知》等安全工作相关文件，对学校做好各项安全工作提出了明确要求，强化了工作措施。先后召开了8次教育系统疫情防控工作专题会议，各学校组织开展了各类应急避险演练40余场，有效地提高了师生的安全意识和防灾自救能力。二是积极做好教育系统疫情防控工作。自疫情以来，察雅县教育局全面落实“一把手”负责制，做到靠前指挥、深入一线、守土有责、守土尽责，严格落实值班人员24小时值班制度，牢固树立“99%也是0”的理念，严格按照规定范围和要求进行全覆盖摸排、精准化摸排，确保不漏一人，细致准确做好数据报送工作，对师生进行了全面详细的摸排，从严做好人员出入登记、测量体温和生活区、学习区消毒工作。在延迟开学期间，除充分用好教育部网上教学资源外，察雅县教育局和学校整合全县教学资源，通过网络平台等为学生提供教学辅导，给予在家学生在线教学服务，特别是指导中、小学毕业班学生做好复习，各级各类学校通过微信公众号、组织教师通过学生家长微信群发布权威疫情防控知识，2020年，义务教育阶段学校及学前儿童已实现错时复学，疫情防控工作取得了阶段性成效，涌现出了尺琼、次成措姆、洛松等县级疫情防控阻击战先进典型。受到县委、县政府的通报表扬，察雅县教育局党委被推荐为疫情防控阻击战先进集体。三是认真落实各级学校食品安全与后勤服务管理工作，进一步规范学校后勤服务管理水平，优化后勤服务保障，有效提升学校学生饮食安全。察雅县教育局分别于2020年4月8日、10月22日召招集“三包”供应商法人两次召开“三包”食品安全工作会议，11 月 13 日集中全校各级各类学校校长（园长）、负责人、后勤总务副校长召开全县学校食品安全与后勤服务管理现场会，对学校食品健康安全、疾病预防、后勤保障等作了安排、部署、强调，为维护广大师生身体健康和生命安全保驾护航。四是深入实施全民健身计划，统筹各学校认真开展学生体质监测工作，完成开展学生运动会。察雅县教育局积极组织全县运动员参加各类运动会，2020 年 8 月，通过认真选派，组织全县 24 名篮球运动员参加昌都市解放 70 周年暨第三届“康巴杯”篮球竞赛，获优秀组织奖；积极组织运动员参加庆祝昌都解放 70 周年民族民间体育活动，并在抱沙袋、大象拔河比赛活动中获得名次；抽调 10 余名教育工作者参加了昌都解放 70 周年大庆活动；10 月，组队参加了昌都市第三届“体彩杯”足球竞赛。

【德育教育】 一是坚持德育为首，教学为中心，始终把德育工作放在教育工作的首要位置，把德才兼备作为培养人才的目标，广泛开展政治思想教育，帮助师生树立远大理想、坚定理想信念。积极开展“培育社会主义核心价值观”活动、“四讲四爱”、“不忘初心、牢记使命”主题教育，培养师生高尚的思想道德情操和良好的行为规范，通过开展“国旗下的讲话”“西藏新旧对比”等活动，加强民族团结教育，积极开展西藏地方和祖国关系史教育，把爱国主义教育贯穿于各级各类学校教育全过程，把爱我中华的种子深植于每个青少年的心灵深处。二是狠抓教育教学质量提升，以课堂为突破口，加强教育教学常规管理，深化开展课堂教学改革，以教育教学科研为引擎，不断增强教育发展动力。完善教学常规管理制度，深入开展“一师一优课，一课一名师”活动，提高课堂实效，鼓励学校打造各自办学特色，提升学校外显文化和内涵品质，赋予学校办学特色、民族特色的时代内涵，精心打造一校一品、一校多品学校特色品牌文化。分别发挥县、乡、村学校三级教研网络作用，强化教学常规管理督查指导，着力提高薄弱学校教育教学质量，全县教育教学质量持续上升。

【教师队伍建设】 察雅县教育局始终坚持把加强教师队伍建设作为提高教育水平素质的重要环节来抓。一是为进一步巩固和提升校长、教师轮岗交流成效，带动乡村薄弱学校的发展，出台实施了校长、教师轮岗交流、支教、送教下乡等长效机制，2020 年安排 30 名教师参与城乡学校轮岗交流，遴选了 6 名骨干教师（高级教师）调整分配到高海拔薄弱学校参与支教，有效地帮助弱校提高了教育教学水平。二是采取灵活多样的师资培训模式，全面提高教师专业水平。2020 年 8 月，组织 47 名教师赴重庆大足区进行教育管理干部培训，9—11 月分别累计选派 50 余名教师赴区内外参与“国培计划”、自治区培训等各类培训，同时组织开展了教师教学技能培训、教学经验交流会、班主任工作经验交流会，积极鼓励教师参加自治区、市、县教学业务大赛，并取得优异的成绩，达到了以训促学、以赛促教的目的。三是积极争取，充实师资队伍。2020 年，察雅县教育系统共补充 35 名公开招聘教师、26 名双定向教师，乡村振兴专干学前教师 75 名，合计 136 名，为察雅教育注入了新鲜血液，师资结构得到进一步优化，有效缓解了师资紧缺问题。为有效地帮助弱校提高教育教学水平，10 月组织实施 61 名新分教师参加 2020 年“国培计划”新入职教师规范化网络培训。对乡村振兴专干学前教师进行了岗前培训。

【改善办学条件】 一是 2020 年通过改薄、智慧校园、改薄等项目配备 241 台电子白板一体机。二是加快学校硬件条件改造步伐，巩固义务教育均衡。新建香堆镇易地搬迁点幼儿园；阿孜乡、巴日乡、宗沙乡高海拔地区学校暖廊项目基本竣工；完成了中学数字化校园工程，并投入使用；完成扩达二小、香堆二小、重庆幼儿园（县幼儿园第一分园）、卡贡小学、县二小学教工之家新建工作。完成阿孜乡扎拉村教学点和香堆镇坤达村幼儿园维修改造工程招标。

【发展学前教育】全面落实学前教育行动计划，进一步推进察雅县学前教育改革发展，全面贯彻落实《3～6岁儿童学习与发展指南》，构建幼儿园保教质量评估体系，坚持科学保教，防止“小学化”倾向。实施了幼儿园教师师德建设长效机制，着力缓解幼儿入学难的问题，规范管理提升办园质量。通过主园带动分园的集团发展模式，通过传、帮、带，提高普惠性幼儿园的保教水平和管理水平。2020年，察雅县共有31所幼儿园。其中，县城幼儿园3所，乡镇小学附属幼儿园13所，村级幼儿园15所，幼儿园总投资建设资金9885.27万元。

【党风廉政建设】察雅县教育局以贯彻落实党的十九大精神为主线，坚持“围绕教育抓党建、抓好党建促教育”的宗旨，突出抓好教育系统基层组织建设，加强党风廉政建设。一是落实基层党建责任制方面：2020年4月设立察雅县教育局党委，并按照应建尽建的原则，增设成立5个党支部，按时换届选举党委委员和各党支部书记，及时调整充实基层党建领导机构和工作机构。召开了2次党建工作部署大会，研究部署教育系统基层党建工作。坚持每月开展主题党日，开展活动12次，完善和落实好“三重一大”民主议事制度。二是加强思想政治建设方面：定期组织开展党员干部谈心谈话活动，开展专题学习12次，观看警示教育片2次，廉政教育学习3次，党委书记上党课4次，认真落实“三会一课”制度；充分利用学习青年大学习、西藏干部学习网、“学习强国”等平台，加强党员党性教育，累计学习人数达1000余人次。三是基层组织建设方面：深入开展“支部活动有特色、党建工作创品牌”活动，开展了察雅县教育系统“三大节日”慰问活动，对困难教职工、困难临工、困难公益性岗位人员、离退休老师送去了慰问金共计5万余元；积极开展“54321”结对帮扶活动，局机关41名干部完成了联系户慰问活动，为困难群众送去了大茶、大米、挂面、清油等慰问品，折合人民币13500元。疫情期间，察雅县教育系统党员自愿捐款共计5250元。为促进党员发挥先锋模范作用，察雅县教育局党委召开了七一表彰大会，全面总结了2019—2020年教育系统党建工作，表彰奖励先进基层党组织1个、优秀共产党员3名、优秀党务工作者1名。四是队伍建设方面：不定时开展党务工作、发展党员、党员联系服务群众等方面的培训工作。参加县级党务工作者培训、观摩2次。严格落实《中国共产党章程》和《中国共产党发展党员工作细则》，2020年共发展入党积极分子35名，预备党员23名，转正党员13名。组织年轻党员教师开展“党员亮身份”“我是党员我先行”“四讲四爱”“爱岗敬业”等各类活动，持续推进落实党员先锋岗创建工作，同时党员教师积极参与“七城同创”活动。五是加强基层党建工作保障方面：加强对“昌都智慧党建平台”系统管理、日常信息上报工作，通过督促、培训、指导等方式，使录入工作有专人负责，成为常态，累计录入次数达1130次，录入率达100%。向下属21个学校党支部下拨党建经费共计25万元。顺利完成教育系统2020年党费缴纳工作，共计56284元。

文 化

编译

【概况】2020年，在县委、县政府及市编译局的正确领导和关心呵护下，察雅县藏语委办（县编译局）紧紧围绕察雅县中心工作，服务于全县发展和稳定、社会用字规范化这一宏伟目标，遵循党的政治纪律，改进工作作风，藏语言文字编译事业等各个工作方面取得了一定的成绩。

【翻译工作】围绕察雅县中心工作，2020年，完成了县四大班子交办的各种文字材料和“两会”材料等，共计翻译完成150多页、10万余字。协助县直各单位及各乡镇翻译了各种文件和宣传材料、通知、公告等宣传用字300多份，横幅内容和公益性广告用词共计8万余字。迎接昌都解放70周年大庆和察雅县开展物资交流会时翻译20余条宣传标语，为确保顺利召开会议和开展有关活动提供有力保障。加强对农牧民群众宣传党的有关政策等，起到了桥梁和纽带作用。

【社会用字检查】昌都解放70周年大庆之际，为了净化察雅县语言环境和提升城市文明程度，为顺利开展察雅县庆祝活动，进一步扩大社会用字监督检查范围，对察雅县的城区和烟多镇居委会所辖范围内的512户个体商铺的招牌和沿街的路标、路牌，33个单位门牌、10个便民警务站的门牌和LED电子显示屏、公益广告墙、察芒公路及县城至机场路边的指示牌等的社会用字规范程度做了详细检查，在检查过程中在县城内发现仍存在未整改的牌匾30个，藏语、汉语排序不规范的10处、翻译错误及错别字的有23处、无使用藏文的9处、漏字掉字的有11处、字体比例失调的有16处、各单位及个体工商户悬挂的横幅无藏文的有6条、路标路牌错误21处，县编译局发现后给所有有错误的个体户当场下发整改通知单，路标路牌及旅游牌有错误的给相关单位发送整改函要求在规定的时间内整改完，现整改率已达到90%，着力解决社会用字不规范等问题。

【地名汇编】根据上级单位的工作安排，2020年，察雅县藏语委办（县编译局）除了“两会”以外把重点工作放在全县的地名汇编工作方面，在原有的地名信息上又收集了全县各个乡（镇）村的山水、湖泊、草场牧场名称共计20多页、2万余字，为更全面地录入察雅县地名和更好地给人提供一个参考书而做出了应有的贡献。

文艺 文物

【概况】2020年以来，察雅县文化局始终坚持以习近平新时代中国特色社会主义思想为指导，全面贯彻落实中共十九大，中共十九届二中、三中、四中、五中全会和中央第七次西藏工作座谈会精神，贯彻落实习近平总书记关于不断坚定文化自信的重要论述，深入贯彻落实全国宣传部长会议精神和全市文化（文物）工作会议精神。在县委、县政府的正确领导下，在市文化局、市文物局等上级业务部门的指导和帮助下，察雅县文化文物、广电工作取得了一定的成绩。

【文化演艺事业工作】 艺术团基本情况：察雅县艺术团有团长1人（由县综合文化活动中心主任兼任），副团长1人（演员），演职人员25人（女13人，男12人）。

演出情况：一是受疫情影响，2020年以来，察雅县文化局组织县艺术团开展2020年“我们的中国梦·文化进万家”暨庆元旦迎新年文艺巡演活动、2020年春节藏历新年期间开展“文化进万家”巡演活动暨“五下乡”宣传服务活动，在唐琼孜易地搬迁点及各乡（镇）开展慰问演出等活动57场；二是为迎接昌都解放70周年大庆活动，积极组织县艺术团全体演职人员于5月14日前往昌都参加大庆排演，直至10月15日活动结束，在排练期间，演员们扎实的舞蹈功底得到了导演组的一致好评；三是为进一步激发广大农牧民群众自主参与文化活动的积极性，更好地发挥村级文艺表演队文艺领头人的作用，县文化局统筹安排县艺术团演职人员分组入村，陆续前往138个行政村指导和编排当地特色锅庄和弦子舞，2020年年底已完成35个村的教学工作。

【文化市场管理】 2020年年底察雅县文化场所经营单位共28家。其中，朗玛厅4家、KTV6家、酒吧2家、网吧2家、经书店4家、书店1家、打字复印店9家。

开展文化市场检查情况：一是为做好对疫情期间文化娱乐场所的监管工作，按照上级指示，察雅县文化娱乐场所于4月20日开始营业，县文化局积极对全县范围内的朗玛厅、KTV等14家娱乐场所开展消毒和人员登记检查工作，累计25次；二是自2020年6月开始，为加强对娱乐场所的监管，县文化局联合县公安局、县市场监督管理局及县文化执法大队等监管部门坚持每天18：00和21：00分别对打字复印店、经书店、网吧等各大娱乐场所进行抽查，累计开展检查行动33次。

【“非遗”工作】 2020年年底察雅县非遗传承项目共22个，其中自治区级项目5个，市级项目3个；非遗传承人53人，其中自治区级传承人5人，市级传承人5人，县级传承人43人。

非遗申报工作：为进一步做好全县非物质文化遗产传承工作，保护和发扬好非物质文化遗产，县文化局积极开展“昌都市第二批市级非物质文化遗产代表性项目、代表性传承人的申报”工作，此次共申报非遗传承人7人。

开展非遗拍摄：一是在2020年4月，县文化局联合县政协文史办、县电视台前往荣周乡荣周村深入挖掘并拍摄“荣周春播开渠放水仪式”，以便下一步将开渠仪式申报市级非遗项目做准备；二是2020年5月以来，县文化局邀请到昌都市青年摄影师齐齐格果果老师，开展对5个自治区级、3个市级非物质文化遗产代表性项目及5名自治区级、5名市级代表性传承人的视频拍摄工作，并认真开展采访视频的翻译工作，为下一步的申报做好扎实的准备工作。

开展非遗宣传情况：保护、传承、发展、弘扬中华优秀传统文化是文化部门的重要职责，察雅县文化局作为察雅文化传承发扬的重要部门，一是充分利用“文化和自然遗产日”积极开展宣传活动，通过非遗传承人现场展示、实物展览、多媒体演示等，展示了察雅县独具特色的非物质文化遗产资源。活动共展示佛像、唐卡、木雕、藏香、藏饰等13种500余件非遗作品，发放非遗类宣传书籍手册3种170余份，同时还邀请到10名非遗传承人现场讲解非遗知识，邀请到香堆少儿藏戏队现场演出藏戏，让干部群众感受非遗的独特魅力。二是组织香堆藏戏团前往昆山参加戏曲百戏（昆山）盛典，不仅提高了香堆藏戏的知名度，更鼓舞了藏戏队成员的信心。

【文物工作】察雅县文物保护单位共87个，其中国家级文物单位1个，自治区级文物保护单位9个，县级文物保护单位77个；有野外文物看护人员9人，其中自治区文物保护单位看护人员4人，县级文物保护单位看护人员5人。

文物保护单位检查：文物是人类在社会活动中遗留下来的具有历史、艺术、科学价值的遗物和遗迹。2020年以来，察雅县文化局积极联合县委统战部、县民宗局、县应急管理局、县公安局、县消防大队、县电力公司等文保部门开展文物安全检查工作7次，检查文物保护单位11家，发现1个共性的问题：安全意识淡薄，有电线私搭乱接、未穿管、灭火器过期或放置不合理、使用大功率电器等。已责令有关部门及时进行整改。

文物保护点"三铁"建设：为加强对文物保护单位内部文物的保管，察雅县文化局（文物局）根据文物保护单位保存文物数量、文物安全隐患等多种因素，为47个县级文物保护单位配发了"三铁"设备，以便更好地对寺庙文物进行妥善保管。

文物安全目标责任落实：为认真贯彻执行国家、自治区有关文物保护法律、法规，结合察雅县实际情况，县文化局（文物局）及时完成与13个乡（镇）、1处国家级、9个自治区级文物保护单位的《2020年文物安全工作目标责任书》的签订工作，并与野外文物看管人员逐一签订野外文物看管人员协议，层层落实文物安全管理责任。

【文化产业项目工作】为贯彻落实党的十九大报告中提出的关于"进一步完善公共文化服务体系，深入实施文化惠民工程，丰富群众性文化活动"目标要求，贯彻落实文化产业精准脱贫，做大做强察雅县具有优势的唐卡企业，县文化局充分利用"十三五"唐卡产业扶贫专项资金240万元，建成了全县第一家唐卡艺术展厅，并为4家唐卡企业购置办公设备，其余工作正在有序推进中。

【公共文化设施配套工作】县级图书馆建设：为进一步完善公共文化服务体系，深入实施文化惠民工程，丰富群众性文化活动，推动全县公共文化服务体系建设进度，根据《关于制定推动各县（区）公共文化服务体系建设实施方案的通知》（昌市文发〔2019〕75号）和《察雅县公共文化服务体系建设实施方案》（察文发〔2019〕38号），经向县人民政府请示，同意落实察雅县图书馆装修项目和察雅县图书馆设施配套项目。

村级文化活动室：察雅县13个乡（镇）文化站基本实现了基础公共文化设施全覆盖，覆盖率达100%，同时，及时对设备进行更新；全县138个行政村（新建82个），已有43个村居配备了基础文化设施，另有72个村居的设备已采购完毕，将在近期发放；设备配备率达83.33%。

吉塘特色书咖建设：在县委、县政府的大力扶持下，由县文化局和县总工会共同建成了察雅县吉塘"求知书咖"。书咖的经营理念是"以形象吸引顾客，以服务温暖客户"。打破了传统书店的单项定义和传统奶茶咖啡店的单调模式，与咖啡奶茶、甜品西点相结合，建立了察雅县第一家集阅读与休闲于一身的创意书咖，为来客带来一种别具一格的体验。在更新书籍资源的同时也为没有条件却渴望读书的孩子尽一份绵薄之力，让他们获得更多读书的机会，体验到学习的乐趣，能在困惑时找到答案，在闲暇时充实精神世界，使书咖富有内涵，向更高端的档次提升。

卫生　气象

卫生健康

【概况】 为贯彻落实自治区卫生健康工作会议、全市卫生健康工作会议、全市经济工作会议，加快全县卫生健康工作快速发展。察雅县卫生健康委按照全县卫生健康工作目标任务，在自治区党委、市委、县委及自治区、市、县政府的正确领导下，在行业主管部门的关心指导下，在援藏省市和援藏医疗专家的帮助支持下，抢抓机遇、攻坚克难、奋力拼搏，扎实稳步推进全县卫生健康各项工作。

2020年以来，县乡医疗机构软硬件条件的不断改善，全县医疗机构基本医疗服务量大幅提升，服务质量逐步提高。2020年，全县医疗机构门急诊人数46020人次，住院人数2078人次，手术372台，业务收入1727.34万元。其中，乡（镇）卫生院门急诊25807人次，住院59人次，业务收入核销金额278.2万元；县人民医院门急诊19677人次，住院2019人次，手术372台，业务收入1411万元；县藏医院门急诊536人次，业务收入38.14万元。

【强化医院建设】 在县委、县政府的高度重视和支持下，在援藏省市的大力帮助下，通过全县卫生系统人员共同努力，察雅县人民医院经过三年多的不断努力，于2019年顺利通过等级医院评审，成功创建了"二级乙等"综合医院。2020年以来，县人民医院在医疗援藏省市的大力帮助下，持续巩固"创乙"成果，不断提升医院硬件设施条件和软实力。投入资金2000余万元完成了妇幼保健楼、行政办公楼、传染病区、洗浆房、核酸检测实验室的基础建设项目。

【完善乡（镇）卫生院标准化建设】 结合察雅县乡（镇）卫生院规范化需求实际，完成了吉塘镇区域中心卫生院工程、重庆援建巴日乡卫生院工程、重庆援建香堆镇区域中心卫生院工程、阿孜乡卫生院工程、重庆援建察雅县乡（镇）卫生院查漏补缺标准化建设工程的竣工验收并投入使用，同时，投入770万元完成了荣周乡卫生院改扩建工程和对扩达乡卫生院新建工程全面投入建设。有效落实乡（镇）卫生院建筑风貌统一化、信息建设一体化、设施设备标准化、医疗服务规范化的总体要求，实施了乡镇卫生院标准化打造工程，特别打造了香堆镇、吉塘镇、巴日乡、阿孜乡等卫生院的产房建设，通过政府采购和企业赠送对13个乡镇卫生院统一配备了50余种设施设备，大大补充完善了乡（镇）卫生院硬件设施条件，各项功能用房及设施设备基本齐全，各乡（镇）卫生院基础设施建设基本达到标准化的总体要求。

【村卫生室提质改造】 全县138个行政村（居）基本医疗保障全覆盖。其中，126个村（居）设立村卫生室，其余12个村（居）由乡（镇）卫生院覆盖管理。全县配备276名村医，覆盖到138个行政村（居）。村卫生室设施设备配置齐全、配备常备常用药品15种左右（含藏药），统一建立完善规章制度和就医台账，逐步规范行医用药行为。

【三级医院对口帮扶】 2020年是三级医院对口帮扶察雅县人民医院的第五个年头，近年来，各个援藏省市和医院在人力、物力、财力等方面给予了县人民医院大力的支持和帮助，在县人民医院创建等级医院工作中起到了举足轻重的作用。2020年，重庆市第七人民医院、重庆市巴南区人民医院、巴南区中医院、重庆市大足区人民医院、广州中山三院共派出17名援藏专家（其中长期援藏专家15人，柔性援藏专家2人），基本覆盖了人民医院各个重点科室。

【新建项目】 新建疾控中心综合楼和新建藏医院全面启用。新建疾控中心综合楼和察雅县藏医院新建项目均已竣工投入使用，配齐了相关设施设备，规范了各个功能科室，配备了相应的专技人员，确保了机构的正常运行。

【人才培训】 充分发挥三级医院对口帮扶援藏医疗队的优势和医疗人才特长，通过在乡（镇）卫生院示范从医活动，传授医疗技术，帮带乡（镇）卫生院医疗人才，并充分利用远程教育和远程诊疗系统，帮助乡（镇）卫生院培养一支高素质的医疗队伍。2020年以来，先后开展11批乡、村医生培训班，共有419名乡、村医生参加了培训，一定程度上提高了乡村医生专业知识水平和业务能力。

【乡村医生执业注册工作】 为全面加强乡村医生从业管理，保护乡村医生合法权益，切实做好乡村医生执业注册及发证工作，提高乡村医生持证上岗率，按照《乡村医生从业管理条例》及西藏自治区卫健委《关于做好全区乡村医生职业注册工作的通知》精神，以及昌都市卫健委《关于发放乡村医生执业证书的通知》要求，察雅县卫健委认真组织开展摸底调研、资格审查及组织考试，对符合乡村医生执业注册条件的174名村医进行了执业注册，并发放了乡村医生执业证书，逐步建立乡村医生持证上岗制度。

【推进村卫生室“三区分化”工作】按照中央、自治区、市关于健康扶贫工作的一系列指示批示，根据脱贫攻坚“两不愁三保障”之“基本医疗有保障”相关要求，为认真落实上级卫生健康部门关于村卫生室诊断、治疗、药品“三室分离”的具体要求，有效落实村卫生室提质改造工程，由于察雅县大部分村卫生室为一室，无法完全满足“三室分离”的要求，将对村卫生室统一配备医用屏风或挂帘隔开进行“三区分化”，同时配发了医用药柜，确保村卫生室功能分区及设施进一步得到规范。

【基层巡回诊疗服务活动】 为进一步优化工作机制，提升基层医疗服务质量，根据西藏自治区卫生健康委员会《关于在全区推行基层巡回诊疗工作的通知》精神和《昌都市基层巡回诊疗活动实施方案》要求，2020年4月，全面启动察雅县基层巡回诊疗活动，及时成立了察雅县基层巡回诊疗工作领导小组、巡回诊疗责任团队、专家指导小组，制定了《察雅县基层巡回诊疗活动实施方案》。巡回诊疗活动以县人民医院为主题，通过“传帮带”模式，充分发挥组团式三级医院对口援藏优势，与县域综合医改、公共卫生服务、基层能力提升、分级诊疗制度建设等工作有机结合，协助基层医疗机构开展基本医疗服务和公共卫生服务工作，提升危急重症及疑难杂症的判别、治疗水平。

【医疗共同体建设】 为深化察雅县医药卫生体制改革，充分发挥医疗资源效能，优化资源配置，提升基层医疗卫生服务能力、推进分级诊疗，更好地为人民群众提供优质的医疗服务。2020年11月，县委、县政府正式印发了《察雅县推进县域综合医改实施方案》，并于2020年11月18日，察雅县医疗共同体中心医院正式成立挂牌。医共体的实施将坚持以人为本，以病人为中心，建立一个适应市场经济发展，遵循卫生事业发展内在规律，富有生机和活力的医院运行新机制，切实实现技术、设备、设施和人力资源充分、有效的整合，快速提升中心医院的技术水平、服务水平和管理水平，全面带动基层医疗机构各项服务职能高质量发展。

【药品配备】 及时补充完善乡（镇）卫生院药品储备力量，尽力满足农牧民群众对基本医疗服务及日常用药需求。2020 年来，根据各乡（镇）卫生院的用药需求，经县级药品采购相关领导批示，通过线上集中采购方式，为 13 个乡（镇）卫生院分批分次共采购配备 321 万元的常用药品。

【妇幼“两降两升”】 2020 年以来，全县产妇数 940 人，新生儿活产数 927 人，住院分娩活产数 913 人，孕产妇住院分娩率 98%；孕产妇死亡率为 0；5 岁以下儿童死亡 8 人，死亡率 8.63‰；婴儿死亡 7 人，死亡率 7.55‰；新生儿死亡 5 人，死亡率 5.39‰。

【兑现住院分娩奖励补助】 不断加大农牧民孕产妇住院分娩政策宣传力度，有效落实孕产妇住院分娩奖励补助政策，2020 年，共兑现 759 名孕产妇住院分娩奖励补助资金 86.90 万元。

【妇幼公共服务项目】 一是母婴“三病”筛查。2020 年，全县孕产妇“三病”筛查人数 631 人，其中，检测出乙肝阳性孕产妇 38 人，均纳入了母婴阻断项目管理；无艾滋病、梅毒阳性患者。二是妇女“两癌”筛查。开展 35 ～ 64 岁农牧区和城镇贫困妇女“两癌”筛查及妇女常见病筛查工作。2020 年察雅县目标人数为 3829 人，全年共筛查 3842 人次，筛查任务完成率 100.3%。三是出生缺陷及孕前优生健康检查。为加大农牧区计划怀孕的夫妇接受孕前优生健康检查，怀孕初期的夫妇接受出生缺陷干预检查，察雅县人民医院（妇保院）协调县民政局，教育引导结婚登记的夫妇先到县人民医院（妇保院）接受免费孕前优生健康检查，得到检查结果再进行婚姻登记。对孕早期检查的孕妇进行出生缺陷干预项目检查，并建立保健手册。截至年底，全县共开展免费孕前优生健康检查项目 245 对，开展出生缺陷干预项目检查共 190 对，四是孕产妇及 0 ～ 6 岁儿童保健管理。建立孕产妇保健手册 940 本，建册率 98%；3 岁以下儿童建立保健手册 3576 本，建册率 93.14%；0 ～ 6 个月龄婴儿纯母乳喂养率 85%；7 岁以下儿童健康管理率 97.8%；0 ～ 6 岁儿童眼保健和视力检查 1314 人次，视力异常率 0.8%；5 岁以下儿童血红蛋白检测 1314 人，5 岁以下儿童贫血患病率 0.8%；5 岁以下儿童体格检查 1314 人，5 岁以下儿童低体重率 0.4%，5 岁以下儿童肥胖率 0.4%；免费发放儿童营养包 10754 盒，发放叶酸 650 盒，放置皮埋 319 人次，发放口服避孕药 500 盒，发放避孕套 10410 个，注射避孕针 110 人次。五是妇幼行政审批事项。办理生育服务证 101 本，办理出生医学证明 600 本。

【计划免疫规划工作】 持续加强对适龄儿童疫苗接种工作。2020 年，全县 14 个接种单位共新建卡证 820 人。各类常规疫苗应种 12189 人次，实种 11341 人次，平均接种率达 93%。其中。乙肝疫苗应种人数 2100 人，实种人数 1908 人，接种率 91%；卡介苗应种人数 689 人，实种人数 625 人，接种率 91%；脊髓灰质炎应种数 2045 人，实种人数 1898 人，接种率 93%；百白破应种人数 2488 人，实种人数 2355 人，接种率 95%；麻风应种人数 1156 人，实种人数 1093 人，接种率 95%；麻腮风疫苗应种人数 821 人，实种人数 768 人，接种率 93%；a+c 群流脑应种数 1120 人，实种数 1021 人，接种率为 91%；甲肝疫苗应种数 785 人，实种数 729 人，接种率为 93%；a 群流脑疫苗应种数 985 人，实种数 944 人，接种率为 96%。同时，认真开展了免疫规划系统条码录入工作，将所有疫苗接种对象信息录入西藏自治区免疫规划管理系统，并绑定条形码，做到一人一码、人码关联，确保儿童免疫规划系统管理率全覆盖。

【健康教育活动】 为进一步强化群众自我保健意识，普及健康常识，通过每年特定的各大“宣传日”，组织县乡村三级医护力量，大力开展健康促进知识宣教活动。2020年，结合家庭医生签约服务和“五下乡”等活动，开展了以“携手抗疫防痨、守护健康呼吸”主题的第25个“世界防治结核病日”、以“及时接种疫苗，共筑健康屏障”为主题的第34个“全国儿童预防接种宣传日”、以“众志成城战疫情、科学补碘保健康”为主题的全国第27个“防治碘缺乏病日”、以“合理膳食倡三减、良好习惯促三健”为主题的全国第31个“中国学生营养日”、以“保护青少年远离传统烟草产品和电子烟”为主题的第33个“世界无烟日”、以“视觉2020，关注普遍的眼健康”为主题的第25个“全国爱眼日”、以“积极预防，主动检测，规范治疗，全面遏制肝炎危害”为主题的第10个“世界肝炎日”、以“18岁以上知晓血压”为主题的“全国高血压日”、以“心理健康 社会和谐·我行动”为主题的第29个“世界精神卫生日”等各类宣传活动50余场次，受教育群众50000余人次，全面加强各类传染病防控知识的普及，教育引导群众养成健康良好的生活、饮食、用药等习惯，构建人人知晓、全社会参与的疾病防控体系。

【“三个一批”工程】 大病集中救治一批。根据“三定两加强”原则，对患有大病的农牧区贫困人口开展集中救治。一是确定定点医院和大病救治专家组。按照“保证质量、方便患者、管理规范”原则，确定大病集中救治定点医院。要建立疑难/重症病例的会诊、转诊机制，通过对口支援、巡回医疗、派驻治疗小组、远程会诊等方式开展救治。二是确定诊疗方案。定点医院根据国家卫生计生委发布的相关疾病诊疗指南规范和临床路径，按照“保基本，兜底线”的原则，进一步细化诊疗措施，制定个性化诊疗方案。要优先选择基本医保目录内的安全有效、经济适宜的诊疗技术、药品和耗材，严格控制费用定点医院要进一步优化诊疗流程、缩短等候时间，为农村贫困家庭大病患者开通就医绿色通道。三是加强医疗质量管理。制定完善医疗质量管理与控制相关指标，利用组建重大疾病临床诊疗专家组，开展质量管理、业务培训和考核评价等工作。完善各项制度和工作规范，按照相关病种临床路径要求，开展病种质量控制，规范临床诊疗行为，保障医疗质量与安全。

慢性病家庭医生签约服务管理一批。一是明确签约服务对象与范围。以建档立卡贫困户为单位，为贫困人口优先提供家庭医生签约服务，重点对象、糖尿病、严重精神障碍等。二是明确签约服务提供主体。乡卫生院医生作为团队中的责任医生，主要负责服务对象的建档、治疗、管理等工作；乡村医生作为团队中的随访医生，主要负责服务对象的上门入户随访及个体化的健康管理宣教工作。提供基本医疗和公共卫生服务，并如实填写签约手册随访记录。按照要求对慢病患者每季度随访服务1次，每年不少于4次随访服务；建档立卡户无病者要加强与签约服务对象的沟通和联系，利用信息化等手段督促、指导签约服务对象按照协议约定，主动接受健康教育、健康管理等服务。三是县级医院医生加入签约的医生团队。为家庭医生提供术支持，对确需转诊的患者及时予以转诊或提供就医路径指导。县级及以上医院要指定专人负责对接，为贫困户人口转诊患者建立绿色道。

重病兜底保障一批。将贫困人口100%纳入基本医疗保险、大病保险、医疗救助等政策保障范围，认真落实贫困人口参加农牧区基本医疗保险个人缴费部分由县级财政全额补贴（医疗救助资金全额代缴）和住院费用平均提高5%倾斜政策。做好和医保部门衔接沟通工作，及时报销重病者费用，减轻其经济负担，防止返贫。

【重点疾病综合防治工作】 实施艾滋病防治攻坚行动。全面落实艾滋病免费筛查、治疗、母婴阻断措施，通过家庭医生签约服务提供规范化的抗病毒治疗随访管理，督促艾滋病感染者按时服药，定期检测。将宣传教育融入各项防控政策和措施，多形式、多层次地开展宣传教育，不断拓展宣传渠道，扩大宣传教育覆盖面。

全面推进包虫病综合防治。根据《昌都市包虫病综合防治工作方案（2017—2020年）》，对全市人口进行全面筛查，对确诊患者实施药物、手术治疗。将包虫病患者随访管理纳入贫困人口签约服务管理范围，做好随访管理和药物治疗督导，开展监测及健康教育，做好犬传染源控制、牲畜免疫和屠宰管理、饮用水安全保障，从源头预防控制包虫病危害。

全面开展“六病”筛查救治工作。深入开展结核病、肝炎、风湿病（大骨节病等骨关节类疾病）、慢性病（高血压、糖尿病）、慢性阻塞性肺气肿等6种疾病普查及综合干预、救治工作。逐步实现患者筛查、转诊追踪、诊断治疗、随访复查、治疗管理等全流程信息化管理，逐步实现与疾控，医疗基本公共卫生服务数据共享，及时掌握患者登记、诊断治疗和随访复查等情况。将“六病”患者全部纳入家庭医生签约服务制度进行管理，并将肺结核（包括耐多药肺结核）纳入基本医疗保险门诊特殊病种支付范围。

开展农牧区饮水水质改善提升促进行动。联合水利局、扶贫办等部门共同推进农牧区饮水安全脱贫攻坚战，加强农牧区饮水安全工程水质卫生监测，精准识别农牧区存在的饮水问题，制定水质改善方案，提出针对性解决措施，指导地方改善农牧区群众饮水水质，同时加强健康教育，引导居民健康饮水。2020年4月对13个乡镇共28个饮用水水源点进行了枯水期水质监测。9月，对19个采样点进行了丰水期水质监测工作，并将水质采样标本送到第三方进行专业检测，检测覆盖率达100%。同时，检测结果及时反馈给了水利、环保等相关部门加强整改，为全县饮用水水质改善提供了指标依据。

开展学校春季开学安全评估工作。为确保学校春季开学安全有序，县疾控中心工作人员对县域内10所中小学校进行了安全评估检查，针对校园卫生清洁消毒、环境卫生、医务室、隔离观察室、食品安全管理、春季开学准备工作等进行全面安全评估，确保广大学生身心健康安全有保障。

开展艾滋病抗体检测及艾滋病哨点监测工作。为进一步做好全县娱乐场所艾滋病哨点监测工作，4月，组织县疾控中心工作人员对KTV、朗玛厅、洗脚房、桑拿房等娱乐场所进行了艾滋病哨点监测血清采样工作，共开展抽血采样21人，采样标本离心冷冻后与健康调查问卷表一起送往市疾控中心性艾科进一步检验。

开展鼠疫监测及防控工作。按照2020年全市鼠疫防控工作目标，5月，昌都市疾控中心地病科鼠疫监测小组入驻王卡乡开展了2020年鼠疫监测工作，并由县疾控中心协调第三方投入12万元全面开展了堵洞灭鼠行动，严防鼠疫疫情的发生。

认真开展食品安全风险监测。为了解察雅县食品中化学污染物及有害因子、微生物及其致病因子的污染水平和趋势，分析危害因素的分布和可能来源，根据《昌都市2020年食品安全风险监测工作方案》的要求，对糌粑、生禽肉、蛋糕、面包和婴幼儿配方食品等9份样品进行了采样检测，为上级有关部门分析研究食品安全风险提供了依据。

【常态化疫情防控】 高度重视，组织领导。疫情发生以来，医疗卫生系统各单位严格按照“疫情就是命令、防控就是职责”的要求，切实担负起防疫工作主体责任、部门责任、单位责任、个人责任，协同全县相关部门建立健全职责明确、行为规范、运转有效的联防联控体系，全力推进防疫工作的有效落实。

应急处置能力不断强化。以县人民医院为主的各级医疗机构按要求规范设置了预检分诊台、发热门诊、隔离病房等应急处置场所，配齐各类防护用品，充分做足疫情防控应急准备，建立健全发热门诊登记台账，认真落实医疗机构首诊、发现、报告等疫情监测工作。

扎实做好医资力量储备。为保障全县新型冠状病毒感染的肺炎疫情防控工作医资力量，县、乡、村三级医务人员上下联动、主动担责全面投入新冠肺炎疫情防控战、阻击战中，积极发挥防疫人员和医务人员疾病预防、医疗救治的天职，为全县人民生命健康保驾护航。

加强应急演练，提升防控能力。一是开展疫情防控知识培训。根据全国疫情发展形势，察雅县卫生健康委组织县、乡、村三级医疗卫生机构医务人员参加疫情防控培训，对新冠肺炎疫情防控方案、人员排查、早期发现、疫情报告、隔离观察、医疗救治等医疗防控知识进行了全面的培训，进一步充实医务人员应对新冠肺炎防控及诊治知识。二是开展疫情防控应急演练活动。为进一步提高新型冠状病毒感染的肺炎疫情应急处置能力，县人民医院组织院感科、医务科、护理部、急诊科、发热门诊等相关科室及乡镇卫生院联合开展了新冠肺炎防控应急演练活动，进一步提高了医务人员应对突发公共卫生事件应急处置和防范能力。

医疗防疫物资保障充足。通过县政府出资采购、医药公司赠送、市卫健委和市疾控统一配套等途径，充实医疗防控用品库存。政府采购19类价值243.90万元的医疗防疫物资；13个社会爱心人士、企业共捐赠9类价值72.15万元的医疗防疫物资；市卫健委及市疾控中心配套下发9类医疗防疫物资。各类防护用品根据疫情防控需要，合理配备给各级医疗机构和各乡镇、各检查站、各寺管会、集中搬迁点等防疫重点单位，并适当保存应急库存，医疗防护用品储备基本能够满足疫情防控需求。

有效落实疫情防控各项措施。按照察雅县疫情防控领导小组关于复工复产返回察雅人员居家隔离观察及体温监测随访有关要求。一是加强工作部署。严格按照中央、自治区和昌都市各级疫情防控文件精神，先后深入农贸市场、农业银行、超市等人员聚集区、定点医疗机构及其各乡（镇）进行现场督导检查防疫工作，严防境外疫情输入，确保各项防控工作部署及时、落实有序、措施有力。二是强化四方责任。全县13个乡镇和县（中央、自治区）直各单位全部对应建立了联防联控工作机制，各部门、各单位和任何人员，不分行政隶属关系，全部由属地统一协调、统一指挥、统筹调度，全面落实“属地、部门、单位、个人”四方责任。三是加强排查管理。组织县公安局、县教育局、县发改委、县交通局、县旅游发展局、县农业农村局、县市场监督管理局等单位进行数据互通共享，提前掌握到察雅的人员信息，为防控工作打下“提前量”。同时，加强了自查工作，以单位、部门、乡镇、村居为切入点，细化分工，深入排查从自治区内中、高风险地区及境外取道返察雅的人员。重点做到“十清楚”，即排查对象数量底数清、自然情况清、返回时间节点清、返回地点清、行程轨迹清、乘坐交通工具方式清、是否有与相关病例接触源头清、身体健康状态清、防治办法措施清、家庭成员等身边密接人员清，并逐一登记等，实行属地化管控、台账式管理，使得各类人员信息掌握更加及时、准确。四是加强农贸市场、冷链食品防控工作。严格遵循疫情防控从以“人防”为主向“人物并防”转变的策略部署，迅速开展重点领域食品安全大检查行动以及高风险冷链食品专项行动。对全县经营冷链食品的超市和餐饮经营单位进行拉网式“三严”（严控、严防、严查）检查，并禁止进口海鲜和冷链食品进入察雅。五是加强隔离人员管控。第一时间掌握从自治区内中、高风险地区及境外返回察雅、到察雅人员信息。同时开展点对点、一条线式工作对接，时刻保持联络和信息共享，并在第一时间对自治区内中、高风险地区及境外返回察雅、到察雅人员到指定隔离地点集中隔离。返回察雅、到察雅人员集中隔离地点设在辉腾大酒店，共有40个房间，入住人员每间限1人居住。每日定时消毒，全天候开展身体检查、安保及必要的生活服务。按照防控要求，已对10月24日以后从自治区内中、高风险地区及境外返察雅、来察雅人员第一时间开展采样送检工作，最大程度上避免人员流动和感染风险。对解除隔离人员，为其提供解除隔离告知书，同时建立新的检测档案，对其进行后续体温检测，最大程度消除疫情隐患。六是加强疫情防控宣传。为切实落实疫情防控“外防输入、内防反弹”政策，维持长期疫情零病例的局势，降低疫情输入传播风险。县疫情办近期多次开展了督导检查工作，在人员密集场所张贴温馨提示300余份，提醒广大人民群众自觉佩戴口罩，提高个人防护意识。

医疗保障

【概况】 2020年以来，察雅县医疗保障工作在县委、县政府和上级主管部门的领导下，认真贯彻落实上级有关医疗保险的文件精神，以全面完成上级下达的目标管理任务为核心，以建立统一的城乡居民基本医疗保险制度为切入点，以提高参保群众的医疗待遇水平为着力点，通过强化管理、优化服务等手段，不断夯实医保各项基础工作，努力构筑多层次的医疗保障体系，保障了广大参保人员的医疗待遇，维护了社会稳定，促进了全民医保体系持续健康发展。为推进健康中国建设，防止因病致贫、因病返贫，为实现到2020年让农村贫困人口摆脱贫困目标奠定了坚实基础。

【基本医疗保险】 一是按照《昌都市人民政府办公室关于印发〈昌都市城乡居民基本医疗保险制度整合实施方案〉的通知》文件要求，并按方案规定的时间节点有序推进察雅县城乡居民基本医疗保险制度整合工作。

二是做好宣传动员工作。县医保局主要领导带队先后前往13个乡镇、医院进行城乡居民医保政策宣传动员工作20余次。共计发放宣传册12000余册，张贴海报1500余张。

三是参保登记工作有序开展。县医保局安排专人负责，统一操作规范全面开展参保人员登记、信息清洗录入，确保参保人员数据准确无误。

四是进一步加强医保基金监管，坚决打击欺诈骗保行为。开展“严厉打击欺诈骗保行为，坚决维护医保基金安全”现场宣传活动，发放宣传资料1500余份。先后五次前往各定点医疗机构检查，对整合后的新政策进行详细解读。对县域内定点医疗机构进行年度考核。认真查摆存在的问题及漏洞，进一步强化城乡基本医疗保险定点医药机构协议管理，确保医保基金安全运行，保障参保人员合法权益。

【城乡居民医疗有保障】 一是基本医疗有保障。2020年城乡居民基本医疗保险制度整合后分等级（60元、120元、250元）缴费，按照缴费等级划分报销比例。6065人员（缴费当年女年满60周岁、男年满65周岁）、重度残疾人员（经认定为一、二级残疾人员）、特困供养人员、孤儿、最低生活保障对象、重点优抚对象、建档立卡贫困人员及边缘户等特殊困难人群参保时个人不缴费，其个人缴费部分按250元由医疗救助资金定额补助；寺庙先进僧尼参保时必须按照最高缴费档次250元参保，其个人缴费档次按照受表彰的级别由各级财政按标准予以补贴。2020年，参保人数为59324人，参保率达97.43%，城镇职工参保全覆盖，参保率达100%。2020年共计为2290名居民群众报销基本医疗保险1951.12万元。

二是大病保险有保障。城乡居民大病保险由自治区统一购买，对住院医疗费用超过城乡居民基本医疗保险封顶线（6万元）的患者，超出部分由大病保险按比例赔付，住院患者在大病统筹报销后，将大病保险申报表送至保险公司，经保险公司审核后直接支付给大病患者。每人每年封顶线为14万元。

三是医疗救助有保障。针对住院患者在大病统筹、大病保险支付后自付比例仍较高的患者，进行医疗救助。普通医疗救助每人每年累计救助资金不超过10万元；重特大疾病医疗救助用药范围和诊疗项目参照大病保险相关规定，年救助标准最高不超过20万元。2020年医疗救助1485人次，金额267.83万元。

【健康扶贫】 一是落实建档立卡贫困户基本医疗定额补助政策。2020年按照《昌都市人民政府办公室关于印发〈昌都市城乡居民基本医疗保险制度整合实施方案〉的通知》要求（昌政办〔2020〕18号）建档立卡贫困人员按照最高标准250元进行定额补贴，共计为20854名建档立卡贫困户定额补贴基本医疗保险5213750元；根据察雅县城乡居民基本医疗保险缴费情况为479名边缘户定额补贴基本医疗保险28740元。

二是提高建档立卡贫困户基本医疗报销比例。在基本医疗保险由医疗救助自己定额补助的同时，对建档立卡贫困户符合基本医疗保险支付范围的住院、门诊、特殊病医疗费用提高5%的报销比例。每人每年大病统筹医疗费用封顶线为6万元。2020年为建档立卡贫困户829人，报销基本医疗费用757.9万元。

三是对建档立卡贫困人口的合规住院医疗费经城乡居民基本医疗保险、大病保险报销后，进行医疗救助确保建档立卡贫困人口住院合规医疗费用个人自付部分控制在10%以内；普通医疗救助每人每年累计救助资金不超过10万元；重特大疾病医疗救助用药范围和诊疗项目参照大病保险相关规定，年救助标准最高不超过20万元。2020年对建档立卡贫困户医疗救助802人次，总金额124.88万元。

四是实施建档立卡贫困户“先诊疗后付费”“一站式”结算。县域内住院患者只需在出院时支付个人自付费用即可，减少了贫困户就医压力。

五是结对帮扶，察民情、暖民心。严格落实脱贫“四不摘”的要求，坚决巩固脱贫攻坚成效，确保“54321”牵手结对帮扶活动深入有效开展，2020年以来察雅县医保局先后3次前往烟多镇、荣周乡、香堆镇、扩达乡结对帮扶点看望亲戚。为22户结对帮扶户分别送去大米、面条、清油、大茶、衣物等物资，并宣讲医保相关政策，为脱贫攻坚成效巩固建言献策。

气象

【概况】 2020年是深入学习贯彻落实党的十九大精神的实践年，也是全面小康社会和中国特色社会主义社会建设的关键年。在2020年度的工作当中，在自治区气象局、市气象局，以及县委、县政府的正确领导下，认真学习党的十八大、十九大精神，坚持“为人民服务，为机关服务，为领导服务”的工作方针，着眼全局当参谋，统筹兼顾抓协调，突出重点抓落实，认真履行自己的工作职责，较好地完成了各项工作任务。

察雅县气象局高度重视气象为民服务工作，气象自动站采集质量稳定，仪器设备定期维护；13个乡（镇）无人气象自动站均列入工作常态化；气象数据采集仪器正常并运行良好，较好地保障了察雅县气象预报服务工作。县气象局积极组织工作人员参加国家气象局、自治区气象局、市气象局等培训及考试，努力提高了干部职工的业务知识水平。

【履职尽责】 为了能够使察雅县人民群众的生活质量提高，对全县经济发展提供优质的气象服务，利用县级公共服务平台每天早上发布，察雅县8小时气温与降水数据，下午在县应急管理微信群、乡镇气象信息员微信群、县农保微信群提供发布，次日察雅县13个乡（镇）的天气预报。在“三农”需求方面县气象局先后10次前往吉塘镇水果种植农户和烟多镇农户水果销售点，了解生产信息，询问对气象服务产品的需求。吉塘科技示范园农业小气候观测设备运行良好，2020年县气象局下乡次数达到40多次，主要是维护13个乡镇气象自动站，选举乡镇气象自动站管护员，对管护员一一进行培训和指导。

【气象科普宣传活动】 利用“3·23”世界气象日、“5·12”防灾减灾日、科技活动周等开展气象科普宣传活动，在活动中向社会发放气象科普宣传材料400余份，接受群众咨询，受到群众的欢迎。通过开展气象灾害防御知识宣传，将气象灾害的特点、性质、防御措施等资料散发到广大群众手中。同时讲解防雷、防暴雨及山体滑坡、泥石流等次生灾害突发性的防御办法。由于察雅县乡（镇）分布较广，县气象局在虫草采挖季到来前，向13个乡（镇）的气象信息站各发放50份防雷宣传材料共计650份，并要求气象信息站站长将宣传材料转发到虫草采挖点老百姓的手中。

【气象基础设施建设】 1.建立健全气象灾害网。针对察雅县气候特点和产业布局，县气象局在汛期到来之前对13个乡（镇）的自动气象观测点做了仔细维护，从而使自动采集的气象要素质量提升，提高天气预报和山洪等气象灾害的预警准确率，最大限度地减轻各行各业，人民群众因气象灾害而遭受的损失。

2.建立健全县气象信息服务平台。县气象局在县“应急管理工作群”和“察雅县涉农保险工作群”同时建立了察雅县乡（镇）气象信息服务站群，在微信群里每日不间断发布察雅县13个乡（镇）次日天气预报，2020年已发布360余份气象服务信息、36份旬月气象预报、10份虫草采挖专题气象服务，发送2份强降雨蓝色预警，8份雷电灾害橙色预警。县气象局发布以上气象预警预报对全县抗旱、防汛期间发挥了极其重要的作用，得到了县领导县有关部门以及人民群众的肯定。

3.建立健全气象防灾减灾硬件设备。县气象局连同县有关部门对新建的易燃易爆场所中的前期选址进行了联合检查，同时在市气象局人影专家和县自然资源局的调研和分析下，对察雅县的人影炮点进行了科学规划，由于地域以及多方面因素，察雅县保留一处人影标准化作业点。

【气象服务】 1.在原有天气预报、警报、农业气象服务的业务体系基础上，将新增决策服务、公众服务、专业气象服务为主的多层次全方位的气象服务。

2.最近几年气象服务信息的发布方式逐步发展到包括电视、手机、网络、微信、气象信息员等，实现气象服务信息发布平台和传播手段的多样化，覆盖面广、传播速度快，将努力使全县接受气象服务的公众上万人次。

3.以需求为牵引，精化服务。根据当地气象服务需求，结合农业生产实际，适时给农民提供春播、抢收、避险等服务，每遇重要天气及时发布重要天气消息，过程结束后及时通过手机短信、预警平台、专题材料的形式通报雨情。

【专项服务】 做好社会重大活动和特殊时期气象预报服务工作。每年节假日和重大节庆日期间，每天发布逐日天气过程预报，通过已有的多个公共服务平台，向公众及当地政府部门发布节假日期间天气预报，并设立服务电话，为群众提供出行气象预报，2020年10月县气象局选派了一名工作人员，参加昌都解放70周年大庆应急保障活动。

【职工队伍建设】 高度重视职工的思想政治工作，坚持以人为本，坚持正面教育，坚持抓好每月的理论学习活动，坚持普法教育，弘扬科学思想，弘扬气象人精神，重视发挥模范精英人物的思想引领作用和文化生活的潜移默化作用，使职工队伍的思想道德素质得到明显提高。

社会生活

民政和社会事务

【概况】 2020年，察雅县民政局认真学习习近平总书记对民政工作作出重要指示精神和国务院总理李克强对社会救助工作作出重要批示精神，切实把思想和行动统一到以习近平同志为核心的党中央战略部署上来，全面贯彻新时代党的治藏方略，始终自觉增强“四个意识”、坚定“四个自信”、做到“两个维护”，县民政局立足县情，积极行动，多措并举，始终坚持“以民为本、为民解困”的工作宗旨，充分发挥民政工作“调压减震”的作用，以保障和改善民生为出发点和落脚点，打好以最低生活保障为基础，以特困救助供养、临时救助等专项救助为辅助，以其他救助、救济和社会帮扶为补充的社会救助体系的社会保障兜底“组合拳”，按时保质保量完成各项工作任务。

【保障资金兑现】 2020年，全县累计保障农村低保对象7804人，落实全年保障资金1727.84万元；保障城镇低保对象229人，落实全年保障资金162.43万元；落实残疾人两项补贴资金583.80万元（其中落实1～4级困难残疾人生活补贴人数2529人，1～2级重度残疾人护理补贴人数1168人）；为514名高龄失能老人落实资金30.84万元；向245名分散特困人员发放补贴金189.70万元；向2649名困难群众发放临时救助金818.61万元；向3名流浪乞讨人员发放救助金1600元；累计落实59402人次城乡低保、特困供养人员、孤儿及事实无抚养儿童1月份、2月份、3月份、4月份、5月份、6月份困难群众临时价格补贴金353.51万元；三大节日期间累计向3612名城乡低保户、困难残疾人、困难环卫工人、未就业困难大学生、民间艺术团困难演职人员、困难孤儿等困难群众发放救助金209.5万元；向23名事实无人抚养孤儿发放救助金30万元。自年初以来，民政局积极组织专人深入13个乡（镇）对资金落实情况进行督查20余次，并开展各项民政救助政策宣讲18场次。

【社会保障兜底】 为实现贫困户稳定脱贫，巩固脱贫成果，要按照中央和自治区“四个不摘”的要求，继续落实好各项救助政策，及时将符合条件的困难人口纳入救助政策覆盖范围，确保兜底保障“不漏一户、不落一人”。一是为进一步规范农村低保工作，巩固和提升全区脱贫攻坚工作成效，2020年以来，县民政局严格按照《西藏自治区2020年农村低保专项治理工作要点》和《农村低保专项治理三年行动》的工作要求，结合各级脱贫攻坚专项督导检查、巡视、审计整改“回头看”等工作，进一步聚焦脱贫攻坚、聚焦特殊群体、聚焦群众关切，以问题为导向，解决低保工作中存在的普遍和共性的问题，不断拓展治理内容，深化治理措施，完善制度机制，狠抓落实落地；二是加大政策贯彻落实力度，积极会同县人社局、县医保局、县林草局、县教育局等单位进行社会救助数据比对，数据共享，确保符合条件的城乡困难群众家庭应保尽保，及时将受疫情影响陷入困境的人员纳入救助范围，保障困难群众的基本生活；三是聚焦特困供养人员、重度残疾人、孤儿等特殊困难群体兜底保障工作，强化动态监测和动态调整管理工作，确保符合条件的困难群体应保尽保，及时纳入救助范围，保障困难群众的基本生活，坚决防止“兜不住底”的情况发生。截至年底，全县识别农村低保保障对象共计1896户7804人。7804人中，建档立卡7317人，约占94%，非建档立卡487人，约占6%；无劳动能力3226人，约占41%。社会保障兜底无劳动力识别1726人，其中低保户587人，特困人员319人，一般贫困户820人。特困人员保障392人，集中供养分散供养147人，分散供养245人，有意愿集中供养率达到100%。孤儿160人，其中送往西藏自治区福利院、林芝市福利院、昌都市第一福利院、昌都市第二福利院等福利机构集中供养孤儿126人，孤儿有意愿集中供养率不断提高。

【临时救助工作】 按照党中央、国务院，自治区党委、自治区政府，市委、市政府和县委、县政府关于打赢脱贫攻坚战的决策部署，聚焦脱贫攻坚，聚焦特殊群体，聚焦群众关切，以发挥临时救助制度效能、强化兜底保障为目标，坚持助力脱贫和防止返贫相结合，着力发挥临时救助“托底线、救急难”的作用，切实解决易地搬迁群众的突发性、紧迫性、临时性生活困难等问题，对符合条件的及时给予救助，做到了“主动发现、全面介入、应救尽救”。全年向全县13个乡镇下拨临时救助备用资金136万元（上半年75万元、下半年61万元），并指导13个乡（镇）及时启用临时救助备用金，对生活困难的，采取一事一议方式加大救助力度。截至年底，累计向全县1925名困难群众发放临时救助资金528.26万元，充分发挥了临时救助制度的应急性功能，进一步健全临时救助制度，为筑牢社会救助体系最后一道防线增添新的有力举措。

【“双集中”供养工作】 立足察雅实际，坚持以保障和改善民生为出发点和落脚点，高度重视，精心组织，统筹协调，举全县之力积极推进特困人员集中供养服务工作，为特殊困难群众提供更好的基本公共服务，推动社会和谐稳定，促进社会公平进步。一是积极探索有效的规范管理模式，建立健全各项服务体系制度，完善各项工作职责，进一步提升特困人员集中供养服务中心管理服务水平，截至年底，全县已建成特困供养服务中心1座，共有特困人员392人，其中分散供养老人245人、集中供养老人147人；二是积极推进供养中心基础设施设备提升改造项目，规划完善供养服务机构生活娱乐等基本设施，不断提高服务质量，为集中供养老人营造良好的生活环境；三是加快老年日间照料中心和社会福利中心改造项目建设进度，进一步做好供养特困人员服务和管护工作，进一步改善特困老人的生活环境，提升了察雅县特困人员集中救助水平；四是坚定地站在疫情防控的第一线，尽职尽责做好本职工作，加强供养服务中心管理和服务，建立疫情防控应急预案、防控工作方案，强力推动特困人员集中供养服务中心“封、防、消、测、导”等防控措施落实，确保了特困人员集中供养服务中心一切状况良好，供养对象生活一切正常；五是全面做好动态更新管理工作，及时将不符合条件的特困人员予以清退，将符合条件的人员纳入特困人员供养；六是不断加大儿童福利事业支持力度，按照上级部门要求，积极对接各乡（镇），持续做好孤儿、困境儿童、留守儿童工作，对新形成的孤儿，严格按照程序及时送往儿童福利院进行集中供养，2020年先后将4名符合条件且自愿集中供养的孤儿送往昌都市第二福利院集中收养。同时在2020年国庆节、中秋节和庆祝昌都解放70周年来临之际，深入昌都市第一、二儿童福利院看望慰问察雅籍孤儿向第一、二儿童福利院送去苹果550余公斤。全面落实孤儿救助政策，提升困境儿童关爱保护水平，及时将符合条件孤儿送入市一、二儿童福利院，截至年底，全县共有孤儿160人，其中送往西藏自治区福利院、林芝市福利院、昌都市第一福利院、昌都市第二福利院等福利机构集中供养孤儿 126 人，有意愿孤儿集中供养率不断提高。截至年底统计困境儿童 135 人，留守儿童 106 人，既属于困境又属于留守儿童 48 人，事实无人抚养儿童 28 人（其中 2020 年新增 5 人）。

【残疾人康复帮扶工作】 2020 年以来，县民政局始终坚持把贫困残疾人脱贫工作作为脱贫攻坚工作的重点和难点来抓，通过政府主导，民政作为，部门联动，社会协同，大力实施“六个精准”残疾人脱贫工程，进一步增强贫困残疾家庭的“造血”功能，在全县形成了残疾人脱贫攻坚工作齐抓共管的良好格局，确保“全面建成小康社会，残疾人一个也不能少”。一是及时开展全县残疾人康复需求摸底调查和康复帮扶服务工作，截至年底，向 90 名困难残疾人发放基本康复服务补贴资金 1.71 万元，向 105 名无障碍改造残疾人对象发放无障碍改造资金 36.75 万元，向 7 名因受疫情影响的残疾人个体户发放补贴资金 0.56 万元，向 2 名重度肢体、脑瘫残疾儿童兑现发放补贴资金 2.64 万元。二是加快察雅县残疾人综合服务中心改造项目和附属设备购置进度，努力提高残疾人的综合康复服务水平，确保提升改造项目尽快建成并投入使用。三是积极开展残疾人摸底调查工作和残疾人数据核对工作，及时将残疾人两项补贴资金（即困难残疾人生活补贴、重度残疾人护理补贴）兑现到保障对象手中，截至年底，累计落实残疾人两项补贴资金 583.80 万元（其中落实 1 ～ 4 级困难残疾人生活补贴人数 2529 人，补贴资金 303.48 万元，1 ～ 2 级重度残疾人护理补贴人数 1168 人，补贴资金 280.32 万元）。四是狠抓残疾人技能培训，县民政局残联积极与上级残联进行沟通协调，下半年将 5 名残疾人送往昌都市职业技术学院参加残疾人技能培训。五是开展好残疾人就业、创业服务工作。依托“察雅县福志商贸有限公司”引导有技能、劳动力残疾人积极参与到就业、创业工作中。六是加大残疾人土登次仁自主创业脱贫事迹宣传，积极促进引导有劳动力残疾人积极投身到自主创业就业工作中。2020 年积极向上级残联部门申报残疾人创业扶持项目，截至年底为烟多镇、香堆镇 2 名自主创业残疾人各申请到 2 万元的残疾人自主创业扶持资金。七是持续残疾人动态更新和办证服务工作。积极协同全县 13 个乡（镇）按照区、市残联部门要求和我县工作实际情况全面做好残疾人数据动态更新管理工作及县、乡、村残疾人协会成立工作，同时联合卫健委、县医院继续抓好新增残疾人办证服务，截至年底，累计为 2873 名群众办理残疾证。

【基层政权建设及行政区划工作】 一是为进一步做好察雅县易地扶贫搬迁安置点管理工作，保障基层群众办事有地方、议事有组织、纠纷有人管、困难有人帮，根据《行政区划管理条例》（中华人民共和国国务院令第 704 号）、《中华人民共和国村民委员会组织法》、《中华人民共和国城市居民委员会组织法》，结合察雅实际，按照程序，2019 年 6 月经县人民政府批准察雅县 5 个大中型易地搬迁安置点申请新设村（居）5 个，分别是烟多镇幸福重庆新村居委会、荣周乡青山中铝新村、香堆镇筑梦新村、王卡乡绿水新村、吉塘镇吉祥广东新村，5 个新建制村（居）相关申请资料已按照要求上报至市民政局地形科进行备案。在 2019 年设立村（居）基础上，为进一步做好新设村级组织建设，在县委组织部牵头下，察雅县在 3 月正式启动易地搬迁安置点新建村（居）组织选举工作，截至 4 月中旬，全县 5 个新建村（居）组织换届选举工作已全部结束。5 个新建制村（居）“两委”班子由 36 人组成，党员 36 名，达 100%，其中预备党员 3 名，占成员总数的 8.3%；具有初中及以上文化程度的 10 名，占成员总数的 28%；5 个新建村均配备了 40 岁及以下干部，共计 22 名，占成员总数的 61%，最大年龄 62 岁，最小年龄 19 岁，平均年龄 39 岁；5 个新建村（居）均配备有妇女干部，共计5名，占成员总数的14%；村（居）团支部书记、妇代会主任进入“两委”班子，由“两委”班子成员兼任的分别为5名、5名，分别占村总数的100%，100%。5个新建村（居）务监督委员会共配备职数15人，党员15名，达100%，其中，主任5名，全部为中共正式党员；成员10人，其中，中共正式党员9人，预备党员1人。二是按照上级民政部门要求，持续深化城乡社区治理，发挥乡（镇）、村（居）社会服务站点桥梁作用，大力实施社区治理活动，深入开展移风易俗，修订完善村规民约、居民公约，推进社区减负增效，加强农村综合服务平台建设，提高社区治理能力和水平，推进基层自治、法治、德治相融合发展。三是规范区划地名界线管理。根据《昌都市县级行政区域界线联合检查工作实施方案》要求，积极配合相关县区规范完善地名工作，加强地名文化宣传弘扬，切实做好县级行政区域界线联检工作，妥善化解边界矛盾纠纷，维护社会和谐稳定。

【婚姻登记工作】 2020年，县民政局受理结婚登记589对，离婚登记34对，补发结婚证件65对，补发离婚证件1对，登记合格率达到100%。农牧民群众法律意识增强，婚姻登记率逐年提高，婚姻登记工作严格按照政策有序开展。

【民政民生项目】 2020年以来，县民政局强化改革创新意识，牢固树立现代民政理念，加大民生项目基础设施建设投入力度，提升社会服务水平。察雅县老年人日间照料中心建设、香堆镇社会福利中心维修改造、察雅县未成年人保护中心建设、察雅县残疾人康复中心提升改造及察雅县特困人员集中供养中心设备设施提升改造等多项各类民生项目均已开工建设，截至年底，各个项目建设稳步推进，部门项目将在年底建成。

【疫情防控救助工作】 为切实做好疫情期间社会救助工作，进一步贯彻落实国务院、自治区党委、市委一系列指示精神，按照县委、县政府的工作部署要求，我局认真践行“民政为民，民政爱民”工作宗旨，及时做好疫情期间各项救助工作。一是抓实疫情期间接受捐赠工作，疫情期间接受捐款47笔，共132.54万元（其中50万元为巴南区捐赠）。接收物资捐赠25批次，严格按照程序做好登记、使用、公示；二是疫情期间向全县78座寺庙，拨付救助资金29.9万元，有效保障了疫情期间困难僧尼基本生活；三是严格按照疫情防控要求，全面落实好各项疫情防控措施，全面做好我局行业部门各项防控工作。

【流浪乞讨人员救助管理工作】 为确保流浪乞讨人员的生存和安全，县民政局多措并举开展流浪乞讨人员救助管理工作。严格按照流浪乞讨人员救助管理办法和上级部门要求，建立畅通的救助渠道，主动实施救助，广泛宣传救助政策，及时帮助流浪乞讨人员解决了生产生活困难。截至年底，联合县公安局、县执法大队等部门对县城辖区累计开展流浪乞讨人员救助排查4次，救助帮扶流浪乞讨人员3人，发放流浪乞讨人员救助金1600元。

【各项目标责任完成情况】 一是坚持党对民政工作的领导，把党支部党建工作摆在重要位置 。及时将习近平总书记的讲话，中央、自治区、市、县有关脱贫攻坚的法律法规、政策、重大决策部署结合“三会一课”认真学习，提高政治站位和责任意识。深化新形势下做好党支部党建工作重要性的认识，以求真务实的工作作风和态度，扎实深入地推进党支部党的建设。建立健全党支部的战斗堡垒作用和党员的先锋模范作用辐射到民政工作的各个环节，保证了党支部党建工作组织领导到位，思想认识到位，措施要求到位，推动了各项县委工作的健康顺利开展。二是常敲警钟，将党风廉政建设和反腐败工作纳入日常工作。年初局长与县里签订了《2020年察雅县党风廉政建设目标责任书》，与单位全体干部职工签订廉政目标责任书，在廉政建设上，一方面狠抓警示教育。及时将各类违规违纪通报在党支部会议上通报，起到警示教育作用。另一方面狠抓能力建设。从抓服务上抓廉政，加强干部能力作风建设，深化领导干部廉洁自律。三是提高思想认识，明确做好当前维稳工作重要意义。在做好“三大节日”、昌都解放70周年大庆期间慰问值班的同事。我们以社会保障兜底线为己任，把思想认识统一到各级会议精神上来，把行动落实到县委的安排部署上来，统一思想、提高认识，时刻绷紧做好维稳工作这根弦，克服麻痹、松懈、厌战情绪，打牢做好维稳工作的思想基础。四是以健全制度、落实责任为切入点，加强对创建工作的组织领导。为使精神文明建设工作真正落到实处，县民政局从建立健全组织机构、落实精神文明目标责任制入手，把精神文明建设工作列入重要议事日程，召开精神文明建设领导小组会议，研究部署精神文明创建工作，把精神文明建设和业务工作同安排、同部署、同落实、同检查、同考核。2020年年初，为进一步落实责任，明确任务，局长与县里签订了《2020年察雅县精神文明建设目标责任书》。五是认真落实安全责任工作。建立了消防安全一把手负责制，形成部门主要领导总体抓，分管领导具体抓，一级抓一级，层层抓落实的工作格局，增强了工作的实效性。定期检查县集中供养中心、单位内部等电气线路有无老化、破损，宿舍电线有无私拉乱接现象；厨房用电安全；消防设施是否定期维护保养，并完好有效；疏散通道、安全出口是否存在占用、堵塞、封闭现象；集中供养老人在宿舍中是否使用电褥子、电暖气、热得快等大功率电器；是否存有危化品、易燃品、易爆品，以及是否在宿舍内吸烟使用明火。对发现的问题及时维修，明确提出整改时限，切实把维护稳定工作落到实处。

人力资源和社会保障

【概况】 2020年，县人社局在县委、县政府的坚强领导下，以习近平新时代中国特色社会主义思想为指导，全面贯彻党的十九大和十九届二中、三中、四中、五中全会精神，中央第七次西藏工作座谈会精神，坚持以人民为中心的发展思想，继续围绕“民生为本、人才优先”工作主线，突出抓好就业创业工作，织密社会保障网，扎实推动人社事业实现高质量发展。

【指标完成情况】 2020年，全县农牧民富余劳动力转移就业10804人次，完成年度任务的112%，就业增收7327万元，完成年度任务的138%；其中城镇新增就业500人，城镇登记失业率控制在3%以内。截至2020年年底，全县农牧民职业技能培训2754人，完成年度任务的107%，其中贫困人口培训1407人，一般农牧民培训1347人。全县实名登记应届高校毕业生356人，实现就业354人，就业率达到99%。

【就业创业方面】 一是多措并举扩大就业规模。开展专场招聘活动，为返乡农民工、贫困劳动力、高校毕业生等求职人员搭建劳动力供需平台；贯彻“六稳”“六保”措施，在澜沧江广场成功举办了以“战疫情稳就业、保民生促发展”为主题的室外大型专场招聘会，提供岗位1000余个，现场达成就业意向93人。利用察雅县人力资源服务平台，长期开展日常招聘活动，搭建本地企业与求职者双向选择和交流平台，免费为2000人提供职业介绍、职业指导、劳务代理等“一站式”就业服务，政府组织化转移就业规模逐步扩大。二是精准实施结对帮扶活动。开展“一对一”“一对多”“多对一”高校毕业生结对帮扶活动，对大学生精准开展就业引导、创业指导、岗位介绍等服务活动。在疫情防控期间，利用微信、短信等网络媒介向高校毕业生广泛宣传就业创业政策和招聘信息推送12场次，覆盖356人次。三是持续加大技能培训力度。坚持以巩固提升建档立卡贫困群众就业为培训重点，不断完善技能型劳动力结构。为丰富培训模式，开办“送培下乡”27期，助力农牧民发展农牧业生产；开办“以工代训”6期，助力民营个体复工复产；开办SYB培训1期，助力未就业大学生就业创业。四是优化就业创业环境氛围。积极落实就业创业各项优惠扶持政策，不断优化就业创业环境，营造浓厚的创业带动就业氛围，以“察雅县高校毕业生就业创业协会”为平台，推进“双创孵化池”基地建设，支持创新企业发展，为入驻创业孵化基地的创业者提供便捷高效的公共就业服务。争取政府投资500万元，帮助大学生在吉塘特色小城镇开办民宿创业项目，年创收30万元；兑现创业启动资金5万元，帮助大学生在国道214沿线开办旅游服务创业项目，年创收10万元。在创业项目的带动下，当地群众150人实现了稳定就业，人均年增收5000元左右。

【社会保障方面】 一是五大保险参保情况。机关事业单位参保60家2469人，企业职工参保4家73人，城乡居民基本养老保险参保人数16682人，新开工工程建设项目参加工伤保险7个101人。二是足额发放养老保险待遇。2020年1—9月享受城乡居民基本养老保险待遇48664人次，完成养老待遇支付1098万元；认真开展养老保险待遇领取人实名认证工作，及时核减亡故领取养老金人员，严厉打击不符合待遇领取条件人员冒领养老金行为。三是加强基金安全稽核管理。完善内控制度，严格按照基金收支两条线管理，严厉防控非法挪用和挤占基金的行为，确保基金安全正常运行。四是努力提高社会保障能力。全年新制发社会保障卡5200张，截至年底，全县累计制发社会保障卡55976张，自社会保障卡实行以来，随着相关功能的不断完善，极大地方便了全县广大干部群众生活。

【人事人才方面】 一是做好人才招聘工作。严格按公平、公正、公开原则，开展村（居）科技专干、农业农村专员、医务人员、幼教人员等公开招聘工作，招聘112名高校毕业生赴基层上岗就业。二是加强专技人才队伍建设。全年接收事业单位新参工人员22人。全年调出14人，调进13人。全年提交事业单位人员退休事宜37人，办理完成11人退休事宜。三是认真开展职称评审工作。全年评审或申报职称评聘82人，其中初级76人，中级4人，高级2人，分别涉及文化专业62人、农牧专业18人、医学专业2人。

【劳动关系方面】 一是建设工作队伍。成立了治欠保支工作专班，制定了工作实施方案，在全县形成强而有力的治欠保支工作队伍。全年召开专题会议3次，通过定期调度方式，准确研究分析当前形势，在工作中不断总结探索好的经验做法。二是欠薪源头治理。落实民工保证金收取制度，从源头上实现可控。累计收取103个工程项目民工工资保证金797万元，退还118个工程项目民工工资保证金2422万元。在疫情期间，为帮助在察雅施工企业渡过经济难关，暂缓收取7个新开工项目民工工资保证金453万元。三是清零欠薪案件。采取联合执法手段，深入150家用人单位，实地开展非法用工、实名登记、合同签订等普法服务活动13场次，不断提升农民工学法、懂法、用法意识。在昌都解放70周年大庆前夕，开展了“欠薪清零专项行动”，对已有的18起劳动维权投诉举报实现了调解结案，同时对新发现、新受理的投诉举报案件实行动态清零，依法为70名劳动者追讨工资72万元，确保了政府投资工程项目无欠薪目标。

【工资福利方面】 一是严格落实工资批复。全年办理事业单位工作人员工资浮动、固定批复218人次；落实工作岗位调整人员批复32人次；落实事业单位、工勤人员工龄工资7人次。二是及时办理岗位变动。审批岗位（技术等级）变动后增降工资和重新确定工资104人次；核定调动人员工资49人，补办调动人员工资审批表346份；办理事业单位离休、退休人员工资7人次；办理事业单位新参加工作大中专毕业生、工勤人员见习期（试用期）满后转正定级28人次。

【作风建设方面】 一是强化政治建设。坚持以习近平新时代中国特色社会主义思想、党的十九大精神、中央第七次西藏工作座谈会精神武装头脑，落实意识形态工作责任制，抓好党支部专题学习、主题党课等理论学习，严格落实“三会一课”、民主生活会、组织生活会、谈心谈话、民主评议党员等制度，严肃党内政治生活；不断强化党员干部“四个意识”，坚定“四个自信”。二是加强党风廉政建设。深入贯彻落实中央八项规定，积极开展党风廉政宣传教育月活动，领导干部带头讲廉政党课，坚持问题导向，认真查摆各单位廉政建设存在问题。三是转变工作作风。认真开展“人社系统行风建设”主题教育，围绕干事创业有担当、为民服务解难题、清正廉洁作表率的目标要求，认真学习，检视问题，深刻剖析，积极推进服务便民化、高效化；局领导班子成员定期到业务大厅进行作风建设督查，及时疏通群众办事难点和堵点，发现问题及时督促整改。

行政审批和便民服务

【概况】 察雅县行政审批和便民服务局挂牌成立于2019年3月22日，县级政务服务中心于6月10日正式投入运行，办公地点位于藏戏广场7号楼2层。中心总面积448.25平方米，可同时容纳办事群众50余人。中心内环境优雅，配备自助查询、排队叫号、体温检测等智能终端。为营造一个舒适的办事环境，中心内为办事企业群众提供了饮水、休息、复印、手机充电、资料阅览等自助服务。截至2020年年底，共协调入驻公安、交警、民政、自然资源、市监、医保、人社、水务部门8家，设立办事窗口18个，授权办理行政审批和公共服务事项52项。

2020年，察雅县行政审批和便民服务局按照《察雅县2020年工作要点及分工方案》要求，深入推动政府职能转变，落实简政放权，优化办事流程，将实现“互联网+政务服务”县乡村全覆盖作为2020年工作目标，较好地完成了2020年工作。

【“放管服”改革】 按照“调整优化县、乡两级权责清单和公共服务清单，完善行政权力中介服务清单，持续精简行政许可事项”要求，县行政审批和便民服务局已与县机构编制委员会办公室积极衔接，拟对全县各级各部门权责清单进行调整，并计划将调整后的权责清单通过政府网站对社会公开，真正做到“将权力放在阳光下”，增强政府工作透明度，便于加强社会对政府工作的监督，让群众更好地维护自身合法权益，进一步化解社会矛盾，维护社会稳定。

【优化基层政务服务环境】 进一步健全完善乡、村两级政务服务体系，在13个乡（镇）原有党员先锋服务站的基础上，按照统一建设标准、统一标识标牌、统一规范制度的要求，装修升级为乡（镇）政务服务中心，设立社会保障、医疗卫生、农牧林草等窗口，印发《察雅县乡（镇）政务中心服务指南》，进一步明确了乡（镇）政务服务中心职责职能，方便农牧民群众办事。在乡（镇）政务服务中心独具特色地设立了“代写业务”窗口，为农牧民群众提供藏语、汉语两种语言的翻译、解读、代写，进一步拉近党群干群关系，获得了基层农牧民的一致好评。截至2020年年底，全县143个行政村党群活动中心已全部建成，并在中心内设立了“政务服务站”，县、乡、村政务服务三级覆盖基本实现。

【提高乡（镇）简政放权承接能力】 为了让乡（镇）政务服务中心更好地发挥作用，县行政审批和便民服务局结合2018年昌都市机构编制委员会印发的《关于开展乡镇简政放权改革试点工作的指导意见》的通知和机构改革后各部门职能划分要求，与县公安局、县教育局、县人社局等8个部门对附件《昌都市各县（区）下放到乡镇事项指导目录》52个事项进行了仔细核对。初步确定下放乡镇事项44项，计划授权乡（镇）政务服务中心办理44项，其中公安系统所涉及的5个事项，由乡（镇）人民政府视乡（镇）派出所办公场所条件实际情况决定是否入驻政务服务中心。同时制定《察雅县13个乡（镇）事项指导目录》，进一步明确了乡（镇）政务服务中心的基本职责，应办事项，方便群众办事，减少群众“跑路”次数。察雅县行政审批和便民服务局挂牌成立于2019年3月22日，县级政务服务中心于2019年5月完成建设，办公地点位于藏戏广场7号楼二层（县农业银行对面），于6月10日正式投入运行。中心总面积465平方米，可同时容纳等待办事群众50余人。大厅内环境优雅，安装有无死角视频监控，自助饮水、暖气供应、自助填单区、休息等候区等系列基础服务设施齐全。共协调入驻公安、交警、民政、自然资源、市监、医保、人社、水务等单位8家，设立接待窗口18个，授权办理行政审批和公共服务事项52项。

2020年，察雅县行政审批和便民服务局按照《察雅县2020年工作要点及分工方案》要求，察雅县行政审批和便民服务局深入推动政府职能转变，落实简政放权，优化办事流程，将实现“互联网＋政务服务”县乡村全覆盖作为2020年工作目标，较好地完成了2020年工作。

【政务服务中心运行情况】 2020年以来，县行政审批和便民服务局持续秉承“为群众办好事，让群众好办事”的工作方针，持续推进加快构建全国一体化网上政务服务体系，竭力完成线上线下两个“平台”建设，不断优化政务环境、强化监督管理、亮化服务形象，基本实现了企业和群众办事线上“一网通办”，线下“只进一扇门”，现场办理“最多跑一次”的工作目标。线下，县级政务服务中心长期入驻单位10个，设立窗口20个，办理行政审批和公共服务事项52项。截至2020年12月31日，县级政务服务中心线下办理服务主、分事项52项，接待办事群众4万余人/次，办理事项157746件，涉及资金2955.07万元。

【“互联网＋政务服务”工作】 在察雅县级“互联网＋政务服务”的基础上，2020年12月2日，乡村级“互联网＋政务服务”上线，梳理乡级政务服务事项234项次，村级政务服务事项715项次。截至2020年12月31日，全县网上办理事项实现二级深度100%，三级深度99.38%，四级深度56.06%；所有事项在西藏政务服务网上在法定时间的基础上压缩了51.32%；线上办理、录入依申请六类事项21497件、公共服务事项4456件，采集电子证照202821份，签发196638份；全县注册西藏政务服务网个人用户50503人，法人用户1508人。

乡（镇）

烟多镇

【概况】 为认真贯彻落实党的十九大，十九届二中、三中、四中、五中全会精神及习近平新时代中国特色社会主义思想，深入贯彻落实中央第七次西藏工作座谈会精神、自治区党委九届八次全委会精神，确保中央大政方针、自治区党委、市委决策部署、县委工作要求和各项重点工作落到实处，在县委、县政府的正确领导和各级各部门的大力支持下，烟多镇党委、镇政府深入分析当前面临的发展形势，以基层党建、脱贫攻坚、维护稳定等为重点，紧抓“六保”“六稳”，动员全镇上下精诚团结，抢抓机遇，强化目标考核，狠抓责任落实，完成了各项目标任务，经济建设和社会事业保持稳中有升的良好发展态势。

察雅县烟多镇为县城驻地，地处横断山脉北段，面积360平方千米，属温带半干旱季风气候河谷小气候带，日照充足、气候温和。海拔2900 ~ 5600米，全镇辖25个行政村、2个居委会，总人口1730户7634人（不含唐琼孜从其他搬迁及自发搬迁属地人口）；经过几次动态调整，现有建档立卡贫困户767户3650人，全镇辖28个基层支部，共有党员682人，团青妇组织28个，全镇共有干部74名，其中行政编制34名（副处级1名、正科级2名、副科级11名）、事业编制干部40名。有镇卫生院1所，村级卫生室24个。全镇共有13座寺庙、编内僧尼311人、编外僧尼153人。有农村低保347户1431人，城镇低保107户152人，“五保户”69户69人，残疾人572人，高龄失能老人106人。选派第一书记26名，有27个驻村工作队（其中自治区派驻6个，市级派驻6个，县乡派驻15个），驻村干部112名。村集体经济34个（含26个村级劳务合作社），村级后备干部按照正职1∶2、其他委员按1∶1.15共培育490名。双联户单元160个（机关14个，村级146个）；全镇有1所完全小学、3所教学点，教师应编23人，实编22人（含支教、公益性教师12人），全镇共有2265名学生，其中学前教育322人，小学779人，初中生500人，高中生366人，大学生298人，建档立卡户中适龄儿童学生在校率已达到100%。

【经济发展】 坚持把发展作为第一要务，着力提升发展质量和效益，以提升产业发展水平和农民增收为重点，结合乡村振兴战略，开拓创新，大力推进农业供给侧结构性改革和一、二、三产业融合发展，积极推动农业现代化进程，力促农业产业提质增效，增强现代农业发展活力，推动烟多镇经济持续健康发展。2020年，全镇各级抓住一系列政策机遇，加快推进农业现代化建设，坚持“调精种植业、做强林果业、做大养殖业”和“一村一品”发展思路，加快推进河谷经济建设，以公路沿线各村为重点，大力发展种植养殖产业发展，促进农牧业产业结构优化、农牧业增效、农牧民增收，经济呈现“稳中求更快”的总基调，增速、效益、质量并举的好态势。全镇经济林木种植工作稳步推进，巩固“冬青18”、“喜拉22”、万亩良种基础建设，持续加大4740亩经济林木种植维护，蔬菜棚55个

428亩，实施“喜拉22”“藏青2000”科技良种试种、推广8520亩（水浇地4977亩，旱地3543亩）。同时，大力扶持藏药种植，实现藏药温棚种植，实施科技良种试种，协助完成“喜拉22”青稞试种工作。二产：中铝新村羊毛加工厂、苹果醋加工厂等一批产业项目持续有效运营，县管产业项目扶贫开发产业园区、“双创园”，辖区瑰丽唐卡藏式绘画等民族扶贫手工业以及高原农特品产业得到加快发展，砂石开采、商混站、光伏电站等建设开发良好，同时，三产实现新突破，以旅游业为龙头的第三产业加快发展，河谷带各村充分利用区位优势，大力发展林卡、藏家乐等休闲旅游产业。产业项目在前几年13个的基础上，新增2个产业扶贫项目，稳步推进复工复产，全面实现343人继续就业增收。全年全镇地方生产总值完成约12730万元，较2019年同比增长13.11%，其中农牧民人均纯收入11041元，较2019年同比增长11.2%。经济社会呈现良好的发展势头。

【改善城镇面貌】 2020年以来，烟多镇深入贯彻落实党的十九届四中全会、中央第七次西藏工作座谈会精神，坚持环境革命的高压态势，结合“七城同创”“七边、三美、三化”等工作，统筹推进生态环境综合整治工作，以城镇规划为引领，加大对违法用地、违法建设行为的教育宣传力度，累计宣传79次，杜绝“私搭乱建”现象90处，相比额定目标任务72处，完成比达125%；以“增减挂钩”工作为契机，拆除老旧房屋复垦41户，全面做好城镇化建设工作，力争打造城镇建设样板工程。同时，深入落实“五控”措施，分类治理“散乱污”，全镇水域“全面挂长”，积极推进饮用水水源地保护、河湖清“四乱”、入河排污口治理等系列专项行动，及时采取强有力措施，严防自然资源乱采、滥挖，组织干部和公安对各村进行政策法规宣传6次，覆盖群众4000余人；先后整治公路沿线、县城范围内卫生死角71处，共计开展环境卫生整治140余次，参与群众达3000余人次；全面落实“八大生态岗位”3396人，发放工资生态岗位5580750元。认真做好农村高标准农田建设工作，累计改建9554.44亩；以保护水资源、防治水污染、改善水环境、修复水生态、严格执法监管为主要任务，分段设立河长25名，先后开展河道垃圾清理200余次，投入2009270元实施生态林木种植8000余株500多亩。严格实行“周五大扫除”制度，各行政村环境卫生整治形成常态化，开展卫生整治行动的自然村多达88个，参与人员达1000余人，清理河塘20余个，清运垃圾30余吨；投入113400元建立完善环卫岗位，签订门前“三包”责任书181户，采取发放宣传册、粘贴标语、下村宣传等方式大力宣传环境保护及相关知识16场次，张贴过街宣传标语10幅，发放各种宣传手册约170份，更新环保宣传栏2期，发放环保购物袋100余个；并以庆祝昌都解放70周年大庆为契机，打造邦昌公路环境综合整治试点区，按照工期任务，全面配合完成26个村居卫生设施配备使用和县域垃圾处理厂及污水处理厂的建设，全镇农村人居环境稳步提升，整洁、优美、有序、文明的乡村风貌逐步形成。严格落实自治区草原生态补助政策，加大草原生态保护力度，累计兑现草奖资金594998.98元；先后创建自治区生态村居6个、创建市级生态村居13个，协助新增河谷河道生态林建设2个，森林覆盖率从2019年的28%增长至29.7%的转变提升，群众参与环保建设岗位占总人口比为53%（不含高龄人口、学生），实现了人人参与生态文明建设工作的良好格局，国家生态安全屏障得到进一步加强。

【改善民生】 2020年以来，全镇始终围绕把增进群众民生福祉作为第一工作目标，全力扎实推进各项民生建设工作。教育方面：加快推进义务教育均衡发展工作，严格落实“四书制”“三包”政策，加大对学校、学生的关怀关爱力度；积极落实控辍保学工作，大力宣传教育政策和法规，适龄儿童参学率持续保持100%；给予全镇困难学生帮助，积极帮助23名贫困学生家庭协调民政、团委、工会等部门加大对口教育基金救助申请。医疗方面：大力改善城乡医疗卫生条件，积极开展村级卫生人员培训2次，大力开展“两癌筛查”“两降一升”工作，宣传引导孕产妇住院分娩，分娩率达95.1%的新高，新生儿接种率持续保持100%；全面完成7656人“新农合”缴费工作（其中免缴特殊人群4152人），累计收缴260060元，缴养老保险参保人数3337人503400元，参保率持续保持100%，积极协助医疗部门划拨医疗救助209582.42元，缓解了城乡困难群众治病难问题。就业方面：依托“自治区农村劳动力转移就业管理系统”，实名制登记全镇劳动力人口3841人，登记失业率控制在3%以内；先后协调上级人社部门组织开展实用技能培训累计305人，统筹上级各行业部门等多部门力量，分类推进贫困人口就业，实现劳动力就业3100余人；以“保障农牧民增收”为重点，对辖区内务工项目用工情况、灵活就业人员、应往届高校毕业生就业等情况进行全面摸排2次，建立完备的179名高校毕业生信息库，加强干部就业帮扶工作。交通水利方面：大力改善行政村（居）、自然村（组）群众出行，全镇80个自然村组道路通达率达100%；先后两次配合饮水安全标准检测，协调水利部门改建7个人畜饮水工程，群众安全饮水达到100%。电网配套方面：新农网改造完成率100%，全镇所有村居均已通电；在完成24座三网基站的建设基础上，实现通信网络综合覆盖率从2019年的90%到98%的转变，宽带网络通畅率进一步提高。广播、电视人口综合覆盖率分别达到95%和94%。住房保障方面：按照相关要求实施“六改”工程，配合住建投入2243610元实施抗震加固工程873户，协助投入929070元实施危房改造31户，群众住房保障安全进一步得到提高。社会兜底保障方面：积极完成农村低保保障对象资金兑现和低保自然增减系统、残疾人动态管理系统更新。加大对兜底人员的关心关爱，协助投入297500元对重度残疾人进行无障碍改造，兑现高龄失能老人补贴63600元，先后走访慰问97名困难群众，发放100对卡垫、砖茶等物资，对全镇3名事实无人抚养孤儿资金52136.91元。

【巩固脱贫成果】 经自然增加与减少，全镇共有762户3666人建档立卡贫困户。烟多镇党委政府团结带领全镇干部群众全面贯彻落实习近平总书记在决战决胜脱贫攻坚座谈会上的重要讲话精神和省市县脱贫攻坚决策部署，以党政主要领导为组长的脱贫攻坚领导小组，持续巩固扶贫例会制度，注重分类施策，稳固推进“五个一批”成效，先后按照上级各项巩固脱贫成效的指示要求，扎实对产业、教育、住房、社会兜底、就业等创收增收工作的顶层部署；完成了对全镇新确立的31户危房户开展农村危房改造工作，累计兑现改造款929070元。核定2020年度生态岗位3117个，其中建档立卡户生态岗位1579个，累计兑现生态岗位资金10909500元。按照“应纳尽纳”社会兜底政策，全年累计新增2名贫困群众纳入低保，累计兑现347户1431名贫困群众低保资金及补贴3843648元，“五保”补贴资金190192元，发放残疾“两项”补贴1022400元；进一步完善产业扶贫资料，健全利益联结机制。成立了扶贫产业办公室，调整充实办公人员、明确工作职责、研究工作方案、完善工作制度、制定议事规则。克服疫情带来的冲击影响，完成了已产生效益的13个产业项目分红、慰问工作，梳理带动共计198户343人项目分红和就业增收1617632元，着眼实现村（居）自我发展，申报如雪东村经济林、如给村农家乐等7个“十四五”规划项目。根据《察雅县防范返贫分级预警机制实施办法》，定期开展边缘户帮扶监测工作。创新工作措施方式，有序开展入住“攻坚”。根据既定“班子成员包片、一般干部包村”工作措施，在进一步做好沟通、解释的同时，加强对群众思想观念的教育引导，鼓励群众主动走出来，参与到县城务工投劳中去，从而进一步提高了入住率。积极开展干部帮扶工作，为建档立卡贫困群众办实事解难事300余件，宣传党的十九大精神、第七次西藏工作座谈会、惠民政策宣讲及开展感恩教育28场次，帮扶慰问米、面、油等各类生活物资400余件，落实帮扶资金2.3万余元。开展科级干部包村集中宣讲168场次，入户宣讲累计700余户次，建档立卡贫困户入户覆盖率达100%。落实农牧区小额信贷政策419户25598371.51元，其中建档立卡累计放贷282户13878371.51元；抓好问题整改，提升工作水平。在顺利完成国家脱贫攻坚普查工作后，根据中央巡视组反馈意见，主动认领整改问题3类10条，先后开展了县级交叉排查、县脱贫攻坚普查整改督导、村级交叉排查3次自查整改工作，建立逐项销号整改机制，已全面完成整改工作并长期坚持整改，圆满实现了脱贫攻坚任务。建档立卡贫困户人均纯收入由2019年的5500元增加到2020年的6000元以上，比2019年增长约18%，脱贫成效巩固进一步得到夯实。

【基层治理】 全面贯彻落实自治区党委“十项维稳措施”和市委“十五项维稳意见”，全镇社会局势持续全面长期稳定。始终以“六个不发生”“七个提升”“八个严防”为总目标，以创建和谐平安烟多为目标，坚持“三不出、四无”，不断创新工作，全面落实综治各项措施。根据易地扶贫搬迁实际，完成“双联户”网格化重组调整工作160个，重新设立专职户长146名、兼职户长14名，联户1150户5178人，按照培训计划先后开展“双联户”户长集中培训3次，充分发挥网格化、“双联户”、民生信息员作用，从农牧民群众、村级组织干部、干部职工等人群选拔考核民生信息员共195名，全年累计搜集疫情类、民生类、隐患类等民生信息536条，累计表彰市、县、镇、村级先进“双联户”42个、联户单位334户334人，评选出镇级先进集体4个，兑现“双联户”工资275500元、奖金84200元；持续加大维稳态势，坚持“四前”原则，实行“每月维稳形势分析研判例会”制度，与辖区各村、各行业签订《社会治安综合治理目标管理责任书》《安全生产目标管理责任书》《非法传播不良信息目标管理责任书》《平安建设目标管理责任书》《维护社会稳定工作目标责任书》等700余份；积极组建护村队、护校队、巡逻队，严格实行维稳巡逻机制，累计在“三大节日”、虫草采挖期巡逻2620次17350人次；同时，按照片区责任制深入村居、寺庙开展维稳督查指导92次；深入开展“三个专项”斗争活动、深抓“三个要害”、推进巩固“平安创建”活动、整治“行业乱象”活动、市域社会现代化治理试点工作专项行动；结合“扫黑除恶、打非治乱”专项斗争、普法宣传、安全生产、社会综合治理、感恩教育等开展法律法规宣讲活动319场次，受教育群众11300余人次，发放宣传手册、双语贴图、读本7600余份，群众覆盖率达100%；开展全面的矛盾纠纷排查共5轮156次，排查出矛盾隐患7个，安全生产领域问题17处，均已妥善得到处置；坚守“三不增加”等原则和底线，加强和创新寺庙管理，“1拖N”管理机制得到严格落实。同时深入开展“行业乱象”等专项行动，打击各类非法违法生产经营行为3起，安全生产持续好转；严格落实信访工作责任制，积极化解各类社会矛盾，接待各类来访161人次，办理14件；全镇各族群众满意度和安全感达到99%以上，社会团结和谐化持续向好。

【党的建设】 一是对标对表压实责任，着眼统揽党建大局。坚持把班子建设作为党建工作的重要基础，以上级下发的党建指导性文件为引领，制定《烟多镇2020年党建工作规划》，分任务、明责任；建立完善党建工作联系、指导制度，明确党建指导员7名，成立5个督导组，开展前期调研9次，形成调研工作报告7份，先后研究部署党建工作9次，下发指导性文件40份。严格采取定期抽查方式下沉督查指导28次，下发整改通知单90余份，形成齐抓共管、同频共振、共建共进的良好工作氛围，进一步强化管党治党、全面从严治党责任。二是学思践悟着力培育，提升党务队伍建设。坚持把学习宣传贯彻习近平总书记系列讲话、党的十九大精神和第七次西藏工作座谈会精神作为首要政治任务来抓。按照培训计划，以分类别、多层次、重实效、全覆盖的教育学习培训体系，以《习近平谈治国理政》《基层党务工作手册》等为主要内容，全年度组织开展选派第一书记轮训3次，村党支部书记轮训4次，乡村振兴专干培训2次，驻村工作队队长培训3次，党务骨干业务培训2次，累计培训人数427人次，选派村级组织干部参加区内外培训31人次，全镇党务骨干队伍综合能力得到进一步提升；结合时政内容学习、巩固“不忘初心、牢记使命”主题教育成果，年度党委开展理论学习中心组学习10次19个专题，机关干部利用周五学习日参加网络学习、青年学习等学习72次50余个内容；按照后备干部管理和培育要求，累计培育村级后备干部461人，在现有的59人的基础上，新培育致富带头人9人；年度共发展积极分子60名、预备党员25名、正式党员21名。三是落实规章提质提效，纵深推进政治建设。积极规范党内组织生活。截至年底，党委累计召开党委会议16次、政府行政会议7次、党建领导小组办公室会议10次，党委班子成员讲党课9次，审议“三重一大”事项9次，各基层党组织召开支委会241次、党员大会98次、党课96次、开展主题党员活动日263次，确保了制度的刚性执行。同时，安排专人核销、完善党内系统信息，持续做好党员档案整理；扎实做好“八个不糊涂、八个起作用”党组织宣传引导，认真开展党组织评级定级工作，对4个“中不溜”村党组织落实“四个一”提升措施，提升工作稳步推进完成。全面推进“三务公开”，优化“一站式”服务，全镇27个党员先锋服务站、点，代办各类事项2100余件，提供政策咨询164次，4支党员先锋服务队开展活动18次。以增强“四个意识”、做到“两个维护”为抓手，深入开展政策宣传、结对帮扶、环境整治、维稳巡逻等各项工作，助推无职党员设岗定责，开展政策法规宣传27场次，实施党员“三包”联系服务群众活动，让641名党员结对1730户开展帮扶活动，党员先锋模范作用进一步提升。四是健全机制做好保障，夯实党组织发展根基。对照《基层党组织标准化建设指导手册》，按照“四性三化”标准，加大给如、白久、索贡、瓦巴等偏远村村居标准化建设的跟踪并完成前期工程交付；合理统筹使用上级组织划拨的党费给予雪东、巴西、夺赤等6个村居配套必要的附属设施；积极兑现村级组织干部工资报酬3336538元，发放“三老人员”生活补助364680元，离任干部补助71600元，发放“三大节日”慰问金347800元；根据市场风险规避原则，落实中央村集体经济扶持资金150万元投资夺赤村沙场，扩大效益，根据市场需求，投入50万元新扶持建设巴西村农家乐村集体经济；大力推广各支部开展“智慧党建”平台系统录入工作，各支部录入完成比达95%以上。扎实开展好推优工作，全年共新培树先进党组织3个、优秀党务骨干2名、优秀共产党员6名，创建了以雪东村为代表的党建品牌4个；按照“百村整治、千村提升”工作要求，建立健全村居档案、村居组织干部档案、后备干部数据库、村集体经济数据库等工作，有力夯实了党组织发展的根基。五是紧紧围绕党建引领，做好整改及换届调研及脱贫攻坚。根据《西藏自治区党委组织部（基础党建整改组）中央脱贫攻坚专项巡视“回头看”反馈意见的整改方案》（藏组办〔2020〕6号）、自治区党委组织部下发的《基层党建工作问题清单》文件精神及各项巡视反馈问题整改意见，烟多镇党委高度重视，对涉及的问题清单，如“易地扶贫搬迁后续工作还有待加强”“村干部文化素质不高”等问题，及时抓好整改，整改成效显著；同时，结合2021年换届工作的实际，扎实组织各村和专人进行换届选举摸底调研工作，从摸底调研情况看，烟多镇在即将开展换届工作的过程中无重大困难问题。在党建促脱贫上，督促落实责任、项目、资金“三个捆绑”政策，对第一书记驻村和履职情况进行抽查暗访31次；充分发挥村集体经济和产业带动作用，全镇2020年通过村集体经济和劳务输出合作社、产业开发就业岗位累计带动411人884718元；协调上级部门开办挖掘机、装载机、厨师、钢筋工、建筑工、餐厅服务等培训305人；结合实际申报“十四五”产业规划项目7个，预计带动120人务工就业。同时，积极开展“54321”结对帮扶工作，协同市、县、镇1133名干部职工结对帮扶1213户贫困户，深入开展调查摸底、政策宣传，实现了762户3666人的建档立卡贫困户的全面脱贫。

【党风廉政建设】 一是认真落实主体责任，修订和完善责任制4项、23条目标任务分解，对苗头性问题提醒在前，对倾向性问题防范在前，对普遍性问题约束在前，截至年底，共开展日常谈话64人、任前谈话7人、提醒谈话2人，确保党风廉政建设责任制工作落到实处。二是坚持把维护党章，严肃党的纪律作为党风廉政建设的第一项任务，利用每周五学习日，开展警示教育，以讲廉政课、看廉政警示片等形式每月开展一次理论学习，真正兴起教育得力“不愿为、不敢为”的浓厚氛围。三是坚持选拔程序到位，认真把握好推荐、考察、讨论、决定等关键环节，自觉防止和抵制用人上的不正之风。2020年，推荐优秀一般干部2人，推荐提任干部2人，推荐职级晋升干部2人，对3名正式任职领导干部进行考核审查。四是实行“包片包村包户”工作机制，将全镇36名干部充实至5大片区、26个行政村，重视初信初访，开展信访公开听证，化解矛盾问题，维护稳定。五是加强对权力运行的监督制约，科学设计职权目录清单、风险防控清单和权力运行流程图等“三份清单”，明确镇属各部门的权力清单，有效规范公共权力运行。六是加强班子建设，提高自身整体素质。严格贯彻执行民主集中制，“三重一大”事项实行集体讨论、民主决策。下沉村居分片区进行常规巡察8次，审阅村级“四议两公开”事项32项，加强对权力的有效监督、制约及公开，注重源头治腐防腐。

吉塘镇

【概况】 2020年是全面建成小康社会和脱贫攻坚工作的决战决胜年，是“十三五”规划收官之年，吉塘镇党委、镇政府认真贯彻落实党的十九大精神、习近平新时代中国特色社会主义思想、中央第六次及七次座谈会精神，紧紧围绕年初提出的各项工作目标，严格按照中央、自治区、市、县有关决策部署，认真做好吉塘镇各项工作，在工作中，吉塘镇上下精诚团结，扎实苦干，推动了吉塘镇经济社会和谐稳定发展，人民安居乐业，党的建设得到加强。

吉塘，藏语意为“安逸美丽之坝”。位于西藏自治区东南部昌都市中南部，毗邻国道214线，拥有丰富的矿产、林业、牧业、旅游资源，吉塘镇面积533平方千米，平均海拔3500米，属于温带半干旱性气候，盛产苹果、梨、核桃、花椒等干鲜水果。吉塘镇辖9个行政村，1个居委会，29个自然村，总人口917户4561人，共有建档立卡户223户946人。吉塘镇共14个基层党组织，共有党员333名，其中机关党员54名，农牧民党员279名。吉塘镇有1个卫生院，1个农业银行营业所，2个片区管委会，有1座中心小学、2个教学点，全镇适龄儿童入学率达到100%。

【经济建设】 一是经济发展势头良好。吉塘镇始终坚持把发展作为第一要务，以学习、宣传、贯彻党的各项方针政策为主要内容，为摆脱新冠肺炎疫情对经济社会发展带来的影响，2020年吉塘镇坚持“稳中求进”的总基调，突出经济求稳、效益增长、质量并举，经济运行呈现稳中有进的健康态势，截至2020年年底，吉塘镇农牧民人均纯收入达到12955元，同比增长14.4%。总体而言，吉塘镇经济社会呈现出积极向前发展的势头。

二是加快基础设施建设。按照“生产发展、生活宽裕，乡风文明、村容整洁、管理民主”的总体要求，坚持不懈地抓好偏远村（居）基础设施建设工作，加快实施十项提升工程。2020年吉卡公路正开展油路铺设工作，预计2021年年初完成，雪谢村通村道路建设项目余下1.5千米通村委会道路已完工，同时，完成吉塘自来水厂移交工作。

三是加快产业结构调整。坚持以农牧民增收为目标，以产业结构调整为主线，继续因地制宜实施经济林木、蔬菜、优质油菜种植，科技良种试点种植工作，努力提升一产上水平，经过努力，吉塘镇经济林木种植工作稳步推进，截至2020年年底，共有蔬菜棚50个92亩，科技良种试种面积约400亩。经济林木种植约1100株、到户种植经济林木约2000株，同时，利用地理、气候等环境优势，加快发展以旅游业为龙头的第三产业，各村充分利用区位优势，大力发展酒列营地、藏家乐等休闲旅游产业。

【党的建设】 一是落实党建主体责任。吉塘镇党委高度重视党建工作，将党建工作纳入党组议程，研究制订全面从严治党工作要点和学习计划，讨论研究安排吉塘镇党建工作并做工作部署和要求；党委书记认真履行第一责任人职责，带头学习习近平新时代中国特色社会主义思想和学习贯彻党的十九大以及十九届二中、三中、四中、五中全会精神，带头上党课，截至2020年年底为基层授课4次，组织学习10次。

二是提高基层党建工作水平。严抓基层领导班子，强化制度建设。对支部班子实行严格的考核监督，建立健全基层党建工作责任制，村党支部书记为第一责任人，全面贯彻执行党的路线、方针、政策，坚持一手抓发展、一手抓党建，齐抓共管做好各项工作，立足实际，组织在职党员到村（居）报到开展服务群众工作，拓宽了党员服务基层、服务民生的渠道，提高了在职党员为群众服务的能力。截至2020年年底，吉塘镇在职党员先后深入10个村（居）为群众服务70余人次，帮助解决群众实际困难16次。

三是加强软弱涣散基层党组织整顿。根据吉塘镇实际情况，将达布村党组织列为软弱涣散村。整顿措施主要通过配强组织和思想教育等方式深入开展达布村的软弱涣散整顿工作。一是选派能力强，有责任心的科级干部担任达布村驻村工作队队长，选派镇组织委员担任达布村第一书记。选优配强工作队，引导达布村“两委”提升工作积极性和工作效率；二是加强班子成员的思想政治教育和相互间的沟通交流，增强班子的凝聚力，党的基层基础，作风得到进一步的提升。

【环境整治】 一是突出环境综合整治。始终坚持把环境整治工作作为发展中的重要环节，结合“七边、四美、四化”工作，从规划引领、产业培育、环境整治、水源保护、宣传教育、体制机制等方面入手，加强生态文明建设。重点开展邦昌公路沿线环境综合整治工作，把整治的工作任务层层进行量化分解，把任务指标和工作责任落实到岗、落实到人，分别对镇主干道、两侧商户、国道两边、金河周边、旅游厕所、沟道、农牧民群众房前屋后、镇水系等全镇范围内各卫生死角、盲区、辖区内的积存垃圾进行了全面清理，先后整治卫生死角158处，拆除私搭乱建9处。

二是全面推行河长制。紧紧围绕“五位一体”总体布局和协调推进“四个全面”战略布局，牢固树立创新、协调、绿色、开放、共享的新发展理念，坚持节水优先、空间均衡、系统治理、两手发力，以保护水资源、防治水污染、改善水环境、修复水生态、严格执法监管为主要任务，全面推行河长制工作，管护好流经吉塘镇范围内的6条河流，明确责任，实时监控河流情况。

【疫情防控】 一是为加强疫情防控工作的组织领导，吉塘镇党委、镇政府高度重视，按照各级防控指挥部要求，结合吉塘镇实际，及时研究制定方案，成立防控工作领导小组。先后召开6次疫情防控工作专题部署会，认真传达上级指示，部署全镇防控工作。同时设立疫情联防联控指挥部，由吉塘镇联系点县级领导担任指挥长，全面做好全镇疫情防控工作的协调指挥，层层明确责任，强化工作落实，以抓早抓快抓准的工作原则，确保防控措施到位。

二是开展重点对象摸排。夯实疫情防控工作责任，严格落实属地管理责任，组织驻村工作队、村（居）“两委”班子成员、村医等相关人员，开展返察人员摸排登记工作，重点排查从疫情重点区域返回、流动人员、返乡大学生，详细登记人员信息（姓名，性别，身份证号，内地出发点/时间，乘坐交通工具，常住地址，联系电话，发热、咳嗽、呼吸困难等症状），对相关人员建档立卡，确保防控不漏一人。

三是加强信息上报工作。将上报工作形成常态化，每日15：30之前由吉塘镇强基办将各驻村工作队上报的进藏人员摸底排查情况进行汇总后上报察雅县防控指挥部及各相关部门，每日11：00前上报干部职工返回察雅动态，切实做到疫情“早发现、早报告、早隔离、早治疗”，严防迟报、瞒报和漏报。

四是加强联防巡查检查和做好发热门诊接诊工作。吉塘镇政府组织卫生院、派出所对辖区内饮食摊点、餐饮业进行安全集中检查，严防在做好疫情防控的同时，发生其他食品安全事故，共检查镇内餐饮店13户，对过期食品作了当场下架，当众销毁。组织镇卫生院及时开展好发热门诊接诊工作，设立隔离病房，每日镇卫生院组织医护人员对辖区内各公共场所进行消毒，杜绝病毒传播。

截至2020年年底，吉塘镇辖区内无一例疑似病例，同时未漏掉一人，确保了吉塘镇人民群众生命安全和身体健康。

【巩固脱贫成果】（一）领导到位，强化工作部署。旗帜鲜明讲政治、提高政治站位，始终把巩固提升脱贫攻坚成果作为首要政治任务、头等大事和第一民生工程。1.调整充实吉塘镇脱贫攻坚领导小组，明确党委书记负总责，党委副书记、镇长主抓脱贫攻坚全面工作。2.建立党政班子成员落实包村联户制度，在10个村（居）全覆盖建立脱贫攻坚责任组，明确包村领导任责任组组长，第一书记、支部书记、驻村干部等人员任责任组成员，切实联络到村、分包到户，压实各帮扶人员责任。3.组织全镇干部、各驻村工作队召开部署会议，传达、学习、落实上级关于脱贫攻坚普查动员部署会议上的重要讲话精神、各级各类文件精神，并结合吉塘镇工作实际，对脱贫攻坚普查工作、整改工作、推进工作进行再安排再部署，要求各村（居）重点做好普查表填写、明白卡上墙、全家福照片张贴、户档资料完善、村内和户中环境卫生整治、群众面貌整洁、家中有明白人、政策宣传等工作，同时做好“三率一度”“两不愁三保障”等相关工作。

（二）积极做好巩固提升相关工作。对退出村（居）、脱贫户要严格落实“四个不摘”，即摘帽不摘责任，摘帽不摘政策，摘帽不摘帮扶，摘帽不摘监管。对脱贫户严格落实“攻坚期内脱贫不脱政策”，做到政策落实不改变，结对帮扶不脱钩，收入监测不间断，督查考核不放松。吉塘镇及时成立巩固领导小组，研究制定《吉塘镇巩固提升脱贫攻坚成果严防返贫风险实施方案》，切实提升脱贫质量，有步骤、有计划地实现稳定脱贫。

（三）积极做好防止返贫监测和帮扶工作。为防止贫困户、脱贫户再次返贫情况的出现，根据《察雅县防范返贫分级预警机制实施办法》，吉塘镇对贫困户及广大群众实行分类管理，对所有群众实施跟踪和动态监测机制，随时掌握脱贫户情况，边缘户情况。针对吉塘镇3户12人边缘户情况，及时组织人员对边缘户进行监测，严格做好边缘户监测工作，及时建立帮扶台账，每月上报动态监测情况报告，半年进行1次会商。根据动态管理机制，对达布村2户8人边缘户进行核查，其现已消除致贫风险，并上报备案。

（四）完善产业项目相关资料。一是整理相关资料并积极督促各类产业项目点负责人复工复产，使产业项目有序推进，稳定增加群众收入。二是积极发展扶贫到户产业。扶贫到户经济林种植，树苗已发放到亚许村、色然西村、达布村，并要求村民做好浇灌和种养。三是督促2019年产业未分红的村居尽快落实分红工作。雪通村康巴民族服装厂和西西村温泉旅社、德玛山庄等产业项目，于2020年分红完毕。四是成立产业发展办公室，组织专人负责。根据县委、县政府相关工作安排，及时成立了扶贫产业发展办公室，调整产业发展办公人员、明确工作职责、制定工作方案、完善工作制度、制定议事规则。五是积极申报“十四五”项目规划。结合“一带、两圈、三地、四线、五个一万、六个千万、七个多项”察雅县产业布局规划思路和自身产业发展实际，依据各村（居）资源优势，位置优势，经吉塘镇党委、镇政府研究决定申报察雅县吉塘镇西西村藏香厂改扩建项目、察雅县吉塘镇雪谢村旅游项目、察雅县吉塘镇社区居委会民宿客栈改造项目、察雅县吉塘镇色然西土豆种植合作社项目、察雅县吉塘镇亚许村连片种植经济林木项目等项目8个，为进一步推进乡村振兴工作打下基础。

（五）调整2020年度生态岗位。按照要求，严格遵循“一人一岗、定岗定责”的要求，对去世、嫁出人员、嫁入人员等自然减少或自然增加人员进行适度调整，对享受吉塘镇环卫工、第一批及第二批专业公益林管护人员进行岗位调剂。截至2020年年底，扶贫系统生态岗位1467个，包含建档立卡户401人。

（六）积极开展易地搬迁入住工作排查。一是持续开展易地扶贫搬迁入住排查工作。组织吉塘镇干部、驻村工作队干部走村入户，对每个安置点、每户搬迁居住情况进行核实，对于未入住群众，积极做思想工作及时入住，定时督促入住，已全部入住；二是对安置点通水、通电情况进行检查，出现问题能解决的及时解决，不能解决的上报县级部门进行解决。

（七）坚持技能就业实现职业培训劳务输出。制定了农村富余劳动力转移规划和实施方案，使吉塘镇农村劳动力培训和转移就业长远计划性，保证农村劳动力转移工作的顺利开展。广泛开展“订单、定岗、定向”职业技能培训，协调企业、产业项目实施“走出去、请进来”技能培训，采取“送培到点”方式，协同配合县人社局，与培训机构合作，开展一批周期短、容易学、增收快的培训项目；针对有创业意向的群众，推广“技能+创业”培训。同时，按照县委、县府的部署，结合特色小城镇，大力推进大学生创业扶持，截至2020年年底，共开展职业技能培训385人，实现农牧民转移就业810人（其中温泉酒店25人，华卉鱼庄3人，吉康种养殖11人，商铺饭店服务员6人，卓玛温泉6人，自营16户，其余都以零工为主），人均增收1500元。同时，鼓励特色产业需要和农牧民实际情况，自主开发更有针对性的技能培训项目，进一步提升培训就业的实效性。在严抓政策落地基础上，坚持“素质就业、技能就业”工作理念，主动对接辖区内企业、合作社、工程和产业项目，以市场需求为依托，积极开展多种效益好、口碑佳的职业技能培训模式。

【综合治理】 一是创新“双联户”管理，促进联户作用方面。吉塘镇10个村（居）截至2020年年底共有81个“双联户”单位，为确保所有“双联户”户长切实履行职责，发挥作用，制定了《吉塘镇关于开展“双联户”服务管理工作的实施方案》《吉塘镇“双联户”考核办法》，认真执行“村月度考评”和“镇季度考评”双重考核制度，严格落实监督管理职责。上报“双联户”工作专报56期。联户增收方面：截至2020年年底，有集体经济产业项目9个，共实现年收益约180万元，78个“双联户”单位实现产业项目建设联户增收工作。联户平安方面：在“三大节日”、虫草采挖期间等重要时段，组建了9支护村队、2支护镇队、3支护校队、6支护寺队，开展村（居）、学校、寺庙治安巡逻。同时，治安巡逻队还负责排查维稳隐患，重要时间段平均每天开展巡逻2次。出动巡逻人员达800人次。

二是推进平安创建工作情况。为持续推动吉塘镇26个村（居）“平安创建”进程，深入村（居）、学校、商店、砂石厂、砖厂开展法治宣传教育，讲解安全生产、社会综合治理等法律法规20余次，发放宣传资料800余份。与10个村（居）签订了《社会治安综合治理目标管理责任书》《安全生产目标管理责任书》等4个责任书。

三是坚持民生信息与综治宣传工作开展。规范了民生信息报送格式，要求各民生信息员严格落实报送标准，确保所有民生信息的时效性、准确性和真实性。截至2020年年底，收集民生信息84条，累计上报84条。3月综治宣传月期间，安排部署10个村（居）积极开展安全知识、打击有害信息传播、反传销等宣传教育20次，切实增强了广大农牧民群众法治意识。6月综治宣传周期间，组织9个村（居）认真开展“四讲四爱”主题教育实践活动，深入开展虫草采集及交易管理相关法律法规、安全生产法律法规宣传，进一步增强群众食品药品、道路交通安全生产意识。

四是规范管理虫草采挖工作开展情况。吉塘镇共2个虫草采集点，采集自5月12日开始，于6月28日结束，采挖期间分别设立2个卡点，累计督导14次、巡逻120次，无违反“十六个不准”规定现象。

【“扫黑除恶、打非治乱”专项斗争】 坚持“有黑扫黑、无黑除恶、无恶治乱”的原则，强化“扫黑除恶”工作纪律，落实各项工作部署，以专题学习会、夜校等形式，学习传达习近平总书记重要指示精神和各级扫黑除恶专项斗争会议精神；撒好“群众网”，动员群众参与到专项斗争中，建立健全多元化的群众反映渠道，在吉塘镇主要交通要道、显要位置、宣传栏、村级活动场所、商铺、LED显示屏等公共场所张贴《察雅县群众举报涉黑涉恶违法犯罪活动奖励办法的通知》海报12份，悬挂宣传横幅25幅，宣传彩旗100面、张贴宣传标语75张、车贴标语70张、设置线索举报箱10个，公开举报电话，畅通举报渠道；各村（居）分别制定了《“扫黑除恶”专项斗争摸排台账》，成立摸排小组，对吉塘辖区内是否存在沙霸、路霸、村霸等情况每月进行一次排查，截至2020年年底，吉塘镇各级共开展线索摸排600余次，未发现涉黑涉恶问题线索。

【民族团结】 吉塘镇坚持属地管理、分级负责原则和“谁主管、谁负责、谁审批、谁监督”的工作要求，层层履行审批程序，通过新旧西藏对比，加强宣传教育，引导僧尼自觉遵规守法，争做先进模范。深入开展维护社会稳定和社会主义法治的宣传教育。牢固树立正确的国家观、民族观，营造浓厚的氛围，使民族团结工作深入人心。

【强基惠民】 一是持续强化理论武装。第九批驻村工作队入驻以来，吉塘镇强基办组织各工作队宣传学习习近平新时代中国特色社会主义思想和党的十九大精神、党的十九届五中全会精神、中央西藏第七次工作座谈会精神58次，受教育群众3536人。

二是不断创新宣传方式。吉塘镇强基办结合工作实际，充分发挥驻村工作队以及村（居）组织班子的作用，采取走村入户、集中学习、微信平台等方式，结合群众身边的新发展新变化新生活等事例对习近平新时代中国特色社会主义思想和党的十九大及十九届二中、三中、四中、五中全会，中央第七次西藏工作座谈会精神进行微宣讲65次，受教育群众3034人，发放宣传资料1526份，开设专题宣传栏15期，做到家喻户晓、深入人心。

三是创新驻村工作思路。围绕干部驻村工作进入新时代、面对新常态的新任务，吉塘镇强基办及时研究制定了关于加强干部驻村工作的具体措施和办法，进一步完善驻村工作体制机制，精准调整驻村格局，精准选派工作力量，精准包户帮扶，精准开展考核激励，精准引导舆论宣传，精准落实工作责任。

【党风廉政建设和反腐败斗争】 认真落实党委主体责任，将党风廉政建设和反腐败工作作为吉塘镇重要工作，做到共同谋划、共同部署、共同落实。2020年，吉塘镇不断完善监督和民主管理机制，严格落实“三重一大”决策制度、“一岗双责”责任、不断完善机制，推进党务、政务、村务三公开，进一步规范公开的内容、时间和形式，并采取定期与不定期、明察与暗访相结合的办法，对各行政村各种情况进行督导检查，截至2020年年底深入各村（居）针对村务公开情况共督查60余次。

【迎检整改工作】 2020年自治区巡视五组、自治区易地搬迁地市交叉考核组、昌都市综合督查、市聘请第三方、中央对易地搬迁点及搬迁户的综合考核等多个工作组，对吉塘镇脱贫攻坚各项工作开展了实地检查，主要对易地搬迁点十项提升工程及后续发展、群众入住情况、环境卫生、各村扶贫产业项目等进行实地查看和督导检查。各项工作得到了领导的肯定，同时也发现了一些问题，吉塘镇党委、政府对各级各类巡视反馈问题高度重视，主动认领，照单全收，并积极组织专人对各项问题进行及时整改上报。

香堆镇

【概况】 2020年是脱贫攻坚工作收官之年，是“十四五”规划开局之年和全面建成小康社会目标实现之年。香堆镇党委、镇政府，严格按照自治区党委、市委、县委的总体部署要求，坚持以习近平新时代中国特色社会主义思想为指导，坚持以“治国必治边、治边先稳藏”西藏工作原则，以开展“不忘初心、牢记使命”主题教育、“四讲四爱”、“加强民族团结、建设美丽西藏”、“遵行四条标准、争做先进僧尼”等教育活动为载体，举全镇之力量，狠抓落实了脱贫攻坚、改善民生、发展产业、夯实基础、转变观念、维护稳定等为中心的各项工作，取得了一定的成绩。

香堆镇辖11个村委会（2个纯牧业村：仁达村、仁江村），1个社区居委会，62个自然组。2020年年底，全镇户籍人口1808户9768人（劳动力5294人，其中男2613人，女2681人）；全镇建档立卡贫困户528户2631人，已全部完成脱贫，贫困发生率为0。扶贫易地搬迁对象389户2167人（其中香堆安置点354户1975人，县城塘琼孜安置点32户180人，拉西村小规模安置点3户12人）。2020年4月经上级批准将香堆居委会易地搬迁安置点设立成为1个新的村委会，名称为“筑梦新村”。全镇享受八大生态岗位人员2887人，中央森林保护员308人，城镇保洁员42人；享受低保322户1259人，“五保”43人，残疾人366人。

全镇耕地面积7764.45亩，草场总面积126.99万亩，牲畜存栏30751头（只、匹），2020年年末完成国内生产总值9858.1万元，同比增长9.4%，农村居民人均可支配收入13785元，同比增长13.6%。群众主要：以种植青稞（其中居委会种植黑青稞）和饲养高原牦牛、绵羊，从事民族手工业为收入来源。

【党的建设】 一是深入贯彻落实党的十九大精神和习近平新时代中国特色社会主义思想，每月组织干部集中学习党的十九大、十九届五中全会精神和习近平新时代中国特色社会主义思想和中央第七次西藏座谈会精神。二是按照“坚持标准，保证质量，改善结构，慎重发展”的十六字方针，2020年香堆镇机关党支部共发展党员7人，入党积极分子10人，各村（居）发展党员7人，入党积极分子35人。三是严肃党内生活，提高服务意识，严格落实“三会一课”制度，组织党员诵读党章、学习党规，讲党课，集中开展党员教育18次，开展村“两委”干部培训13次。四是推进“不忘初心、牢记使命”主题教育，组织开展学习宣讲23场次宣讲。五是充分利用党员远程教育平台，组织村干部、驻村工作队开展夜校学习工作40余场次。六是严格落实“三重一大”决策会议制度，提高领导班子决策的科学化、民主化，年度共召开28次班子会议。七是开展“四讲四爱”“加强民族团结、建设美丽西藏”“遵行四条标准，争做先进僧尼”等教育学习活动，采取多种学习和宣传方式，广泛宣传民族政策，让广大僧尼、群众知党恩、感党恩，自觉维护祖国统一、维护民族团结。

【脱贫攻坚】 香堆镇党委、镇政府，牢记嘱托，感恩奋进，坚决扛起脱贫攻坚政治责任和历史使命，在县委、县政府的正确领导下，深入贯彻落实中央、自治区党委、市委、县委扶贫工作精神，响应脱贫攻坚号召，坚持党的治藏方略，紧紧围绕“四个全面”战略布局，积极探索产业、智志、生态、转移就业等有效脱贫路径。锁定“两不愁三保障”脱贫目标，围绕“六个精准”，扎实推进“五个一批”脱贫措施，在产业、住房、生态、教育医疗等突出问题薄弱环节上持续发力攻坚。2020年作为脱贫攻坚巩固之年，与乡村振兴有效衔接之年，一是加大政策引导力度。采取召开会议、入户宣讲、考试测试、发放书籍、树立典型等多种方式，持续深入开展政策宣传宣讲工作，大力引导贫困群众树立“宁愿若干、不愿苦熬”的观念，推动了从“要我脱贫”转变为“我要脱贫”的观念。二是补全短板弱项。针对中央巡视、自治区巡视反馈问题和各级各类巡视督导检查组反馈问题，镇党委、镇政府时刻绷紧问题导向这根弦，在不断整改共性问题的同时，全面排查影响脱贫攻坚任务完成的各类问题，对所有发现问题进行立行立改，也实行常态化督导。三是全力做好脱贫边缘户的动态监测工作，时时关注边缘户的动态，通过临时救助、安排岗位、就近就业等方式，防止边缘户出现返贫。四是尽最大力度、想一切办法，抓好贫困群众的就业转移工作，集中开展好技术指导、技能培训、就业推荐等，特别是做好农村集体经济产业项目的发展工作，实现大面积、全覆盖的增收渠道。

【疫情防控】 新冠肺炎疫情发生后，香堆镇党委、镇政府积极响应，党中央、自治区党委、市委、县委的号召。一是第一时间召开专项会议，成立新冠病毒疫情防控工作领导小组，制定了工作方案、应急预案、职责分工，及时开展了防控知识学习培训。二是充分发挥包村干部、驻村干部、村“两委”、双联户长、农牧民党员，村（居）微信工作群，发放告知宣传单等主体作用，以“不漏一村一组、不漏一户一人”的原则，以“横到边、纵到底、全面覆盖”的宣传方式，广泛深入宣传了防控知识内容。三是结合香堆近邻察芒公路、人车流大等实际，以“把好关、守好门、防输入”的原则，在进香主要路口设置了疫情防护24小时检查站。四是加强对重点人群、重点场所、重点单位的防控工作。以走村入户，摸底排查，检测体温，召开会议，宣传宣讲等方式，全镇动员、上下参与等方式，全覆盖开展了消毒防控工作，让广大群众居住放心、安心。五是组织干部职工开展抗击疫情捐款行动，参与干部职工59名，共计捐款18050元。2月14日之后群众自发组织抗击疫情自发爱心捐款活动，从3元到1000元，共计捐款17.95万元（其中德东黑青稞合作社1万元）。所有捐款资金已转交至团县委和县民政局用于疫情防控专项资金。

【综合治理】 按照习近平总书记关于治边稳藏的重要论述和关于西藏工作的一系列重要指示批示精神，镇党委、镇政府坚持“稳定压倒一切”的思想，不断总结经验，强化措施，开创了和谐稳定的香堆新局面。一是通过悬挂横幅、张贴标语、宣传栏、召开村民大会、走村入户等方式，加强了维稳安全宣传教育工作。二是深入开展扫黑除恶、打非治乱，结合实际，向群众广泛宣传扫黑除恶、打非治乱专项斗争的有关法律常识及政策，鼓励群众积极踊跃揭发检举“村霸”“宗族恶势力”等黑恶势力违法犯罪线索。三是坚持“预防为主、调解在前”的工作原则，加大对矛盾纠纷排查化解调处力度。四是大力实施寺庙“1拖N”管理模式，通过积极开展“遵行四条标准，争做先进僧尼”等活动，积极引导广大僧尼、信教群众，树立正确观念，争当文明、展示文明，做到藏传佛教与社会主义社会相适应。五是充分发挥村干部、“双联户”户长的作用，构建宣讲队伍、联户巡逻队伍、环境清洁队伍等组织，开展辖区内卫生环境整治、维稳值班巡逻、村（居）脱贫攻坚政策宣讲等，全面促进基层堡垒作用。六是结合实际工作，加大对昌都解放70周年大庆等的安保工作力度，大力开展值班巡逻、排查隐患、教育宣传等工作做到了“六个严防”“六个不发生”。

【经济建设】 以“四个全面”战略布局为统领，以“五大发展理念”为遵循，通过全镇上下的共同努力，经济工作取得了新的进展。1. 上年度经济指标完成情况。2020年年末完成国内生产总值12296万元，同比增长8.7%，农村居民人均可支配收入11183元，同比增长13.5%。2. 农牧业经济发展方面。一是农业上，继续加大对农业结构调整，对大小水渠、水塘进行了全面清淤和维修。同时，大力推广粮种改良和种植黑青稞工作。2020年，完成播种面积497.7公顷，种植青稞446.4公顷、薯类4.6公顷、豌豆4.1公顷、元根10.6公顷、蔬菜1.53公顷、油菜30.4公顷，共计粮食作物产量2826.78吨。二是牧业上，始终把科学养畜贯穿于全镇牧业生产中，深入开展“草补”工作，顺利通过了自查自验和县级验收。高度重视牲畜病防治工作，加强预防监测，一有疫情立即上报，并积极采取急救措施，成立了重大动物疫病防治工作领导小组，上年度完成接羔育幼15043头（只、匹）。三是虫草采挖工作上，严格按照虫草采挖相关规定的要求，从实际出发，广泛调查研究，多方征求意见，采取科学有效的管理方式，通过全镇干部职工和广大牧民群众的共同努力，取得了显著的成效。虫草采挖期间，未发生一起群体性事件和刑事案件。2020年，香堆镇约有3714名（其中有617名群众在外采挖虫草）群众，历时30多天参与虫草采挖，共采挖到虫草约109.1公斤，由于今年虫草价格下跌，粗算群众现金收入870多万元。四是林业上，完成退耕还林面积达1040.2亩，植树115462株，植树存活率为90%以上。同时，充分利用八大岗位作用，加大了对封山育林植树区的监管和保护力度，2020年共开展森林防火宣讲50余场次。五是增加群众收入，镇党委、镇政府积极同各施工队联系，组织农牧民前往各工地打工，并鼓励群众外出务工，进行劳务输出，上年度共组织469人参与劳务输出，群众增收约1680万元。

卡贡乡

【概况】 2020年，在县委、县政府的正确领导下，卡贡乡以党的十九大精神和习近平新时代中国特色社会主义思想为指导，深入贯彻落实中央第七次西藏工作座谈会精神，紧紧围绕全县中心工作，团结带领全乡广大党员干部和群众，立足实际，真抓实干、锐意进取，有力推进了全乡经济社会各项事业健康发展。

卡贡乡地处昌都市东南部，察雅县城南部，面积为5346.8公顷，属于农业乡，乡政府所在地处于澜沧江、金河、麦曲河三条河流的交汇处，海拔2600～4300米。辖村帮村、卡贡村、邓学村、依然村、莫日村、金多村、索赤村、宾果村8个行政村（26个自然村）共810户3577人，其中建档立卡户207户895人，党员338人，村“两委”班子成员45人，低保户75户311人、“五保户”26人。2020年，全乡国内生产总值13096万元，同比增长7.4%；农村居民可支配收入11364元，同比增加13.1%。

【经济建设】 卡贡乡按照“一手抓稳定、一手抓发展”和“两促进、两不误”的工作要求，乡党委、乡政府在全力做好维护稳定工作的前提下，始终坚持以科学发展为统领，把改善农牧民生产生活条件、增加农牧民收入作为经济社会发展首要任务，立足实际，大力发展经济建设，2020年全乡经济持续健康平稳发展。

1. 产业结构不断优化。卡贡乡立足区位优势、创新工作方式、凝聚内生动力，积极调整优化产业结构，发展培育富民产业，全乡多元富民产业发展格局日趋完善。一是积极打造卡贡苹果品牌，以现有苹果产业为基础，打造核心苹果产业链，持续推广卡贡“金帅苹果”品牌，实现每户增收2000~8000元。二是持续推广村帮村“支部+协会+企业”砂厂模式，通过招商引资，村帮村砂厂生产规模进一步扩大，管理更加规范有序，为卡贡乡打造了良好的产业模式样本，带动36名群众增收，平均每人每年增收1万元。三是苗圃产业稳步增收加快土地流转步伐。全乡已流转土地千余亩，同时实现群众就近务工就业，为群众生产生活提供便利。2020年，卡贡村苗圃发放土地流转费200余万元，带动50余人就近实现就业；邓学村苗圃土地流转费用30.9万元，兑现劳务费10万余元，带动建档立卡群众21户增收致富。四是依然村温室蔬菜大棚协会及时兑现土地流转租金52934元，带动16户村民126名群众增收。

2. 农牧业稳步增收。全乡耕地面积3347.2亩，天然草场28.57万亩，2020年，全乡播种面积3347.2亩，农作物总产量729052公斤，其中青稞、小麦717090公斤。共接羔育幼崽畜225头（只、匹），存活210头（只、匹），存活率93%，出栏156头（只、匹），存栏2235（只、匹），并全部完成了牧畜春季疫苗注射和犬只驱虫工作。

3. 落实好惠民资金兑现工作。及时兑现各类民生资金，将党和国家的惠民政策落到实处。2020年，全乡积极兑现各类惠民资金800.29万元，全部通过一卡通直接兑现。其中兑现四个季度农村最低生活保障金共计81.27万元；兑现“五保户”供养资金12.38万元；兑现残、疾两项补贴资金465600元；兑现寿星老人健康补贴12000元；兑现孤儿生活补助2.54万元；兑现1—3月、7月医疗救助资金共计6.66万元；兑现上、下半年生态岗位资金444.15万元。

4. 财税金融工作平稳运行。2020年，全乡认真贯彻落实中央八项规定，紧缩开支，开源节流，加大财务管理力度，严肃财经纪律，规范财务运行，对全乡各村财务以及生态岗位资金进行了审计。对种粮直补进行了规范，调动了种粮农民的积极性。

【巩固提升脱贫攻坚工作】 全乡脱贫攻坚工作紧紧围绕“两不愁三保障”目标要求，以“十个一批”工程为抓手，创新工作思路，突出重点、多措并举持续巩固脱贫攻坚工作成效。

1. 聚焦问题整改，夯实脱贫攻坚工作基础。先后召开脱贫攻坚中央巡视“回头看”和县级交叉普查反馈问题整改工作动员部署会及全乡脱贫攻坚工作推进会，进一步统一思想，凝聚共识，明确目标任务，扎实做好整改工作，持续巩固提升全乡脱贫攻坚工作质量，2020年，已完成中央巡视“回头看”及县（区）交叉检查和乡镇交叉检查后续整改工作。

2. 多举措激发群众内生动力，促进群众增收致富。依托“四讲四爱”群众教育实践活动，深入学习宣传习近平总书记关于扶贫工作重要论述、党中央脱贫攻坚决策和市委、县委部署要求50余场次，参与群众2000余人次；深入开展结对帮扶“志智双扶”工作，利用线上线下相结合的方式，对帮扶群众进行政策引导100余人次，引导贫困群众坚定脱贫信心、转变就业观念、增强致富本领，努力靠勤劳双手增收致富；利用“和谐卡贡”微信公众号及时发布就业信息30余条，拓宽群众就业信息获取渠道。

3. 加强易地扶贫搬迁后续工作。及时指派专人及时深入唐琼孜易地搬迁点进行入户排查，从搬迁对象精准、住房建设、生产生活情况、就业情况等6个方面进行了实地查看。同时定期走访易地搬迁小规模安置点40余次，对通水、通电、群众入住情况进行了细致排查，确保群众逐步融入新环境。

4. 基础数据资料再核实再完善。一是完善生态岗位花名册，对不符合要求的人员予以清退。截至2020年年底，卡贡乡生态岗位共计1269名。二是积极完善住房安全有保障检索和核验系统，对全乡208户房屋进行系统录入。三是多次对国家扶贫开发系统与户档资料进行对比，对基础信息进行修改完善。四是积极开展2020年度动态调整工作，2020年自然减少14人，自然增加13人，截至2020年年底，全乡建档立卡207户895人。

5. 圆满完成全国脱贫攻坚普查工作。主要包括系统录入人员考试、入户摸底调查、企业微信系统录入等工作。同时以普查工作为契机，各驻村工作队对建档立卡户进行再走访、再了解，对精准扶贫资料进行再核实、再检查，对精准扶贫政策进行再宣讲、再普及，进一步夯实全乡脱贫攻坚工作基础，全面决战决胜脱贫攻坚。

【社会持续和谐】 1. 多措并举做好社会面工作。卡贡乡牢固树立“稳定压倒一切”思想，多举措做好社会面管控工作，确保全乡社会大局持续和谐稳定。一是定期召开维稳工作例会，听取各村工作汇报，分析形势，安排部署当前工作重点，2020年，召开综治工作专题会议2次，例会11次；二是加大矛盾纠纷隐患排查力度，并及时化解纠纷10起；三是加强监督检查，指导各村扎实推进工作，2020年，乡党委班子带队深入各村居、虫草采挖点调查走访40余次；四是落实领导干部联系寺村居制度，明确任务分工，压实工作责任；五是深入推进扫黑除恶专项斗争。

2. 强化寺庙管理。全乡共有1座寺庙，核定编制38人，现有僧尼编内26人，编外0人。乡党委、乡政府高度重视涉宗领域安全稳定工作，通过“四个一”工作法，全面确保寺庙和谐稳定。一是每年组织召开一次全年宗教管理工作部署会议；二是乡党委、政府每季度召开一次工作例会，学习上级下发相关文件，总结和查找宗教管理工作的薄弱环节；三是每两月听取一次曲瓦寺管理委员会工作汇报；四是乡宗教工作领导小组每季度对宗教管理各项工作进行一次督导检查。2020年共召开宗教工作例会5次，深入宗教活动场所督导检查4次。

3. 筑牢安全生产意识。卡贡乡始终坚持“安全第一，预防为主，综合治理”的方针，规范安全生产事故隐患排查治理工作，定期开展安全隐患排查，有效防范各类安全事故事件发生，全力确保辖区安全和谐稳定。一是及时研究部署安全生产工作，进一步统一思想认识，明确任务分工，形成强大工作合力。二是定期开展安全隐患排查。在五一、十一、中秋等节假日期间，组织乡派出所、卫生院联合开展安全生产隐患大排查工作，有效防范和遏制事故发生，切实增强群众安全意识，及时消除安全隐患，确保广大农牧民群众生命安全和财产安全。三是深入开展安全教育。通过组织观看消防安全网络直播、开展安全教育讲座、集中宣传的方式，进一步强化安全教育，提升安全素养，普及安全知识，增强广大干部群众安全意识和自我保护意识，全面筑牢安全教育防线。

【社会事业】 1. 教育工作成效明显。一是及时召开教育工作部署会，安排部署教育工作，明确目标任务，推进教育事业健康快速发展。二是“送教上门”活动有序开展，积极为特殊儿童提供平等教育机会，全乡适龄儿童入学率 100%，无失学、辍学儿童。三是建立健全了 0 ~ 18 周岁人口信息库，对适龄儿童进行动态监测，全力巩固提升控辍保学工作水平。四是按照教育扶贫相关政策要求，落实 48 名大学生政策补助发放工作。2020 年，对全乡 57 名符合申报建档立卡（低保）大学生补助政策人员进行了资格审查认定，教育扶贫学生资助政策全面落实。

2. 卫生健康工作有序推进。卡贡乡以“健康扶贫”为抓手，有序推进医疗卫生工作。一是疫情防控各项措施落到实处。疫情发生以来，卡贡乡党委、乡政府把人民群众生命安全和身体健康放在首位，严格按照县疫情防控领导小组要求，坚持“日报告”“零报告”制度，认真开展外来人员排查、登记、上报工作，严格落实居家隔离人员管控措施，乡卫生院定期进行消杀，同时注重宣传引导，持之以恒做好疫情防控常态化工作，全乡疫情防控工作取得良好成效。二是认真做好基本公共卫生服务工作，依托家庭医生签约服务工作，及时建立居民健康档案，做到了常住人口签约随访全覆盖，全面保障农牧民群众身体健康。三是积极开展村医培训工作，切实提高基层健康守门员的专业技术能力，为全乡群众提供更好的医疗服务。2020 年，乡卫生院集中开展村医培训 1 次，6 名村医参加县级培训 1 次。四是开展健康知识宣讲，致力提高群众健康素养。在门诊、预防接种、营养包发放等日常工作中，积极向农牧民群众普及卫生健康知识 30 余场次，增强群众日常防护意识，提升全民健康素养。

3. 人社工作深入开展。一是积极配合县人社局组织就业技能培训、创业培训，拓宽群众就业渠道，2020 年 8 月，配合县人社局举办了为期 2 个月的挖掘机、装载机技能培训班，覆盖建档立卡和非建档立卡群众共计 173 人，有效提升了农牧民群众劳动力技能水平，帮助其掌握了一定的专业技能，激发了群众“造血”功能。二是积极成立乡劳务输出合作社，吸纳农牧民群众就近务工就业，促进群众增收。三是落实应届高校毕业生实施结对帮扶制度，根据要求，乡科级干部与 12 名应届毕业生结成“一对一”帮扶对子，并通过电话、微信等方式积极向毕业生宣传相关就业创业政策，及时推送就业岗位，引导毕业生树立正确的就业、择业观念。

4. 基础设施建设日趋完善。在党中央实施精准扶贫战略大背景下，在各级政府的高度重视和有关部门的大力支持下，卡贡乡基础设施建设得到了有力改善，全乡 8 个行政村已全部通路、通电、通水、通信。2020 年 5 月，宾果埃巴自然村通路工程顺利实施，切实解决了群众出行困难问题；通电工程于 2020 年 11 月启动，彻底改写了该村群众缺电的历史，实现全乡各自然村村村通电，进一步改善了农牧民群众生产生活质量，提升了群众获得感、幸福感与满意度。

5. 水利环保工作扎实有力。卡贡乡以习近平总书记“绿水青山就是金山银山”理念为指导，大力推进生态文明建设。一是落实河长工作责任制，各级河长全面负责辖区内河流的管理和保护工作，定期开展巡河护水等日常工作，2020 年，各级河长共计巡河 48 次；同时组织全乡干部职工积极参加昌都市河长制工作知识线上答题活动，成绩全部为合格，进一步提高了河长工作政策知识知晓率。二是深入推进人居环境整治及村庄清洁行动。通过张贴宣传海报、发放宣传资料、定期组织开展环境卫生综合整治等方式，积极组织全乡干部、群众对公路、河流沿线的环境卫生进行集中清理，提升农牧民群众环保意识与文明素养。2020 年，共计悬挂环境保护标语 6 条，张贴宣传海报 22 张，发放宣传资料 200 余份，开展爱国卫生运动 80 余次，村居环境卫生明显改善。三是大力开展植树造林活动，植树节期间，组织全乡干部、群众、学生开展植树护绿行动，共计栽种各类树种500余株，成活率90%以上，大大激发了全乡人民爱林、造林的热情，增强了农牧民群众生态环保意识，绿化美化了家园环境。四是垃圾转运车、垃圾桶、垃圾填埋场等设施设备全部到位并开始投入使用。五是厕所改造工程有序实施。

【基层党建】 抓好基层党组织党的建设工作必须严格落实新时代党的建设总要求，卡贡乡严格按照中央、自治区、市、县各级党委要求，把“基层党组织标准化建设”贯彻到卡贡乡党组织建设的各个方面、各个环节。

1. 常抓责任落实、强化组织建设。紧紧围绕县委组织部下发的《察雅县2020党建工作要点》等相关清单，对党委书记抓基层党建述职评议中存在4个突出问题全部整改到位，主动认领党建重点工作。全面落实党组织书记抓党建“第一责任人”工作职责，层层传导压实责任。召开4次党委会专题研究党建工作，班子成员深入各支部党建调研7次，组织召开党组织书记抓党建述职评议会一次。党政领导班子成员根据联系点村居，成立党建督导小组，定期开展抓党建促脱贫工作督查，党委领导班子共进村督查32次，实地走访入户87次，整改村党支部材料问题26项。

2. 强化理论素养、提高政治站位。卡贡乡党委严格以习近平新时代中国特色社会主义思想武装党员干部头脑、指导实践、推动工作，以“党委书记带头学、班子成员做表率”的方式，引导全乡党员干部旗帜鲜明讲政治、持续不断抓作风，以党组织书记述职评议会、党建工作日常督导通报的形式层层传导压力、压实责任，充分调动村居党支部的积极性、主动性、创造性，增强支部凝聚力、吸引力、战斗力。2020年共开展党委理论学习中心组学习11次。

3. 常抓作风建设、树立良好形象。基层党组织站在一线、服务一线，党员干部一言一行备受关注，直接关乎党和政府的形象。基层党组织特别是村居党支部纪律建设必须严而又严，作风建设必须紧而又紧，反腐败工作必须常抓不懈。卡贡乡党委严格落实“全面从严治党”建设要求，坚持认真负责的工作作风，全面排查党员干部“四风”问题，针对不担当、不作为问题启动常态化监督机制，引导党员干部树立公道正派、清正廉洁的价值观，自觉做落实“两个维护”的忠诚实践者。

4. 做好教育培训，增强认同意识。全乡党员教育培训始终聚焦脱贫攻坚、疫情防控、乡村振兴等中心工作，乡党委于年初召开专题会议研究党员教育培训计划，明确全年目标任务，积极推进党员干部教育培训工作。充分利用学习强国、远程教育站点、“和谐卡贡”微信公众号，推进“互联网＋党员教育培训”模式，同时采取党委书记、支部书记带头讲党课等形式，促进党员教育线上线下、课堂内外相融合，推动党员干部理论教育常态化、科学化。截至2020年年底，“和谐卡贡”微信公众号共推送政策法规、社保就业、政务动态等各个方面信息199条。

5. 把好入党关口、选优配强队伍。严格遵循发展党员工作十六字方针，以不断优化党员队伍结构为目的，把保证新党员质量放在首位，适当控制数量，注重改善结构。重点在懂汉语和藏语的致富带头人、返乡青年大学生、退伍军人中发展党员和后备干部，建立“一村一档”，将优秀党员纳入村居后备干部人选中，为2021年村居“两委”班子换届打好组织基础。2020年，发展机关党员4人、农牧民党员16人（其中妇女5人、35岁以下青年13人），增强了党的阶级基础，扩大了党的群众基础。

6. 建立保障机制、关爱困难党员。通过划拨留存党费、党内激励帮扶、“三老人员”慰问、“三大节日”慰问等活动开展，把党内关爱、组织关心传递到每名党员手中，架起组织和党员之间的感情纽带，形成慰问一个人、温暖一家人、感染一群人的良好氛围，有力提升党支部的组织力和凝聚力。2020年，通过划拨留存党费慰问困难党员2400元，党内激励帮扶慰问优秀党员、困难党员2400元，“三大节日”慰问困难党员、维稳表现突出党员、因灾致贫党员8700元以及慰问品若干。

【法治宣传教育】 1. 围绕中心工作，开展丰富多彩的法治宣传教育活动。通过全民国家安全教育日、“虫草月”蹲点、“9·16”平安西藏宣传日、国家网络安全宣传周等活动，积极开展法治宣传和法律咨询活动，大力宣传《中华人民共和国民法典》等各类法律法规，同时提供法律法规、规章制度等咨询，并充分利用宣传栏、村广播、微信公众号等作为普法宣传阵地，进一步拓展了法律宣传的社会覆盖面，增强时效性。2020年全乡累计开展法治宣传35场次，参与群众1500余人。

2. 抓好青少年法治宣传教育工作。强化辖区学校法治教育第一课堂的主渠道作用，进一步抓好在校青少年学生法治教育，将法治教育纳入教学计划，通过主题班会、开展法治教育讲座的形式抓早抓小普及法律知识，建立健全“校园、家庭、社会、政法”四位一体的学生法治教育网络，提高群众法治意识和法治观念，为建设法治政府奠定基础。

荣周乡

【概况】 2020年以来，荣周乡党委、乡政府紧紧围绕县委、县政府中心工作，积极抢抓新机遇，有效应对新挑战，坚定不移谋发展，全心全意保民生，以健全工作机制，营造干事氛围，狠抓工作落实，认真履行岗位职责切实加强党组织建设、党风廉政建设、脱贫攻坚等中心工作，强化目标考核，狠抓责任落实，完成了各项目标任务，经济建设和社会事业保持稳中有升的良好发展态势。

【意识形态工作】 一是按照守土有责、守土负责、守土尽责的要求，充分加强思想政治建设工作。成立以乡党委书记为组长的意识形态工作领导小组，制定实施细则，完善网络舆情和意识形态工作责任制等制度，落实意识形态工作责任，建立健全意识形态工作研判机制。

二是坚持以科学理论武装头脑，突出学习重点，打造学习型党组织。充分发挥远程教育平台作用，把理论学习放到重中之重来抓，重点学习党纪政纪及相关法律法规知识、党员政治纪律教育内容。

三是抓好党委理论学习中心组学习规范化、制度化建设。以身作则、率先垂范，制订中心组理论学习计划和宣传思想工作要点，确定学习专题，进一步规范和完善中心组学习制度、考勤签到制，建立健全了中心组学习档案，抓好学习的考核评分。

【经济建设】 1. 经济实力在结构优化中持续增强。坚持把发展作为第一要务，着力提升发展质量和效益，以提升产业发展水平和农民增收为重点，结合乡村振兴战略，开拓创新，大力推进农业供给侧结构性改革和一、二、三产业融合发展，积极推动农业现代化进程，力促农业产业提质增效，增强现代农业发展活力，推动荣周乡经济持续健康发展。2020年，全乡各级抓住一系列政策机遇，加快推进农业现代化建设，坚持“调精种植业、做强林果业、做大养殖业”和“一村一品”发展思路，加快推进河谷经济建设，以公路沿线各村为重点，大力发展种养殖产业发展，促进农牧业产业结构优化、农牧业增效、农牧民增收。

2. 城乡面貌在管建并举中持续改善。快速推进城乡化建设，以城乡规划为引领，加大对违法用地、违法建设行为的教育宣传力度，从根本上杜绝“私搭乱建”现象，全面做好城乡化建设工作，力争打造城乡建设样板工程。同时，加快推进偏远地区基础设施建设步伐，构建起交通运输、综合能源、现代通信、水利保障体系，努力推进通村桥梁道路建设，消除道路死角，提升广大农牧民的出行能力。

3. 生态环境在深化整治中持续优化。坚持环境革命的高压态势。始终坚持把环境整治工作作为发展中的重要环节，从规划引领、产业培育、环境整治、水源保护、宣传教育、体制机制等方面入手，加强生态文明建设，营造整洁有序、生态宜居的城乡环境，先后整治公路沿线、乡域范围内卫生死角53处，共计开展环境卫生整治42次、600余人次，协调上级环保部门，积极组建公路沿线环保员。全面推行河长制工作，将流经荣周乡范围内的河流，分段设立河长，明确责任，实施监控河流情况，开展日常巡河制度，先后开展河道垃圾清理20余次。

4. 社会民生在和谐发展中持续进步。坚持把教育优先发展作为经济社会发展的战略重点和基础性工作来抓，加快推进义务教育均衡发展工作，完善“四书制”，积极开展数据统计工作，加大对学校的关怀关爱力度；围绕提高城乡医疗保障水平，从制度上为农民提供基本医疗保障，减轻农民医疗费用负担，缓解农村因病致贫和因病返贫的问题，引导农民进行合理的健康投资，提高农民的健康水平，合理利用农村卫生资源，促进农村卫生事业发展，全面完成新农合缴费工作，协助完成“六病”筛查工作，积极做好新生儿出生证明核查办理工作；积极应对防汛抗灾、气象减灾的工作，成立防汛抗旱领导小组，组建应急队伍，制定防汛预案，加强预报预警，做好值班备勤，确保安全度汛。

5. 狠抓民兵整组工作。积极开展应急训练，其中参加县应急训练2次，认真落实征兵工作，把征兵工作当作政治任务来抓，召开专题会议，安排部署征兵工作，利用广播、宣传标语等多种形式，大力宣传，鼓励广大青年应征参军。

【基层党建】 一是规范党内政治生活。带头执行党内政治生活制度，组织开展民主生活会2次，主题党日活动10次，民主评议党员1次，研究“三重一大”事项9次。二是加强服务型党组织建设。组织全乡30余名在职党员，积极开展在职党员到村（居）报到服务群众活动，为群众服务80余人次，帮助解决群众实际困难11件，办好事实事14件。三是认真做好党员队伍建设工作。科学制订发展党员中长期规划和年度计划，培养农牧民入党积极分子14人、按期转正15人，培养机关入党积极分子9人、按期转正3人，规范党费缴纳制度，完善党员档案，加强老党员和困难党员关心关爱，健全党内激励关怀帮扶机制。四是不断深化“党员素质提升工程”。按照既定计划，推动“三培养”、汉语藏语学习、夜校、“两学一做”学习教育、“四讲四爱”群众教育实践活动，共开展各类培训80余场次，培训党员420人。五是稳步推进7个村级组织活动场所标准化建设工作，同时，实施党组织分类定级，狠抓软弱涣散党组织整顿，完成1个软弱涣散基层党组织的整顿工作，成功实现晋位升级。六是稳步实施乡村振兴战略。结合开展“强乡兴村固本工程”“标杆工程”巩固提升工作等，积极探索村（居）发展思路，不断加大产业结构调整力度，完成巴西村红拉山鸡养殖、达巴村生猪养殖场建设等产业项目建设工作，协助县委、县政府做好产业园区建设等，拓宽了群众增收致富渠道。七是继续深入开展“强基惠民”活动。从统一思想、提高认识入手，以管理队员、关心队员、帮助队员、提高队员为原则，组织开展驻村工作，集中培训驻村干部3场次，参与培训人员244人次，发放培训资料56份，深入开展督导5次。八是切实履行好对党风廉政建设负总责。严格落实主体责任，自觉履行“一岗双责”，修订完善党风廉政建设责任制2项、7条目标任务分解，制定领导班子及成员党风廉政建设责任清单10份，涉及工作事项10余条。推动主体责任落地生根。

【脱贫攻坚】 1. 抓好全面统筹，把握总体方向。一是加强领导，健全组织机构。年初，进一步调整充实了精准扶贫工作领导小组、乡精准扶贫办公室，同时，加大落实力度，组建5个以片区为主的专项督导组，分别指导5个行政村开展专项指导，协同配合，各司其职。

2. 层层落实，责任压茬推进。召开精准扶贫工作部署会，全面安排部署了2020年全乡精准扶贫工作，完善方案、计划，积极与民政等部门衔接，对全乡低保、“五保”进行了再次核查，确保脱贫攻坚工作的质量和实效。

3. 健全机制，用准资金。积极确保扶贫专项资金惠及民生、帮扶到户。一是专项扶贫资金全部用于到户帮扶。二是抓资金监管。紧盯扶贫资金分配、使用、监管等关键环节，设立专项举报电话，并实行资金发放倒查机制，确保资金用于精准扶贫。

【社会持续和谐】 1. 隐患摸排调处方面。在县委、县政府、县委政法委统一安排部署，各重要节点期间，成立专门工作领导小组，挨家挨户开展火灾隐患、影响社会稳定隐患、安全生产隐患排查工作。

2. 虫草采集管理方面。4月初安排部署虫草前期矛盾隐患排查调处工作，深入5个行政村虫草采集点所在村开展虫草采集专题法治宣传教育7次，签订《虫草采集目标管理责任书》，并对采集点开展日常巡逻和安全检查工作，采挖期间，未发生矛盾纠纷和安全事故。

【党风廉政建设】 1.层层传导压力，全面落实责任。一是签字背书定责。修订完善了党风廉政建设责任制4项、23条目标任务分解，与5个行政村，6个办、所主要负责人签订了党风廉政建设责任书、落实“一岗双责”目标责任书，每季度召开一次“两个责任”落实推进会。二是强化督查履责。对贯彻落实党风廉政建设责任制情况经常进行督促、检查，先后开展日常谈话9人、约谈2人、集体谈话1次。三是定期分析研判。组织召开专题研究党风廉政建设和反腐败工作会3次，理论学习中心组党风廉政建设专题学习2次，开展党性党风党纪和廉洁从政教育4次，结合例会听取工作汇报2次。

2. 干部选用规范，严防不正之风滋生。坚持选拔程序到位。认真把握好推荐、考察、讨论、决定等关键环节，严格选拔任用程序，协助上级组织部门对7名干部进行了民主推荐工作。

3. 加强作风建设，切实维护群众利益。一是强责任、抓落实。实行“包片包村包户”工作机制，将党委班子成员充实至6个行政村。二是强督查、严考核。结合开展政治纪律教育活动，采用明察暗访、随机抽查、群众测评等方式督查，重视初信初访，及时办理信访件。以专题学习、警示教育、专题组织生活会形式，开展政治纪律活动15场次。

4. 强化监督制约，让权力在阳光下运行。加强对权力运行的监督制约。科学制定各类责任清单，强化督查考核机制建设，严格“一案双查”，严格执行党务、政务、村务、财务公开，对公开事项进行专项督导9次，让权力在阳光下运行。

5. 强化执纪监督，支持纪委全面履职。支持纪委积极督查各类违纪、信访案件线索，加大重要节点、重点领域的查处力度，组织开展全乡各级干部专项督查10次。

新卡乡

【概况】 2020年以来，在县委、县政府、乡党委的正确领导下，新卡乡紧紧围绕党的十九大，党的十九届二中、三中、四中、五中全会精神，中央第七次西藏工作座谈会精神和自治区、自治市、县各级会议精神，深入贯彻落实习近平新时代中国特色社会主义思想，以“保稳定、促发展、促脱贫”为工作思路，采取有力措施，强力推进全乡维稳、脱贫攻坚、党建等各项工作有序开展。

【综合治理】为确保全乡脱贫攻坚、经济发展等各项事业的正常有序开展，构建良好的社会环境，新卡乡始终坚持以“维护社会稳定作为社会发展的着力点和着眼点”为工作总目标，坚持“稳定压倒一切”的原则，认真开展好、落实好维护稳定各项工作，努力确保全乡整体社会局势的持续和谐稳定。

一是不断完善工作机制，提供强有力的保障。新卡乡及时成立了以乡党委书记为组长、乡班子成员、各村各寺庙负责人为成员的乡村各级维稳工作领导小组，制定完善了年度、“三大节日”、虫草采集期间维稳、国庆工作方案、扫黑除恶工作方案等各类方案16份、预案16份，同时制定完善并严格执行领导带班值班巡逻制度。通过及时完善相关工作机制，为全乡维稳各项工作的开展提供了坚强的组织保障和制度保障。

二是层层压实工作责任，提升工作积极主动性。乡党委先后34次将中央、自治区党委、市委、县委各级维稳精神和各级领导重要讲话精神，及时向全乡干部予以传达学习，及时对维稳各项工作进行安排部署。2020年年初，乡党委与各村、寺庙、“双联户”户长签订了各类目标责任书，进一步明确各类人员在维护全乡社会稳定中的目标要求和具体工作任务，及时将目标任务明确人，责任落实到人，确保全乡干部以更加坚决的态度，积极主动完成上级交办的维稳各项工作任务，努力构建全乡社会的和谐稳定。

三是强化督导排查调处，力争及时有效解决。2020年以来，乡党委书记普布丁真率领干部以分组分片区的方式先后40次深入各村、各寺庙，对各领域维稳工作贯彻落实情况进行督导检查，对检查中发现的各类问题，督促各领域立即进行整改。按照“一对一、多对一”的工作原则，持续加强对外来人员等各类人员的管控与关注，对各类人员切实做到“情况清、底数明”。同时为及时将各类矛盾纠纷、各类隐患解决在萌芽状态、解决在最基层，为全乡各项事业的发展营造良好的社会环境，乡党委与各驻村工作队、村“两委”干部先后40次深入各村各户，积极开展矛盾纠纷排查调处工作，及时消除各类纠纷和隐患。一年来，共计排查出项目建设、民工工资兑现等各类隐患7起，均已成功调处。

四是强化宣传教育引导，积极营造良好氛围。乡主要领导不定期的方式深入各村、各寺庙及群众、僧尼家中，向全乡广大农牧民群众、僧尼开展“扫黑除恶、打非治乱”28项内容，爱国主义，感恩教育，党的十九大，党的十九届四中、五中全会，中央第七次西藏工作座谈会精神宣传，反分裂教育等相关政策法规知识的宣讲，教育引导全乡群众和僧尼感党恩，进一步坚定理想信念跟党走，以自身的实际行动回报党的恩情，尽自己最大的努力积极构建全乡社会的稳定。同时，结合当前正在开展“扫黑除恶、打非治乱”专项斗争工作。主动响应，按要求对各村、学校周边等地进行集中走访摸排、清查整治等工作。

【脱贫攻坚工作】狠抓各类问题整改，力保数据准确无误。2020年以来，为确保中央、自治区、市、县各级检查组、巡视巡察组检查发现的各类问题得到及时有效整改，力保全乡脱贫攻坚各类数据信息的准确无误，乡党委、乡政府高度重视，由乡党委书记亲自带头抓整改、抓落实。截至2020年年底，中央专项巡视组从国扶系统发现新卡乡存在的36个问题、反馈全自治区的32个问题、市督导组反馈的11个问题、市审计发现的210个问题、国家审计发现的10个问题及县级部门日常督导检查中发现的分类问题，均已整改。

有序推进“五个一批”，不断增强脱贫成效。一是全乡45户181人享受易地搬迁政策（其中：唐琼孜易地搬迁点14户53人，乡小规模搬迁点31户128人）已全部分到房并入住。二是2020年新卡乡共有12户农牧民家庭实施了危房改造，截至年底已全部完成。三是近年来在各级各部门的大力支持帮助下，为5个行政村17个自然村实施了安全饮用水建设，实现了全乡各村和群众的安全饮水全覆盖。四是乡干部始终坚持扶贫先扶志，牢固树立“再穷不能穷教育，再苦不能苦孩子”的理念，积极走村入户宣传“三包”政策，鼓励支持适龄儿童、青少年入校学习，提高个人素质，实现教育脱贫。乡中心小学在校生106名，全乡217名适龄儿童（其中建档立卡户71人，非建档立卡146人）全部入学。五是新卡乡已实施的产业有达也村、乃帕村共计占地3000余亩的经济林种植和新卡村800亩的优质饲草料种植，瓦江村和克琼村因气候、可用地等因素影响，尚未实施任何产业。同时结合建档立卡贫困户群众的意愿和全乡产业发展实际，新卡乡实施了传统手工业、摩托车维修和藏餐馆三个短平快项目，经营效果良好，群众收入可观。六是新卡乡已对全乡259名低保户2019年人均收入进行核算，对人均收入超过标准进行清退，现全乡低保人员186名。七是按照年初市审计反馈的问题和县林草局文件的要求，及时对全乡生态岗位人员信息进行了核实，对不符合招录要求的人员予以了清退，全乡共有生态岗位人员612名。

多渠道抓宣传工作，不断提升内生动力。自2020年以来，乡党委、乡政府以集中和入户的方式，先后28次深入各村、各虫草采集点等全乡各领域开展政策宣讲，帮助全乡群众对相关政策，特别是自身所享受的政策及资金有了较深的认识。在抓好政策宣传工作的前提下，又积极协调鼓励116名群众，以务工、材料运输的方式，参与到乡境内经济林种植、达也村至克琼村道路建设等相关项目建设，协调3名群众参与唐琼孜易地搬迁点项目建设，在实现群众稳步增收的同时不断提升全乡群众的内生动力。

严格按照工作程序，力保有序脱贫与退出。为实现全乡106户395人（2017年脱贫8户、2019年脱贫4户）建档立卡贫困户群众中余下97户341人的有序脱贫和5个行政村的整村退出，2020年4月，根据上级要求和全乡建档立卡贫困户“两不愁三保障”达标情况，新卡乡于2020年8月20日顺利完成了国家普查验收。

【党的建设】 一是明确党建工作职责，层层签订目标责任书。2020年3月召开全乡基层党建工作会议，对2020年党建工作进行了安排部署，乡党委与各驻村工作队、寺管会、乡完全小学共签订2020年基层党建目标责任书7份，其余各类责任书13类，91份，明确了各级党组织和党组书记的党建工作责任。

二是建立“四个清单”，推进党建责任落实。2020年以来，乡党建工作领导小组建立了“问题清单”“责任清单”“任务清单”“整改清单”，“四个清单”有力推动了乡村党建责任的有效落实，全乡共建立问题清单3类，发放任务清单54份，开展党建任务落实专项督导12次，对8个党组织进行了按月督导检查。

三是认真抓好学习教育。充分利用周五学习例会，在全乡党员中深入开展党的十九大，党的十九届二中、三中、四中、五中全会，中央第七次西藏工作座谈会精神，习近平新时代中国特色社会主义思想,《习近平谈治国理政》的学习教育活动24次，通过深入学习，有效提高了全乡干部的理论知识水平，帮助全乡干部更为准确有效地开展好各项工作。

四是积极协调配合，确保村级活动场所建设的有序进行。自2019年全乡实施村级活动场所标准化建设以来，乡党委高度重视，由乡党委书记亲自抓协调、抓督促、抓配合、抓落实，努力确保了各项建设的正常有序进行，保证按时交付使用。乃帕村委、达也村、新卡村和克琼村四个村村委会已完工，并交付使用，极大地改善了各村村级活动场所条件，为各驻村工作队、村“两级”开展各项工作提供了有效保障，同时因其他原因，瓦江村村委会于2020年8月份实施修建。

五是深入开展集中整顿软弱涣散基层党组织工

作。乡党委认真研究分析全乡各村党支部、班子成员实际作用发挥情况和存在的问题，确定了瓦江村为新卡乡2020年软弱涣散党组织，及时制定整顿方案、成立整改工作领导小组，建立问题清单、工作进度表和整改责任人。在开展具体整改工作中，严格按照问题清单，及时进行督导检查，确保每个问题、每项进度得以有序实施。通过有效整改，新卡村干部开展基层工作和为民服务的效率和质量明显好转，基层组织的作用发挥更加明显。

六是积极开展结对帮扶活动。结合“党员干部走村入户、结对认亲交朋友”和“54321”结对帮扶活动，乡干部、团县委、县工商局、县商务局职工与全乡及烟多镇如给村、察俄村、拉叶村建档立卡户结成一对一帮扶关系，通过宣讲脱贫攻坚相关政策、鼓励参与技能培训、给予物资帮扶等方式，不仅缓解了困难群众在取暖、衣被、资金、就业、脱贫等方面的困难，拓宽了生活来源渠道，增强了造血功能，而且使广大农牧民群众充分感受了各级党委政府对群众的关心。响应县委号召，全乡干部以宣讲政策、引导转变观念、物资帮扶等方式，积极开展干部职工与瓦江村、建档立卡贫困户进行结对帮扶。

七是加强基层党风廉政建设。严格落实党风廉政建设责任制，坚持标本兼治、综合治理、惩防并举、注重预防，特别是要求广大党员干部大兴求真务实之风，进一步改进工作作风，加大违纪违法案件的查办力度，着力构建教育、制度、监督并重的惩治和预防腐败体系。

【改善民生】 农林牧业生产得到合理调整，经济平稳增长。一是按照“稳粮、增收、调结构”的总体方针，2020年完成1633.14亩青稞种植，良种覆盖率达95%以上。新卡乡共建设有温室大棚31座，由农牧民群众自主经营，促进了增收，提升了群众种植积极性。二是积极落实全乡9.42亩草场承包到户工作，进一步完善了草场属地管理，为乡畜牧、草场向合理化承载和有机循环的良好局面发展打下了坚实的基础。经统计，全乡大小牲畜累计达6588头（只、匹），新生仔畜成活率达92.5%，综合出栏牲畜率达32%，通过系列措施的落实，有效提高了全乡牧业质量，也拓宽了群众增收渠道。三是2020年以来，进一步加强了对全乡林业资源的保护和新生林木的管理，为全面加强林业管护，促进生态环境建设，着力开展了护林员培训、多次植树造林工作，并向群众进行了多次林业法规的宣传教育，把重点放在林业法规宣传和紧抓护林员职责上，近年来乡森林防火宣传及生态保护工作措施得力，无一起人为或自然火灾发生。并有效地保证了历年植树造林的存活率，全乡历年来所进行的植树存活率都保持在87%以上。

基础设施明显改善，群众“安居”有望，“乐业”有方向。结合“十项提升工程”的全面实施，新卡乡积极支持配合各级各部门实施通路、通电、通水、通信等项目，使全乡农牧业生产和农牧民群众生产生活条件得到进一步改善。一是实现了全乡各村和群众的安全饮水全覆盖。二是全乡已实现了用电全覆盖，全乡农牧民群众生产生活的无电历史已经结束。三是2019年在相关部门的协调帮助下，实施了乡政府至克琼村委会、瓦江村委会道路建设项目，截至2020年年底，乡政府至瓦江村委会道路路面加宽、硬化及相关建设已竣工并投入使用，乡政府至克琼村委会道路已完成了路面加宽、平整，挡墙修砌，待该项目完工后，将彻底解决新卡村、克琼村群众出行难的问题。四是县电信局为瓦江村新建了通信基站，进一步提高了全乡通信覆盖率，使群众在投入市场经济、商品经营等领域受益匪浅。村村通广播电视工程设备已全覆盖，群众每天都能收听收看社会时事、了解社会发展趋势，文化生活得到进一步丰富。

【社会事业】 一是按照优先发展教育和科技创新以及急需发展文化建设的要求，加快发展各项社会事业，全乡人民的思想道德素质、科学文化素质和健康素质不断提高。群众观念也有了转变。更多的家长深刻认识到读书才有出息、学习才能进步，愿意主动将子女送往学校接受教育。现在全乡适龄儿童入学率达到100%以上。

二是医疗卫生保障体系进一步完善，农牧区合作医疗制度全面落实，覆盖面达100%，群众自筹率达95%以上，兑现率为100%。卫生医疗救治体系和卫生服务体系已基本建成，医疗保健、医疗卫生服务覆盖率已达到100%，基本实现了人人享有初级卫生保健，各类重大疾病预防控制取得明显进展。村卫生室人员和设备更加到位，每个行政村保证了各有2名医务人员，发放了诊疗台、血压计、血糖监测仪、恒温箱、急救包等设备，看病更加方便。同时，乡党委、乡政府和乡卫生院利用多种形式和渠道，加强对健康脱贫重大意义、政策措施和工作成效的宣传；通过走村入户加强了贫困人口疾病筛查，筛查率100%；启动了农村家庭医生签约服务，以签约医生为代表，以农村建档立卡贫困人口、最低生活保障家庭成员为对象，以家庭为单位签订家庭医生签约服务协议书，签约率100%。

三是对新农保政策进行了大力宣传，发放传单、手册600余份，在全乡干部的共同努力和群众的积极配合下，全乡16～59周岁人群全部参加了养老保险，年满60周岁以上群众全部领到了养老保险金，参保率和领取率达到了100%，实现了应保尽保。

四是坚持科教兴国战略，科技工作成效明显，累计培训农牧民160余人次，开展了科技、驾训班、蔬菜种植、果树管理等技能培训，提高农牧民知识水平，不断增加农牧民创收渠道，培养了一批运用科技投入生产的骨干力量。

五是始终坚持“安全第一，预防为主，综合治理”的方针，加强安全生产教育和培训，适时地进行安全生产检查，涉及内容有防火、防盗窃、车辆交通、农房建筑等各方面，积极组织乡干部分组分点地对农房建筑中的安全工作进行现场监督、指导，高度的重视和有效的防范，确保全乡各项事业建设发展的安全有序进行。

六是积极督促全乡水管员、护林员、草监员等八大岗位人员，严格按照每月至少履职5天的要求，经常性地对各村公路沿线车窗垃圾、群众居住区生活垃圾、河道等各领域开展卫生环境整治，通过不断整治，全乡卫生环境有了明显的改善。

七是结合“3·28”、七一、“四讲四爱”、“七城同创”、庆祝十一等相关活动，广泛开展群众精神文明创建活动，满足人民群众日益增长的精神文化需求和对美好生活的向往。高度重视统一战线工作，做好党管武装、民族宗教等各项工作，切实加强对工青妇等群团组织的领导。统筹发展其他社会事业，团结调动一切力量，全面加强精神文明建设，推进全乡民主政治进程。

察拉乡

【概况】 察拉乡位于昌都市东北部，察雅县城南部，距离县城64千米。全乡5个行政村8个自然村，即卡达行政村、察拉行政村、金巴行政村、学达行政村、夏达行政村。平均海拔高度为4010米，辖区面积496平方千米。总人口为299户1795人（其中搬迁户109户532人），基层党支部7个（其中机关党支部1个，乡完全小学党支部1个，农牧民党支部5个），党员153名（其中机关党员30名，农牧民党员123名，女性党员21名）。2020年新发展党员8名，预备党员9名。大小牲畜共计3467头。全乡共有干部职工56名（其中乡机关干部38名、公益性岗位3名、卫生院职工4名、派出所干警11名）。全乡共有村医5人，兽医5人，民生信息员16名。截至12月底，全乡新型养老保险参保人数达1740人。全乡共有生态岗位人员747人。全乡共有低保户26户165人，“五保户”10户10人，学生共计221人，其中学前教育35人，小学生116人，初中生52人，高中生11人，大学生7人。2020年完成地方生产总值1185.8万元，同比增长9.8%（可比价）；人均可支配收入达到9023元，同比增长12%。截至2020年年底，累计实现112户732人建档立卡贫困户脱贫，5个贫困村退出。

【党的建设】 认真贯彻落实新时代党的建设总要求和组织路线，贯彻落实习近平总书记关于党的建设和组织工作的重要论述，按照县委的统一安排部署，每月召开党建工作例会，坚持把党的领导贯穿各项工作全过程各环节，不断夯实了党在察拉的执政基础。

一是加强思想政治建设，持续筑牢基层堡垒。坚持把党建工作与业务工作同安排、同部署、同推进、同落实，自觉把党的政治建设摆上突出位置，及时组建乡党委书记任组长、乡长任副组长的党建工作领导小组，坚持不懈用习近平新时代中国特色社会主义思想武装党员干部头脑，推动政治纪律教育和“五观”“两论”教育实现各支部全覆盖，持续深入学习党章党规党纪、习近平新时代中国特色社会主义思想、党的十九届四中全会精神等，每月召开党建工作例会传达学习各级各类会议文件精神，教育引导支部党员干部掌握与履职尽责紧密相关的规定和要求，在真学真懂真信真用上下足真功夫，做到学以铸魂、学以提能、学以致用。严肃政治纪律规矩，及时召开党建专题安排部署会，认真落实县委组织部印发的《关于妥善做好参与宗教活动、信仰宗教党员教育转化的工作方案》，督促各党支部扎实做好信教党员教育转化工作，保持了党员队伍的纯洁性和先进性。2020年以来，累计开展理论学习中心组学习会11次、召开党建工作例会5次，集中学习11次，个人自学60余次，与各支部负责人签订党建责任书8份。

二是加强干部队伍建设，持续建强基层组织。坚持把加强基层组织和基层政权建设作为夯实根基的固本之举，以提升党支部组织力为重点，以建成听党话、跟党走，善团结、会发展，能致富、保稳定，遇事不糊涂、关键时刻起作用的坚强战斗堡垒为抓手，按照察雅县委组织部工作要求，全面加强各行政村、乡小学、卫生院、派出所、寺管会各领域党建工作，对“三会一课”等进行标准化设计、程序化落实、节点化推进，深入推进党建指导员帮联工作制度，扎实开展驻村干部“传帮带”提升村“两委”干部能力工作，认真落实驻村工作队和村“两委”干部坐班制度，切实提升了村“两委”的能力水平，夯实了党在察拉的执政基础和群众基础。乡党委下辖各党支部累计开展支委会65次，讲党课24次，召开党员大会24次，智慧党建录入率达到95%以上，推荐年轻优秀干部4人，考核合格任职期满干部2名，推荐提拔干部1名，召开“三重一大”会议9次。

三是加强党风廉政建设，持续推进正风肃纪。牢固树立西藏客观条件特殊但全面从严治党和反腐倡廉没有任何特殊性的思想，大力弘扬“老西藏精神”、“两路”精神，坚决贯彻落实“两个责任”督促指导和考核评价机制，常态化开展约谈、支部书记述责述廉、定期报告、监督检查，在脱贫攻坚交叉考核、普查期间，乡纪委始终跟进督导脱贫攻坚整改工作；深化“党员干部进村入户、结对认亲交朋友”“在职党员到村报到服务”等活动，持续开展精准扶贫结对帮扶活动，推动党员干部联系服务群众常态化、长效化，加强党员干部政治纪律和组织纪律建设，严格抓好廉洁纪律、群众纪律、工作纪律和生活纪律，有效运用监督执纪“四种形态”，2020年以来，察拉乡纪委、派驻监察室上报脱贫攻坚督导情况15次，报送县纪委简报6期。

【精神文明建设】 坚决贯彻落实中央第七次西藏工作座谈会精神，着力增强党对意识形态工作的领导权、管理权、话语权，加强宣传思想文化战线自身建设，为在新的历史起点上推进察拉乡长治久安和高质量发展提供坚强思想保障和强大精神力量。年初制定下发了《察拉乡党委理论学习中心组 2020 年度理论学习重点内容安排》，结合“四讲四爱”群众教育实践活动和学习宣传贯彻中央第七次西藏工作座谈会精神，对全乡各党支部理论教育的学习内容、学习形式和学习要求做了具体明确的规定，截至年底共开展理论学习中心组集中学习 12 次，重点学习了党的十九大精神、习近平新时代中国特色社会主义思想、习近平总书记关于脱贫攻坚的重要论述、《习近平谈治国理政》（第一、二卷）、中央第七次西藏工作座谈会精神，全乡干部、农牧民党员都自觉撰写了学习笔记，为更好地服务基层、服务农牧民群众，结合“四讲四爱”群众教育实践活动重新调整充实察拉乡宣讲团成员 4 名，结合“3·28”、七一、国庆、昌都解放 70 周年等重要时间节点，面向群众，广泛开展面对面宣讲 点对点落实党的十九大精神、中央第七次西藏工作座谈会、“新时代新作为”理论宣讲活动。

【脱贫攻坚】 认真贯彻落实习近平总书记关于扶贫开发的重要论述，紧紧围绕“两不愁三保障”目标，落实“5+N”脱贫举措，针对人员变动情况，结合实际，调整充实了精准扶贫工作领导小组，乡党委书记拉巴桑珠任办公室主任，负责精准扶贫全面工作，乡扶贫办工作人员负责办公室具体工作，各驻村选派支部书记和队长负责全面管理各村精准扶贫具体工作。截至 2020 年年底，累计实现 112 户 732 人建档立卡贫困户脱贫，5 个贫困村退出。

一是发展生产脱贫一批。稳步推进“一村一品”产业，国家总共投资 26.6 万元，形成了以藏白酒、菜籽油加工、藏鸡养殖、元根加工、绵羊养殖、林下资源开发和高原土豆种植为主的村集体经济，坚持以“昌都市察雅县察拉乡五十吨菜籽油加工厂新建”项目落地落实为有利契机，将 5 个产业集中在察拉乡菜籽油加工厂，累计带动 112 户增收致富。2017 年实现增收 11.622 万元，2018 年增收 11.46 万元，2019 年增收 11.46 万元。依托资源和区位优势，扎实推进“一村一品”，初步形成了以 5 个行政村合作社为主的农产品以及林下资源加工规模化，大力培育相关农产品的标准化种植等特色优势产业，2020 年，察拉乡青稞播种面积达到 2961 亩、油菜花 70 亩，青稞产量达到 5066.25 公斤。学达村林下资源加工合作社收章子菌 400 余公斤，加工成品预计实现产值 1.5 万元。

二是易地搬迁脱贫一批。实施唐琼孜易地搬迁点二期集中安置 4 户 25 人，卡达村小规模适度集中安置 12 户 98 人，全部搬迁并入住使用。加强小规模安置点的水、电、路、信、网等基础设施建设工作，积极协调人畜饮水工程，道路全程通达油路，同时完善标杆化村级组织活动场所，配齐配全文化娱乐设备。充分利用安置点的门面房，配套了藏餐馆、摩托车修理、台球室、小卖部产业、招待所等 5 个“短平快”项目，实现长期增收，正处于采购审批阶段，采购金额控制在 65995 元以内。

三是生态补偿脱贫一批。严格按照“定岗定员、定岗定责、定岗定酬、一人一岗”的原则，做到建档立卡户有劳动力全部覆盖，全乡生态岗位共计 747 人，其中护林员 324 人，野生动物疫源疫病监测员 113 人，湿地生态管护员 4 人，草原监督员 60 人，水生态保护和村级水管员 177 人，农村公路养护员 27 人，旅游厕所保洁员 10 人，城镇保洁员和农村级环境监督员 20 人，地质灾害群防群测员 12 人。各村每月填写生态岗位管理台账，并为上岗人员发放上岗证，要求每月定人定期进行巡山、巡河、巡草场等，每月不少于 5 次，并填写出勤考勤表和出勤日志。

四是发展教育脱贫一批。严格按照“控辍保学”的要求，2019 年乡中心小学开始扩建教学楼、宿舍楼、操场等，2020 年已全部施工完毕，确保了乡小学的硬件设备达到均衡教育发展的标准。学生共计 221 人，其中学前教育 35 人，小学生 116 人，初中生 52 人，高中生 11 人，大学生 7 人。2019 年，对疑似辍学儿童15人进行劝学复学，已全部完成劝返，确保了适龄儿童100%入学。

五是社会保障脱贫一批。根据县民政局的要求，再次对各村的低保户、“五保户”和社会兜底人员进行全面大排查，对建档立卡户家中存在科技特派员、村医、兽医、村“两委”、环卫工等不符合低保政策的人员，立即统计上报，共计清退不符合低保政策5户30人，新增2人，减少4人，察拉乡低保共计29户165人，“五保户”10户10人。2020年度居民医保参保缴费工作由医保部门和税务部门联合进行征缴，采用网上缴费与银行缴费结合的形式，极大方便参保居民，全乡已参保1740人，共完成参保缴费922人，农牧民群众医疗保险费共征收144960万元，基本医疗保险已报销15人240306.2元。

六是巩固提升脱贫成果。及时制定了2020年建档立卡户巩固提升脱贫攻坚成果、严防返贫风险的实施方案，并对4户一级边缘户制定了《察拉乡关于一级预警贫困边缘户严防返贫风险的实施方案》，针对4户边缘户不同的致贫原因，采取乡党委班子、驻村工作队和村“两委”三对一的方式，进行重点结对帮扶，制定帮扶台账和具体帮扶措施，驻村工作队和村“两委”每季度会商一次作报告，各村根据具体实际情况，也制定了本村的实施方案。按照县人力资源局的工作计划安排，2020年全乡计划培训劳动力转移就业人数76名，其中建档立卡户培训人数44名，非建档立卡户人数32名。

【综合治理】 始终把维护稳定作为重大政治任务和第一责任，坚持以防患于未然为原则做工作、以防止出大事打基础做准备、以敢于担当落实责任为标准看干部，积极防范一切可能出现的不稳定因素和风险挑战，谋长久之策、行固本之举，全面提升治理能力和治理水平，确保了察拉乡持续和谐稳定。

一是加强组织领导。制作各类“综治、维稳”方案、预案、管理办法30余份，成立维稳工作领导小组，同乡派出所、乡中心小学、乡卫生院、察多寺管委会、各行政村签订各类责任书7份。同时要求各村同“双联户”户长签订责任书，44名“双联户”户长同联户成员签订责任书，形成了乡党政领导班子包村、村“两委”包联户、联户长包人工作机制。每月召开“综治工作例会”和“矛盾纠纷排查调处会议”，每季度对综治、维稳工作进行认真分析总结。2020年，推荐县级先进“双联户”户长1名、乡级先进“双联户”户长2名、村级先进“双联户”户长7名。

二是加强维稳值班。为营造“三大节日”期间安全、和谐、稳定的社会环境，成立由县人大常委会副主任、乡党委书记拉巴桑珠任组长的领导小组，其他班子成员任片区联系点的工作专班，严格实行24小时值班制度，由在家班子成员带班，执行上下班和交接登记制度。2020年以来，全乡干部、乡卫生院、学校、寺管会、五个行政村成立护乡队、护校队、护村队，在无特殊情况下，要求全员在岗在位，认真登记好外来人员、流动人员，统计微信实名登记表，做好外来人员（车辆）登记备案工作，组织联防巡逻队参与社会面防控巡逻35次，开展重点地区及要害部位、人员密集场所排查整治工作42次，利用每日联防值班的契机，手把手教授群众灭火器材和警用束缚器的正确使用方法。

三是加强联防力量。组织“双联户”户长44人开展“知民情、听民意、解民忧、化民怨”和创建“平安家庭”“平安社区”“平安乡村”等活动，建立完善分片包户的制度，对困难群众、刑释解教人员等有利益诉求的群众开展走访。组织各村开展处突预案演练5次，宣讲党的惠民政策等36次，受教育人数达600余人次，组织专项斗争摸排工作32次，开展深挖痛打非法组织摸排工作21次，深入各村居开展摸排工作21次，深入各村排查矛盾纠纷隐患50余次，将排查出的矛盾纠纷隐患化解在萌芽、解决在基层。

【巡视整改工作】 一是扎实做好脱贫攻坚普查工作。乡党委、乡政府高度重视并积极安排部署，及时召开了迎接国家脱贫攻坚普查相关准备工作安排部署会、落实中央第三巡视组脱贫攻坚专项巡视“回头看”反馈意见的整改动员部署会以及脱贫巩固成效提升工作推进会暨普查整改会等相关工作会议，乡强基办、乡纪委、乡扶贫办共同督促检查材料，做到乡、村资料全部自查一次，同时加强建档立卡户和非建档立卡户的入户访谈，对于还存在的问题及时沟通整改。针对各县区交叉普查工作每日排查出的问题，察拉乡全部认领并积极整改，及时召开普查整改会，对于排查出的签约服务手册填写不完整，危房改造档案中房屋鉴定缺少鉴定人、经办人、机构单位签字盖章，道路不通达，通信信号差等有关问题，乡党委、乡政府安排部署乡扶贫办和各村认真整改落实，对工作组查出的问题全部整改到位，确保脱贫成效得到良好巩固提升。二是扎实做好巡视回头看工作。针对中央巡视“回头看”等各类反馈问题，召开了党委专题会议，传达学习中共察雅县委员会《关于落实中央第三巡视组脱贫攻坚专项巡视“回头看”反馈意见的整改方案》（察委〔2020〕31号），研究审定《中共察拉乡委员会关于落实中央第三巡视组脱贫攻坚专项巡视“回头看”反馈意见的整改方案》，安排部署“回头看”整改工作，并向各村、乡辖各部门下发方案，提出整改要求，细化实化脱贫攻坚举措，解决问题推动工作，一项一项抓好整改，逐一对账销号，在整改中归纳提炼，从体制机制上分析原因，坚持纠建并举、标本兼治，确保了反馈问题条条必整改、件件有着落、事事有回应，做到以改促进，以改提升。中央脱贫攻坚专项巡视32项反馈问题、自治区党委巡视二组反馈问题已更改更新完毕，中央巡视“回头看”反馈问题正在整改。

【疫情防控】 2020年以来，为有效防范新冠肺炎疫情输入，察拉乡积极采取有效措施，全力保障农牧民群众的身体健康和生命安全，坚持不漏一人、科学严谨的工作态度，做到知险就控、有险必控。

一是加强组织领导，强化责任意识。为落实好新型冠状病毒感染的肺炎疫情防控和应对准备工作，切实维护人民群众身体健康和生命安全。于2020年1月24日召开新冠肺炎疫情防控工作安排部署会，传达上级对疫情防控工作的重要指示精神，要求各村、各部门对防范工作务必引起高度重视，成立防疫领导小组，启动联防联控制度，对区外回来人员进行摸底排查，做好疫情监测、管控等工作。特别是武汉等疫情高发区返藏人员进行严密监测，动态报告。

二是加大宣传力度，做好防控工作。自疫情发生以来，各党支部、党员干部以“走在前、作表率”的姿态，充分发挥了党员干部的先锋模范作用，通过走村入户宣传达42场次，利用微信公众号、工作群等转发防控知识12条，集中区域悬挂横幅5条，发放宣传资料236份，张贴宣传单106份，发放温度计10个，发放口罩152个，发放佩戴藏药丸1200粒。排查受教人数共1737人次（其中常住户以入户形式面对面排查共1218人次、搬迁户以电话形式排查共519人次），排查过程中未发现异常情况，一切状况良好。

三是全面摸底排查，做好疫情监测。为阻断输入性隐患，在边界点设立卡点（临时党支部），由乡派出所、卫生院、机关干部联合组成，乡党委书记亲自指挥部署，部分班子成员轮流带班，排查登记流动人员、外来人员及车辆。各村成立护村队，由驻村工作队、村“两委”、村务监督委员、“双联户”户长组成共计64人。察多寺片区成立护寺队，由驻寺干部、民管会成员组成共10人。对各自辖区内的外来人员、流动人员，区外返藏人员进行全面的排查和监测。乡机关成立护乡队，由乡干部、乡卫生院、乡派出所联合组成共19人。实行24小时值班制度，由部分班子成员带班，并严格执行上下班和交接登记制度。

扩达乡

【概况】 2020年，扩达乡党委、乡政府在县委、县政府的坚强领导下，树立“四个意识”、坚定“四个自信”、做到“两个维护”，以习近平新时代中国特色社会主义思想为指导，深入贯彻落实党的十九大和十九届二中、三中、四中、五中全会精神，学习贯彻中央第七次西藏座谈会精神，紧紧围绕县委、县政府提出的目标任务，克服疫情影响，统筹稳增长、促改革、调结构、惠民生、防风险，经济实现平稳健康发展，社会大局和谐稳定。

【全面从严治党】 1.加强党的建设。持之以恒抓牢基层党建工作基础，推进“两学一做”学习教育和“不忘初心、牢记使命”主题教育，落实好党委中心组学习会、民主（组织）生活会、“三会一课”、主题党日等党内政治生活制度；强化党员教育管理，坚持带好党员干部队伍，不断提升基层服务群众能力；对标各级督查以及巡视巡察反馈问题，主动认领问题并完成问题整改，基层组织战斗力、向心力和凝聚力不断提升。

2.加强法治建设。扩达乡党委、乡政府全面贯彻落实党的十九届四中全会精神，按照“为民、务实、清廉”的要求，持续推进政府行政服务效能建设；全面落实“七五”普法，严格执行“三重一大”决策制度，不断增强领导干部学法用法思维，大力推进依法行政，以最新标准规范行政执法行为；自觉接受人大、监委和群众监督，积极采纳人大代表建议，加强政务公开和政府信息公开，公开政务信息52条；完善党委议事规则，不断规范党委、政府办公程序和议事规则，强化依法行政制度建设。

3.加强效能建设。一是不断强化警示教育，驰而不息纠“四风”、改作风，坚决制止不担当不作为、做不成事干不好事等行为；巩固基层减负成果，坚持“少开会、开短会，少发文、发要文”，坚持统筹调研、深度调研，坚决克服走马观花、浮于表面。二是坚持干部包片包村机制，提高政府管理能力和工作效率，加强乡村干部管理，强化干部绩效考核，提升干部业务本领，进一步完善公务接待、出差及公车、外出报备、财务管理、项目管理等制度。三是“不忘初心、牢记使命”，加快和规范政务服务工作，让群众最多跑一次，加强站点人员的培训力度，进一步拓展乡、村两级服务站点的服务功能和内容，不断提升站点内生动力和群众满意度。四是在加快推进数字政府建设中，扩达乡缺人才、缺指导、缺设备、缺资金、缺技术，暂时无法实施办公自动化系统项目，无法实现无纸化办公。五是积极探索容错机制，宽容合理犯错，决不纵容故意犯错，区分为公犯错，还是为私犯错，为真抓实干者鼓劲、为敢于担当者担当，鼓励干部在改革探索和创新实践中展示身手、拼搏进取。

4.加强廉政建设。坚持把纪律和规矩挺在前面，全面落实党风廉政建设责任制，强化“一岗双责”，持之以恒遵守中央八项规定，坚持政府过“紧日子”、让群众过“好日子”，进一步压缩“三公”经费和一般性支出，严格规范各项资金的管理使用，抓好廉政风险点防控，严格执行“三重一大”和“领导干部重大事项报告”制度，自觉接受上级审计监督。

【经济建设】 1.经济社会稳中有进。扩达乡在县委、县政府的坚强领导下，紧紧围绕县委“狠抓河谷经济、破解瓶颈制约、扩大对外开放、统筹城乡发展”的发展理念和政府“六县六化”强县举措，扎实抓好经济发展工作，经济社会事业取得了平稳较快发展。2020年预计地区生产总值13556万元，同比增长8%；预计农村居民可支配收入11572元，同比增长13.8%，预计现金收入8100元，预计社会消费品零售总额2171万元，同比增长37.9%，虫草收入4423.2万元。

2. 基础设施加快完善。一是积极推进“四好农村路”建设，2020年扩达乡新修通村公路6条，通车里程192.4千米，新修桥梁6座，最大限度解决了群众出行难的问题。二是农村人口安全饮水问题得到有效解决，23个行政村全部通自来水，自来水普及率和集中供水率达到100%，供水保证率达到95%，有效解决了水利“最后一千米”问题。三是加强城乡统筹发展，以规划为引领，突出宜居、便利、美丽的规划，推进扩达乡政府驻地城镇化建设，新建门面出租房、农贸市场等产业载体，推动个体商户、零售行业等产业发展，营造乡镇商业氛围，带动全乡经济社会发展；对旺达、岗泽、嘎莫、岗卡4个中心村进行村庄总体规划，发展超市、茶馆等服务行业经济，强化扶贫产业和集体经济建设，形成致富带动能力强中心集体。

3. 产业发展不断壮大。一是壮大“两场一社”（嘎益牧场项目、列尼朱扎牧场项目和果巴村奶牛养殖合作社），总投资达360万余元，共计带动建档立卡户91户，效益平均在40万元以上，建档立卡户分红年平均1000元以上，对脱贫巩固起到积极作用。二是深挖“2+1”特色资源（“菌类和药材资源+旅游资源”），积极转变群众“等靠要”思想，积极发展獐子菌和药材两类特色资源；规划上报探险登山旅游、虫草采挖体验和夏季高山林卡等旅游项目。三是稳妥推进农村集体产权制度改革，发展壮大村集体经济、构建农民增收长效机制，为实施乡村振兴战略提供支撑。

【保障和改善民生】 1. 脱贫攻坚取得决定性成效。一是在2019年完成实现整乡脱贫的基础上，继续发扬连续作战、越战越勇的作风，保持攻坚态势，落实好“四个不摘”的要求，全面推进脱贫攻坚基础性工作、产业发展、转移就业、易地扶贫搬迁后续管理、住房安全及人居环境、基础设施建设、社会兜底、教育事业、医疗卫生巩固提升。二是坚持开展党建促脱贫、扶智扶志移风易俗工作，建立稳固巩固提升工作机制，加快形成脱贫攻坚与乡村振兴有机衔接的工作新格局。三是持续做好边缘户监测帮扶工作，对照“两不愁三保障”薄弱环节，对4户边缘户实施动态监测，采取更有针对性、有效性的帮扶措施，持续补齐短板弱项，已退出监测2户16人。四是到2020年年底，全乡建档立卡人口人均可支配收入增幅高于全乡平均水平，稳定解决住房、饮水安全问题，义务教育阶段无因贫失学、辍学学生，基本养老保险和基本医疗保险、大病保险实现贫困人口全覆盖，最低生活保障实现应保尽保。

2. 培训就业工作力度不断加大。一是发挥劳务合作社组织作用，提升组织化规模化程度，农牧民劳动力转移就业1200人，年增长10%，劳务性收入达到1026万元，年增长16.7%以上，超额完成年度目标。二是扎实做好农牧民就业适用技能培训工作，2020年共开设农业技术指导员、牦牛养殖、汽车修理、挖掘机操作、装载机操作、中式烹饪6个技能培训班，共计培训279人，且全部拿到培训证书，有效促进农牧区富余劳动力就业能力和质量。

3. 教育事业取得新成就。一是坚持强控辍、提质量、促和谐、求创新、补弱项、重服务，坚持义务教育均衡发展重中之重地位不动摇，全力攻坚“控辍保学”，实现应招尽招，义务教育阶段巩固率达到95%以上，学前三年入学率达到85%以上，高中阶段入学率力争达到80%以上。二是坚持社会主义办学方向，落实立德树人根本任务，不断加强教师队伍建设，关心关爱全乡教职工生活工作，努力解决教职工生活上的困难问题；扎实做好送教上门工作，促进学生全面发展，不断提高全乡教育质量，努力办好人民满意的教育。

4. 卫生健康事业取得新进步。落实疫情防控责任，加强组织领导，强化乡、村、“双联户”三级联动，建立联防联控网络，动员和汇聚各方智慧和力量参与疫情防控，紧盯外防输入，扎实推进疫情防控常态化各项工作，着力做好机关、学校、寺庙等重点场所、重点人群的疫情防控工作。以疫情防控为契机，引导农牧民群众养成良好卫生习惯、增强防疫意识。积极完成“两癌”筛查、居民健康体检工作，全面落实，结核、肝炎等疾病筛查防治。协助县卫健委抓好乡卫生院新建工作，推进标准化乡卫生院和村卫生室建设，不断提高全乡医疗水平，群众看病难问题得到进一步解决。

5. 公共文化服务取得新业绩。弘扬社会主义核心价值观，加强意识形态领域培根铸魂，扎实开展“四讲四爱”群众教育实践活动，加强公民道德建设和乡风文明建设，有力淡化宗教消极影响。完成新时代文明实践“1 中心 23 所”建设，成立 24 个志愿服务队，组织学习，开展主题教育、形势宣传、政策宣讲等活动；对寺庙书屋、农家书屋、学校图书室等进行有效管理，引导群众学科学学文化。积极组织文化站举办丰富多样的群众文化娱乐活动；实现 23 个行政村文艺演出队全覆盖，并开展形式多样的新时代文艺会演，得到群众的一致好评；派出 17 名乡干部圆满完成昌都解放 70 周年大庆表演活动。

6. 社会保障更趋完善。深入推进全民参保，全面落实各项民生提标政策，推进城乡医保整合改革工作，各类社会保险参保达到 1.2 万人次。成立乡、村两级残联理事会，深化残疾人保障服务。加强住房安全保障，改造农村危房 27 户。严格落实社会保障制度，“三老人员”生活补贴 16.9 万元、残疾人两项补贴 49.3 万元、低保 89.17 万元、经济困难高龄失能老人 1560 元、“五保”20.91 万元，做到应保尽保。圆满完成征兵工作，落实深化民兵调整改革工作，武装工作水平进一步提升；强化退役军人工作，保障退役士兵权益。人民群众获得感进一步增强。

【绿色发展】积极践行“两山论”理念，牢固树立底线思维，始终坚守生态保护这条底线、红线、高压线。全面落实“河长制”，继续开展“清河”“清四乱”专项行动。深入开展农村牧区人居环境政治三年行动，打响村庄清洁行动战役，不断改善全乡人居环境卫生水平；用好管好垃圾清运车，实现村庄垃圾清运处理全覆盖。严格把控源头，落实工作责任措施，有序推进违法违规用地清理整治工作，有效遏制农村乱占耕地建房行为，保有耕地红线 5167.05 亩；落实“增减挂钩”政策，拆除旧房 67 户。落实饮用水水源保护区污染防治管理要求，完成 23 个行政村保护区划定工作。

【乡村治理】坚持依法治理、主动治理、源头治理、综合治理，不断完善党政警民联防联控机制。深化平安扩达建设，坚持把平安建设（综治）工作与经济社会发展同安排、同部署、同落实；旗帜鲜明反对分裂，坚决同达赖集团各种分裂破坏活动作斗争，自觉维护祖国统一和民族团结；坚定不移维护祖国统一和国家安全；全面贯彻党的民族政策，深入开展爱国主义和民族团结宣传教育；依法管理宗教事务，大力开展“遵行四条标准争做先进僧尼”教育实践活动，严守“三不增加”政策底线，引导僧尼爱国爱教、遵纪守法；切实贯彻落实各项宗教政策，继续深入落实各项利寺惠僧政策。全面加强和创新社会治理，始终保持对各类违法犯罪活动的高压态势，实现刑事案件零发生，有效维护了社会大局持续稳定和社会治安持续向好。主动排查调处“双清欠”和各类矛盾纠纷，促进矛盾纠纷、上访事件等呈逐年下降趋势。严格落实安全生产“一岗双责”，保持重特大安全事故零发生。以临战姿态应对抗洪抢险、森林防火等工作，防灾减灾工作有力推进。全乡农牧民群众安全感进一步提升。

宗沙乡

【概况】2020 年以来，宗沙乡在县委、县政府的坚强领导下，深入学习贯彻党的十九大，十九届二中、三中、四中、五中全会，中央第七次西藏工作座谈会精神和习近平新时代中国特色社会主义思想，积极采取措施，进一步解放思想、更新观念、转变作风、转变经济发展方式，加大工作力度，加快发展速度，使全乡经济和社会事业稳步发展，人民群众生活水平日益提高。

【基层党建工作】 宗沙乡牢牢把握坚持和加强党的全面领导这个根本原则，坚持党要管党、全面从严治党这个指导方针，全面落实新时代党的建设总要求，以党的政治建设为统领，推进“不忘初心、牢记使命”主题教育、组织“四讲四爱”群众教育实践活动，统筹推进领导班子和干部队伍建设、基层党组织和党员队伍建设、人才队伍建设，着力推动组织工作高质量发展。

（一）加强学习教育，不断强化政治引领。不断加强党员干部思想政治教育，引导全体党员干部坚定理想信念，树立正确的世界观、人生观、价值观和权力观，始终保持清醒的政治头脑。一是突出学习重点。深入学习贯彻党的十九大精神，十九届四中、五中全会精神，中央第七次西藏工作座谈会精神和习近平新时代中国特色社会主义思想，牢固树立“四个意识”、坚定“四个自信”、做到“两个维护”，以主题教育、“四讲四爱”群众教育实践活动为主要内容，抓好学习教育。二是创新学习方式。利用好“学习强国”学习平台、各类微信公众号，抓好干部职工零散时间学习。严格执行理论学习中心组制度，主要以习近平新时代中国特色社会主义思想、习近平总书记系列重要讲话，重点学习《习近平谈治国理政》《习近平新时代中国特色社会主义思想三十讲》，经常性学习党建有关会议文件精神、应知应会知识和先进典型经验等，切实加强党员干部学习教育。三是加强“不忘初心、牢记使命”主题教育，加强党员干部的理论学习制度化。四是开展党建联系点工作制度。4个行政村每村安排一名乡班子成员包村，及时掌握工作动态，对联系点党建工作情况进行监督检查，掌握联系点党建工作情况，及时总结联系点的经验，将联系点好的做法、好的典型予以推广，努力把联系点建成党建工作的示范点。五是开展村夜校培训工作，提升党员整体素质。宗沙乡现有党员存在党员年龄相对偏大，文化水平较低等方面的现状。全乡各村通过学习培训，向党员群众教授基础知识、党的基本知识，进行党员先进性教育、感党恩教育等，不断推进党员的文化、理论、素质提升工作。

（二）强化廉洁教育，正风肃纪推进党风廉政建设。乡党委高度重视党风廉政建设工作，年初召开专题会议，研究部署年度党风廉政建设和反腐败工作，结合工作实际制定党风廉政建设和反腐败工作计划；并把党风廉政建设和反腐败工作责任分解到人，做到有部署、有检查、有整改，形成“一把手”负总责，其他班子成员各司其职，一级抓一级，层层抓落实的工作局面。严格按照“一岗双责”的要求，加强干部职工监督管理，提高拒腐防变的意识和能力。坚决贯彻落实民主集中制原则，进一步健全和完善党内监督制度，加强对重点领域的监督，凡属“三重一大”事项，均由乡党委会议集体讨论决定，保证了决策过程的科学民主和结果的公正合理；严肃财经纪律，在财务收支管理，财务报账手续上，严格实行财务管理制度。2020年以来采取以会代训、专题培训等形式开展廉政教育10次，组织观看警示教育片5次，使干部职工的责任意识、廉政守纪意识进一步增强，促进了各项工作的顺利开展。

【脱贫攻坚工作】 宗沙乡紧紧围绕在以习近平同志为核心的党中央，坚决贯彻落实各级脱贫攻坚决策部署，结合实际，脱贫攻坚工作稳步推进，全乡建档立卡共计223户1152人，均已顺利实现脱贫目标。一是4月顺利完成类乌齐交叉检查组考核，5月初完成县督导检查工作，针对存在的问题，坚持做到立行立改，及时解决，确保了在8月份顺利完成国家普查工作。二是继续加大对群众的政策宣讲工作力度，组织驻村工作队、包村干部走村入户，不漏一户进行全方位宣讲，确保群众将政策熟记于心。三是继续加强结对帮扶工作，按照摘帽不摘帮扶的要求，以村为单位划分结对帮扶片区4个，分别由4名联系点县级干部担任片区结对帮扶工作总负责人，由市公安局、县直属单位及乡干部职工89人对全乡223户建档立卡贫困户进行结对帮扶实现帮扶全覆盖。

【农牧工作】（一）全面做好虫草采集各项工作。一是领导班子召开虫草采集前期工作研讨部署会议。虫草采挖之前，组织召开了虫草采集前期工作研讨部署会议，成立了相应的领导机构，指定专门的负责人员，干部随群众蹲点进行跟踪服务管理随时掌握各村的虫草采挖情况，进一步强化工作力度，完善健全操作性强的工作方案和应急预案，并组织各村群众召开虫草采挖部署会议，为确保虫草采挖工作期间和谐稳定奠定了基础。二是确保跨村采集工作安全稳定。乡党委、乡政府针对跨村采集人员，为确保期间不发生影响治安稳定、人身安全事件，并提前部署、摸清底数，安排专人做好证件办理、带队衔接，做好外出期间的生活、行动和服务管理的前期准备工作，确保有效预防和减少群体性事件发生。

（二）积极应对灾情，做好抗灾各项工作。一是应对突发灾情，做好减灾工作。为切实做好防灾抗灾各项工作，宗沙乡成立了以乡党委书记为组长的防灾抗灾领导小组，制定了《宗沙乡防灾抗灾领导小组》《宗沙乡防抗灾工作方案》等，修建防抗灾物资储备库。二是各驻村工作队深入各户查看防灾抗灾衣物、粮食、燃料、饲草料储备情况。三是各村上报了需要维修蓄圈暖棚建设项目，保证防抗灾基础设施的正常使用。四是做好草场转场工作；五是驻村工作队及村“两委”班子做好受灾统计工作，确保上报数据的及时性、真实性。

（三）狠抓动物防疫工作，保障畜牧业健康发展。一是在开展防疫过程中，乡兽防站坚持做到乡不漏村、村不漏户、户不漏畜；二是狠抓其他各类牲畜疾病的防控工作。疫苗注射及疾病防控工作得到了村主要领导的重视，带动了村级防疫员积极参与免疫注射，确保了畜牧业的安全健康发展，防疫工作开展顺利；三是加强村级防疫员业务知识与现场技能培训，提高综合防治水平。有针对性地举办村级防疫员知识培训班。积极开展《重大动物疫情应急条例》的宣传、贯彻活动。

【强基惠民工作】（一）完善保障机制。为加强对驻村干部队伍管理，切实发挥驻村干部队伍作用，建立健全驻村考核管理机制。一是建立季度考核机制。考核根据驻村工作队工作实绩、日常业务、紧扣“七项任务”尽职履责情况、群众知晓率等严格考核，确保公正、公平。同时，还专门对村党支部第一书记进行考核，考核结果纳入驻村干部、第一书记年终考核中，直接同驻村干部、第一书记评先选优挂钩，以提高驻村干部工作的主动性和积极性。二是强化激励机制。每季度举行一次优秀驻村工作队、优秀驻村故事评选，对工作出色的驻村工作队适时表彰，对工作相对落后的驻村干部进行谈心交流，形成“干好干坏”不一样的良好氛围。

（二）强化交流培训工作。为进一步加强驻村工作队干事创业精神，熟悉驻村工作，乡强基办定期不定期地召开交流会议、业务培训会议以及学习会议，不断提高驻村工作水平。一是营造良好驻村干部工作氛围。组织驻村干部参加乡强基办举办的每月工作交流会，安排工作优秀的驻村干部来谈驻村心得，交流基层工作方式方法，在驻村干部当中形成互相学习，共同进步的良好氛围。二是协调乡纪检、乡财务人员，开展驻村工作队、村“两委”财务培训，进一步规范村居各类资金使用和管理，做到村务、财务及时公开，从而不断夯实基层党风廉政建设和反腐败工作基础。三是针对新形势下基层改革和发展的方针政策、基层党组织建设理论知识等，切实加强政治理论、业务知识、群众工作经验等的学习，提高驻村干部综合素养，促使驻村干部能更好更快的进入角色。

（三）明确目标任务。明确驻村干部职责和任务。落实责任到人，干部驻村期间，认真落实驻村“七项任务”。一是做好政策宣传。通过各种方式向群众宣传党的路线、方针、政策，提高群众对当前国家政策方针的认识；二是积极开展扶贫工作。帮助村级组织和群众寻找致富门路、厘清发展思路，积极向上级争取各种支持，促进群众增收和集体经济发展壮大，通过强基惠民工作切实有效地推动脱贫攻坚政策落实；三是指导好党建工作。改善村文化室办公条件，帮助村“两委”成员提高基层党组织建设理论知识水平，指导村级开展好党建工作，加强基层党组织建设。

（四）加强监督工作。进一步加强驻村干部管理、监督工作。一是要求驻村干部在所驻村公开栏中张贴照片、个人信息、“七项任务”落实情况，接受群众监督；二是要求驻村干部写好工作日记，及时反映每天的工作开展情况；三是成立驻村在岗情况检查小组，不定期对驻村干部到岗到位、日常业务开展情况进行督查，对工作积极、群众认可度高的驻村干部及时表扬，对消极应付、推诿扯皮的驻村干部进行批评；四是实行乡领导包村制度、增加驻村工作效率。实行领导干部包村，帮助、指导驻村工作队、村“两委”宣讲政策、解决群众的实际困难，并及时掌握驻村工作队工作动态，进一步督促指导好驻村工作队开展好各项工作。

【综合治理】（一）成立领导机构，强化工作责任制。一是成立了综治工作领导小组，负责开展平安建设工作，为深入开展和谐平安建设提供了有力的组织保证。二是搭建法治宣传载体，在乡主要道路入口、乡街道周边，搭建户外宣传牌2个，悬挂横幅50余条。三是以宣传、培训的形式，向各村发放的宣传资料200余份。四是与各村委会签订了目标责任书，共计签订4份，进一步营造深入开展平安创建的浓厚氛围，抓好全乡群众学法用法，不断提高群众的知法、守法意识。

（二）健全创建网络，夯实基层基础。一是配备2名专职工作人员，明确了综治岗位工作职责，确保综治办在平安建设中真正发挥组织、协调、检查、指导等职能作用。二是健全村综治网络。不断调整充实村综治领导小组成员，明确了综治专干抓综治工作，在全乡各村普遍建立综治办基础上，加强了资源整合工作。三是狠抓综治队伍建设。不断充实治安队伍，乡综治办不定期组织全乡基层综治干部培训，包括各相关职能部门、村“两委”、驻村工作队，受教育培训人数达到100%，为全面开展各项社会治安综合治理工作奠定了坚实的基础。

（三）深入开展矛盾纠纷排查调处工作，加强对重点人员的管理教育。一是积极开展扫黑除恶工作。建立健全了乡、村、组三级扫黑除恶工作网络，下发了相关工作计划，与各行政村签订工作责任书，深入村、学校、工地等场所进行广泛宣传，增强全民的扫黑除恶工作氛围，积极开展重点单位和重点场所排查工作。二是建立了矛盾纠纷排查调处工作例会制度。为了加强对农牧区基层矛盾纠纷排查调处力度，全力维护基层的社会稳定，营造良好的社会环境，为经济发展保驾护航，建立了矛盾纠纷排查调处工作例会制度。

（四）加强流动人口管理。在疫情防控期间，乡党委政府按照上级要求，不断加强流动人口和外来商户的管理服务工作，对特种行业采取内紧外松的原则严加管理，对公共场所和治安混乱地段采取切实有效的办法加以整治，清除影响社会稳定的各类隐患，确保全乡公共卫生安全。

（五）进一步构筑和完善治安防控体系。加大防范措施，充分发挥各防范组织的作用，抓好各项措施的落实。在重大节日全乡各级巡逻队员认真履行职责、坚守岗位，并提高处置突发事件应变能力，熟练掌握相关业务知识，维护好全乡人民的生命安全。同时加强了节假日、星期日、下班后、夜间的巡查，做好记录，准确掌握情况。

（六）“双联户”服务管理工作。为进一步做深做细宗沙乡“双联户”服务管理工作，始终把“双联户”服务管理工作、“先进双联户”创建评选工作放在重要位置，加大对“双联户”的日常监督考核和评级工作，充分发挥领导干部在工作中的组织带头作用，坚持“一把手”工程，党政主要领导带头抓，分管领导亲自抓，具体工作有人干，进一步加强组织，强化领导。

【社会事业发展】（一）强化教育事业发展，各项教育指标按期完成。宗沙乡将教育发展作为“十三五”以来全乡发展的重要部分，为了提高教育事业的发展，乡党委、乡政府非常重视，研究成立了以乡党委副书记、乡长为组长，主管教育的分管领导和乡中心小学校长为副组长的教育工作领导小组，各村也相继成立了以村委会主任为组长、村监督委员会主任为副组长的领导小组，负责名村教育事业、控辍保学等工作，有效地促进教育事业再上新台阶。截至年底，小学适龄儿童入学率达100%，中学入学率达100%。

（二）社会保障协调发展。扎实开展新型农村和城乡居民社会养老保险，确保养老金按时足额发放，在乡政府支持下对全乡以行政村为单位，在各个自然村都分别召开了多次宣传大会，通过强有力的宣传，参保率达到100%。

（三）全力做好最低生活保障工作。加强低保、“五保”工作规范化管理，进一步扩大低保面，严格规范低保申请审查程序，确保把真正困难的群众全部纳入低保范围。落实动态管理工作，及时审核调整。对已有低保户严格进行核查，确保应保尽保。全乡有低保169户975人，“五保户”30户，残疾人169人。

（四）全力打造“文化宗沙”，夯实文化活动阵地。以开展农村群众性文化活动为内容，以丰富、提高农村文化生活为目标，扎实有效推进全乡文化建设各项工作。乡文化站、各村农家书屋建设管理良好、书籍发放到位、管理制度较完善，各村的书屋每周开放一次并由专人管理借阅登记，运行良好。

（五）强化管理，确保卫生院良性运转。一是按时完成计划免疫指标，计划免疫率达100%。二是严格控制卫生各项指标，不断降低婴儿死亡率和孕产妇死亡率。三是推进合作医疗工作。合作医疗个人集资覆盖率达100%，牧民应保尽保率100%。四是加强食品药品综合监管。五是在全乡范围内进行了多次的食品药品安全检查，主要针对问题食品、过期食品药品等方面开展10次检查，对查获的过期食品药品采取了集中销毁或深埋处理。六是加大餐饮消费环节监管情况指标，加大对学校食堂及周边餐饮业安全检查力度，保障宗沙乡及过往人员安全消费。

【经济发展】（一）打造全乡新形象，建设社会主义新农村。为了确保环境综合治理活动在全乡范围内顺利开展，宗沙乡成立以乡党委副书记、乡长为组长环境综合整治领导小组，制定了《宗沙乡环境综合治理实施方案》《宗沙乡环境综合治理管理制度》《宗沙乡环境综合治理实施细则》等，建立了机制、完善了制度，为农牧民群众营造一个良好的生产、生活环境，促进全乡经济全面协调可持续性发展。

（二）全面做好交通安全管理工作。宗沙乡全面贯彻落实县委、县政府安排部署，全力预防各路段的重大交通事故，坚持安全第一，预防为主，防重于抢，有备无患的原则，切实做好道路隐患排查工作。为了将道路交通安全隐患排查工作落到实处，及时组建领导小组，制定应急预案，建立24小时值班制度，严格执行道路交通安全隐患排查制度，切实做到领导到位、任务到人。

（三）广电工作方面。在县委、县政府的正确领导下，宗沙乡开拓创新、攻坚克难，广电产业不断壮大，很好地发挥了舆论导向作用，社会文化服务功能也明显增强，广播影视各项工作保持了积极向上的发展态势。除牧区外，完成了广播电视“村村通”卫星接收设备和光伏电源的调换维修。

（四）国土工作方面。根据《地质灾害防治条例》《国家突发地质灾害应急预案》《西藏自治区突发公共事件总体应急预案》《西藏自治区地质灾害防治条例》等，制定预案，及时成立领导小组，充分发挥群防群测机制，2020 年，未发生重大地质灾害。

肯通乡

【概况】 肯通乡位于县城北部，距县城 80 千米，全乡面积约 684 平方千米，平均海拔 4100 米，毗邻乡镇有察雅县扩达乡、王卡乡，昌都市卡若区妥坝乡、埃西乡。全乡辖 6 个行政村，26 个自然村，属纯牧业乡，全乡共 629 户 2734 人，人口 1000 人以上的有 1 个行政村，其余 5 个行政村人口均在 500 人以下，全乡共有 9 个党支部，正式党员共 147 人，村“两委”班子成员共有 32 人，“双联户”户长 59 人，八大生态岗位 569 人，低保 1 户 3 人，“五保户”15 人，残疾人 54 人，劳力 1571 人，2020 年年底人均年可支配收入 12518 元，牲畜存栏 7477 头（只、匹），草场面积 39.55 万亩，禁牧草场 9 万亩，森林面积约 218010 亩，是察雅县境内最大林业资源保护区。

肯通乡地处高海拔地区，气候条件恶劣，有高山、草原、森林，冬长夏短，阳光充足，由于其特殊地理位置，群山内埋有的矿产资源有：铁矿、铜矿；林下资源有：冬虫夏草、人参果、贝母以及各类草药和菌类等；野生动物品种有马鹿、狼、野鸡、盘羊、熊、穴猪、狐狸、野猪、獐子等，早年间曾在肯通乡境内发现过国家一级保护动物雪豹；气候状况属于高海拔高寒气候，全乡主要自然灾害是雪灾、风灾、洪灾。肯通乡群众的经济来源主要是依靠牧业生产和资源采集收入。

【脱贫攻坚工作】（一）“五个一批”情况。发展产业脱贫一批：肯通乡牦牛养殖产业项目于 2019 年 9 月正式投入运营，项目资金 217.89 万元，现有牦牛 94 头，带动 22 户 34 人建档立卡群众。“短平快”项目一个，设置在堆热村集中安置点，主要经营范围有馒头店、餐饮、理发、维修、超市，带动建档立卡 6 户 19 人。易地搬迁脱贫一批：肯通乡共易地搬迁户 47 户 197 人，其中唐琼孜易地搬迁点 28 户 119 人，堆热村小型集中安置点 19 户 78 人。生态补偿脱贫一批：2020 年年初根据自治区、市、县关于生态岗位补偿政策要求，为避免岗位福利化，全面实施了调查调整，调整后生态岗位 569 人。发展教育脱贫一批：肯通乡完全小学有学生 107 人，建档立卡户学生有 54 人，肯通乡 0 ~ 15 岁共 783 人，7 ~ 15 岁的 384 人全部入学，入学率达 100%。社会兜底保障一批：肯通乡“五保户”共 15 人，低保 1 户 3 人，残疾人 54 人，寿星老人 21 人。

（二）“两不愁三保障”情况。不愁吃：肯通乡人均纯收入基本已达到 1 万元 / 年，吃饱、吃好完全有保障。关于饮水安全问题，肯通乡 6 个行政村饮水安全工程全覆盖，因高海拔原因，在堆热村安置点打有水井，确保冬季正常供水。无因饮水问题而导致的地方病和传染病的发生，通过肯通乡的各个饮水点、地表水都进行了水样检测，水质安全。不愁穿：群众穿不愁且四季有换洗衣物，但牧区群众的个人卫生习惯较为落后，乡党委、乡政府已在个人卫生习惯方面进行了引导，效果明显。住房安全保障：除易地搬迁外，2020 年全乡核定危房户 10 户，全部完成维修改造，经查肯通乡已不存在住房安全保障问题。医疗保障：肯通乡全民参加了合作医疗保险，可享受大病保险和医疗救助政策。肯通乡建档立卡慢性病有 43 人，非建档立卡慢性病有 74 人，建档立卡重大疾病 7 人，非建档立卡重大疾病5人，家庭医生签约服务已全部覆盖到建档立卡、慢性病、重大疾病家庭。教育保障：义务教育阶段学生可享受“三包”政策，建档立卡户学生可享受“两免一补”以及其他教育补助政策。2017—2018年共解决了5名大学生的助学政策，其中建档立卡大学生1名获得免费教育补助资金15000元，普通大学生4名获得“金秋助学”助学资金共计30080元，2020年向工会申报了6名新大学生的“金秋助学”奖励资金。

【疫情防控】 2020年以来，在县委、县政府的坚强领导下，按照内防管控、外防输入的原则，带领全乡干部群众上下一心、全力以赴，共同打好疫情防控阻击战，守护人民群众身体健康和生命安全。一是加强组织领导。迅速成立乡党政主要负责人为组长的肯通乡应对新冠肺炎疫情防控工作领导小组，下设社会防控组等7个工作小组，负责全乡疫情防控工作。二是组织乡村干部、派出所干警、村组干部、村医，在乡卫生院的指导下，挨家挨户对外出返乡人员进行排查，共排查外省返乡人员1人，实行“一对一”“多对一”的管理，就地实行居家医学隔离观察，同时追踪密切接触者，全部实行居家隔离14天的医学观察。三是由派出所主要负责，在全乡对外交通道口设立卡点，对进出车辆及人员实行严格管理，部分村及时行动，将疫情防控纳入村规民约管理，提高了管控效率。经全乡干部群众共同努力，肯通乡没有出现任何疫情风险。

【社会经济工作】 一是经济发展态势良好。“十三五”期间，肯通乡社会经济持续增长，2018年年底人均年可支配收入12518元。二是畜牧业工作得到健康发展，综合实力全面提升，肯通乡紧扣发展第一产业这一主题，积极调整牧业结构，积极引导农牧民群众学科学用科技，始终把科学养畜贯穿于全乡牧业生产中，树立正确的养畜观念，大力发展全乡畜牧业。借助脱贫攻坚“东风”，充分利用地理优势，结合实际成立了牦牛养殖扶贫产业，带动了22户34人建档立卡群众分红。三是采集业蓬勃发展。一方面，虫草采挖收入是高海拔地区农牧民经济收入的主要来源，也是肯通乡群众脱贫的一项重要手段，2020年的资源管理费就达到了近500万元，普通劳动力家庭靠采集虫草人均收入可达5000 ~ 8000元，多劳动力家庭人均收入已超万元。另一方面，肯通乡林下资源丰富，每年的8月前后，群众靠采集獐子菌、人参果、贝母等均能达到人均收入1000元以上。为有效解决经济空壳村的问题，在上级组织的支持下，达如村、多雄村、爱如村逐步建立了村集体经济组织，主要经营虫草、菌类等林下资源，既规范了市场经营，也稳定了群众的增收。四是内生动力转变，劳务输出逐步成熟。肯通乡共有28人参加了县组织的技能培训，其中驾驶技能培训3人、民族手工艺培训3人、机械驾驶6人、建筑施工培训5人、汽车清洁2人、电焊培训1人、村医培训6人、保安员培训1人、美容美发培训1人，实现3人自主就业、10人临时就业。另外借助基建发展形势，乡党委、乡政府在近年的各大基建项目实施时期，组织各施工单位就贫困户进行劳务输出进行商谈，要求各施工单位要充分发挥带动作用，帮助提供肯通乡贫困户劳务输出渠道，以增加群众收入和本地经济增长，共实现劳务输出200余人次（包括运输），其中建档立卡有59人，群众直接创收共计100万余元。五是基础设施建设全面推进。根据规划，经过乡党委、乡政府积极协调上级部门，实施了乡级公路修建2条，全长50多千米；村级公路修建6条，全长90多千米；新建饮水工程16处，提升改造10处，确保全乡安全饮水全覆盖；新建村级活动场所6处，设置了卫生室、文化阅览室等，强化了基层组织阵地建设；积极发展产业建设，解决空壳村问题，分别在多雄村建立了牦牛养殖产业和獐子菌加工厂，在堆热村集中安置点发展了“短平快”项目，设置了超市、餐饮、摩托车维修、理发等经营模式，在达如村建立了超市集体经济，在爱如村发展了林下资源加工销售集体经济；社会化服务体系基本建立健全，包括有：加油站、客运站等。六是支农惠农政策力度不断加大。中央对西藏的扶持帮扶力度逐年加大，肯通乡就村干部待遇、草原生态保护补贴、生态岗位、农牧区“一孩双女”奖励、残疾人补贴、“五保户”供养、农村低保、“三老”人员生活补贴、兽防员、村医、科技特派员等直接关系到群众切身利益的惠农资金20余项，今年兑现资金达131万余元。

【政府各项事业工作】（一）教育。结合均衡教育工作，肯通乡中心完小在县委、县政府、县教育部门的重视下，基础设施建设和资源分配得到了有效提升和改善，同时乡党委、乡政府联合学校针对肯通实际深入开展了教育机制调研和整改工作、适龄儿童招生工作、困难学生激励帮扶工作等，在一定程度上转变了肯通乡落后的教育机制和教职工的工作作风，学生人数也增长到了107人，同比往年最少学生时期增长了200%，另外为做到底数清、情况明，乡专门对九年义务教育学生在学在校情况进行了摸底调查，建立了数据库。为巩固教育成果，防止大学生因贫失学、因学致贫的情况发生，肯通乡专门建立了大学生交流微信群，在关心大学生在外学习生活之余，还积极与县教育、团委、工会、青妇联等单位协调解决大学生激励帮扶机制。

（二）卫生。一是逐步建立起服务于农牧民群众的农牧区医疗制度为主体，大病医疗保险、医疗救助、农牧民孕产妇住院分娩奖励补助等制度为补充的医疗保障制度，防止群众“因病致贫、因病返贫”的情况发生；二是肯通乡全民参加了合作医疗保险，可享受大病保险和医疗救助政策。肯通乡建档立卡慢性病有43人，非建档立卡慢性病有74人，建档立卡重大疾病7人，非建档立卡重大疾病5人，家庭医生签约服务已全部覆盖到建档立卡、慢性病、重大疾病家庭。

（三）文化。一是乡党委理论学习中心组对党的十九大、治国理政、习近平新时代中国特色社会主义思想、习近平在扶贫领域重要论述、党的十九届五中全会、中央第七次西藏工作座谈会等理论进行学习，补全相关会议记录、简报和党委班子个人学习笔记。二是建立健全肯通乡干部理论学习常态化机制，下发红头文件明确每周五下午为学习日，对各级重要会议精神、各级重要领导讲话精神、重大政策进行学习，文件明确规定学习过程中必须及时产生学习记录、学习台账、干部学习笔记、学习简报等印证资料。三是结合脱贫攻坚、“四讲四爱”、民族团结等专项教育活动，充分利用驻村工作队和村“两委”班子、“双联户”户长在群众中广泛开展常态化宣讲教育，截至年底全乡累计召开乡级培训会2场，村级召开夜校、培训班70多期，乡、村干部入村入户宣讲督导约310次，宣讲对象3000余人次。四是2020年以来结合实际开展了一些群众喜闻乐见的文化活动，积极组织了干部、老师、学生、学生家长共同参与的校园艺术文化活动，组织了村级“3·28”纪念日文艺活动，促进常见文化事业向纵深和更高层次发展。

（四）安全生产。在各生产建设领域，乡政府始终坚持“安全第一，预防为主，综合治理”的方针，加强安全生产教育和培训，适时地进行安全生产检查，涉及内容有防火、防盗窃、车辆交通、农房建筑、电力线路、设施维护等各方面，特别是在实施项目工程建设中，对建设工地中的安全工作进行现场监督、指导。肯通乡未发生一起重特大安全生产事故，有效地防范确保了全乡各项事业建设发展的安全有序进行。

【综合治理】 肯通乡全面按照中央、自治区、市、县等上级相关部门社会治安综合治理工作的总体安排，认真落实了治安管理的各项措施，并切实开展了法治宣传教育工作，形成了“标本兼治”的工作格局，取得了很好的成效。乡党委、乡政府主要领导多次组织干部下村对往年遗留下来的资源纠纷进行调节，提前介入、提前摸排，掌握第一手情报信息。全年，全乡未发生过一起重大群体性事件。认真开展了反分裂斗争工作。结合法治宣传教育在各村和寺庙、学校分别进行了1次以上的反分裂斗争的专题教育，使广大农牧民群众清醒地认识到了反分裂斗争的重要性，有效地增强了乡干部群众反分裂斗争工作的思想防范意识。

【生态保护工作】 全乡共有569个生态岗位，岗位政策的实施，责任的强化，切实让群众在提高自身的环境保护意识的同时，又能通过吃上“生态饭”增加政策性收入，实现稳步脱贫。在乡党委、乡政府的号召下，在各村自发组织下，共实现植树造林约2000株，全民生态意识逐步建立，生态建设持续健康发展。

【自身建设】（一）转作风、树形象，服务意识不断加强。一是严格落实中央八项规定，“三公经费”得到有效控制，同比下降37.2%，其中公务接待费下降50.2%；二是狠抓干部思想作风、工作作风及纪律作风建设，干部职工的责任意识、服务意识和大局意识明显提高，乡党委、乡政府班子的凝聚力、创造力和战斗力明显增强；三是进一步完善了各项规章制度，强化干部管理，保持政令畅通；四是加强重点项目全程监督，规范资金管理和权力运行，扎实推进政务、村务公开；五是强化便民服务室管理，规范办事行为，提高办事效率。

（二）应急能力不断增强。一是建立完善了组织机构，成立了突发公共事件应对工作领导小组，组建了突发公共事件应急救援队。二是进一步完善《肯通乡突发公共事件应急预案》和相关制度，全乡应急处置水平得到进一步提高。

（三）民主法治稳步推进。一是认真组织落实政务村务公开，保障了群众的参与权、知情权和监督权。二是积极办理人大代表意见建议，做到事事有回音，件件有落实。三是继续开展“七五”普法工作，完善了人民调解工作机制，认真化解了各类矛盾，调解了各类纠纷11件。

（四）社会秩序持续稳定。一是认真落实安全生产“一岗双责，党政同责”责任制，着力强化安全监管和对各类隐患的排查整改，社会风险评估和公共应急机制逐步健全和完善，全乡安全态势平稳，2020年无重特大事故发生；二是严厉打击非法组织和各类刑事犯罪，善良、正义、和谐得到彰显，广大群众更有安全感；三是认真做好群众来信来访工作，真诚回复群众的合理诉求，实现了无重大群体性事件，全乡社会政治和谐稳定。

（五）社会大局和谐稳定。加强对调解委员会、妇联和共青团等群众团体的领导，群团组织作用有效发挥。坚持党管武装的原则，完成了每年的征兵任务，民兵队伍建设得到加强。

巴日乡

【概况】 2020年是全面建成小康社会、决战决胜脱贫攻坚之年，也是“十三五”规划收官之年。2020年，在县委、县政府的坚强领导下，巴日乡坚持目标导向，聚焦脱贫攻坚和乡村振兴，以增进百姓福祉为落脚点，不断完善基层基础工作体系，创新工作推进机制模式，有效应对新冠肺炎疫情影响，统筹做好稳增长、促改革、调结构、惠民生、防风险等各项工作，全乡经济社会发展总体平稳。

巴日乡海拔3750米，位于察雅县东南部，距县城130千米，区域面积701.08平方千米，下辖15个建制村、45个自然村，全乡共计746户5037人，劳动力2682人，农牧民党员195人。截至年底建档立卡户443户3062人，其中2016年脱贫36户256人，2017年脱贫20户144人，2018年脱贫21户145人，2019年脱贫366户2517人；2019年8月动态调整增加104人，减少83人。全乡牲畜总头数17130头（只、匹）（牦牛5813头、犏牛2737头、黄牛3218头、绵羊1891只、山羊3051只、马

420 匹）。全乡天然草场面积为 57.9 万亩、可利用草场面积为 55.47 万亩；耕地面积 4210.4 亩（其中水浇地 1558.4 亩、旱地 2652 亩）；2019 年粮食总产量 632.85 吨。乡政府共有编制人员 50 人（含卫生院 4 人，借调、调走 10 人，产假病假 3 人，驻村 21 人，担任支部书记的 5 人。班子成员平均年龄 37 岁，乡干部平均年龄 31 岁），机关党员 25 人。巴日乡中心小学在校生 447 人，任课教师 20 人（含公益性岗位）。全乡共计有 6 座寺庙，共 270 名僧尼。其中则松寺属格鲁派（编内 50 人、编外 43 人），巴日寺属格鲁派（编内 49 人、编外 24 人），珠寺正科级寺庙属萨迦派（编内 20 人，编外 7 人），尼姑寺属格鲁派（编内 16 人，编外 21 人）、拉布寺属萨迦派（编内 10 人，编外 16 人）、白娘寺属萨迦派（编内 3 人，编外 12 人）。

【党建工作】（一）深入学习贯彻党的十九届四中、五中全会精神及中央第七次西藏工作座谈会精神，全面提升基层党建水平。坚持以习近平新时代中国特色社会主义思想武装头脑，认真学习贯彻落实党的十九届四中、五中全会精神及中央第七次西藏工作座谈会精神，全面落实自治区党委、市委、县委部署要求，推进治理体系和治理能力现代化工作。每周定期召开党建工作例会，全面提升基层党组织书记业务工作。

（二）发挥党组织领导作用，在疫情防控中突显党员的中坚力量。“关键时刻站出来，危难时刻冲上去。”在疫情防控阻击战中，巴日乡各级党组织充分发挥党支部战斗堡垒作用，通过党支部凝聚党员做先锋、发动群众齐参与，编织起了严密的基层疫情防控“保护网”，为打赢抗疫阻击战打下坚实的基础。巴日乡党委、乡政府及时改进工作思路，召开疫情防控会议，共设立 17 个疫情防控值勤点，每天约 100 名党员参与到疫情防控第一线中来。

（三）深入推进党建指导员工作制度，规范村级活动场所建设和运行。结合实际制定《关于选派村级党建指导员的通知》，选派一批优秀党务工作者作为党建工作指导员派驻 15 个村，形成巴日乡党建指导员制度和经验做法，进一步提升基层党组织党建工作水平。

【疫情防控】（一）高度重视，强化主体责任。疫情防控工作开展以来，巴日乡党委政府高度重视，迅速成立了以巴日乡党委书记洛珠为组长的疫情防控工作领导小组，第一时间带领派出所、卫生院工作人员在入乡路口设卡立点，对外来车辆、人员一一登记并要求按规定居家隔离，接触隔离后方可外出。洛珠担任外来及返乡居家隔离人员监管责任人，每天过问居家隔离人员身体状况，要求各驻村工作队及村组织班子一对一管理居家隔离人员，每天汇报各村居家隔离人员总体情况。

（二）压实责任，明确责任分工。为切实加强居家隔离工作的组织领导，巴日乡党委结合巴日乡实际，召开专门会议定责定人定措施，严格落实居家隔离工作。一是疫情防控工作领导小组统筹领导，对辖区居家隔离工作开展督导检查，确保各项措施落实落细。为居家隔离工作提供必需的物资保障。二是驻村工作队及村组织班子负责对居家隔离人员信息进行登记，发布信息公告。宣传居家隔离相关政策，确保居家隔离期间做好个人防护，不随意走动、不串门、不参加聚会活动。三是乡卫生院及村卫生室为居家隔离人员配备“五个一”（一支体温计、一瓶消毒液、一本宣传册、一个口罩、一张表格），每日监测被隔离人员健康状态。宣传健康知识，严格落实传染病报告制度。对被隔离人员生活垃圾进行消毒。与上级医院做好衔接工作，确保第一时间将疑似病人转诊至定点医院。

（三）强化宣传，注重日常防护。疫情发生以来，巴日乡广泛动员党员干部积极进行《新型冠状病毒感染的肺炎公众防护指南》的防疫知识宣讲，并充分利用农村大喇叭宣读相关防疫知识。积极做好疫情防控知识普及，引导群众正确理性看待疫情，增强自我防范意识和防护能力。同时，采取入户宣传、排查等方式，每天进行体温监测以及必要的心理疏导，及时做好群众解释工作，避免引起焦躁。做到引导村民正确认识、做好防护、维护健康，坚决打赢疫情防控阻击战。

截至2020年年底，全乡未发现新型冠状病毒感染的肺炎患者，未有拒不居家隔离采取强制措施的居家隔离人员，全乡累计发放疫情防控防护指南1000余册，入户宣讲疫情防控知识1000余次，受教群众达5000余人次，基本做到疫情防控知识宣传全覆盖，全乡疫情防控工作有序开展。

【综合治理】（一）有针对性地制定各类维稳方案，切实强化维稳工作安排部署。巴日乡维稳工作领导小组以坚决打赢维稳攻坚战为总目标，立足应对随时可能发生的涉稳风险，从严从实从细做好保安全、护稳定工作，结合巴日乡实际及上级有关文件通知精神，制定了《2020年巴日乡维稳工作实施方案》《巴日乡维稳处突应急预案》等一系列针对性强、易于操作的方案、预案。

（二）深入开展社会治安隐患排查整治，及时消除各类矛盾隐患。2020年以来，巴日乡党委、乡政府切实加强了对重点单位、要害部位的隐患排查，确保安全。每月月初对辖区内重点单位、要害部位的底数和情况进行一次深入认真的调查摸底，对发现的安全隐患及时督促进行整改；以“七个不放过”的要求，加强对辖区内公共复杂场所隐患的排查，坚持杜绝各类安全事故发生。全力消除“七个隐患”，与各村、各寺管委会逐一签订安全管理责任书，明确管理要求，落实安全责任，彻底整改隐患；加强安全生产隐患、道路安全隐患、消防隐患排查力度，定期组织乡干部、驻村工作队、寺庙管委会、村组织班子、公路养护员对全乡施工场所、各村农机具生产生活器械、通往乡政府主干道、通往各村主干道一一进行排查，未发现隐患问题。同时，要求各负责人定期对管辖范围内各类隐患进行排查，有问题第一时间上报处理并做好相关防护工作。

（三）大力开展矛盾纠纷排查调处工作。巴日乡以重点预防化解“六个冲突和矛盾”，要求各驻村工作队、各寺庙管委会要及时、认真排查违法犯罪和不安定因素等预警性线索和苗头，提高预警能力，深入开展社会矛盾纠纷排查化解工作。全面排查掌握辖区内存在的不安定因素，加大对虫草、草场等资源纠纷和征地拆迁、拖欠民工工资、家庭纠纷等多发性矛盾纠纷排查调处力度，密切关注基础设施建设过程中出现的新问题，真正做到对不稳定因素尤其是可能引发群体性事件的苗头、事端底数清、情况明，严防达赖集团和境内外敌对势力插手利用。

（四）严密社会面治安防控，创造良好的社会治安环境。巴日乡党委、乡政府以派出所民警为骨干，以乡干部、村组织班子成员、驻村工作队队员、“双联户”户长、群防群策员、民兵为基础，组建专群结合、点线面结合、科学合理的治安防控网络，可防性案件、多发性案件、危害大的刑事案件和治安事件得到有效防范和遏制，重大群体性事件得到及时发现和处置；强化巡逻防范的力度。把巡逻、巡防、巡查工作作为社会面防控的基本勤务模式。成立由乡党政主要领导、各村居驻村工作队队长、支部书记牵头，乡派出所干警、乡干部、村组织班子成员、“双联户”户长、护村队、护寺队组成的巡逻队，定期对乡政府周边学校、超市、各村、各寺庙重点场所展开巡逻。巴日乡党委、乡政府牵头组织乡派出所、各寺庙管委会、各驻村工作队定期全面排查涉及社区矫正人员、精神病患者等12类人员，做到底数清、情况明，严格落实“一对一”“多对一”管控教育措施，要求直接管控教育人员每月向乡党委、乡政府报告管控人员思想动态、管控措施，做到不漏一人、不出一事，加强帮教教化工作，做到应管尽管、应控尽控。

（五）强化信息工作，提升预知能力。巴日乡党委、乡政府积极发挥驻村工作队、寺庙管委会、驻寺民警和民生信息员的作用，为指挥决策提供及时有效的信息支撑，把影响社会稳定和安全的事端、苗头处置在萌芽状态。

（六）强化督导，确保各项措施落到实处。2020年以来，巴日乡维稳工作领导小组不定时带队前往辖区内各村居突击检查，检查各驻村工作队值班备勤、带队巡逻等各项维稳措施落实情况，对落实不力的村居提出批评整改意见，对落实到位、村社会局势良好的村提出表扬总结先进工作经验供其他村学习借鉴。2020年，累计开展督导40余次，15个村全覆盖，通过督导整改，全乡各类维稳措施不断完善，社会局势整体稳定。

【精准扶贫工作】 为巩固脱贫成果、提升脱贫质量、实现稳定脱贫。2020年以来巴日乡党委紧紧围绕“两不愁三保障”，多措并举努力确保贫困群众稳定脱贫，减少返贫现象发生。

（一）加强政策宣传引导，激发群众内生动力。2020年以来，巴日乡党委、乡政府多次集中组织15个行政村驻村工作队深入436户建档立卡户进行全面细致的政策宣讲，同时要求驻村工作队在入户调研时加强对非建档立卡户群众政策宣讲力度，提高非建档立卡户群众满意度和幸福感，做到政策宣讲全覆盖。同时通过宣讲党和国家的各项惠农支农政策，激发了贫困群众干事创业的积极性，进一步树立了贫困群众从“我要脱贫”到“我要致富”的思想。

（二）以产业发展为导向，巩固脱贫成效。巴日乡有养殖蜂蜜、沙石厂和獐子菌黄菌烘干三个产业项目。一是养殖蜂蜜产业项目初见成效，2020年以来巴日乡蜂蜜已累计售出600余瓶，为贫困户带来增收10余万元；二是獐子菌黄菌烘干项目稳步推进，獐子菌黄菌烘干产品已初步投入市场，截至年底共售出423盒，为14户建档立卡贫困户带来20000元增收；三是咖啡机项目已落地投入市场，共计在察雅县人民政府办公楼、县委组织部等地投入11台，下一步巴日乡将进一步考察市场，争取在更多场所投入咖啡机，抢先占领察雅市场，扩大市场规模，为群众增收添动力。

（三）强化督导整改，精准扶贫数据。2020年以来类乌齐县精准扶贫交叉普查组、察雅县扩达乡交叉普查组、芒康县精准扶贫交叉普查组陆续深入巴日乡对全乡15个行政村、436户建档立卡贫困户村级资料、户档资料、“两不愁三保障”方面进行了深入细致的检查，提出了8大类、400余条问题建议。巴日乡党委高度重视普查工作，要求各驻村工作队积极配合交叉普查组，当天发现的问题能当场整改的立即整改，当场整改不了的要求明确整改时限。交叉普查结束后，乡党委多次组织乡干部深入15个行政村督导整改工作，帮助解决整改过程中遇到的困难。整改工作已全面完成，全乡2019年之前精准扶贫资料也全部归档。2020年以来的交叉普查工作进一步翔实了巴日乡的基础数据，补齐了巴日乡精准扶贫工作的短板，也为巴日乡下一步精准扶贫工作提供了更多的思路，进一步规范了工作流程。

（四）控辍保学方面。教育是阻断贫困代际传递的根本途径，巴日乡党委历来高度重视控辍保学工作，多次在大会上三令五申要求各驻村工作队做好适龄儿童入学工作。2020年以来巴日乡指定一名控辍保学专干，作为学校和各驻村工作队沟通的桥梁，已累计劝返30余名失学儿童，全乡无一例失学儿童。

（五）社会保障方面。2020年，巴日乡按照县民政局通知要求，再次对全乡残疾人进行了全面细致的摸排并建立完善了残疾人档案。截至年底，全乡累计发放农村低保资金1088925.193元，价格补贴资金84323.16元；分散特困人员资金162603元，价格补贴资金2772.84元；困难残疾人生活补贴资金204000元，重度残疾人护理补贴199200元，切实改善了全乡困难群体生活状况，保障了全乡困难群体基本生活权益。

（六）转移就业方面。巴日乡高度重视农牧民转移就业工作，积极解决农牧区富余劳动力就业，一是与县社保局协调沟通，争取更多培训机会，力求做到每户至少一人掌握一技之长；二是多方协调，解决就业岗位。巴日乡共有外出务工人员200余人，月人均收入达1500元以上。

（七）民生改善方面。为切实实施好民生工程，让人民群众共享改革发展成果，巴日乡党委、乡政府科学调度、统筹安排、狠抓落实，确保了各项民生工程顺利开展。一是全乡道路硬化工程有序推进，4条村级公路硬化均已验收通过，察芒公路至乡政府干道正在有序推进。二是"三区三洲"电网改造工程已完成，铁塔、电杆、电线已建设完成，全乡除部分自然村外均已接入国家电网，全乡群众生活水平不断提高。三是扶贫车间项目工程主体建筑已完工，附属广场及配套设施预计2021年内完成。项目实施后，将进一步带动全乡贫困群众致富增收，巩固脱贫成效。四是乡政府改造项目已开始施工，项目完成后将进一步丰富干部及周边群众文娱生活，提升政府形象，同时通过扶贫宾馆营收分红形式带动部分贫困户增收。

王卡乡

【概况】2020年以来，王卡乡坚持以习近平新时代中国特色社会主义思想为指导，全面贯彻党的十九大及十九届二中、三中、四中、五中全会精神，在县委、县政府的正确领导下，县直各部门的指导下，着力抓好党的基层组织建设、维护社会稳定、脱贫攻坚、经济发展、生态保护等重点工作，全乡呈现出社会持续和谐稳定、经济健康快速发展、脱贫攻坚稳步推进的良好局势，较好地完成了全年的各项目标任务。

【基层党建】（一）落实党组织书记第一责任人责任，增强抓党建的主动力。乡党委书记作为抓基层党建工作的"第一责任人"，严格履行"书记抓、抓书记"的党建责任制，首先，做到了领导带头"亲自抓"。与各基层党组织书记签订《党建工作目标责任书》。重点做到"三抓"：一是抓住思想不能散。村党支部是党在农村全部工作和战斗力的基础，支部书记是"排头兵"和"领头雁"，无论开会还是培训，首先把思想政治教育放在首位，要求支部书记严明政治纪律，严格遵守党章，在思想上、政治上、行动上与乡党委保持高度一致，做到思想上同心。二是抓住方向不能偏。要求各支部书记要坚定理想信念，不仅要有实现"两个一百年"奋斗目标的坚定信心，而且要有办好两件大事的使命担当，要维护大局，凝心聚力，做到目标上同向。三是抓住工作不能乱。2020年全县的大局是脱贫增收、经济转型、城乡统筹、安全稳定、民生改善、项目建设等，这些既是全县的工作重点，也是农村的工作重点，因此，乡党委要求各支部书记严肃工作纪律，严格执行中央八项规定要求抓好每一项工作。

（二）落实党员教育培训工作，增强干部队伍素质。基层党建的核心是干部队伍建设，王卡乡按照建立学习型党组织的要求，结合先进性和纯洁性建设，坚持每月两次的党委理论学习中心组的学习；利用远程教育站点，提高党员干部的政策法规水平和实用技术技能；以选好训强农村基层党组织书记为重点，认真实施了农村培训计划，对全乡12名选派村支部书记和骨干党员进行集中培训3次，增强了农村党员干部宗旨意识、发展意识和法纪意识，提高了他们带头致富、带领致富、带动和谐的能力。

（三）创新活动载体，增强组织创新活力。继续抓好从场所建设、硬件完善、软件规范，党员活动、服务群众、工作业绩、群众评价等方面全方位推进，充分发挥基层党组织推动发展、服务群众、凝聚人心、促进和谐的积极作用。

【综合治理】（一）严格执行24小时值班制度，加强治安巡逻。2020年以来，王卡乡成立了值班领导小组，将任务落实到每名干部身上，特别是新冠肺炎疫情及各重要时期做到24小时在岗在位，组织联防队25名队员全天候不间断巡逻，通过这一系列工作有力地为王卡经济社会保驾护航和社会稳定筑起铜墙铁壁，也让涉黑涉恶人员不敢轻易露头挑事。

（二）落实扫黑除恶专项斗争工作。开展“扫黑除恶、打非治乱”专项斗争，是以习近平同志为核心的党中央在全面建成小康社会决胜阶段和中国特色社会主义进入新时代的关键时期作出的一项重大决策，是推进国家治理体系和治理能力现代化、促进党和国家长治久安的重要举措。习近平总书记高度重视扫黑除恶专项斗争，多次作出重要指示批示，为做好这项工作指明了方向、提供了遵循，也提出了新的更高要求。进一步把思想和行动统一到党中央和自治区党委、市委、县委决策部署上来，牢固树立“四个意识”，切实把专项斗争作为一项重大政治任务摆在突出位置，以更加坚强有力的组织领导、更加积极主动的姿态、更加真抓实干的作风，扎实推进专项斗争向纵深发展。2020年以来，王卡乡开展各类宣传活动。一是组织在乡干部、各村驻村工作队、驻寺工作队、派出所辅警共同学习上级文件精神15次，共同研究辖区内当前社会形势7次，悬挂横幅8条，发放宣传资料270余份，走村入户宣传13次，受理群众咨询2000余次，签订责任书800余份，受教育群众达2000余人。二是深入排查辖区内村霸、路霸、车霸、涉黄等黑恶势力情况，经排查辖区无相关黑恶势力人员，辖区社会面总体稳定。三是按照县扫黑办要求积极上报王卡乡在每个阶段开展工作情况。通过以上工作将专项斗争深入辖区内每一名群众心中，确保工作不走样，确保辖区平安稳定。

（三）落实乡镇辖区治安管理，促进辖区安全。加强治安管理，是确保社会大局稳定的重要手段。一是健全治保调解组织。在各自辖区内，各村委都建立了由3～9人组成的治安会和调解会。王卡乡经常性地同派出所到各村指导日常工作。平时各治安会、调解会负责各自辖区的治安信息的收集反馈和初步调解工作，有效地促进了辖区内的治安管理工作，更促进了辖区维稳工作的有效开展。二是加强特种行业和外来人口的管理。特种行业、娱乐场所以及外来人员聚居地，向来是治安复杂的场所，加上川藏铁路勘察，桥梁建设，帕罗村、则努村道路硬化工程。同时，外来务工人员也相应增加。因此，对外来人口，尤其是来王卡乡打工的外来人员的管理特别重视，乡派出所将不定期地组织民警对出租屋、烧烤店、各类饭店、台球场所等治安复杂场所进行常规检查，并对外来人员和出租屋进行造册登记，做到“五个一”规范管理。2020年，辖区共登记外来务工人员431人，出租屋7间。

（四）开展做好虫草采挖期间维护稳定工作。在虫草采挖前期，提前部署各项工作：一是采挖前期到群众家去排查、化解虫草纠纷，督促村“两委”与群众签订虫草采挖安全责任书等。二是与肯通乡协商解决王卡乡群众前往肯通乡虫草采挖收取虫草资源费事项，并提前登记前往肯通采挖人员，凡没有登记人员一律不得前往采挖。三是虫草采挖期间对王卡乡采挖点和在肯通乡采挖人员进行动态实时巡逻，积极引导群众有序采挖，同时保护好生态环境。

（五）抓排查、强防控，全力维护王卡社会和谐稳定。在扫黑除恶工作中，王卡乡切实抓好矛盾纠纷排查调处工作，并且将其作为扫黑除恶及维稳工作的重点，做到预防为主，及时化解。2020年，王卡乡同派出所共排查出各类矛盾纠纷40宗，辖区矛盾纠纷排查调处工作组，积极协调联合纠纷牵涉到的部门，运用经济、行政和法律手段，并妥善处理群体性事件、突发事件，没有造成不良后果，矛盾纠纷调处率达100%。由于各类矛盾纠纷在萌芽状态中便已组织进行了化解，避免了因矛盾激化而带来的不稳定因素，有效地促进了全乡辖区社会大局的稳定。此外，在抓矛盾的排查化解的同时，也注重对各村关于扫黑除恶的信息进行摸排，每逢敏感节点期间，王卡乡都按要求做好辖区内社会治安动态，并实行零报告制度，以便出现问题能及时处理，防止在重要节点期间出现社会不稳定的因素，确保社会大局稳定。

（六）抓普法教育，促依法治理。为了提高全民法治观念，增强人们的法治意识，深入推动依法治理工作，在全乡范围内开展扫黑除恶法治宣传教育，特别抓好青少年法治教育，把学校、家庭、社会教育紧密结合起来，2020年来，乡党委书记联合派出所民警到学校讲法治课3期次，2020年王卡乡开展扫黑除恶宣讲达12次。2020年，没有发生群体性越级上访现象，没有发生影响社会稳定的突发事件，也没有发现涉及扫黑除恶专项斗争的异常情况。一些群众内部矛盾的纠纷，得到及时的调解，调解成功率达100%，依法治理效果得到进一步巩固。

【精神文明建设】（一）加强理论学习，打造学习型干部队伍。2020年以来，王卡乡坚持全员参与、整体推出、学用结合、与时俱进为原则，健全精神文明建设学习机制，构建以素质教育为核心，以知识更新为重点，以组织集中学习为重要措施，以自我学习为主要形式的学习体系，以建立高素质机关干部队伍为目标，认真组织学习了党的十九大及十九届二中、三中、四中、五中全会，中央第七次西藏工作座谈会精神，使党员干部的学习能力、创新能力、实践能力得到最大限度的激发，全面提升了领导干部的现代化知识水平，促进各项工作有效落实。

（二）坚持思想阵地建设，增强政治定力。坚持政治建设，狠抓队伍干部的思想、组织作风、纪律建设，不断提高忠于党、忠于祖国、忠于人民、忠于法律的自觉性，提高与中央、自治区党委和市委、县委保持高度一致的坚定性。按照学习进度，深入学习了党的十九大以来的一系列会议精神，严格落实《党政领导干部选拔任用工作条例》要求，严格执行“八个坚持、八个反对”和“四大纪律、八项要求”的规定，加强思想作风、学风工作作风、领导作风和生活作风建设，加强单位领导班子自身建设。

（三）医疗服务能力得到持续提升。建立健全了乡、村卫生服务点，极大地方便了农牧民群众就医买药。积极推行初级卫生保健制度，狠抓了流行性疾病的预防，农民计划免疫接种率达到了96%；认真落实新型农村合作医疗制度，并为住院病人和慢性病人做好补偿服务，五年来农民参合率逐年增多，已达到100%；深入开展了以“清洁、美化家园”为主题的农村环境卫生综合大整治，全年开展卫生整治活动36次，王卡乡及各村建立了垃圾填埋场，实行了垃圾不落地，极大地改善了村民的居住环境，提高了生活质量。

（四）文娱活动得到持续丰富。全面树立崇尚科学、和谐稳定、民主文明的乡村风貌。以繁荣农村文化、构建和谐王卡为宗旨，深入开展了文化创建，民间藏香、唐卡等传统手工艺品正在逐步走向市场，向文化产业发展；从2020年开始，充分发挥综合文化站的作用，利用十一、藏历小年、藏历新年等重大节日，开展了群众喜闻乐见、丰富多彩的节日文化活动，满足了群众文化生活需求。

（五）安全生产工作成果得到持续巩固。“安全责任重于泰山”，安全是经济发展、社会稳定的前提。王卡乡牢固树立安全理念，认真落实各行各业安全生产责任制，扎实开展隐患排查，认真消除安全隐患。全方位落实安全生产责任制，横向到边，纵向到底，建立了责任、监管、考核、处罚、安全环境和长效安全机制六大服务管理体系，确保了安全生产。同时，明确了各村支部书记、村委会主任的监管责任，乡政府同执法人员、各村主要干部签订监管责任书。在森林防火上，采取多种形式，加大宣传力度，使全乡人民都牢固树立“森林防火、人人有责”的责任意识、安全意识、防范意识；加强对护林员队伍的管理，对工作不负责任的护林员坚决辞退，绝不手软；加大宣传力度，在易发生火灾期间，乡政府相关人员及驻村工作队组织逐村进行宣传，发现隐患及时排除。在学校安全上，为每个学校都配备了保安，安装了监控设施。同时，还扎实抓好道路交通、危化行业、人员聚集场所、建筑施工、牲畜防疫、易爆物品等各行各业的安全生产，促进了全乡的社会稳定。

【脱贫攻坚成果巩固】（一）加强组织领导，健全组织机构。一是强化领导。成立了以乡党委书记为组长，乡党委副书记、乡长为副组长，党政班子成员、扶贫专干以及各村支部书记、驻村工作队队长为成员的脱贫攻坚领导小组，下设1个办公室负责工作的沟通衔接、汇报对接、督导检查等，为坚决打赢脱贫攻坚战提供了强有力的组织保障。二是建立制度。建立了扶贫例会制度，于每月27日前定期总结乡扶贫工作成效，查找不足、分析原因，安排下步工作。制定了扶贫专干集中办公制度，并选派一名专干在县脱贫攻坚指挥部办公室上挂办公，实现了工作无缝衔接，沟通顺畅。三是压实责任。按照“五级书记”抓扶贫的要求，乡村层层签订目标责任书，压实工作责任。形成了党委班子成员包村，驻村干部、村“两委”班子成员包户责任制。

（二）摸底调查，精准识别。通过逐户走访，摸底调查，收集基础信息，对建档立卡户中姓名、身份证错误进行核对，对自然增加和自然减少人员及建档立卡信息卡进行了完善和更新，对检查中出现的错误问题进行了再整改，确保建档立卡信息卡致贫原因精准、脱贫措施精准、脱贫人口精准。并按上级要求填写了昌都市脱贫攻坚建档立卡贫困户信息卡，做到了户有卡、村有册、乡有簿，采取“一村一策、一户一法”等精准扶贫措施。

（三）全面落实“5+N”扶贫措施。1. 优先发展产业，确保稳定增收。乡党委、政府将发展产业作为实现贫困人口脱贫的长久之策，立足实际，全乡产业扶贫项目主要有：王吉村油菜加工厂、则曲村藏药种植基地、娘曲村獐嘎玉泽藏香加工厂等一批小型产业项目，带动建档立卡户112户569人，共计分红180223元。2. 有序推进易地搬迁，确保住房安全。乡党委、乡政府立足实际，聚焦深度贫困村，按照“六靠、五方便、两避让”的基本原则，在充分尊重群众意愿的基础上，按规划、分年度、有计划组织实施易地扶贫搬迁工作，为贫困户改善住房条件。一是王卡乡夺巴村莫多易地搬迁点已入住24户107人，王卡乡王吉村易地搬迁点194户924人，唐琼孜易地搬迁点108户526人，巴西村安置点3户13人；二是王卡乡危房改造户共计100户，建档立卡户34户，非建档立卡户66户，已全部改造完成，群众满意度极高。3. 大力推进教育事业发展，扶贫先扶智。以提升教育均衡化发展水平为契机，以控辍保学为抓手，在上级相关部门的大力支持下，通过走访学校和调查摸底，王卡乡建档立卡户学生720人，其中学龄前114人，小学317人，中学生176人，高中生54人，大学生59人。严格落实各类资助政策，积极协调争取各类资助资金，实现了无一人因学致贫的目标任务。4. 生态扶贫，落实到人。严格遵循一人一岗，定岗定责并逐一签订岗位责任书的原则，覆盖了全部建档立卡户和边缘贫困户中有劳动能力的人口，就地为群众解决生态保护转移就业岗位。全乡共有生态保护转移就业岗位1972个，护林员672人，野生动物疫病监测岗位129人，湿地生态保护管护岗位9人，草原监督员岗位367人，水生态保护和村级水管员岗位630人，农村公路养护岗位20人，旅游厕所保洁员岗位20人，城乡保洁员和村级环境监督员岗位110人，地质灾害群防群策岗位15人。5. 全力保障民生，实施社会兜底。聚焦贫困人口中完全或部分丧失劳动力的困难群体由社会保障来兜底，全力保障民生。针对建档立卡户中智力残疾生活不能自理的、年老体弱丧失劳动力的、大病大灾造成生活困难而无力翻身的，全部纳入低保范围。据统计，全乡建档立卡低保户共有 144 户 532 人，“五保户”28 户 28 人。6. 加大技能培训，就近转移就业。在充分征求群众意愿的基础上，针对“零就业”家庭，对建档立卡户里有劳动能力的有意愿就业的农牧民群众进行了统计，并与县人社局联系，由县人社局组织用工单位负责培训，2020年王卡乡有78人完成了相关培训。

阿孜乡

【概况】 2020年，阿孜乡党委、乡政府，在县委、县政府的坚强领导下，团结带领全乡干部群众，坚持以习近平新时代中国特色社会主义思想为指导，深入贯彻落实党的十九大及十九届二中、三中、四中、五中全会精神，贯彻落实中央第七次西藏工作座谈会精神，在坚定不移地打好脱贫攻坚战和抓好疫情防控工作的同时，坚持以人民为中心的发展思想，坚持稳中求进、进中求好、补齐短板工作总基调，坚持新发展理念，坚持推动长治久安和高质量发展。

【全面从严治党】 1. 加强乡自身建设，领导班子成员执政水平全面提高。一是抓思想、抓作风，结合“两学一做”学习教育和“不忘初心、牢记使命”主题教育，实行领导挂点包村责任制，班子成员坚持每月下村次数不少于 1 次，树立勤政为民的公仆意识，更好地服务于农村各项工作。二是抓民主集中制，促进领导班子的团结。对重大问题坚持集体研究、集体决策，集体决定后实行分工负责，营造了干事创业的良好氛围。三是抓制度建设，促进了监督激励机制的健全和落实。建立和完善了《党委议事规则、决策程序》《干部请销假制度》《学习制度》等 11 项制度，将收文、发文、宣传等工作全部规范化，做到收文齐、发文快、档案规范、资料齐全、整洁美观。干部职工一律实行挂牌上岗，转变作风，接受群众监督，增强责任心，方便群众办事。四是坚持把握运用“四种形态”为遵循，不断改进工作作风，规范权力运行，坚决维护群众利益，不断推进党风政风持续向好；严格执行“三重一大”事项决策机制和廉政风险防控机制，坚持做到主要领导干部“三重一大”决策全程纪实、重要情况报告、主要领导末位表态制度，实行决策终身负责制；持之以恒纠“四风”、正作风，深入贯彻落实中央八项规定、自治区党委“约法十章”“九项要求”和市委实施办法，落实领导干部个人有关事项报告和干部操办婚丧喜庆事宜监管制度，严控“三公”经费支出，制止公车私用行为，把节约粮食、制止餐饮浪费作为干部作风建设重要内容；始终将纪律挺在前面，保持预防腐败高压态势，全力支持纪委开展工作，依托纪委开展监督执纪，指导村务监督委员会履行职责，努力做到监督执纪无禁区、全覆盖、零容忍，对违规违纪问题，发现一个查处一个，决不姑息手软。

2. 加强基层党组织建设，发挥党支部的战斗堡垒作用。一是做好 2021 年村“两委”换届选举工作摸底调研工作，对群众认为有能力、有威望、能够带领全村各项事业更好发展的人员进行登记，为村换届选举打下良好基础。二是为解决后备干部“后继乏人”问题，注重后备干部培养，深入实施后备干部储备工程，对原有的后备干部进入班子所空缺的位置及时进行了调整充实，储备了 80 名的高素质后备干部队伍。三是推出了 7 项服务业务（上门服务、代办服务、开具相关证明服务、惠农资金兑现服务、信息咨询服务、政策法规宣讲服务、24 小时贴心服务）通过公示服务站工作人员姓名、电话，实行不分节假日、不分上下班的灵活工作制度，为群众生产生活提供便利条件。四是以开展强基惠民驻村工作和选派村党支部副书记为契机，协助督促各驻村工作队和选派第一书记对全乡 8 个行政村进行村级规范化管理，建立完善村级党组织“三会一课”、“四议两公开”、“主题党日”活动、村“两委”议事及学习、工作、考核、村规民约等制度达 100 余项。按照“四性三化”要求，完成村级活动场所建设，配备了各类办公用品，完善服务功能；通过村级规范化管理，逐步完善和规范基层党组织工作，打造了坚强堡垒，为推动新农村建设、壮大村“两委”队伍、发展经济、改善民生、稳定基层，发挥了重要作用。五是突出阵地建设，各项工作更加贴近群众。选派干部充分发挥创先争优强基惠民驻村工作的作用，利用与群众同吃、同住、同劳动的有利条件，通过经常性地开展家访、宣传党和政府的惠民政策、开设法律讲解等方式，及时了解群众的思想动态，了解群众的所思所盼，切身感受普通群众的疾苦冷暖。六是坚持带好基本队伍。严格党员发展程序，2020 年培养积极分子 18 名，发展预备党员 7 名，转为正式党员 8 名；各支部坚持按时缴纳党费无欠缴党费问题，各支部共上缴党费 8432 元，乡党委全部上缴县委组织部；指导各驻村工作队扎实开展“传帮带”活动，开展 3 场次村“两委”干部轮训和 4 次乡村振兴专干培训，与党员干部谈心谈话 126 场次，党员干部素质能力和归属感得到逐步提升。

【脱贫攻坚】 在县委、县政府的坚强领导下，在县脱贫攻坚指挥部的精心指导下，在干部群众的合力攻坚下，阿孜乡高质量完成了脱贫攻坚大普查任务。一是做好脱贫动态管理服务。全乡实现脱贫摘帽后，坚持做到了摘帽不摘责任、政策、帮扶、监管，乡党委、乡政府持续巩固脱贫成果，确保了已脱贫人口不返贫，实现监测动态清零。二是做好易地搬迁安置服务。全乡易地搬迁户有 57 户 335 人，均已搬迁入住，就业增收得到保障。三是做好社会兜底政策落实。动态管理低保、“五保”、重度残疾、孤儿等困难群体，困难群体“两不愁三保障”得到有效保障。四是因地制宜发展特色产业。按照依托脱贫攻坚工作，持续做好乡村振兴前期准备工作，扎拉牧区 6 个行政村为纯牧业村大力实施“阿孜绵羊”扶贫到户养殖项目及“阿孜绵羊”集中育肥项目；带动邓普村建档立卡 32 户及全乡 8 个行政村 134 户 751 人；借助察芒公路的通车，大力实施旅游扶贫产业项目“扎拉牧区旅游接待服务中心”，带动扎拉牧区 6 个行政村建档立卡 60 余人增加收入 12 万余元。五是充分发挥堡垒作用，壮大集体经济，扶贫产业和集体经济建设大力实施江嘎村“人参果精包装”、发展扎拉牧区综合服务点（超市、餐馆）和“汽车维修点”，培育主导产品，提高特色产业开发效益，带动全乡经济发展。

【综合治理】 阿孜乡始终把维稳工作放在首位，牢固树立稳定压倒一切的思想。一是 2020 年年初与各村签订维稳工作责任书。二是严格执行领导带班制度和 24 小时值班制度，切实做到看好自己的门、管好自己的人、办好自己的事。三是各村积极排查各类社会矛盾纠纷，努力把纠纷化解在基层，消除在萌芽状态，做到大事不出乡，一般事不出村，小事不出户。四是依法加强宗教事务管理。严格执行党和国家的宗教政策，依法依规管理宗教事务，全乡形成宗教事务有序、宗教活动正常、信教群众稳定的良好局面，为促进全乡经济社会发展发挥了积极的作用。五是推进平安建设。建立联防联控体系，全乡建有护乡队、护校队各 1 支，护村队 8 支，共 69 人，为全乡平安建设的重要力量；全乡 8 个行政村均为平安村居，交通、消防、公共卫生、食品药品等安全隐患逐渐减少；扫黑除恶和打非治乱专项斗争开展有力，严厉打击邪教组织、非法宗教活动排查到位，有效推进专项斗争工作制度化、常态化。截至年底，阿孜乡开展扫黑除恶专项斗争宣传 122 次，线索排查 71 次，无涉黑涉恶线索。

【高质量发展】 一是经济社会稳中有进。经济社会事业取得了平稳较快发展。2020 年，全乡国内生产总值 12278.79 万元，同比增长 7.9%，农村居民可支配收入 11521 元，同比增加 12.4%。二是农村人口安全饮水问题得到有效解决，8 个行政村全部通自来水，自来水普及率和集中供水率达到100%，供水保证率达到95%以上，有效解决了水利“最后一公里”问题。三是加强城乡统筹发展，以规划为引领，突出宜居、便利、美丽的规划，推进城镇化建设，新建门面出租房、旅游旅社等产业载体，推动个体商户、零售行业等产业发展，带动全乡经济社会发展；对扎拉牧区6个村进行整体规划，发展超市、茶馆等服务行业经济，强化产业和集体经济建设，形成致富带动能力强中心集体。

【社会事业】 1. 环境综合整治成效突出。为改善农牧民群众生产生活条件，组织全乡大力开展村庄清洁行动，改变村环境卫生“脏、乱、差”现象，达到村容整洁目标，一是组织党员和群众定期开展户内、道路卫生清洁、村容村貌整治等活动，进一步优化了人居生活环境。二是全面落实“河长制”，推动河长认真履职尽责，继续开展“清河”“清四乱”专项行动，有效保持乡内河流生态良好。

2. 医疗卫生服务工作发展迅速。一是充分发挥乡卫生院在农村三级卫生服务网的枢纽作用，建成标准化村卫生室3个（扎拉牧区6个村合并使用），配齐了医务人员，最大限度地满足农牧民群众医疗保障的需求，同时每年定期对儿童实施了计划免疫接种并建立了儿童计划免疫表、卡及档案，儿童计划免疫接种率达98%以上。二是认真开展合作医疗工作，阿孜乡参加医疗保险1710人，参保率98%以上，按规定报销农牧民医药费兑现率为100%。三是新冠肺炎疫情发生后，在乡党委的统一安排部署下，坚决贯彻习近平总书记对防控新冠肺炎作出的重要指示精神，有效组织党员干部群众积极投入疫情防控工作中，认真落实国务院总理李克强批示要求，切实增强政治责任感和紧迫感。阿孜乡地处东南方向进入察雅第一乡，乡党委把疫情防控作为压倒一切的重大政治任务，勤奋敬业，坚守一线，严格落实疫情防控各项举措，强化疫情防控和应急处置，坚决打赢疫情防控阻击战。同时做好复工复产工作，为在阿孜乡施工、生产、经商等单位提供一切便利，促进全乡生产有序开展，将疫情对脱贫攻坚工作的影响降到最低，有效预防困难群众返贫。

3. 教育水平明显提高。阿孜乡始终高度重视教育事业，坚持强控辍、提质量、促和谐、求创新、补弱项、重服务，坚持义务教育均衡发展重中之重地位不动摇，全力攻坚“控辍保学”，实现应招尽招，义务教育阶段巩固率达到98%以上，学前三年入学率达到99%以上。坚持社会主义办学方向，落实立德树人根本任务，不断加强教师队伍建设，关心关爱全乡教职工生活工作，努力解决教职工生活上的困难问题；扎实做好送教上门工作，促进学生全面发展，不断提升全乡教育质量，努力办好人民满意的教育。

附　录

察雅县人民法院工作报告

——在察雅县第十三届人民代表大会第一次会议上

察雅县人民法院党组书记、代理院长　阿旺措姆

（2021 年 6 月 28 日）

过去五年的主要工作

2016 年以来，察雅县人民法院坚持以习近平新时代中国特色社会主义思想为指导，紧紧围绕“努力让人民群众在每一个司法案件中感受到公平正义”目标，坚持党对法院工作的绝对领导，坚持以人民为中心的发展思想，紧紧围绕稳定、发展、生态、强边四件大事，在县委坚强领导、人大依法监督、市中院有力指导、政府大力支持和政协民主监督下，忠实履行宪法法律赋予的职责，深入推进司法体制改革，认真履行管党治党主体责任，不断提高司法能力和司法公信力，为全县长治久安和高质量发展提供更加坚强有力的司法服务和保障。截至 2020 年底，察雅县人民法院受理各类案件 1360 件，审执结 1357 件，综合结案率 99.7%。

一、以习近平新时代中国特色社会主义思想为指导，坚持党对司法工作的绝对领导，始终沿着正确的政治方向阔步向前

一是深入学习贯彻落实习近平新时代中国特色社会主义思想。深入贯彻落实党的十九大及十九届二中、三中、四中、五中全会精神，贯彻落实中央第六次、第七次西藏工作座谈会精神，中央全面依法治国工作会议精神，学习宣传贯彻习近平法治思想，贯彻落实习近平总书记全面依法治国新理念新思想新战略，进一步增强“四个意识”，坚定“四个自信”，做到“两个维护”，胸怀“两个大局”，全面贯彻新时代党的治藏方略，贯彻落实自治区党委九届历次全会以及市委一届历次全会精神，深刻理解、准确把握“十个必须”的精神实质、丰富内涵和实践意义，使之转化为推动工作的强大动力，

切实把思想和行动统一到党中央关于西藏工作的战略部署上来，全力以赴抓好审判执行工作。截至2020年底，察雅县人民法院向党委和党委政法委请示、报告重点工作、重大事项、重要案件20余次；开展党组理论中心组集体学习、各类主题教育学习84次。

二是始终把党的政治建设摆在首位。以党的建设为统领，以提升组织力为重点，严格落实“三会一课”制度，特别是以“三严三实”专题教育、“两学一做”学习教育、“不忘初心、牢记使命”主题教育、“政治标准要更高、党性要求要更严、组织纪律性要更强”专题教育等为契机，读原著、学原文、悟原理，采取讲党课、支部学习、个人自学、政治理论测试、领导干部专题调研、在职党员到社区报到、志愿服务、法治宣传等方式，进一步引导干警在艰苦奋斗中砥砺意志品质、在为人民服务中增强理想信念、在实践锻炼中增长业务本领，着力打造一支忠诚干净担当的高素质法院队伍。

三是推动全面从严治党治院治警工作向纵深发展。事业兴衰，关键在人，法院队伍建设对于司法审判事业而言，是一项功在当代、利在千秋的基础性工程，必须常抓不懈，久久为功。察雅县人民法院以“全面加强政治建警、打造过硬政法队伍”专项教育整顿活动为抓手，强化对干警在岗情况、履职情况的日常监督，发现问题及时提请纪律质询。深入贯彻监察法，开展警示教育、专项整治、专题学习，支持配合县纪委监委对法院工作进行监督。运用好监督执纪的“四种形态”，健全廉政风险防控机制，及时梳理风险点，制定防控措施，强化对权力运行的制约和监督，开展谈心谈话60余次，廉政教育10余场，转发学习各类典型案例54次。

二、狠抓审判执行工作，不断提高办案能力，竭力服务新时代察雅长治久安和高质量发展

一是依法严惩各类刑事犯罪，坚决维护国家安全和社会稳定。全面贯彻总体国家安全观，始终把维护国家政治安全、政权安全、制度安全放在首位，深入推进“扫黑除恶打非治乱”专项斗争，严惩各类暴力犯罪、侵财犯罪、“村霸”、宗族势力、“软暴力”等涉恶犯罪，研究切实可行的裁判方式，确保司法支持和推动察雅县生态环境保护工作。截至2020年底，察雅县人民法院受理刑事案件67件，审结67件，结案率100%。

二是积极稳妥处理民商事案件，切实保障人民群众合法权益。妥善审理涉众型经济案件、劳动和社会保障等涉民生案件和建设领域纠纷，保障乡村振兴战略实施、特色优势产业发展；依法保护非公有制经济和企业合法权益，做到化解风险、积极挽损相结合。截至2020年底，察雅县人民法院受理民商事案件833件，审结830件，结案率99.64%。

三是依法审理行政案件，助推法治政府建设。围绕服务“放管服”改革，坚持依法裁判和协调化解相结合，加大合法性审查力度；严格执行行政诉讼法及其司法解释，依法保护行政相对人合法权益，支持监督行政机关依法行政。截至2020年底，察雅县人民法院无受理行政案件。

四是健全完善执行机制，不断提升执行工作效率。完善网络查控体系、推进网络司法拍卖常态化，健全联动成员单位联席会议制度，用好用活失信被执行人联合信用惩戒机制，千方百计查人找物，对有能力执行而拒不执行判决裁定的坚决依法拘留、判处刑罚，形成强大的威慑力。截至2020年底，察雅县人民法院受理执行案件460件，执结460件，标的金额58932546.81元，综合结案率100%，累计公开被执行人信息3人，公开失信被执行人名单10人；发布限制高消费157人，布控失信被执行人10人次，拘留5人，发放司法救助金125000元。

五是立案、信访工作。2016年以来共处理群众来信来访136件，144人次，一次性告知当事人补正材料145次，未出现应当受理而没受理、不应当受理而违法受理等现象，立案准确率达到100%，

信访回复率达到100%。

三、围绕中心服务大局，不断践行以人民为中心的发展理念

一是落实责任，积极参与脱贫攻坚工作。立足精准扶贫，精准脱贫，结合“强基惠民”和“党员进村入户、结对认亲交朋友”等活动，详细了解帮扶对象基本情况，共商帮扶措施，进一步加强驻村队伍管理，督促落实好精准扶贫、驻村任务和结对帮扶等工作，截至2020年底，为驻村点群众、结对帮扶困难群众，送去生活必需品和慰问金5万余元，办好事实事360余件，各类政策宣传78场次，调处矛盾纠纷808件。

二是深入开展“法治宣传千里行”活动。深入学校寺庙、乡镇村居、田间地头、牧场草场等，邀请人民陪审员参与审理案件、调解纠纷，随案普法、以案释法，宣传“扫黑除恶打非治乱”专项斗争、草原法、土地承包法等法律规定，预防家庭犯罪、防范电信网络诈骗等，配合县预青工作，开展少年模拟法庭、法治宣传进学校等各类法治宣传180场次，发放藏汉双语宣传资料19000余份、受教育群众21000余人。

三是不断推动建立基层人民调解“865”工作新机制向纵深发展。下发《察雅县人民法院“865”基层调解工作新机制实施方案》，整合司法、民政、公安、妇联和法院力量，调解纠纷、办理案件、普法宣传，切实发挥好人民法庭审判执行一线“桥头堡”作用，打造察雅市域社会治理现代化网格模式，察雅县人民法院在深入调研的基础上探索建立人民调解“865”工作机制，得到县委、县政府充分肯定与相关单位的积极配合。目前，共调处各类矛盾纠纷31件，纳入司法统计系统20件。

四是严格落实疫情防控期间各项举措。察雅县人民法院干警积极响应中央和自治区党委、市委、县委号令，投身抗疫工作，制定防控方案，严格防控措施，加强日常值班备勤及进出人员体温检测登记，向疫区捐款4200元；安排专项经费储备消毒剂、红外线体温计等防护用品，开展疫情防控宣传教育，普及疫情防控知识和防控要求，为统筹推进疫情防控和经济社会发展提供了有力司法服务和保障。智慧法院在疫情期间“大显身手”，为广大群众提供了网上立案、跨域立案、邮寄立案、网上查询、远程庭审等便捷高效的诉讼服务，当事人通过电话、微信、邮件等方式咨询案件10余件，立案4件，有效保障了人民群众诉讼权益。

五是推进司法利民便民措施，树立法院威信。察雅县人民法院继续加大巡回审判、巡回办案力度，充分发挥“车载流动法庭”方便、快捷的优势，深入田间地头，深入农村社区，把法庭搬到离老百姓最近的地方，有效解决了群众诉讼难的问题。2016年以来，察雅县人民法院车载流动法庭行程13400余公里，巡回办案61件，已结61件。在3月综治宣传月、虫草采集期间，察雅县人民法院“女子巡回法庭”深入乡村、虫草采集点进行巡回法制宣传及政策宣讲。共进行法制宣传127次、发放宣传资料12600余份，受教育群众达15500余人次。充分发挥了司法职能，不断创新司法便民利民举措，既方便广大群众诉讼，又不断满足人民群众日益增长的诉讼需求，为构建和谐社会提供了优质高效的法律服务和法律保障。

四、强化改革成果，推动落实各项改革工作任务

一是推进智慧法院建设。不断强化审判执行工作信息化深度运用，定期检查案件信息录入质量，发现问题及时整改；加强案件流程管理，加大临期案件的督办力度，让司法公正在法律规定的时限内及时兑现，坚决杜绝超审限现象。司法体制改革以来，所有案件的办理均在数字法院同步进行，实行网上同步办案1360件，裁判文书依法上网公开率达到100%，制作电子卷宗1360件，在中国裁判文书网公开汉语文书588篇、藏语文书166篇，在中

国庭审公开网庭审直播37次，竭力实现让群众少跑路，提供更加便捷优质高效的司法服务。

二是深入推进司法责任制改革。全面贯彻落实深化司法责任制综合配套改革的意见，让审理者裁判，由裁判者负责，发挥法官在办案中的主导性、基础性作用。健全院庭长办案常态化机制，完善主审（专业）法官会议与审判委员会的工作衔接机制，完善审委会工作机制，制定《察雅县人民法院关于院庭长办理案件的规定（试行）》，合理设定办案任务指标。根据上级法院指导意见，制定院庭长办案硬性指标：院长每年办案量不低于本院法官平均办案量的5%，副院长、审判委员会专职委员不低于30%；审判业务庭庭长、执行局局长任务为50%。结合工作实际，对院庭长设置具体化、差异化的办案任务，院庭长每年办案量根据审判工作任务、法官员额编制、辅助人员配置等变化情况进行动态调整，并在全院公示。并严格贯彻落实院庭长办案责任制，确保院庭长真办案、多办案、办好案。对入额后不办案、委托办案、挂名办案的，采取严肃问责或责令退出员额。

三是实施法庭轮驻制度。立足农牧区司法需求实际，着力构建以人民法庭为点、车载流动法庭为线、基层人民法院为面，“点线面”相结合全覆盖的司法服务网络，截至2020年底，开展法庭轮驻8次，受理案件3件，结案3件，举办模拟法庭5次，各类法治宣传14场，发放资料3000余份，受教育群众2800余人次，提供法律咨询6人次，努力做到哪里有司法需求，人民法庭司法服务就跟进到哪里。

五、自觉接受监督，加强和改进人民法院工作

紧紧围绕代表委员关心关注的问题，充分运用网络、微信等新媒体资源，着力加大联络监督工作宣传力度，加强和改进审判执行，积极营造良好舆论氛围。邀请代表旁听案件、观摩庭审、参与调解，推动解决人大代表和人民群众关注的司法难点热点问题，促进代表委员献计献策，帮助改进法院工作，支持提升司法形象，确保法院工作始终置于人大和代表的监督之下。2016年以来，察雅县人民法院向人大汇报工作15次，报送信息476篇，邀请代表委员旁听庭审等50人次。

各位代表，人民法院工作的发展进步，根本在于以习近平同志为核心的党中央坚强领导，根本在于习近平新时代中国特色社会主义思想科学指引，人民法院工作成绩的取得，是县委坚强领导，县人大及其常委会有力监督，县政府大力支持，县政协民主监督，县纪委监委、县人民检察院监督支持，社会各界和广大人民群众关心支持帮助的结果。

在看到成绩的同时，我们也清醒地认识到，察雅县人民法院工作还存在一些不足和问题：信息化应用与审判工作的深度融合还不够；个别干警司法能力不强、工作作风不实。对此，察雅县人民法院将紧紧依靠党的领导，坚持问题导向，认真加以解决。

2021年工作建议

一是以习近平法治思想为根本遵循和行动指南，深入贯彻全面依法治国、依法治藏方略。贯彻落实党的十九届五中全会、中央第七次西藏工作座谈会精神以及中央全面依法治国工作会议精神，贯彻落实习近平总书记关于西藏工作重要论述和新时代党的治藏方略，落实自治区党委九届八次全会和市第二次党代会精神，坚持抓政治建院不动摇、依法履职不懈怠，教育整顿抓落实，把体现人民利益、反映人民利益、维护人民利益、增进人民福祉落实到人民法院工作各方面，积极回应人民群众新期待。

二是强化队伍整体素质，提高法院队伍凝聚力、向心力、战斗力。深化政法队伍教育整顿工作，直面顽瘴痼疾、强化治建并举，精准做到教育不断线、严查不松懈、惩治不手软、防患不麻痹、

建设不耽误。聚焦重点，辐射全局，攻克难点，心怀大局，以“不获全胜决不收兵”的瞄准目标砸实锤的力度，精准推进察雅县人民法院教育整顿工作再上新台阶。

三是毫不松懈抓紧抓实抓好审判执行工作，维护社会和谐稳定。准确把握新时代发展新要求，抓好审判执行工作，依法严厉打击各类犯罪，妥善处理民商事纠纷，强化行政审判工作，全面巩固基本解决执行难工作成果，保持执行工作高水平和长远发展，不断探索和创新多元化解决纠纷机制，积极参与社会综合治理和建设，营造良好法治环境。

四是聚焦县委中心工作履职尽责，为全县长治久安和高质量发展提供更加坚强有力的司法服务和保障。立足审判职能防范化解重大风险，严惩危害国家安全犯罪，坚决捍卫以政权安全、制度安全为核心的国家政治安全。进一步筑牢反分裂斗争思想根基，加强民族团结，建设美丽察雅，依法惩治职务犯罪，严惩群众身边腐败犯罪，加大对脱贫领域、环境资源等案件的审判力度，服务发展稳定大局。努力营造民营经济、中小企业稳定公平透明的法治化营商环境，促进非公有制经济健康发展。

五是加强业务培训，提高队伍素质能力。着力提升察雅县人民法院队伍适应新时代中国特色社会主义发展要求的素质能力。通过加强法院之间和业务部门之间的业务交流、探讨，多组织业务学习交流的方式，全面提升全院法官的业务水平；通过完善考评机制，举办业务竞赛、业务培训等方式，增强法官助理裁判文书撰写、上网，审判笔录制作，卷宗装订，录入扫描及智慧审判系统应用等方面技巧，以确保案件审理质量及办案效率得到质的提升。

六是加强司法作风建设，确保司法公正。始终坚持党对司法工作的绝对领导，持续加强人民法院党的政治建设。着力查找、整顿法院队伍在思想、纪律、作风、担当、管理等方面存在的突出问题，坚持推进司法作风整改，筑牢拒腐防变思想防线。坚持不懈改进作风，克服就案办案、机械办案，切实整治形式主义、官僚主义，努力建设一支忠诚干净担当的过硬法院队伍，为服务和保障察雅社会经济发展提供有力的司法保障，全力做好人民法院各项工作。

各位代表，治国之要，奉法则强。察雅县人民法院将始终坚持在习近平法治思想指引下，在县委坚强领导、人大依法监督、市中院有力指导、政府大力支持和政协民主监督下，按照本次会议决议，忠实履行宪法法律赋予的职责，坚定信心，迎难而上，埋头苦干，砥砺奋进，为建设团结富裕文明和谐美丽的社会主义现代化新察雅提供坚强有力的司法服务和保障！

察雅县人民检察院工作报告

——在察雅县第十三届人民代表大会第一次会议上

察雅县人民检察院党组书记、代理检察长　熊彦强

（2021 年 6 月 28 日）

过去五年的主要工作

2016 年以来，察雅县人民检察院在县委和上级检察机关的坚强领导下，在县人大及其常委会的监督下，在县政府、县政协和社会各界的关心支持下，以习近平新时代中国特色社会主义思想为指导，深入贯彻落实习近平总书记关于西藏工作、政法工作的重要论述，贯彻党的十九大和十九届二中、三中、四中、五中全会及中央第七次西藏工作座谈会精神，按照检察工作“讲政治、顾大局、谋发展、重自强”的总体要求，西藏检察“一个引领、两个紧扣、三个围绕”的总体思路，紧紧围绕县委中心工作，忠实履行宪法赋予的法律监督职责，各项检察工作取得新成效。

一、旗帜鲜明讲政治，服务中心顾大局

始终坚持讲政治顾大局。五年来，察雅县人民检察院认真学习贯彻习近平新时代中国特色社会主义思想，始终坚持党对检察工作的绝对领导，扎实开展“三严三实”“两学一做”“不忘初心、牢记使命”等专题教育活动，切实抓好检察队伍的政治建设。全体检察干警不断增强“四个意识”、坚定“四个自信”、坚决做到“两个维护”，自觉遵守政治纪律和政治规矩，不折不扣贯彻执行党的路线方针政策和党中央的决策部署，始终保持清醒的政治头脑和高度的政治自觉，全力以赴做好反分裂斗争等维护稳定工作，意识形态各项工作，积极参与各类专项整治活动，参与社会治理，正确处理服务发展稳定、履行检察职能、干警人少事多等突出矛盾。

积极推进平安察雅建设。依法打击刑事犯罪，深入推进检察环节社会治安综合治理。五年来，共受理侦查机关提请批准逮捕案件 41 件 57 人，受理移送审查起诉案件 84 件 117 人，提起公诉 68 件 89 人，审查逮捕案件准确率、有罪判决率均达 100%；提前介入案件 6 件 9 人，使案件在确定犯罪性质、明确侦查方向、引导侦查取证、确保依法从严打击等方面取得了良好效果。

着力服务保障“三大攻坚战”。自觉将检察工作置于县委和政府工作大局中谋划和推进，努力与县委中心工作实现同频共振。扎实推进强基础惠民生活动，了解社情民意，服务乡村振兴，助力扶贫攻坚。五年来，选派村党支部书记 1 名，选派 10 人次参加强基惠民驻村工作，深化党员干部结对帮扶工作，开展对帮扶户的政策法律宣讲 60 余场次，捐赠帮扶物资 95135 元。

助力常态化疫情防控。切实加强人员管理、落实安全防护要求，强化每日报告、值班带班工作，对办公场所、生活区进行消毒防控；充分利用“两

微一端”网络平台，持续进行疫情防控知识宣传及相关政策解读；充分发挥检察职能，联合县市场监督管理局对县城内的农贸市场、超市、部分药店、餐馆进行联合执法检查，加强对食品药品安全、野生动物保护等领域的公益保护；严格执行办案程序规定，坚决禁止借防控疫情之名，违反办案程序，侵害当事人和其他诉讼参与人合法权益。

积极参与市域社会治理。一是坚持立足检察职能，找准检察工作与社会治理的结合点、切入点，实现检察工作与社会治理深度融合，五年共提出社会治理类检察建议 3 份，均收到整改回复；二是践行新时代“枫桥经验”，妥善化解矛盾，落实“7 日内程序回复、3 个月内办理过程或者结果答复”的要求，共办理群众来访案件 7 件 9 人，申诉案件 1 件 1 人；三是全面落实“谁执法谁普法”责任制，推行检察官以案释法、检察文书说理等制度，讲好普法故事，传播检察声音，开展法治宣传 107 场次，干警参与 150 人次；四是抽调察雅县人民检察院 1 名干警全脱产在县市域试点工作专班开展工作。

深入推进扫黑除恶打非治乱专项斗争。一是及时谋划部署，统一思想认识，成立工作专班，制定了涉黑涉恶案件提前介入机制、扫黑除恶打非治乱专项斗争提升办案质效机制；二是加强线索排查，对 2018 年以来办理案件进行涉黑涉恶线索筛查；三是开展扫黑除恶法制宣传 21 次，发放宣传材料 2000 余份，受教育群众 1000 余人；四是多次赴联系点肯通乡开展扫黑除恶打非治乱专项斗争工作督导检查和线索摸排，并抽调一名员额检察官三年全脱产在县扫黑办开展工作。

完善未成年人司法保护。对侵害未成年人的犯罪行为零容忍，共批捕 2 人，起诉 3 人（直诉 1 人）；在预防青少年犯罪及维护自身权益工作方面，与团县委共建青少年法治教育基地，与县小学、中学确立了共建关系，积极开展法治进校园活动，有效提升了师生的法治意识、自我保护及安全防范能力，有力推动平安校园创建工作。贯彻落实未成年人保护法，持续落实最高检“一号检察建议”，广泛开展“法治副校长”普法宣讲活动，受教育师生达 1.7 万余人次。

二、聚焦法律监督主责主业，维护司法公平正义

强化刑事诉讼监督。一是依法开展立案、侦查和审判监督，对侦查活动违法情形提出口头纠正意见 33 次，发出检察建议书 8 份，发出纠正违法通知书 7 份，均收到整改回复；以量刑建议为载体，向县法院提出量刑建议 86 份，均被采纳，不断加大审判监督力度，严格审查刑事判决文书，发现问题及时提出意见；二是加强刑事执行检察监督，督促法院执行罚金刑 1 起，涉及罚金 2000 元；三是深入推进监管活动监督，向县司法局提出检察建议 3 份，开展社区矫正检察监督 50 余次，并联合县司法局对社区矫正人员开展集中警示教育 12 次。

做好公益诉讼检察。一是 2020 年 4 月，争取县委办、县府办联合出台《关于支持检察机关开展公益诉讼工作的意见》，在制度层面保障察雅县人民检察院公益诉讼工作顺利推进；二是自 2018 年公益诉讼检察工作开展以来，共受理公益诉讼案件线索 10 件，立案 8 件，发出检察建议书 7 份，均收到整改回复，其中办理刑事附带民事公益诉讼案件 1 件，诉求均获法院判决支持；办理生态环境和资源保护领域行政公益诉讼案件 4 件、食品药品安全领域行政公益诉讼案件 2 件、国有财产保护领域行政公益诉讼案件 1 件，挽回国有财产损失 209.58 万元；三是加强与行政执法单位的良性沟通交流，争取理解配合；主动与法院沟通协商，确保刑事附带民事公益诉讼案件顺利办结；四是坚持公益诉讼“回头看”常态化，持续跟踪检察建议整改落实，取得了良好的效果；五是开展“互联网 + 法治宣传”，积极宣传公益诉讼典型案例和经验做法，努力提高检察机关公益诉讼工作知晓率、公信力。

强化民事检察监督。强化检察干警民事审判监

督意识，坚持在协调中强化监督，依法调取并审查县法院民事案卷30份，加强对民事诉讼活动的检察监督，提出检察建议1份，得到采纳并于期限内收到落实情况回复。开展以“党建＋民事检察强化监督·服务百姓”为主题的宣传活动，发放宣传资料500余份，接受群众咨询40余人次。

强化行政检察监督。办理行政检察监督案件2件，就行政处罚决定书不规范问题向两家行政单位提出改进工作类检察建议，获得采纳并及时回复，有力促进行政机关依法行政。

三、全面深化司法体制改革，优化司法办案质效

按照全国检察机关司法体制改革的总要求，察雅县人民检察院围绕权力制约监督分步骤稳步推进检察改革，案件质量、办案效率和公信力持续提升。

以落实员额制为重点，优化检察官队伍结构。落实检察官员额制，使检察官的队伍结构、职业素养得到优化和提升。坚持入额检察官配置到办案一线。建立“随机轮案为主、指定分案为辅”的案件办理机制，让公平公正体现在案件每个环节，也为合理有效地开展绩效考核提供保障。

以司法责任为核心，落实检察官在执法办案中的主体地位。构建独任检察官和检察官办案组，成立新的检察官办案组织单元，建立检察权运行新机制，进一步提升办案质量和效率。明确界定司法办案责任，建立检察官权力清单，确保检察权依法独立公正行使，切实做到“谁办案谁负责，谁决定谁负责”。

以科学化管理为目标，积极推进内设机构“大部制”改革。根据《西藏自治区基层人民检察院内设机构改革指导意见》，将原有的5个内设机构整合成为3部，即检察业务部、综合业务部和检察综合部。以员额制检察官为办案主体，对检察人员按照检察官、检察辅助人员、司法行政人员实行分类管理，发挥了有限人力资源的最大优化，进一步调动全体检察人员的工作主动性、积极性。

四、注重忠诚干净担当培育，着力打造过硬检察队伍

察雅县人民检察院始终把检察队伍建设作为事关检察工作长远发展的根本任务抓紧抓好，全面提高检察队伍整体素质。察雅县人民检察院申报的检察应用理论研究课题经最高人民检察院审核准予结项，该项工作获得市检察院检察长书面批示肯定；2020年察雅县人民检察院办理的多某甲、多某乙非法猎捕、杀害珍贵、濒危野生动物案被西藏自治区人民检察院第八检察部编入野生动物保护案例汇编。五年来，察雅县人民检察院共获得集体荣誉15项，获得个人荣誉20人次。各类简报被自治区检察院、市委政法委、市检察院采用45期，被县级微信公众号转发83次。

坚持把党的政治建设摆在首位。深入学习贯彻党的十八大以来中央各项会议精神和习近平总书记系列重要讲话精神，准确理解习近平总书记强调的“法治工作是政治性很强的业务工作，也是业务性很强的政治工作”深刻内涵，严格落实全面从严治党主体责任，推进检察机关党的政治建设取得明显进步，为察雅检察工作转型创新高质量发展提供坚强政治保障。

坚持以提升检察监督能力为根本。努力打造高素质检察队伍。强化班子建设，紧紧抓住“关键少数”，注重发挥示范引领作用，深入学习贯彻《中国共产党党组工作条例》《检察委员会议事规则》，进一步规范党组议事范围与程序，切实提升党组把方向、管大局、保落实的能力；强化素能建设，聚焦检察能力现代化要求，突出实战实务实用导向，充分利用“学习强国”“检答网”等学习平台，依托各类主题教育活动，组织参加全员轮训、专题网络培训及区内外各类培训111人次，选派1名副检察长、1名干警前往对口援助省市检察机关挂职、跟案学习，组织与兄弟县院开展交流学习2次。

坚持以强化纪律作风建设为抓手。认真执行中央八项规定精神及其实施细则，传导压实“全面从严治党永远在路上”的管党治检政治责任，突出抓好纪律作风建设，推动党风廉政建设与检察业务工作深度融合、统筹推进。持续发挥系统内政治巡察“利剑”作用，持续深化“全面加强政治建检、打造过硬检察队伍”专项教育整顿活动，严格执行过问或干预、插手司法办案记录报告的“三个规定”，健全完善党员干部廉政档案，组建廉政监督员队伍，引导干警切实做到知敬畏、存戒惧、守底线。

坚持不懈夯实基础建设和检务保障工作。进一步深入“科技强检”战略，投入 20 余万元进行信息化改造，打造集智能化、简便化于一体的多功能会议室、“12309”检察服务中心等。投入 260 余万元先后实施了食堂改造、办公楼改造、庭院改造、检察文化建设等美化绿化亮化工程，购置办案车辆 1 台，营造了健康、舒适的工作生活环境，也解决了外出办案难的问题。

坚持在受援工作上下功夫。针对新时期检察工作特点，坚持以人才、智力受援为根本，突出解决业务瓶颈的问题，先后申请到 3 名援藏省市检察机关业务骨干来察雅县人民检察院，将所在地检察机关先进的工作理念、工作思维和工作方法带进各项工作中，为进一步推动察雅检察事业全面发展注入了新的活力。

五、提升司法质量、深化检务公开，自觉主动接受人民监督

不断完善检察职能，努力提升司法质量、效率和公信力。一是宽严相济，推动认罪认罚从宽制度落实。切实转变思维方式和执法理念，建立值班律师参与诉讼的便捷机制，稳步推进认罪认罚从宽制度全面施行，共办理认罪认罚案件 42 件 52 人，依法提出量刑建议，均获法院采纳，有效提升了办案效率、节约了司法资源，工作曾获得区市检院领导表扬。二是深入优化“案—件比”，着力提升办案质效。一方面加强与公安的沟通协调，研究加强工作衔接的思路措施，从根本上遏制重复办案环节，浪费司法资源情况；另一方面察雅县人民检察院及时出台《关于提高认罪认罚案件适用率、降低案件比的意见》，引导案件办理减少非必要的环节，促进提升整体办案质效，提升人民群众的司法幸福感、获得感、安全感；三是全面落实“捕诉一体”办案机制。刑事检察机构实现人员整合和职能优化，减少浪费司法资源的情况，也符合检察官案件办理终身责任的要求，促使检察官在批捕环节就能为公诉环节提出切实可行的意见，引导侦查，增强办案效能；四是建立新型检律关系。认真贯彻证据裁判规则，排除非法证据，依法保障律师执业权利，注意听取辩护律师提出的无罪或罪轻的意见，依法审查和核实处理，促使案件公正办理，犯罪受到公正审判，五年来受理并办理律师阅卷 42 人次。

主动公开检务工作，接受各界监督。一是加大检务公开力度。在劳动节、儿童节等时间节点，持续举办检察开放日活动，邀请察雅县人大代表、政协委员、共青团、妇联、教育局、中小学校、工会、工商联等单位负责人及劳模、行业普通劳动者代表，介绍检察工作，倾听群众意见，促进对检察工作的进一步了解与关注；二是以公开听证促进司法办案阳光化。公开听证是推动执法办案社会参与的有益尝试，也是展示检察机关良好形象的重要举措，2020 年察雅县人民检察院对两起行政检察监督案件、一起行政公益诉讼案件召开公开听证会，邀请县人大代表、县政协委员、县司法局工作人员、律师作为听证员参会，让社会各界能够全面了解检察工作职能和案件办理情况，保证了司法工作透明度和处理决定的公正性，落实了司法为民举措，取得了良好的法律效果和社会效果；三是宣告送达提升检察建议刚性。运用宣告送达这一新型送达方式，邀请人大代表、政协委员、人民监督员等共同参与，引入第三方的见证和监督，对两起行政检察监督案件、一起行政公益诉讼案件现场宣告送达检

察建议书，并就检察建议进行示证、说理，促进被建议单位对检察建议的重视和采纳，发挥了宣告送达在保障检察建议权威性和严肃性上的独特优势；四是不断强化执法监督管理。出台《案件管理办法》和《案件质量评查办法》等规范性文件。规范办案工作区管理，保障办案安全。规范统一业务应用系统使用，强化网上执法流程监控，构建全程动态监管体系，推进检察权受监督、受制约、规范化运行；五是自觉接受社会各界监督。坚持以公开促公正，利用12309检察信息公开网，案件程序公开83件、法律文书公开32件，充分利用微博、微信、门户网站等宣传阵地，发布各类信息370条，主动向社会各界公开展示检察工作，虚心接受社会各界群众的广泛监督。

各位代表，过去五年检察工作取得的成绩，是县委和上级检察机关坚强领导、人大代表及其常委会、政府大力支持、政协民主有力监督、全体检察干警勠力拼搏的结果。在此，我谨代表全体检察人员，向长期关心支持帮助检察事业发展的各位人大代表、政协委员以及各界人士表示崇高的敬意和衷心的感谢！

对表对标新时代新任务新要求，检察工作仍然存在不少突出问题：一是以党的政治建设统领检察工作的政治自觉需要进一步增强，服务大局的能力和水平有待进一步提高；二是以深化司法体制综合配套改革推进检察队伍建设仍然面临诸多亟待破解的难题；三是法治思维、司法理念不能完全适应经济社会发展形势的变化，检察队伍专业化建设与新时代经济社会发展还存在一定差距；四是法律监督能力还不能完全满足群众的新期待，检察工作发展不平衡的问题仍然比较突出。对于这些问题，我们将采取更加务实有效的措施，认真加以解决。

2021年工作建议

2021年，我们将坚持以习近平新时代中国特色社会主义思想为指导，以服务保障稳定、发展、生态、强边“四件大事”为首要任务，坚持系统观念、法治思维、强基导向，旗帜鲜明讲政治，主动融入保大局，坚守法治促公正，凝心聚力谋发展，持续推动“四大检察”“十大业务”全面充分协调发展，为推进地方治理体系和治理能力现代化提供更加有力的检察保障。

一、坚持以党的政治建设统领检察工作

强化思想政治建设，落实意识形态工作责任，坚持以全国全区全市检察长会议精神为引领，认真落实上级党委重要决策部署，建立健全学习机制，强化党组理论中心组学习和政治学习，不断增强党的政治理论素养和党性修养，切实增强“四个意识”、坚定“四个自信”、做到“两个维护”。

二、全力维护社会和谐稳定

始终保持高举维护祖国统一的旗帜，坚决打击分裂破坏活动，坚决捍卫以政权安全、制度安全为核心的国家政治安全；围绕构建共建共治共享社会治理新格局，积极参与察雅县市域社会治理现代化和乡村振兴，切实彰显检察使命担当。

三、强化“四大检察”全面协调充分发展

聚焦检察监督业务发展新方向新焦点，持续把补短板、强弱项作为深化检察工作领域供给侧结构性改革的主攻方向，坚持在监督中办案、在办案中监督，努力实现检察供给与法治需求总量平衡，推动干警严格按照检察制度要求履行职责、行使权力、开展工作。

四、着力打造过硬检察队伍

把专业化建设摆在检察能力建设重要位置来抓，结合“政治建检”、“三更”专题教育、党史学习教育和政法队伍教育整顿等专项活动，不断筑牢法治理念和法治思维，强化干警业务素能提升。狠

抓思想政治建设及自身党风廉政建设，认真落实“一岗双责”，严格落实党内监督条例，加大检务督察和正风肃纪力度，善于用严明的纪律维护制度，增强纪律约束力和制度执行力，努力涵养风清气正、干净担当、干事创业的察雅检察政治生态。

各位代表，新起点开启新征程，2021 年察雅县人民检察院决心在党委的正确领导下，认真落实代表审议意见，忠实履行法律监督职能，为推进察雅地方治理体系和治理能力现代化，展现检察人的新作为，以优异的成绩庆祝建党 100 周年和西藏和平解放 70 周年！

察雅县2020年国民经济和社会发展计划执行情况与2021年国民经济和社会发展计划草案的报告

——在察雅县第十三届人民代表大会第一次会议上

察雅县发展和改革委员会副主任　马琴

（2021年6月28日）

一、2020年国民经济和社会发展计划执行情况

2020年是我国实现第一个百年奋斗目标、全面建成小康社会和“十三五”规划的收官之年，也是昌都解放70周年。一年来，面对严峻复杂的国际形势、艰巨繁重的国内改革发展稳定任务特别是新冠肺炎疫情的严重冲击，在党中央、国务院的亲切关怀下，在县委、县政府的正确领导下，在县人大、政协的监督和支持下，在援藏省市企业的无私援助下，全县上下坚持以习近平新时代中国特色社会主义思想为指导，深入贯彻党的十九大、十九届二中、三中、四中、五中全会和中央经济工作会议、中央第六、第七次西藏工作座谈会精神，认真贯彻自治区第九次党代会，区党委九届三次、四次、五次、六次、七次和八次全会以及区党委经济工作会议精神，贯彻落实市委一届六次、七次、八次、九次、十次全会以及市委经济工作会议精神，紧紧围绕县委九届五次全会、全县经济、农村暨脱贫攻坚工作会议及县十二届人大六次会议精神，增强“四个意识”、坚定“四个自信”、做到“两个维护”，胸怀“两个大局”，统筹推进“五位一体”总体布局，协调推进“四个全面”战略布局，坚持以人民为中心的发展思想，坚持稳中求进工作总基调，坚持新发展理念，坚持推进高质量发展，坚持以供给侧结构性改革为主线，以正确处理好“十三对”关系为工作方法，扎实落实“巩固、增强、提升、畅通”八字方针和“稳就业、稳金融、稳外贸、稳外资、稳投资、稳预期”六稳工作要求，聚焦稳定、发展、生态、强边四件大事，认真执行《政府工作报告》、2020年国民经济和社会发展计划，统筹推进疫情防控和经济社会发展，全力巩固脱贫攻坚成果，聚力特色优势产业发展，加强生态文明建设，强化民生福祉改善，全年经济社会发展主要目标任务基本完成，城乡居民可支配收入平稳增长，经济发展、就业形势、物价水平总体良好，“十三五”圆满收官。

2020年主要经济社会发展指标完成情况：全县地区生产总值（GDP）完成16.05亿元，同比增长7.8%；全社会固定资产投资额完成9.99亿元；地方一般公共预算收入完成6492万元、同比增长5%；城乡居民人均可支配收入达到34736元、12734元，分别同比增长10.2%、13.2%；社会消费品零售总额完成4.38亿元、同比下降1.4%。经济运行保持在合理区间，呈现出总体平稳、稳中有进的发展态势。

2020年主要开展了以下五个方面工作。

（一）统筹疫情防控和经济社会发展，经济运行持续平稳

一是疫情防控成效显著。按照中央、自治区党委、市委的决策部署，及时成立了应对疫情防控工作领导小组，制定疫情防控预案，启动联防联控机制，精准稳妥推进疫情防控工作，落实抗疫特别国债直达资金1200余万元，全面保障疫情防控经费需求，投入资金258万元建成核酸检测实验室，补牢疫情防控基础设施短板，切实保障了人民群众生命安全和身体健康。二是经济运行稳中有进。强化经济运行监测研判，按照“周监测、月调度、季通报”工作机制，对全县基建项目、重要经济要素开展调度，统筹协调做好生产生活物资调配储备和物价稳控工作，分类指导企业复工复产复商，确保了全县经济持续复苏，2020年地区生产总值增速从第一季度的3.5%攀升至全年的7.8%。三是脱贫攻坚成果持续巩固。大力实施消费扶贫，拓宽贫困增收渠道。认真贯彻执行《关于扶贫832平台开设滞销农副产品供应商报名通道的通知》要求，在扶贫832平台注册企业11家，国家消费扶贫网注册企业6家，农业银行掌上银行消费扶贫商城注册企业1家，截至年底，通过各种渠道销售扶贫产品总额达582万元。26个易地扶贫搬迁安置点已全部竣工并入住，安置建档立卡群众2406户12751人，顺利完成国家脱贫攻坚普查、国家脱贫摘帽县第三方评估、国家财政专项扶贫资金绩效评价等任务。聚焦2016年至2020年全县累计减贫的4131户21012名建档立卡贫困人口（最新动态调整后）、143个已退出的贫困村，制定了《察雅县关于巩固提升脱贫攻坚成果实施方案》《察雅县巩固提升脱贫攻坚成果严防返贫风险实施方案》《察雅县防范返贫分级预警机制实施办法》等文件，建立健全稳定脱贫、持续增收的长效机制，持续改善贫困地区和特殊贫困群体生产生活条件，提高脱贫质量、夯实脱贫基础，不断巩固脱贫成果，绝对贫困问题历史性消除，贫困发生率从33%降至0，“两不愁三保障”全面实现。四是就业形势持续稳定。成功举办了以“战疫情稳就业、保民生促发展”为主题的室外大型专场招聘会，并长期开展日常招聘活动，搭建本地企业与求职者双向选择和交流平台，免费为2000人提供职业介绍、职业指导、劳务代理等“一站式”就业服务，政府组织化转移就业规模逐步扩大。投资500万元帮助大学生在吉塘特色小城镇开办民宿创业项目，在国道214沿线开办旅游服务创业项目，实现高校毕业生就业354人，就业率达到99%。投入各类培训资金600余万元，开办农牧民技能培训班54期，截至2020年底培训农牧民群众2754人，完成全年目标任务的107%，实现初次就业1802人。严格落实政府投资项目吸纳就业政策要求，将400万元以下政府投资项目交给有资质的农牧民施工企业实施，全年，依托基建项目城镇新增就业500人，转移农牧区富余劳动力10852人次，完成年度任务的112%，实现转移就业增收7300万元，完成年度任务的138%。

（二）统筹产业发展和项目建设，自我发展能力不断增强

一是农牧业再获丰收。农牧业总产值预计完成45172.81万元、同比增长28.4%，其中：农业总产值8018.16万元，林业总产值134.99万元，牧业总产值36619.66万元，农林牧渔服务业总产值400万元。粮食产量达到2322.92万斤，蔬菜产量达到2529.95万斤，肉类产量达到1.02万吨，奶产量达到1万吨，牲畜存栏23.11万头（只、匹），出栏4.23万余头。二是产业发展不断夯实。“十三五”产业发展规划如期完成，察雅县“十三五”期间共规划产业扶贫项目95个，截至年底，共投入产业扶贫资金5.8亿元，已实施94个，投入运营82个，发挥扶贫带动效益项目69个，为建档立卡贫困群众发放务工工资、效益分红、资产收益等3099万元，群众增收效果逐步显现，从根本上夯实了察雅县产业良好发展的基础；绿色工业园区建设加快发展，察雅县扶贫开发产业园（双创产业园）集聚入

驻企业10家，涉及民族手工艺产业、特色农牧产品等，年产值达到了3000万元，较“十三五”中期，实现工业年产值翻一番。产业园（二期）已建设完成，运营后将进一步增强察雅县工业园区项目承接能力，集聚更多入驻企业，吸纳更多当地群众参与就业，提高当地群众的生活水平和质量；清洁能源产业快速发展，“三区三州”及增补项目全面建成，截至年底，察雅县主电网覆盖率达到100%，供电可靠率达90%。现代服务业协同发展，全年电信业务总量1800万元、同比增长38%，移动业务总量1675万元、同比下降18%，邮政业务总量147.88万元、同比增长65.17%，其中邮政业务量达到10790件、同比增长79%；商贸领域快速推进，中央计划内投资500万元的察雅县冷链物流库项目完成建设，察雅县第二农贸市场、物流配送中心、冷链物流设施扩建等项目完成申报工作；旅游文化产业逐渐复苏。2020年察雅县旅游接待54676人次，旅游接待收入885.4万元。旅游景区创A工作已完成，待自治区授牌。三是“十三五”规划执行有力。《察雅县国民经济和社会发展第十三个五年规划及2030年远景目标纲要》确定的经济社会发展主要指标共包括6大类19项，完成情况总体良好。《“十三五”支持西藏自治区经济社会发展规划建设项目方案》涉及察雅项目59项，规划投资139.61亿元，累计完工55个子项，在建3个子项，开工率98.3%，完工率93.2%。四是重点工程推进有序。2020年落实中央政府投资2.02亿元，建成了香堆镇香堆居委会安置点幼儿园、察雅县第二小学、察雅县各学校教工之家、2019年公租房、邦达机场至昌都主城区沿线环境综合整治等一批重点工程，察雅县2020年烟多镇江林卡片区棚户区改造项目、吉塘镇生活垃圾无害化处理设施、2020年高标准农田等重点工程有序推进。全县通车里程达到1942.88公里，13个乡（镇）中12个实现通畅，1个通畅在建，建成后通畅率100%；143个行政村（居）通达率100%、通畅率79.7%；512个自然村通达率为87%。

（三）统筹社会事业发展，人民生活品质不断提高

一是教育事业优先发展。察雅县第二小学、中学数字化校园、重庆援建教工之家投入使用。阿孜乡、巴日乡、宗沙乡等高海拔地区学校集中供暖项目基本竣工。香堆镇易地搬迁点幼儿园投入办学使用。阿孜乡扎拉村教学点和香堆镇坤达村幼儿园维修改造工程有序推进。截至2020年底，全县共有学校53所。控辍保学工作措施落实有力，全县疑似失学儿童劝返复学完成率达到100%，九年义务教育巩固率达到96.24%；完成2020年度春季、秋季学期教师资格申报认定、“一考三评”和教师职称评审工作，教师综合能力进一步提升。补充教育系统136名教师（其中：公招教师35名、双定向教师26名、乡村振兴专干学前教师75名），师资结构得到进一步优化，有效缓和了察雅县师资紧缺问题。投入120万元提升校园信息化保障水平，持续改善办学条件，深入巩固义务教育均衡发展。二是文化服务创新发展。全年组织开展演出活动43场，创编作品6部，组建了138支行政村文艺演出队，完成了5个自治区级、3个市级非物质文化遗产代表性项目及5位自治区级、5位市级代表性传承人的视频拍摄工作。申报了昌都市第二批市级非物质文化遗产代表性传承人7位，截至年底，察雅县共有非遗传承项目22个（其中：自治区级项目5个，市级项目3个），非遗传承人53个（其中：自治区级传承人5个，市级传承人5个，县级传承人43个）。成功设立“非遗扶贫就业工坊”4家，“非遗传习基地”3处。完成文物保护范围和建设控制地带划定工作。投资240万元建设了唐卡艺术中心相关基础设施（主要为展销场所）、产业人才培训、唐卡定制采购、当地优势唐卡企业设备升级和矿物原料支持等，有效支持了当地唐卡产品多元化发展、优势企业技术提升、产业技术研发中心合作协同创新。察雅县图书馆装修项目、察雅县图书馆设施配套项目、察雅县吉塘“求知书咖”等文化惠民工程完成

建设。13个乡（镇）文化站基本实现了基础公共文化设施全覆盖，143个行政村设备有序更新，全县公共文化服务体系进一步完善。三是社会保障织密扎牢。全县各类社会保险参保达19325人。累计向农村低保对象7806人、城镇低保对象229人，分别落实全年保障资金1727.84万元、162.43万元。累计向3415名高龄失能老人、分散特困人员、困难群众临时救助等兑现资金1039.56万元；累计向3612名城乡低保户、困难残疾人、困难环卫工人、未就业大学生等困难群众救助209.5万元。落实残疾人"两项补贴"资金583.8万元。大力实施医疗保障托底保障攻坚行动，实现了全县58404人享受了基本医疗、大病保险、医疗救助三重保障，保障覆盖率达100%。城乡居民基本医疗保险制度整合工作有序推进，特殊参保人群（建档立卡户、"五保户"、低保户、孤儿、重点优抚对象）基本医疗费用每人每年大病统筹医疗费用封顶线提至6万元，大病保险起付线降至建档立卡贫困户个人自付2500元、普通城乡居民个人自付5000元，封顶线提高至14万元，截至年底，共计为1989人报销住院费用总金额1666.95万元。全面推进大病专项救治工作，全年医疗救助1717人次，拨付医疗救助资金293.1万元。做实做细慢病签约服务管理，成立了"1+1+2"模式的家庭医生签约服务团队，按照每季度1次签约服务的工作要求，全面开展家庭医生签约服务工作，全年签约43637人次，建档立卡及重点人群签约服务覆盖率达到100%。县乡两级医疗服务系统提质增效，实施了新卡、察拉、宗沙等7个乡（镇）卫生院基础能力提升，完成了县人民医院、藏医院、疾控中心、吉塘镇、巴日乡、香堆镇、阿孜乡卫生院新建、荣周乡卫生院改扩建以及全县行政村卫生室提质改造工程，县人民医院门诊综合楼和各类医疗设备焕然一新。

（四）统筹推进深化改革，新发展格局持续扩大

一是重点领域改革持续深化。强力推进"放管服"改革，调整优化县、乡两级职责。"互联网+政务服务"工作有序推进，乡村级"互联网+政务服务"上线，全县网上办理事项实现二级深度100%，三级深度99.38%，四级深度56.06%，网上办结时限压缩51.32%。线上办理、录入各类事项2.15万件，采集电子证照20余万份，签发19余万份。农村集体产权制度改革积极推进，截至年底，察雅县13个乡（镇）试点村（居）集体经济组织的成员身份确认已全部完成，其他村（居）的成员身份确认已完成70%，股权量化及依法成立合作社等工作在陆续开展。农电"直管"改革全面完成，察雅县作为全区首批农电体制改革试点县之一，察雅县已于2020年6月完成农电"直管"改革工作，察雅县供电有限公司国有产权整体无偿划转协议的签订，以及国网察雅县供电公司正式揭牌，标志着察雅县电网企业成为昌都市首家正式完成上划国家电网的县级企业。县医疗共同体中心医院改革工作顺利完成。电子商务进农村示范项目建成并正式投入使用，夯实了农牧区电商发展基础，提升了农牧区电商公共服务体系服务水平和带动农牧民增收能力，察雅县电子商务实现线上线下销售交易额56.97万元。电子商务综合示范县已完成项目选址，吉塘镇吉塘居委会、烟多镇烟多居委会、肯通乡达如村等三个电子商务进农村示范站点已完成申报。扎实推进注册资本登记制度"多证合一""先照后证"企业简易注销登记、简化住所登记等改革，推动工商注册登记便利化，助推大众创业万众创新，培育市场主体，引入市场竞争力，激发市场活力。2020年新增各类市场主体375户，注册资金5.21亿元，分别同比增长15.9%、22.3%。截至2020年底，察雅县共有各类市场主体2141户（其中：个体1788户、农民专业合作社50户、企业303户），注册资金达25.45亿元。二是招商引资成绩斐然。2020年察雅县招商引资项目落地13个，协议总投资2.69亿元，到位资金2.04亿元，完成市下达年度目标任务的102.38%。三是援藏工作完成有力。"十三五"期

间，投入计划内援藏资金31578万元实施的重庆新村、广东新村、中铝新村、县人民医院、察雅县小学等一批民生项目，以及投入重庆市计划外援藏资金6739.11万元实施的43个项目全部完成建设。互访交流成效明显，就业帮扶、干部交流、招商引资等多领域实现深层次合作，安排察雅籍干部、专技人员近1000人赴内地培训学习，组团式援藏取得重大成果，96名知名医生及教师先后到察雅开展短期援助，察雅县基础设施、医疗、卫生、人才等短板领域取得新实质性成效，两地人民情谊更加浓厚。

（五）统筹环境保护和生态建设，人居环境持续优良

一是严格市场准入。全面落实环境保护“一票否决”制，严守企业（项目）环境准入“底线、红线、高压线”，严禁“三高”项目进入察雅，2020年否决项目2个，全年办理建设项目环境影响登记表备案113个、排污许可证86个。完成了72家固定污染源的排污许可证核发工作（其中：企业登记67家，发证5家）。二是创新环保工作。积极探索垃圾处理新模式，引进全区首台磁脉冲矿化生活垃圾处理器并投入运行，县城生活垃圾得到及时、无害、有效解决。投资1240万元新建察雅县高温无害化处理设施，垃圾处理无害化、资源化、减量化效果显著。三是强化水源保护和环境监测。制定《察雅县环境质量监测方案》，聘请有资质的第三方（西藏格润环保科技有限公司），每季度对13个集中式饮用水水源地水质进行监测分析，完成全县421个自然村水质常规检测和县城垃圾填埋场周边大气、水、土壤常规检测，检测结果显示察雅县饮用水和地表水均达到《地表水环境质量标准》Ⅱ类标准，各类水体水质达标率100%；县城空气监测各类指标均达到《环境空气质量标准》Ⅰ类标准，全县平均优良天数达到100%，全县生态环境持续保持良好。四是生态村（居）创建稳步推进。察雅县已有12个乡（镇）的56个行政村（居）获得自治区级生态村（居）命名，占全县143个村（居）的39%。2020年已申报4个乡（镇）和53个行政村（居），届时全县76%的村（居）将获得自治区级生态村（居）命名。五是生态屏障建设持续推进。2020年义务植树各类苗木6300余株。1.38万亩的2019年新一轮退耕还林工程、休牧围栏20万亩、种草改良3万亩的2019年天然草原退牧还草工程、600余亩的2020年防沙治沙项目均完成建设，县域生态安全屏障更加牢固。

以上成绩的取得来之不易，是以习近平同志为核心的党中央坚强领导的结果，是习近平新时代中国特色社会主义思想和新时代党的治藏方略科学指引的结果，是自治区党委、市委、市政府对察雅经济社会发展大力支持的结果，是援藏省市企业无私援助的结果，是县委、县政府部署有力，县人大科学监督和县政协建言献策的结果，也是全县各族人民群众团结奋战的结果，在肯定成绩的同时，我们必须清醒看到，疫情变化和外部环境存在诸多不确定性，全区经济恢复基础尚不牢固，当前经济社会发展仍然面临着一些困难和问题。一是经济下行压力大。“十三五”时期，察雅县经济发展取得了长足进步，但产业发展层次仍然较低，内生增长动力不足，经济增长仍然主要靠国家和自治区投资拉动，国家和全区经济增速放缓对察雅县有较大传导性影响。2021年世界经济形势仍然错综复杂，复苏不稳定不平衡，疫情冲击导致的各类衍生风险不容忽视，全国、全区经济仍处在一个恢复增长的过程，察雅县经济运行存在一定的下行压力。二是固定资产投资增长压力较大。近年来，国家投资政策不断收紧，特别是随着国家和自治区防范化解重大金融风险、严控地方债务等一系列政策的出台，申请项目贷款困难，加之察雅县市场发育不健全，社会投资和民间投资有限，本级财力匮乏，地方增加投资的难度很大，投资规模难以扩大，投资持续增长乏力、后劲不足。三是民间投资增长动力不足。近年来随着老城区改造、城镇棚户区改造、特色小城镇建设等一大批城镇基础设施项目的实施，已基

本能够满足城镇基本服务功能需求，但高原特色产业产品市场占有率不高，教育、养老、医疗、健康等公共服务领域市场需求不足，吸引民间投资缺乏新思路、新办法，保持民间投资持续增长的动力不足。四是财政收支矛盾凸显。受诸多因素制约，县经济发展仍然比较滞后，产业仍处于起步阶段，一产弱、二产支撑能力不强、三产水平低，财政收入难以保持大幅度增长，且收入结构不合理，非税收入占比过大，预计2021年国家将实施更大规模减税降费政策，财税收入保持快速增长压力较大，而保障改善民生刚性支出大，收支矛盾凸显。

二、2021年经济社会发展的总体要求和发展目标

——2021年经济社会发展的总体要求：坚持以习近平新时代中国特色社会主义思想为指导，全面贯彻党的十九大、十九届四中、五中全会和中央经济工作会议、中央第七次西藏工作座谈会精神，深入贯彻区党委九届七次、八次、九次全会以及区党委经济工作会议精神，贯彻落实市委一届六次、七次、八次、九次、十次全会及市委经济工作会议精神和县委关于经济工作的安排部署，增强“四个意识”、坚定“四个自信”、做到“两个维护”，统筹推进“五位一体”总体布局，协调推进“四个全面”战略布局，坚持稳中求进工作总基调，立足新发展阶段，贯彻新发展理念，构建新发展格局，以推动长治久安和高质量发展为主题，以深化供给侧结构性改革为主线，以满足人民日益增长的美好生活需要为根本目的，坚持系统观念，统筹发展和安全，聚焦着眼点着力点和出发点落脚点，抓好“四件大事”，突出“四个确保”，以正确处理好“十三对关系”为工作方法，围绕市委“六大发展战略”，紧扣“六县六化”强县目标，坚持党的绝对领导，努力建设团结富裕文明和谐美丽的社会主义现代化新察雅。

——2021年经济社会发展的主要预期目标：综合分析宏观经济形势，结合2020年察雅县经济社会发展实际情况及有关测算，2021年经济社会发展主要预期目标是：地区生产总值增长9.5%，城乡居民人均可支配收入分别增长10%、13.6%，固定资产投资增长12%，社会消费品零售总额增长12%，地方一般公共预算收入稳定增长。上述指标贯彻了新时代党的治藏方略、贯彻了新发展理念、体现了高质量发展要求。同时，充分考虑自治区当前经济社会发展的形势，特别是疫情防控常态化和经济下行压力等情况，基于适时预调微调、保持经济运行在合理区间的出发点，既兼顾了经济发展诉求和实现可能，也强调了奋力争取和积极作为，继续推进察雅经济社会高质量发展，更好满足人民日益增长的美好生活需要。

三、2021年经济社会发展的主要任务和措施

2021年是“十四五”规划的开局之年，全力抓好经济社会发展各项工作，对于“十四五”开好局、起好步意义重大、影响深远。重点做好以下六个方面工作。

（一）以规划纲要为引领，推动经济高质量发展

一是认真落实特殊优惠政策。全面学习贯彻党的十九届五中全会和中央第七次西藏工作座谈会精神，把思想和行动统一到党中央、自治区党委、市委和县委关于经济工作的安排部署上来。结合2020年经济运行存在的突出问题和影响发展的重大瓶颈制约，用好用活用足中央和自治区给予昌都的特殊优惠政策，特别是中央第七次西藏工作座谈会确定的新政策，保持战略定力、准确研判形势，瞄准2021年目标任务，精心谋划部署，细化各项工作举措，全力以赴抓好各项工作任务落实。二是纵深推进“十四五”规划编制落实。全面完成《察雅县国民经济和社会发展第十四个五年规划纲要》编制工作，围绕察雅县经济社会发展实际，统筹县域各要素资源，加强重大问题研究，转变发展理念，用

规划落实发展的思路，抓好各行业、乡（镇）专项规划编制工作，厘清思路、突出重点、明确目标，推动县域经济社会高质量发展。三是强化经济运行调度。持续加强宏观经济运行分析调度，强化监测研判深度，加强市场要素保障，建立和完善跨部门、跨行业、跨区域经济运行协调机制，增强宏观调控的前瞻性、针对性、协调性，适时调整政策着力点，解决经济运行中重要领域出现的问题和困难，全年做好改革发展稳定各项工作，确保全县经济运行在合理区间。四是坚决抓好疫情防控。坚持抓好常态化疫情防控工作，聚焦重点人群、重点场所、重点领域，抓紧抓实外防输入各项措施，严格闭环管理，坚持人、物同防，着力加强检查站防疫检查，提高防控工作精准性，确保疫情防控工作无漏洞、无盲区、无死角。

（二）以改善民生为目标，提升人民群众获得感幸福感安全感

一是深入实施乡村振兴战略。贯彻落实中央农村工作会议精神，把解决好“三农”问题作为当下工作的重中之重，做好巩固拓展脱贫成果同乡村振兴有效衔接工作，按照产业兴旺、生态宜居、乡风文明、治理有效、生活富裕的总要求，聚焦乡村产业、生态、文化、人才和组织五大振兴目标，坚持农业农村优先发展，统筹资金、技术、人才和管理等要素，推进产业发展、移风易俗、生态文明、农牧区改革、人居环境整治、乡村治理。加快建设农业、牧业生产设施及配套设施，发展壮大扶贫产业和新型农村集体经济。进一步加大易地扶贫搬迁后续扶持力度，强化思想宣传、产业就业扶持等工作，持续加大技能培训和转移就业力度，确保低收入家庭至少“一户一人”就业。严格落实“四个不摘”政策，持续做好贫困动态监测工作，防止边缘人口致贫，确保已脱贫人口不返贫，稳固脱贫长效机制。全面推进乡村振兴，缩小城乡发展差距，加快促进城乡融合、一体化发展。二是提升就业数量和质量。坚持实施就业优先战略和积极的就业政策，建立健全公共就业服务体系，加大就业稳岗落实力度和创业扶持力度，开展创业培训，以创业带动就业，拓宽市场就业渠道。强化农牧民技能培训和教育引导，提升转移就业质量。严格落实县、乡两级就业创业工作责任制，定期分析研究就业形势，建立健全政府转移就业组织化机制，强化农牧民劳务输出和平台作用，进一步发挥项目带动就业作用，引导农牧民从牧场走向市场、从土地走向工地，确保转移就业增收工作再上新台阶。力争2021年开发各类就业岗位904个，实现新增城镇就业575人，城镇登记失业率控制在4%以内，开展农牧民技能培训1561人，农牧区富余劳动力转移就业1.19万人次以上，实现转移就业收入0.8亿元以上。三是加快社会事业全面发展。始终坚持以人民为中心的发展思想，把改善民生、凝聚人心作为经济社会发展的出发点和落脚点。优先发展教育，全面巩固提升控辍保学成果，扎实推进第三期学前教育行动计划，探究教学策略和方法，提高优质高效教学质量。继续落实好教师培养计划，健全完善师资补充长效机制。不折不扣开展好“一考三评”工作，全面提升教师队伍综合素质。加快教育系统“三区三州”项目建设，全面改善办学条件和教育环境。加快医疗卫生领域全面发展。全力推动县人民医院“二甲”创建工作，全面提升医院综合服务能力。全面推开藏医药事业发展，力争2021年完成察雅县藏医院“一级民族医院”创建工程。建成疾控中心实验室项目，补齐疾控体系人才队伍、信息化、综合能力和规范化建设短板。扎实做好各项疾病筛查工作，常态化抓好疫情防控工作。有序推进县域医共体建设，借力援藏省（市）优质医疗水平和医院管理模式，加快职能科室和智慧医疗建设，做到上下联动，信息互通，资源共享，区域一体的医疗卫生服务体系，提升医疗人才“组团式”援藏效能。继续完善基层医疗机构标准化建设，以开展“优质服务基层行”活动及实施县域综合医改为契机，加强基层医疗卫生机构人才队伍建设和专

业技术培训，提升基层卫生服务能力，全面加强乡（镇）卫生院管理、服务、绩效等方面的规范化建设，实现乡（镇）卫生院标准化建设目标。进一步完善公共文化服务体系，深入实施文化惠民工程，打造特色文化品牌，办好特色节庆文化活动，推动察雅县公共文化服务体系建设进度，实现文化与经济对接融入。进一步提升社会保障水平，加大临时救助力度，提高保障兜底能力。充分发挥临时救助制度托底功能，全面推进临时救助工作，优化申请审批程序，提高兜底保障能力和救助时效。加强特困人员供养管理工作，着力提升救助服务能力，促进管理服务标准化、规范化。全面实施全民参保计划，确保基本实现全县社会保险全覆盖，积极落实城乡居民基本养老保险待遇工作，确保养老待遇按时足额支付，加强基金监督和管理，保障基金安全可持续运行。做好保供稳价工作，全面落实“菜篮子”“米袋子”责任制，加大市场物资供应力度，确保市场物资供应充足。进一步完善价格应急协调机制，加强市场价格监测，遏制不合理价格行为，强化重要商品价格监测日报、周报、月报等价格监测分析制度，及时发现，及时上报，确保市场价格总体水平基本稳定。

（三）以项目建设为抓手，夯实高质量发展基础

一是加快项目前期工作。按照《昌都市2021年基本建设项目计划》明确的投资规模、建设内容、进度时序、责任单位和责任人，督促各项目负责单位抓紧开展相关工作，对于已经完成前期工作的项目，尽快完成审查审批及施工招投标并开工建设；对于尚未完成前期工作的项目，督促勘察设计单位加快进度，尽早报批。二是加快推进项目进度。全力推进察雅县扶贫开发、香堆集中供水、五人制足球场、中小学饮水提升、人民医院传染病区改扩建、扩达乡生活垃圾填埋场、2020年公共租赁房、察雅县基层党建组织阵地建设、重庆援建察雅县烟多镇夺赤村乡村振兴示范点、教育老旧小区改造、松德小区改造等重点项目。对于续建的察雅县高标准农田、烟多镇江林卡片区棚户区改造、香堆镇供水一体化、2020年退牧还草、2020年第二批农村饮水安全提质增效、吉塘镇生活垃圾无害化处理设施等项目，在确保工程质量的前提下，继续督促项目施工单位充分利用好工程施工的黄金季节，倒排工期、挂图作业，尽快形成更多的实物工程量，确保固定资产投资增长12%。三是加大项目监管力度。按照《西藏昌都市基本建设管理办法》《昌都市基本建设资金拨付使用管理办法（试行）》《昌都市建设工程违法发包、转包、违法分包及挂靠行为责任追究办法（试行）》等政策规定和要求，继续严格执行基本建设程序和建设资金拨付使用有关规定。加强项目建设管理，落实好领导责任制、项目法人制、招标投标制、工程监理制和合同管理制，提高项目法人的责任心和管理能力。处理好进度与质量关系，在确保质量和安全的前提下抢时间、赶进度，加强项目实施过程中各环节监管，加大项目检查稽查力度，保证项目质量安全和效益。

（四）以产业发展为支撑，提质增效特色优势产业

一是加快发展农牧业。深入落实藏粮于地、藏粮于技战略，加强高标准农田、农田水利建设，构建大中小微结合、骨干和田间衔接的水利基础设施网络，加大农牧业科技投入，强化田间管理，加强种植资源保护和利用，确保粮食生产安全，产量稳定在1.16万吨以上。紧紧围绕“五大养殖”和“七大种植”总体产业布局，实施优势特色农牧业提质增效行动计划，打造察雅“一带、两圈、三地、四线、五个一万、六个千万、七个多项”产业布局。加大对农牧民专业合作经济组织的扶持力度，推动农牧民专业合作组织力量不断壮大。二是加快文化旅游产业发展。加快吉塘和香堆旅游示范区建设，推进全域交通网、文化网、服务网建设，完善旅游规划体系，创新旅游管理体制机制，改善旅游基础设施和公共服务环境，培育一批A级景区，特

色小镇、藏家乐、乡村旅游目的地，结合旅游厕所改革，实施“旅游+企业”合作战略，推动旅游与文化、农业、体育、扶贫等融合发展，孵化旅游新业态，培育好以旅游业为核心的产业链，促进旅游与文化深度融合。加大旅游宣传营销力度，扩大旅游市场影响力，加强旅游市场综合监管，优化旅游发展环境。三是发展壮大绿色工业园区。加快扶贫开发产业园二期投入运营，完善园区基础设施建设和产业链配套，提高察雅县产业项目承接能力，以园区为载体，集聚更多小规模企业进驻园区，推动园区企业集聚、产业集群，提升具有地方特色的区域产业链水平，壮大规模、规范生产，培育更多支柱产业，提质产业规模效应。四是大力发展高新数字产业。围绕农牧业生产和产业化发展信息物流等瓶颈问题，大力发展电子商务建设平台，依托已建成的电子商务进农村示范工程，推进乡级电商服务站点覆盖面，支持各类市场主体创新发展“互联网+农牧业”产业发展模式，加快电子商务进农村建设，为小规模企业提供农产品网络代购、营销等服务，破解“小农户与大市场”对接难题，提高农产品流通效率，拓宽农产品增值渠道，提升品牌效应。

（五）以深化改革开放为推力，激发高质量发展动力

一是持续推进重点领域改革。持续深化“放管服”改革，纵深推进“互联网+政务服务”，有序推进财税体制改革，落实好减税降费政策，全面完成农村集体产权制度改革。积极推进项目审批制度改革，大力清理精简项目审批、核准等事项，切实提高审批效率。全面支持民营企业发展，以问题为导向，破解企业转型难题；以惠企政策为抓手，提振企业发展士气；以激发市场信心为目标，不断创优营商环境。培育壮大民营经济主体、提升核心竞争力、减轻企业负担，推动全县民营经济行稳致远。二是扎实推进招商引资工作。转变招商引资工作的方式方法，围绕本地资源、环境优势，利用贸促会、洽谈会、商务网站等，注重围绕产业链开展招商。健全领导干部联系项目机制，加大“领导干部联系招商工作和项目机制”推行力度，坚持“走出去、引进来”原则，加大招商引资力度，严格落实招商优惠政策，建立“一站式”政务服务平台，大力推行“全程代办制”，着力提升招商服务水平，营造优良的营商环境。发挥企业招商的主体作用，吸引外商投资，促进客商再引商的良性循环，确保招商引资工作再上新台阶。三是扎实做好援藏工作。加大与援藏省市企业的沟通，争取规划内资金早日落实到位，积极争取更多规划外的资金和项目。加快援藏项目实施进度，确保项目早日见效。配合援藏省市企业完成“十四五”援藏规划编制工作。全力推进“组团式”援藏，加强与援藏省市、企业的合作，实现经济、教育、科技、干部人才等领域的更深层次交流交往。

（六）以底线思维为准绳，营造高质量发展良好环境

一是强化生态安全屏障建设。持续强化生态保护红线、环境质量底线、资源利用上限和环境准入负面清单硬约束，严格执行环境保护“一票否决”制度，严把环评审批关，严禁“三高”项目进入察雅。深入实施污染攻坚战，巩固提升“散乱污”企业整治成果，持续开展重点行业、重点领域环境安全隐患排查和整治，加强生态保护与修复，落实生态红线区域管控要求，持续做好成果巩固工作。完善并持续推进重点生态工程建设，大力实施国土绿化行动，加快农村人居环境整治，积极推进污水处理、“厕所革命”和垃圾分类，加强农业农村污染治理，继续健全生态补偿机制，持续开展生态乡（镇）、村（居）创建工作。二是全力维护社会局势和谐稳定。牢固树立“发展是第一要务，稳定是第一责任”的意识，坚持底线思维，科学把握社会主要矛盾和特殊矛盾的“变”与“不变”，密切关注经济社会发展中的重点、难点、热点问题，认真履行“一岗双责”，进一步压实维稳责任、持续深

入落实各项维稳工作措施，强化驻村驻寺工作，深入开展“双联户”评选活动，创新寺庙管理，加强城镇网格化管理，确保社会局势和谐稳定。三是加强应急管理工作。落实安全生产责任、管理制度和考核机制，严格监管执法，强化交通运输、非煤矿山、危险化学品、易制毒化学品、消防、森林草原火灾、建设施工等重点领域安全风险防控，统筹推进其他重点行业领域安全专项治理，加强洪水、雪灾、滑坡、泥石流等各类自然灾害风险防治工作，严防重特大安全事故发生。加大食品药品安全管理工作，建立完善食品药品标准体系和检验检测体系，保障人民身体健康和生命安全。

各位代表，唯其艰难，方显勇毅；唯其磨砺，始得玉成。我们要更加紧密地团结在以习近平同志为核心的党中央周围，坚持以习近平新时代中国特色社会主义思想为指导，在自治区、市委、市政府的正确领导下，自觉接受县人大的监督，虚心听取县政协的意见建议，以“功成不必在我”的精神境界和“功成必定有我”的历史担当，充分发扬钉钉子精神，奋发有为、艰苦奋斗，圆满完成 2021 年经济社会发展各项目标任务，确保“十四五”规划顺利开局，以优异成绩迎接建党 100 周年，西藏和平解放 70 周年！

察雅县2020年财政预算执行情况和2021年财政预算报告

——在察雅县第十三届人民代表大会第一次会议上

察雅县财政局局长　曲拉

（2021年6月28日）

一、2020年预算执行情况

2020年是全面建成小康社会、“十三五”规划的收官之年，是进一步深化供给侧结构性改革、推进创新转型的关键之年，也是昌都解放70周年大庆之年。全县各级各部门在自治区党委、政府及市委的坚强领导下，坚持以习近平新时代中国特色社会主义思想为指导，全面贯彻党的十九大和十九届三中、四中、五中全会精神，深入贯彻中央七次西藏工作座谈会议精神，认真贯彻自治区党委经济工作会议、市委经济暨农村脱贫攻坚工作会议精神以及县十二届人大六次会议预算决议，坚持稳中求进、进中求好、补齐短板工作总基调，贯彻新发展理念，全面落实中央减税降费政策，切实保障“三保”，着力打好防范化解重大风险、精准脱贫、污染防治三大攻坚战，经济保持了总体平稳、稳中向好态势，经济结构持续优化，防范化解金融风险取得初步成效，生态环境明显改善，人民群众获得感、幸福感和安全感不断增强，察雅经济社会实现了持续健康发展，财政预算执行情况保持良好。

（一）落实县人大预算决议情况。2020年，在县人大的依法监督下，按照自治区党委、自治区政府和市委、市政府和县委、县政府的决策部署，坚持深化改革、创新工作思路、加强沟通协调，全面落实十二届人大第六次会议决议

1. 维护预算的法定权威。认真执行《中华人民共和国预算法》和《中华人民共和国预算法实施条例》等各项规定，牢固树立依法理财理念，坚持“先有预算、后有支出”“没有预算不得支出”，不断硬化预算约束，做到资金申请有法定依据，预算安排依法定程序，资金使用按法定步骤。

2. 深化预算管理改革。规范预算编制、审核、下达程序，不断加大一般公共预算、政府性基金预算，按照“一本预算、一个口子”的要求，增强预算编制科学性。

3. 加大预决算公开力度。强化部门预算和决算公开主体责任，扩大公开范围，细化公开内容。

（二）2020年预算执行情况

1. 一般公共预算收支执行情况。全县地方一般公共预算收入为6492万元，为年初市委下达的收入任务的100%，比上年决算收入增长5%；上级补助收入为177237万元；债券转贷收入为9339万元；动用预算稳定调节基金为887万元。全县一般公共预算总财力为193955万元，比年初预算增加56309万元，增长29%，比上年总财力减少70294万元，下降26%。全县一般公共预算总支出为193619万元，为年初预算的140.66%，比上年决算支出减少69743万元，下降26.48%。收支相抵，按自治区下达的收入任务相比超收收入336万元，补充预算稳定调节基金，用于弥补以后年度预算资金不足。

一般公共预算收支执行情况具体如下：

收入执行情况。税收收入为 2387 万元，其中：增值税 1742 万元，所得税 259 万元，资源税 10 万元，城市维护建设税 220 万元，印花税 38 万元，保护环境税 15 万元，耕地占用税 103 万元。非税收入为 4105 万元，其中：专项收入 1866 万元，行政事业性收费收入 439 万元，罚没收入 404 万元，国有资源（资产）有偿使用收入 1264 万元，其他收入 132 万元。

支出执行情况。一般公共预算支出为 193619 万元，其中：一般公共服务支出为 15115 万元，公共安全支出为 9450 万元，教育支出为 27758 万元，科学技术支出为 162 万元，文化体育与传媒支出为 5519 万元，社会保障和就业支出为 19674 万元，医疗卫生与计划生育支出为 11336 万元，节能环保支出为 3676 万元，城乡社区支出为 8937 万元，农林水支出为 63757 万元，交通运输支出为 10183 万元，资源勘探信息等支出为 157 万元，商业服务业等支出为 81 万元，国土海洋气象支出为 173 万元，住房保障支出为 10056 万元，粮油物资储备支出为 820 万元，其他支出为 4115 万元。

2. 政府性基金预算。全县政府性基金总收入为 8349 万元，自治区补助资金为 3855 万元，县级政府性基金收入为 4494 万元。全县政府性基金总支出为 8349 万元，收支平衡。

3. 地方政府债务预算管理情况。2020 年初，察雅县地方政府债券余额 45503 万元。根据昌都市财政局《关于下达昌都市 2020 年政府一般债券资金预算指标的通知》（昌财债指〔2020〕6 号）下达我县地方政府一般债券转贷资金 9338.81 万元，用于农村公路建设。2020 年末地方政府债券余额为 54841.81 万元。

（三）2020 年重点支出和政策落实情况

根据中央全面落实减税降费政策、保障“三保”、抓好“六稳”工作和“六保”任务，进一步防范和化解金融风险的相关要求，按照全县统一部署，围绕中心工作，统筹各方财力，切实保障和改善民生，积极推动各项社会事业全面进步，确保 2020 年重点支出和政策有效落实。

1. 着力支持打好三大攻坚战。一是强化地方政府性债务管理。切实将地方政府性债务清理核查作为防范和化解地方政府性债务的重点，推进地方政府性债务领域问题整改工作，不断加强和规范地方政府性债务管理，严控地方政府性债务增量，坚决遏制各类违法违规或变相举债行为，坚决防止政府债务无序增长。二是全力支持脱贫攻坚。继续深化统筹整合财政涉农资金，完善实施细则和管理办法，按照“六个精准”和“八个到位”的总体要求，充分发挥财政职能，全面推进精准扶贫和精准脱贫。2020 年脱贫攻坚统筹整合财政涉农资金共整合 35421.47 万元，其中：产业扶贫资金 9579.5 万元，生态保护岗位资金 6836 万元，生产扶持及基础设施建设资金 13292 万元，贷款贴息 5243.62 万元，安置点征地及水质检测费 295.35 万元，农牧民技能培训费 175 万元。三是加大污染防治力度。落实支出生态环保相关资金 7816.76 万元，其中，草原生态保护补助奖励资金 2292.67 万元，森林生态效益补偿资金 2279.09 万元，退耕还林和退牧还草资金 1754 万元，重点生态功能区资金 1491 万元。

2. 切实保障和改善民生。坚持以人民为中心的发展思想，调整优化支出结构，加大社会事业投入，着力保障和改善民生，贯彻“发展为了人民，发展依靠人民，发展成果由人民共享”的理念，为群众解难事、办实事、做好事，以实实在在的发展变化增进群众获得感，不断提升民生保障水平，2020 年累计直接兑现惠民资金 25232.41 万元。其中：“三大节日”慰问金 269.2 万元；残疾人两项补贴 586.68 万元；农村最低生活保障 1727.84 万元；城镇低保 162.43 万元；“五保户”生活补贴 401.11 万元；寿星老人补贴 26.46 万元；经济困难高龄老人补贴 31.26 万元；临时救助 467.22 万元；村医工资 360.58 万元；村兽医工资 165.6 万元；2020 年城乡居民基本医疗补助资金 2565.14 万元；草原生态保护补贴奖励2292.67万元；森林生态效益补偿金1751.73万元；“双联户”户长工资357.36万元、表彰资金69.58万元；离任村干部生活补助23.34万元；村干部基本报酬及绩效1432.06万元；三老人员生活补助182.86万元；村民监督委员报酬401.17万元，生态脱贫就业岗位资金7225.55万元；落实教育“三包”资金4138.52万元，困难群众临时价格补贴432.05万元，科技特派员生活补助162万元。

3. 确保社会稳定向好。坚持以习近平总书记“做神圣国土的守护者，幸福家园的建设者”重要战略思想为指导，牢固树立稳定压倒一切的大局意识，2020年公共安全累计支出9450万元用于县、乡维稳工作，完善维护稳定经费的保障体制。不断加大民族团结工作开展，民族事务支出112万元，宗教事务支出3616万元。

4. 深化财税体制改革。一是强化预算绩效管理。组织对扶贫领域专项转移支付项目全面开展绩效自评，并对自评结果进行抽查，不断提高自评质量。二是全面实现财政补贴发放“一卡通”管理及u8财务软件全覆盖。三是不断推进国库集中支付改革。察雅县已实现了无纸化国库集中支付，2020年实现国库集中支付达7328笔，涉及144301.66万元，占总支出的75%。四是积极落实减税降费政策，规范涉企收费，2020年，减税降费金额3453.71万元，惠及企业4850余户次，降费金额2268万余元。

总体看，2020年财政运行基本平稳，在新冠疫情的影响下，财政改革发展各项工作顺利开展，促进了察雅县经济社会持续健康发展。

在总结经验肯定成绩的同时，我们也清醒地看到存在的问题。主要表现在：经济增长的内生动力依然不足，经济增长依靠外力推动的现状短期内难以根本扭转，财政收入难以持续保持大幅度增长；财政收支矛盾愈发突出，收支平衡压力日益加大；这些问题需要我们在2021年积极探索完善相关制度，采取有力措施加以解决。

二、2021年财政预算（草案）

2021年是全面贯彻落实党的十九大和十九届二中、三中、四中、五中全会以及七次西藏工作座谈会精神的重要之年，是“十四五”规划开局之年，是推进供给侧结构性改革的深化之年，也是西藏深化改革开放、推进创新转型的关键之年。我们将重点解决发展不平衡不充分的突出问题，着力支持创新驱动和供给侧结构性改革，全力支持脱贫攻坚、乡村振兴和改善民生，推动我县经济社会发展再上新台阶。

（一）指导思想

坚持统筹兼顾、突出重点，全力支持国家和自治区重大发展战略和重点领域改革，特别是全力支持乡村振兴及农牧区人居环境治理；坚持厉行勤俭节约，牢固树立过紧日子思想，从严控制一般性支出；加大财政资金统筹力度，严格规范结转结余资金管理，有效盘活存量资金；加快预算支出标准体系建设，提高预算编制的科学性；全面实施预算绩效管理，将绩效理念、方法和要求融入预算管理全过程；全面实施“零基预算”，打破预算安排固化、僵化的局面；进一步加大预算公开力度，着力构建规范透明、标准科学、约束有力的部门预算管理制度。

（二）基本原则

1. 依法编制。严格按照预算法、国务院财政部门制定的政府收支分类科目、预算支出标准和要求以及绩效目标等预算编制规定，根据依法履行职责和事业发展需要及存量资产情况，规范编制预算，全部收入和支出都应当纳入预算。

2. 实事求是。收入预算编制要实事求是、积极稳妥，与经济社会发展水平相适应，充分考虑落实国家和自治区政策调整等因素影响。

3. 突出重点。支出预算编制要统筹兼顾、突出重点，着力支持国家和自治区重大发展战略、重点领域改革，特别是支持防范化解重大风险、精准脱贫、污染防治、乡村振兴等。

4. 量力而行。增强财政可持续性，按照尽力而为、量力而行的原则，合理确定财政保障范围和支出标准，严格控制非急需、非刚性支出。

5. 加大监督。坚持以公开为常态、不公开为例外，不断拓展预决算公开的内容和范围，全面提高预决算透明度。积极推进支出政策、预算绩效目标、绩效评价结果向同级人大报送并向社会公开。

（三）2021 年预算收支安排情况

1. 一般公共预算收支。2021 年全县一般公共预算总财力为 112998.39 万元，其中：地方一般公共预算预计收入 6492 万元，上级补助收入为 106170.39 万元，调入预算稳定调节基金为 336 万元。2021 年全县一般公共预算支出安排 115043.6 万元，其中：一般公共服务支出预计 14383.18 万元，公共安全支出 12346.25 万元，教育支出为 24250.8 万元，科学技术支出 81 万元，文化体育与传媒支出为 5979.16 万元，社会保障和就业支出为 7339.81 万元，医疗卫生与计划生育支出为 6554.87 万元，节能环保支出为 4100.86 万元，城乡社区支出为 9034.94 万元，农林水支出 28093.12 万元，交通运输支出 196.4 万元，资源勘探信息等支出 143.74 万元，商业服务业等支出 122.67 万元，自然资源海洋气象等支出 233.79 万元，住房保障支出 364 万元，粮油物资储备支出 86.5 万元，灾害防治及应急管理支出 337.47 万元，其他支出 1203 万元，安排本级预备费 50 万元。

2. 政府性基金预算。2021 年，全县政府性基金收入为 2.94 万元，上级补助收入预计为 2.94 万元，全县政府性基金总支出为 2.94 万元。

（四）2021 年财政支持重点

紧紧围绕党中央的战略部署，按照自治区党委、市委和县委的决策，重点支持以下领域工作：

1. 优先保障“三保”。切实将“保工资、保运转、保基本民生”政策落实到位。2021 年，安排“三保”支出 115043.6 万元。其中：工资性支出 39462.43 万元，保运转支出 4335.99 万元，基本民生支出 71245.18 万元。工资性支出中，干部职工工资 23247.45 万元，“五险一金”等单位配套资金 10162.13 万元，休假包干费、取暖费等单位支出 6052.85 万元。

2. 惠农支出方面。一是加大农业科技投入。安排资金 81 万元，保障科技特派员生活补助；二是加大涉农投入。安排资金 165.6 万元，保障兽医工资。安排资金 100 万元落实涉农商业保险补贴政策。三是深入推进脱贫攻坚成果巩固工作。年初安排扶贫资金共计 25916.49 万元，全力支持巩固脱贫攻坚成果和全面推进乡村振兴。

3. 社会保障方面。一是加强基层党组织建设。安排农村税改资金 2877.04 万元，用于保障村干部基本工资、绩效考核、村级党组织工作经费；二是强化政府政策兜底。安排资金 2935.08 万元用于城乡低保；三是关爱老弱病残。安排资金 1310.2 万元，用于残疾人两项支出、残疾人事业发展、寿星老人健康补贴、经济困难高龄失能老人补贴、特困人员生活补助；四是做好优抚安置工作。安排资金 63 万元，用于死亡抚恤、优抚对象补贴。五是保障就业。安排资金 1840 万元，保证公益性岗位工资及就业保障的资金需求，动态消除零就业家庭。

4. 社会事业投入方面。一是坚持教育事业优先发展。预算安排教育资金 24060.29 万元，其中转移支付 22761.89 万元，县级配套 1298.4 万元。加快学前教育和职业教育发展，继续实施“三包”等教育优惠政策，完善义务教育学生营养改善计划政策。二是努力推动文化繁荣发展。安排文化事业发展资金 437.6 万元，加快文化产业发展，加大对重点文物、寺庙和非物质文化遗产的保护投入。三是支持医药卫生体制改革，促进基本公共卫生服务均等化。安排卫生事业发展资金 3785.58 万元，加大重大公共卫生项目投入，提高医疗卫生经费保障标准，保障基层卫生室医疗条件。安排 583.49 万元继续实施城镇居民和在编僧尼免费健康体检。

5. 基层组织建设方面。不断夯实基层政权建设，提高党的基层执政能力。安排基层组织建设资金436.44万元，用于基层党组织建设、三老人员补助、党内激励帮扶、退休支部经费等。

6. 维护稳定方面。一是加强政法队伍建设。安排资金2280.48万元保障政法工作开展，其中安排1942.27万元，用于公检法司部门的办案业务能力和装备配备水平，安排149.6万元用于“双联户”户长补助，确保基层稳定，不断夯实基层维稳力量；二是推进平安察雅建设。安排资金215.62万元支持国防及消防建设，切实保障察雅的和谐稳定；三是加强民族团结。安排资金133.98万元，支持统一战线及民族宗教工作开展，进行爱国守法先进僧尼及民族团结表彰奖励，统战爱国人士工资，推进寺庙“九有”工程建设，进一步创新寺庙管理投入机制，促进民族团结。

7. 基层政权建设方面。安排资金260万元，用于乡镇“四小工程”建设。

三、2021年推进财政改革与管理的主要工作措施

我们将认真贯彻自治区党委、政府以及市委决策部署，坚持“稳中求进”工作总基调，实施积极的财政政策，提高政策的前瞻性、灵活性、有效性，在扩大内需和结构调整上发挥更大作用，做好稳就业、稳金融、稳投资、稳预期工作，确保察雅县经济社会发展目标如期实现。

（一）全面深化预算管理制度改革。一是深入推进部门预算改革，全面实施“零基预算”改革。二是进一步细化政府预决算公开内容、扩大部门预决算公开的范围和内容。三是落实人大预算审查监督要求，提高支出预算和政策透明度，支持和配合人大依法开展预算审查监督。

（二）优先保障“三保”支出。“三保”涉及干部职工和人民群众的切身利益，涉及事业发展和基层政权稳定，涉及民心向背，不仅是财政问题，更是政治问题，我们将不折不扣地做好“三保”工作，严守这个“基本中的基本、底线中的底线”，切实落实好兜底责任。

（三）加强协调培植税源。紧紧围绕县委提出的经济目标，采取积极有效的财税增收措施，做好充分应对经济下行压力的准备，在深入贯彻减税降费政策的同时，深挖税收增长潜力。积极协调各部门形成工作合力，加大协税护税力度，堵塞征管漏洞，防止税收流失。大力支持招商引资，扶持特色优势产业，努力提高招商引资精准度，吸引优势税源企业落户察雅。

（四）加大财政资金统筹。认真跟踪测算各项减税降费政策对当年财政收入的影响，加强收入管理，应收尽收、及时入库，严禁采取虚收空转、乱收费等方式增加财政收入，确保财政收入真实可靠。加强结转结余资金管理，及时收回执行完毕、工作目标已完成的项目结余资金，统筹支持其他急需资金支持的领域。

（五）狠抓预算执行管理。切实加快预算执行进度，提升预算执行效率，提高财政资金使用效益。严格执行国库集中支付、政府采购等制度，不得违规从零余额账户向实有资金账户划转资金。

（六）全面实施预算绩效管理。严格落实《中共中央 国务院关于全面实施预算绩效管理的意见》，强化各级各部门预算绩效管理的主体责任，加快构建全方位、全过程、全覆盖的预算绩效管理体系，充分运用预算绩效评价结果，全面推行“零基预算”。

（七）进一步优化支出结构。不断加强和改善财政宏观调控，创新财政支持经济社会发展的方式，进一步提高财政促进经济发展的能力。优化财政支出结构，坚持“尽力而为，量力而行”，做好稳增长、促改革、调结构、惠民生、防风险各项工作，将有限财力用于重点领域和重大事项支出。

（八）防范和化解金融风险。坚定做好去杠杆工作，把握好力度和节奏。坚持标本兼治，依法依规管控地方政府债务风险。坚决遏制隐性债务增

量，严禁各种违法违规担保和变相举债。

（九）保障乡村振兴战略实施。始终把解决“三农”问题作为工作重中之重，积极发挥财政职能作用，切实做好巩固拓展脱贫攻坚与乡村振兴战略有效衔接各项工作，推动乡村产业振兴、人才振兴、文化振兴、生态振兴、组织振兴。继续深化统筹整合财政涉农资金，做好项目和资金预算安排和执行，加强衔接资金监管和绩效管理，提高资金使用效益。

各位代表，2021 年，县政府将认真贯彻自治区党委、政府决策部署，在县委的正确领导下，持续攻坚克难补短板，充分发挥财政政策稳增长、强支撑、促改革、调结构、惠民生、保稳定、防风险的重要作用，勇于担当、真抓实干，推动财政改革发展取得新进展，为完成全年经济社会发展主要目标任务、全面建成小康社会做出新的更大贡献。

察雅县主要机构及其负责人名录

【中国共产党察雅县委员会】

县委书记　任厚明

县委副书记、县长　其珠多吉（藏族）

县委副书记、常务副县长　覃　波（重庆援藏）

县委副书记、组织部部长　张原松

县委副书记、政法委书记、公安局党委书记、局长　巴桑扎西（藏族）

【察雅县人民代表大会】

县委常委、县人大常委会主任　陈友华

县人大常委会副主任　田　杰　赵玉林

巴　桑（藏族）

拉巴桑珠（藏族）

【察雅县人民政府】

县委副书记、县长　其珠多吉（藏族）

县委副书记、常务副县长　覃　波（重庆援藏）

县委常委、常务副县长　田翠平

韩宝云（中铝援藏）

县委常委、副县长　丁　玉（博士服务团成员）

副县长　古金容　蔺锡峰（重庆援藏）

安显辉（藏族）　格列江村（藏族）

次仁顿珠（藏族）　廖小彬

【中国人民政治协商会议察雅县委员会】

主　席　平　措（纳西族）

副主席　梅　勇（女，藏族）

达瓦扎巴（藏族）

马德光　曲珠·洛松江村（藏族）

【察雅县纪律检查委员会（监察委员会）】

纪委书记、监委主任　杨成超

纪委副书记、监委副主任　杨　琳

拉　巴（女，藏族）

统计数据

表 1

2020 年察雅县各乡镇经济发展情况表

指标	2020 年												
	吉塘镇	香堆镇	烟多镇	荣周乡	察拉乡	卡贡乡	新卡乡	宗沙乡	扩达乡	王卡乡	肯通乡	阿孜乡	巴日乡
(一)地区生产总值(万元)	13396	12296	14381	12251	10346	13096	10749	12737	13557	12194	12147	12278	11166
农村居民人均可支配收入	12627	11183	12781	11147	10524	11364	9109	11603	11572	11377	11704	11521	10946
其中：现金收入													
(二)农业生产产品情况													
1. 播种面积(公顷)	226.84	495.77	894.59	383.76	109.15	211.9	139.4	116.8	190.85	401	1.8	58.09	370.4
其中：粮食播种面积	204.15	453.2	573.89	347.76	79.86	210.2	125.4	105.8	183.75	280	1.8	51.09	370.4
蔬菜播种面积	0.8	1.53	111	12		1	2	7					
油菜籽播种面积	15.17	30.44	80	26	9.16	0.7	8	4	6.96	121		7	
其他播种面积	6.72	10.6	129.7		20.13		4						
2. 主要农产品产量(吨)													
粮食总产量	432.89	2794.56	2751.17	1577.2	377.59	742.2	198	80	705.9	1355.39	6.25	66	527.65
油菜总产量	22.76	91.31	24	63	26.8	5	5.5	4	2.3			8.2	
蔬菜总产量	134.4	88	903	60		150	10	14	4.19	32.3			
(三)牧业生产产品情况													
年末牲畜总头数(头、只)	5784	30751	48819	15874	8163	2999	1339	21369	12387	7328	3602	21131	12935
年末牲畜出栏数(头、只)	533	9712	6880	4718	2266	237	343	14261	11465	1118	3197	2889	3089
当年出栏率	19.22%	31.58%	14.45%	31.03%	29.68%	18.16%	25.62%	39.77%	32.43%	15.32%	38.89%	22.33%	27.49%
当年死亡率	3.48%	2.29%	2.13%	3.61%	0.46%	1.36%	0	1.84%	4.48%	1.94%	11.42%	0.73%	1.59%

表 2　2020 年察雅县经济社会发展情况表

指标	2020 年
一、工业总产值	
其中：1. 重工业产值（万元）	
（1）规上工业产值	
（2）规下工业产值	
2. 轻工业产值	
（1）发电量（万千瓦时）	
（2）水泥产量（万吨）	
二、全社会固定资产（万元）	99932
三、社会消费品零售业总额（万元）	43866.5
四、税收收入（万元）	
五、财政收入	
六、财政支出	
七、全县生产总值（万元）	160594
八、农村居民人均可支配收入（元）	12734
其中：人均现金收入	
九、全县人口（人）	65723
十、全县户数（户）	13744
十一、金融业	
其中：存款余额	
贷款余额	
十二、旅游业	
其中：1. 人次	
2. 创收（万元）	
十三、乡镇企业产值	
十四、多种经营收入	
十五、就业	
1. 劳务输出人数（人）	
2. 劳务输出收入（万元）	

表 3　　2020 年察雅县生产总值统计表　　单位：万元

年份	全县生产总值				全县生产总值增速	备注
	合计	第一产业	第二产业	第三产业		
2020 年	160594	24155	79940	56499	7.8%	全县生产总值增速为可比价

表 4　　2020 年察雅县人口统计表

指标	2020 年
一、全县人口（人）	65723
1. 农业人口	49039
2. 牧业人口	12496
3. 城镇人口	4188
4. 全县男性	33255
5. 全县女性	32468
二、全县劳动力（人）	36828
其中：男	19008
女	17820
三、全县户数（户）	13744
其中：农业户	9323
牧业户	2359
非农牧业户	2062

表 5　　2020 年察雅县农林牧渔业产值表

指标	2020 年
一、农林牧渔业总产值（万元）	45172.81
1. 农业	8018.16
2. 林业	134.99
3. 牧业	36619.66
4. 渔业	
5. 农林牧渔服务业	400
二、农林牧渔业产值（亿元）	100
1. 农业	17.7
2. 林业	0.3
3. 牧业	81.1
4. 渔业	
5. 农林牧渔服务业	0.9
三、农作物总播种面积（公顷）	3593.2
1. 粮食作物	2987.3
（1）青稞	2533.3
（2）小麦	333.3
（3）豆类	80
2. 油菜籽	303.37
3. 蔬菜	135.33
4. 青饲料	167.15
四、主要产品产量（吨）	—
（一）粮食总产量	11614.6
1. 谷物	11535.6
（1）青稞	10832.4
（2）小麦	700

续表 5

指标	2020 年
2. 豆类	51
（二）油菜籽	226.75
（三）蔬菜	1395.89
五、年末牲畜存栏总头数（头、只）	192481
（一）大牲畜	139992
牛	129681
（二）羊	52479
1. 山羊	23204
2. 绵羊	29275
（三）猪	10
（四）出栏数（头、只）	60708
1. 牛	53634
2. 羊	7074
3. 猪	
（五）出栏率	30.26%
六、畜产品产量（吨）	—
（一）猪牛羊肉产量	10156.08
1. 牛肉	9361.28
2. 羊肉	794.8
3. 猪肉	
（二）奶类产量	10007.05